Big Three

Big Three

Carlos Báidez

CÓRNER

Primera edición: enero de 2022

Av. Marquès de l'Argentera 17, pral.
08003 Barcelona
actualidad@rocaeditorial.com
www.rocalibros.com

Impreso por LIBERDÚPLEX, S.L.U.

ISBN: 978-84-122885-5-1
Depósito legal: B. 17979-2021

RC88551

A mi padre y a mi madre, por su ilimitada
generosidad y confianza en mí.

A mis hermanos y a mi hermana,
porque los cuatro somos uno.

Índice

Prólogo

Entren en la gran sala de los genios. En una esquina, a la izquierda, están Leonardo, Miguel Ángel y Rafael imaginando y creando. En la otra, a la derecha, Alejandro Magno, Julio César y Napoleón idean planes de conquista. Junto a ellos Charles Darwin, Albert Einstein e Isaac Newton debaten sin descanso. Al fondo, en silencio, manuscriben Miguel de Cervantes, William Shakespeare y Dante Alighieri. Y de la lejanía, susurrando para no molestarlos, llega la melodía que nos regalan Wolfgang Amadeus Mozart, Ludwig van Beethoven y Frederic Chopin.

¿Se lo imaginan? ¿Son capaces de soñar cómo reaccionarían sus sentidos si la historia les regalase cinco minutos en el centro de esa sala? ¿A quién se acercarían? ¿Qué grabarían con su iPhone de última generación? Pues eso, o algo muy similar, es lo que han disfrutado los amantes de la raqueta en las últimas dos décadas. Los tres mejores tenistas que jamás pisaron una pista (¡perdónalos, Rod Laver!) conviviendo en la misma era, juntos, frente a frente. Enfrentándose y superándose. Rivalizando y creciendo. Inmortalizándose con cada raquetazo.

Es imposible que Roger Federer no te enamore si le has visto portar la raqueta como si fuese un violín y moverla como si fuese un pincel. Es imposible que Novak Djokovic no te asuste si le has visto jugar con esa mirada asesina y ese espíritu indomable, tan propio de los que crecieron en los bombardeos de los Balcanes. Y es imposible que no admires a don Rafael Nadal Parera si le has visto ganar como gana y perder como pierde, sin equivocarse casi nunca, sin defraudar jamás.

Dice David Ferrer, antiguo número tres del mundo y ganador de veintisiete títulos, que está encantado de haber jugado al tenis en la misma época que ellos tres. Que convivir entre gigantes te hace crecer. Que enfrentarte a extraterrestres hace que mires al espacio. Se siente un privilegiado y no se tortura pensando que en otra época hubiese ganado algún Grand Slam y quizás hubiese sido número 1. Nunca me ha dicho, aunque supongo que también hay algo de eso, que es mejor vivir la historia al otro lado de la red que leerla en un libro. Leyenda, en vivo. Mitología, en directo. Inmortalidad, a la vista.

Pasarán años y siglos, y quedarán sus récords. Sin embargo, nuestros tataranietos no se los creerán, dirán que nos los hemos inventado, como ese recuerdo difuso del abuelo que dice «13» Roland Garros cuando en realidad fueron «3»; simplemente, es que se le ha colado un «1» delante. ¿Cómo alguien va a ganar trece grandes idénticos? ¡Abuelo, no invente! Sesenta Grand Slams, con el destino riéndose de nosotros en ese empate mágico: 20-20-20. ¡Abuelo, céntrese! Más de setenta finales con dos de ellos peleando por el trofeo. ¡Abuelo, déjelo ya!

Nunca, jamás, se vio nada igual en tres siglos de tenis. No intenten recordarlo. Nunca, jamás, se verá algo igual en los tres siguientes. No intenten soñarlo. Lo que sí pueden hacer es revivirlo en estas páginas, volver a cruzar las cuatro fronteras del tenis (Melbourne, París, Londres y Nueva York) con un pasaporte firmado por Roger, Rafa y Novak. ¡Abuelo, compre este libro! Varias copias, una por cada uno de sus tataranietos, y regáleselo. Así no dudarán de usted. Así las telarañas del olvido y el polvo de la historia nunca enterrarán tres apellidos inmortales: Federer, Nadal y Djokovic.

Ángel García

Introducción

La de Roger Federer, Rafa Nadal y Novak Djokovic es la gran rivalidad deportiva del siglo XXI. El dominio absoluto que han ejercido en el tenis mundial en las dos primeras décadas de la centuria, unido a su fuerte contraste de estilos de juego y personalidades, ha llevado al tenis a una nueva dimensión. Aunque es injusto comparar tenistas de diferentes épocas, si tenemos en cuenta el palmarés, el nivel de tenis alcanzado y su longevidad, no hay duda de que nos encontramos ante los tres mejores tenistas de todos los tiempos.

A la extraordinaria competencia que iniciaron Federer y Nadal en Miami en 2005, se les sumó pocos años después Novak Djokovic, cuya irrupción supuso una seria amenaza para la hegemonía de ambos y un acicate para que tanto Federer como Nadal siguieran exigiéndose al máximo en cada torneo. Los tres conforman el admirado *Big Three*.

Enzarzados en una feroz pugna que se prolonga ya más de tres lustros, nos han deleitado con algunos de los partidos más épicos de la historia, no solo del tenis, sino de cualquier disciplina deportiva. En la retina de todos están las dramáticas finales de Wimbledon en 2008 y 2019, la de Australia 2012 o la del US Open 2010. Pero son muchos los duelos memorables que los tres tenores del tenis han brindado en estos años. Por supuesto, habrá aficionados al deporte que no compartan esta opinión, nostálgicos del tenis guerrillero de los McEnroe-Borg; amantes del baloncesto que prefieran los duelos de los Celtics de Bird contra el *showtime* de Magic Johnson y sus Lakers; fanáticos del motor que apuesten por la lucha sin tregua entre Ayrton Senna y Alain Prost. Es difícil quedarse con una, pues por fortuna la historia del deporte nos ofrece múltiples ejemplos.

En esta comparación es importante resaltar la insuperable calidad deportiva de los tres rivales y que pocas veces han coincidido en el tiempo los tres mejores de la historia de un mismo deporte. Tal vez nunca. Federer, Nadal y Djokovic lo son si nos basamos en el número y el valor de los títulos conquistados, que es el modo más objetivo de establecer una clasificación. Por supuesto, es injusto dejar fuera a leyendas como Rod Laver o Björn Borg, cuyo talento estaba probablemente al nivel de los protagonistas del libro. Pero en el mundo del deporte no solo cuenta el talento, y en el del tenis está unánimemente aceptado que será el número de Grand Slams ganados lo que determine quién es el más grande. Y en esa carrera solo quedan en liza los tres protagonistas de este libro: Roger Federer, Rafael Nadal y Novak Djokovic, igualados en veinte Grand Slams. Los catorce de Pete Sampras quedaron muy atrás, a pesar de que en su momento nos pareció un registro inalcanzable.

Lo original y único de esta disputa, a diferencia de otras grandes rivalidades legendarias (las ya citadas, más otras como Navratilova-Evert, Karpov-Kasparov, Cristiano Ronaldo-Messi…), es que implica a tres deportistas. Además, el cargado calendario tenístico y su permanente y gran exigencia ha propiciado que los duelos entre ellos se hayan multiplicado en los tres últimos lustros, alimentando así una competitividad que no ha parado de crecer en busca de unos objetivos cada vez más complicados, muchas veces casi utópicos. Tras la disputa de Roland Garros en 2021, Roger, Rafa y Novak se habían enfrentado entre ellos en ciento cuarenta y ocho ocasiones, una cifra descomunal, más teniendo en cuenta que casi la mitad de ellas fueron en finales (72) y que muchos de esos duelos se encuentran entre los más legendarios de la maravillosa historia del deporte. A ello ha contribuido también la inaudita longevidad deportiva de los tres contendientes. Contra todo pronóstico y antecedente, Federer, Nadal y Djokovic han mantenido su excelso nivel de juego y resultados mucho más allá de la treintena, con el suizo ya entrado incluso en la cuarentena. Como consecuencia, son varias las generaciones de tenistas que han visto sus sueños truncados por la presencia de tres genios irrepetibles. Si ya amargaron la existencia a varias generaciones de jugadores de la talla de Andy Roddick, David Ferrer, Juan Martín del Potro o Dominic Thiem, ahora amenazan con hacer lo propio con la *NextGen* de los Zverev, Tsitsipas o Medvedev.

Desde que Federer lograse su primer Wimbledon en 2003, cuando Nadal y Djokovic aún no eran profesionales, el llamado *Big Three* ha ganado sesenta de los setenta y tres Grand Slams disputados, un ochenta y dos por ciento de las ediciones; cifras que demuestran la magnitud de su nivel competitivo y su voracidad. Entre los pocos valientes que osaron arrebatarles un Grand Slam destacan Andy Murray y Stanislas Wawrinka, que alzaron tres cada uno. Con el tenista escocés en su mejor momento, se llegó incluso a hablar de un hipotético *Big Four*, aunque finalmente no pudo mantener el nivel, lastrado por sus problemas de cadera. Lo que nadie podrá arrebatarles es el gran palmarés logrado en la época más cara para la conquista de títulos. Desde 2004, solo Murray pudo alcanzar el número uno del mundo fuera del *Big Three*, mientras que Wawrinka es el único que pudo arrebatarles un título en Australia y Roland Garros en los últimos quince años. Andy Roddick, Gastón Gaudio, Marat Safin, Juan Martín del Potro, Marin Cilic, Dominic Thiem y Daniil Medvedev son los otros privilegiados que pueden presumir de haber ganado un Grand Slam en la era de los tres gigantes de la raqueta.

Para que una rivalidad alcance una dimensión planetaria es necesario algo más que unos contendientes de altísimo nivel. Se necesita, además, un contraste de estilos y personalidades que potencie las diferencias y obligue al aficionado a posicionarse. Federer, Nadal y Djokovic no podrían ser más diferentes y, sin caer en el estereotipo, son en muchos sentidos estupendos representantes del carácter de sus respectivos países. Federer es frío, elegante y preciso, no solo jugando, sino también fuera de las pistas; Suiza en formato tenista. Radicalmente opuesto es Nadal, con una personalidad espontánea, alegre y apasionada, cualidades muy españolas y mediterráneas, que lo acercan más a Djokovic, un perfecto ejemplo de la determinación y la gran capacidad de aprendizaje y adaptación del pueblo serbio.

Que el tenis sea un deporte individual es otro de los aspectos que realzan la competencia entre Federer, Nadal y Djokovic. Solo cuenta el jugador, cara a cara en la pista ante su rival. Nadie puede ayudarle y ni siquiera están permitidas las indicaciones de los entrenadores. No hay posibilidad de esconderse o refugiarse en los compañeros en un mal día. Esto lo hace un deporte donde la fuerza mental es un factor de primer orden, tanto o más que el talento, ya que la diferencia de calidad entre los mejores del mundo no es muy acusada. Andre Agassi lo explicó perfectamente: «El tenis es ese deporte en el que hablas contigo mismo. En el fragor de un partido, los tenistas parecen locos en una plaza pública que despotrican y maldicen. ¿Por qué? Pues porque el tenis es un deporte muy solitario. Solo los boxeadores pueden entender la soledad de los tenistas, y aun así ellos tienen a sus asistentes sentados en las esquinas».

Y como suele ocurrir en las grandes rivalidades, tanto deportivamente como en otros ámbitos de la vida, como el arte o la guerra, la existencia de un *alter ego* o némesis los ha llevado a un nivel de exigencia y excelencia nunca visto. En este caso ha propiciado, además, que prolonguen sus carreras mucho más allá de lo esperado… y todavía no han dicho su última palabra. A pesar de la edad y de los problemas físicos, los tres mantienen ardiendo su fuego competitivo interior, ese que los ha llevado a destrozar todos los récords del tenis y que les plantea cada temporada nuevos y complicados desafíos. No sabemos hasta cuándo durará, pero sí que será muy difícil volver a vivir una época semejante.

Para concluir, un último dato que pone de relieve la excepcional figura de Federer, Nadal y Djokovic. Y es que los grandes deportistas no se miden solo por la dimensión de sus gestas en el terreno de juego, sino también por su calidad humana, por los valores que muestran y el ejemplo que proporcionan a la sociedad. Y en esto no tienen rival. La grandeza humana de los tres está fuera de toda duda y son miles las muestras de humildad, generosidad y deportividad que han dado tanto dentro como fuera de las pistas de tenis.

PRIMERA PARTE

Los protagonistas

1.1

Predestinados

El ser humano mejor dotado para el tenis se asomó a la vida el 8 de agosto de 1981 en Basilea, Suiza. El país de las montañas nevadas y los verdes prados, el de los artesanos chocolateros y relojeros, alumbró también al maestro de la raqueta que cambiaría el rumbo del tenis mundial. Roger Federer nació con un talento excepcional para el tenis. Con una coordinación fuera de lo común, a los tres años peloteaba él solo contra cualquier superficie que pudiera servir como pared y empezó a pasar bolas por encima de la red. Sus padres, Robert Federer y Lynette Durande, le transmitieron su pasión por este deporte y desde muy niño lo llevaban los fines de semana al club en el que jugaban. La pareja se conoció en 1970 en Johannesburgo (Sudáfrica), donde trabajaban para el gigante farmacéutico suizo Ciba-Geigy. Tras unos años en Sudáfrica, país natal de Lynette, ambos se instalaron en Suiza, donde se casaron y siguieron trabajando en la sede central de la compañía helvética.

Estas raíces marcaron el carácter cosmopolita de Roger y de su hermana Diana, tres años mayor que él, así como su pasión por África, pues solían visitar el país de su madre en vacaciones. Además, su padre es un amante de los viajes, gracias a lo cual conoció a su futura esposa, y a una edad muy temprana acostumbraron a sus hijos a viajar. Entre los más recordados por Roger está el que hicieron a Australia en su adolescencia; guarda los mejores recuerdos de Sídney, una ciudad que años después marcaría su vida para siempre. Este espíritu internacional es el que Roger Federer hoy en día está transmitiendo a su vez a sus hijos, viajando con ellos a las competiciones que se disputan en diversas partes del planeta.

Dos meses antes de que el pequeño Roger cumpliera cinco años, el 3 de junio de 1986, Ana María Parera dio a luz en la mediterránea Manacor (España) al bebé que estaba destinado a ser la némesis de Roger Federer en el mundo del tenis. Rafael Nadal, idéntico nombre que su admirado abuelo paterno, llegó al mundo en el entorno ideal para afrontar una meta solo al alcance de los elegidos. En la paradisíaca isla de Mallorca, disfrutó de una infancia privilegiada, arropado por una extensa y unida familia donde destaca su vínculo con su hermana Maribel, tres años menor que él. La familia de su padre Sebastián le aportó los genes necesarios para la alta competición. Su tío Miguel Ángel había sido un destacado futbolista de élite, miembro del *Dream Team* que Johan Cruyff dirigió en el Fútbol Club Barcelona. Con el club azulgrana ganó cinco ligas y una Copa de Europa, además de ser internacional con la selección española. Sin embargo, nada de eso evitó que su sobrino fuera el más ferviente admirador del eterno rival de los culés, el Real Madrid. Aunque la experiencia en la élite de Miguel Ángel fue siempre de gran ayuda para preparar su camino al éxito, el elemento clave en la vida deportiva de Rafa fue Toni Nadal, hermano de Sebastián y Miguel Ángel. Extenista reconvertido a entrenador en el Club Tenis Manacor, comenzó a pelotear con su sobrino cuando este solo tenía tres años, y vio antes que nadie el potencial de un niño con unas condiciones físicas y mentales excepcionales.

Lejos de Mallorca, en la bulliciosa Belgrado y bajo la calidez de unos padres que años después sacrificarían todo por su futuro, abrió los ojos por primera vez Novak Djokovic. Era el 22 de mayo de 1987. Hijo de Srdjan Djokovic, serbio nacido en la kosovar Mitrovica, y de Dijana Zagar, de Belgrado como él, dicen que ya de niño su mirada mostraba la misma determinación que hoy. Esa fe en sus posibilidades, compartida por toda su familia, fue la clave de un éxito que llegó tras superar un escenario muy diferente al que vivieron sus dos grandes rivales. Su camino hasta la élite estuvo siempre minado, primero por la guerra y después por las dificultades económicas que sobrevinieron. Tales circunstancias marcaron el carácter de un tenista y una familia que remó unida para alcanzar el increíble destino que la vida le deparaba a uno de los suyos. Incluso al precio de no poder atender las carreras de los hermanos de Novak, quienes supieron aceptar con amor y resignación su papel secundario. Todos los recursos y las energías fueron para Nole, como reconoció Dijana en una entrevista concedida al diario suizo *Click* en 2020: «Descuidamos a sus dos hermanos menores porque todo giraba en torno a Novak. Lo siento por Marko y Djordje, ellos también eran talentosos, pero no pudimos apoyarlos. Mi esposo se quedó sin energías. No tuvimos fuerza para hacerlo de nuevo como con Novak».

Mientras Srdjan y Dijana disfrutaban de su recién nacido en el verano de Belgrado, en Basilea Roger Federer entró a formar parte de un grupo de entrenamiento de tenis por primera vez. Tenía seis años y en él conoció a Marco Chiudinelli, quien pronto se hizo su mejor amigo. Juntos comenzaron a compartir prácticas y tiempo libre; se los conocía tanto por su talento como por su mala conducta. Ambos pasarían dos años después a formar parte del Club de Tenis Old Boys, en el que era entrenadora la madre de Roger. El primer técnico de ambos fue Adolf Kacovsky, uno de los muchos emigrantes checoslovacos que exportaron gran parte de la sabiduría tenística de la que ahora disfrutan los suizos. El mejor fruto de esa importada tradición fue Martina Hingis; pero también lo fue la actual esposa de Federer, Mirka Vavrinec.

Tanto Kacovsky como los padres de Federer percibieron muy pronto que el chico tenía un gran talento. Su excelente coordinación le permitía copiar casi cualquier gesto que viera por la televisión a los profesionales, sin apenas practicarlo. Sin embargo, tanto Robert como Lynette preferían no darle importancia. Nunca quisieron presionarle y le dejaron elegir su camino. El propio Roger era muy consciente de sus grandes cualidades tenísticas y ya de pequeño alardeaba de que algún día sería el número uno del mundo y ganaría Wimbledon. Esa consciencia de ser un superdotado para el tenis siempre fue un arma de doble filo para él. Por un lado, le permitía jugar a un nivel muy superior al de sus compañeros de entrenamiento; por el otro, se convertía en frustración cuando no era capaz de plasmar con la raqueta lo que le dictaba la alborotada creatividad de su cerebro.

En su libro *El código Federer*, Stefano Semeraro define con acierto la impotencia que sentía el pequeño Roger en sus inicios con la raqueta. En opinión del periodista italiano, «entre las extravagancias propias de un fuera de serie y la frustración que genera tener consciencia de las propias capacidades y pretender ser siempre el número uno, su carácter salió perdiendo». En esta interesante obra sobre el tenista suizo, Claudio Mezzadri señala el mismo motivo como el origen de la mala actitud de Roger en la pista: «Era plenamente consciente de que tenía un don. Desde chiquillo su objetivo era convertirse en número uno mundial y ganar el torneo de Wimbledon». Por suerte, pudo contar con el contrapeso de unos padres realmente comprensivos, que siempre confiaron en él y se mostraron dialogantes en cualquier circunstancia. Sin embargo, esto no impedía que a veces se sintieran avergonzados por la actitud de un niño que tiraba la raqueta, gritaba o lloraba en función de la marcha del partido o del entrenamiento. Este fue un hándicap contra el que Federer tuvo que luchar toda su vida y que solo pudo solucionar en la edad adulta, en sus primeros años como profesional.

En el documental *Strokes of genius*, en el que se repasa ampliamente todo lo acontecido en la épica final de Wimbledon 2008 contra Rafa Nadal, el propio Federer reconoce cuál fue siempre su talón de Aquiles: «Siempre he buscado la perfección, desde una edad muy temprana. Yo pensaba que podía jugar un tenis perfecto, que podía golpear como los jugadores que veía en la televisión y que admiraba: Becker, Edberg y Pete Sampras. Eso me inspiraba y me iba a jugar muy confiado y feliz..., y entonces, *bang*, me chocaba con un muro. No era suficientemente fuerte y grande aún. Mis padres no disfrutaban cuando yo me comportaba así en la pista, tirando la raqueta, gritando, llorando, era demasiado emocional y loco, y ellos se sentían decepcionados por mi comportamiento. Los entrenadores me decían que eso no me haría jugar mejor, sino peor».

Esta versión la corroboran sus padres en el mismo film, inspirado en el libro de L. Jon Wertheim. Según Robert Federer: «Roger tenía cierta expectativa sobre el estándar de tenis que quería jugar, y cuando no lo lograba, se enfadaba. Nosotros muchas veces nos sentimos avergonzados y alguna vez le dijimos "Roger, no venimos más contigo, no vamos a quedar más como tontos al lado de la pista mientras tú te comportas así"». Por su parte, Lynette Federer le intentaba hacer ver que su comportamiento era una invitación al oponente, era como decirle: «Gáname, estoy listo para que me venzas».

Las miras del vástago de los Federer siempre estuvieron puestas en lo más alto; Boris Becker fue su primer ídolo tenístico. Por aquel entonces, el pelirrojo alemán había sorprendido al mundo ganando Wimbledon con solo diecisiete años, y el pequeño Roger estaba convencido de poder seguir sus pasos. Sin embargo, con el tiempo sus simpatías viraron hacia Stefan Edberg, del que apreciaba su juego ofensivo y creativo. Estas virtudes son las que Federer llevaría a su máxima expresión años después; posiblemente, el tenista sueco es el jugador que más ha inspirado al genio de Basilea en su carrera. Pocos jugadores se han acercado al nivel de plasticidad de Federer, y Edberg fue uno de ellos. Cuando el tenista escandinavo se retiró, el ya adolescente Roger encontró un sustituto en Pete Sampras, el gran referente del circuito en los noventa. Hasta la llegada de Federer, nadie dominó la hierba de Wimbledon como *Pistol* Pete; para el recuerdo quedará el partido que marcó el relevo generacional en la edición de 2001.

Totalmente alejado de ese carácter rebelde y voluble que Roger Federer mostraba en la pista, Rafa Nadal fue un niño dócil desde su más tierna infancia. Siempre mostró una gran predisposición a obedecer a su tío Toni, desde que empezó a entrenarle con otros niños. Nunca se rebeló, ni siquiera cuando de manera deliberada le trataba injustamente para endurecer su carácter. La resiliencia fue desde el inicio una de sus grandes virtudes, que Toni se encargó de alimentar durante toda su vida. Tal era la fe del pequeño Rafa en su tío que este le hacía creer que era capaz de detener la lluvia o hacer que un jugador se lesionase. En una charla durante la primera edición del Marca Sport Weekend, celebrado en Marbella en 2019, Toni recalcó la influencia de esta cualidad en la trayectoria de su sobrino: «Rafael desde joven fue muy obediente, lo cual es un signo de inteligencia en un niño, porque muestra que entiende que los mayores saben más. Cuando vi su enorme potencial, pensé en la clase de persona que me gustaría ver en la pista, más allá de sus cualidades como jugador. No me gustan las divas. Siempre le he insistido en la importancia de poner buena cara cuando estaba jugando, calmado y serio, no enfadado o irritado. Y cuanto más alto estás, mayor es tu deber de tratar a la gente con respeto. Es más importante ser una buena persona que un buen jugador».

Al igual que Rafa, Novak Djokovic fue un niño tranquilo, cuyas principales virtudes fueron su determinación y su capacidad de aprendizaje, de absorber conocimiento. Todos los que le entrenaron en algún momento lo definen como una auténtica esponja, siempre con una batería de preguntas por hacer, dispuesto a saberlo todo sobre el tenis. Esa cualidad la potenciaría desde los cinco años la persona que cambió su vida en el verano de 1993. Los padres de Nole habían abierto dos años antes una pizzería en Kopaonik, un resort cercano a una estación de esquí en la frontera de Serbia con Kosovo, en los Alpes Dináricos. Los aficionados al esquí acuden allí en invierno, mientras que en verano es la temporada de los senderistas. Fuera de esas dos estaciones vivían en Belgrado, donde gestionaban otro restaurante.

El mismo verano en el que Pete Sampras logró su primera victoria en Wimbledon, la federación de tenis yugoslava abrió tres pistas de cemento justo enfrente de la pizzería de los Djokovic. Aunque en su familia la tradición deportiva estaba relacionada con el esquí, Nole acababa de ver la final de Wimbledon por televisión y se había enamorado al instante de ese deporte. Al ver a Sampras derrotar a Jim Courier en la Centre Court, quiso emular a su nuevo ídolo y se fabricó una réplica en papel del trofeo más antiguo del mundo. Esta nueva pasión le llevó a visitar por su cuenta las nuevas instalaciones, donde conoció a la directora del centro, que se sorprendió al ver a un niño de cinco años solo en las instalaciones y tan interesado en su deporte. Le invitó a probar ese mismo día e inmediatamente se dio cuenta de que tenía un diamante en bruto.

Maravillada por el talento innato del jovencísimo aspirante a campeón, Jelena Gencic quiso visitar a sus padres al acabar la primera lección para decirles, sin ambages, que tenían en casa a un potencial número uno del mundo. Quien les hablaba sabía bien lo que decía. Gencic había jugado al tenis; además, como entrenadora, sus dos pupilos más famosos habían sido nada menos que Monica Seles y Goran Ivanisevic, dos leyendas balcánicas. Además, fue jugadora de balonmano y bronce olímpico con Yugoslavia. Una vez que pidieron referencias sobre ella, le confiaron totalmente su entrenamiento y creyeron con fe ciega en el proyecto. Gencic les dijo que no les cobraría por ello. Trabajaba para la Federación Yugoslava de Tenis y el Partizán de Belgrado; ellos proporcionarían al chaval todo lo necesario para su entrenamiento. Sin embargo, les advirtió que tendrían que ir pensando en cómo conseguir fondos para financiar la carrera de su hijo, ya que al cabo de pocos años tendría que viajar a los torneos y seguramente dejar su país. Djokovic siempre ha dicho que Jelena fue su «madre en el tenis», la persona que le enseñó los fundamentos de su deporte y que le preparó para afrontar las dificultades del camino. Entrevistado por Chris Bowers para la biografía que escribió sobre él, Djokovic cree que «Jelena tuvo una visión. Ella vio en mí algo especial desde el principio. Nos preparaba para algo más grande que el tenis, para la vida. Mi familia me enseñó que fuera siempre respetuoso y educado con la gente mayor que yo, así que nunca cuestioné sus métodos. Yo era una esponja, siempre pedía más, y ella era feliz de darme todo lo que podía. Ella es parte de cada uno de mis entrenamientos, de cada victoria o derrota».

Al igual que el pequeño Nole, también Roger encontró ese año a la persona idónea para guiarle en el mundo del tenis. En Basilea comenzó a trabajar en el Tennis Club Old Boys con Peter Carter, un extenista australiano, que supo adaptarse muy bien y exprimió con inteligencia y tacto su gran potencial. Además, fue quien mejor entendió su carácter, motivo por el que se enfocó no solo en los aspectos de la técnica, sino también en su fortaleza mental. El enorme talento de su pupilo pronto se materializó en títulos y así ganó su primer campeonato nacional derrotando en la final a su amigo Marco Chiudinelli. En su biografía sobre Roger Federer, el periodista suizo René Stauffer, uno de los que mejor conocen la figura de su compatriota, descubre al lector un dato de lo más curioso: en esa edición disputada en Lucerna, la competición sub-18 la ganó Severin Lüthi, mientras que en la categoría femenina sub-16 la vencedora fue Miroslava Vavrinec. Nada reseñable si no fuera porque años después se convertirían en las dos piedras angulares de su proyecto profesional y vital como entrenador y esposa.

Al acabar ese verano de 1993, Federer tuvo la ocasión de vivir por primera vez un gran torneo de tenis profesional, el de Basilea. Los Swiss Indoor cuentan con una gran tradición en la ATP y por él han pasado muchas de las mayores leyendas del tenis. En la organización de esta competición trabajaba Lynette Federer, y Roger entró a formar parte del equipo de recogepelotas. Después de unos emocionantes días de competición y una vez concluida la final entre Michael Stich y Stefan Edberg, por entonces su gran ídolo, todos los chicos fueron invitados a comer pizza por el ganador, que les colgó una medalla en reconocimiento a su labor. Esto es algo que nunca olvidaría; cuando en 2006 ganó el torneo por primera vez, tuvo ese mismo gesto con los recogepelotas. Hoy se ha convertido en una bonita tradición, teniendo en cuenta las diez ocasiones en las que se ha proclamado campeón en su tierra natal.

A esas alturas de sus vidas, la amistad con Marco Chiudinelli, compañero de entrenamientos y gamberradas, ya se había convertido en hermandad. Incluso los padres de ambos se habían hecho buenos amigos, y los Chiudinelli se fueron a vivir al barrio de Münchenstein en el que residían los Federer, a las afueras de Basilea. Los dos jóvenes se entrenaban en el club y pasaban los fines de semana practicando deportes y jugando a los videojuegos. Combinaban el fútbol y el tenis, pero finalmente se decantaron por la raqueta cuando se les hizo imposible compaginar ambas disciplinas y los estudios. Ya entonces Federer era un apasionado del FC Basel; aún hoy acude a ver sus partidos en el St. Jakob Park siempre que tiene ocasión. En aquella época, los dos chicos eran la pesadilla de los entrenadores, pero a su vez los más talentosos y los que más satisfacciones les daban. Lo que no podían ni imaginar entonces sus preparadores es que muchos años después, en 2014, serían ellos los que conquistarían la única Copa Davis de la que puede presumir Suiza. Chiudinelli colgó la raqueta tres años después, despidiéndose en el torneo de Basilea tras una buena carrera en la que llegó a ser el número 52 del mundo y en la que brilla con luz propia la Ensaladera de Plata. Su alma gemela le derrotó en las dos ocasiones en las que se enfrentaron y estuvo presente en su último partido en el St. Jakobshalle, donde no pudo evitar derramar unas lágrimas de emoción.

Mientras Federer se proclamaba campeón de Suiza por primera vez, el entrenamiento del pequeño Nadal con Toni comenzó a ponerse serio. Rafa solo tenía siete años, pero su tío ya había vislumbrado su enorme potencial y convenció a sus padres para dedicarse a su entrenamiento. Lo primero que hizo fue diseñar un plan específico para entrenarle y una forma de jugar que explotara al máximo sus cualidades, pasando a ejercitarse cinco días a la semana. En esa época todavía lo compaginaba con su equipo de fútbol, en el que jugaba como delantero. Quien lo vio jugar asegura que tenía madera de futbolista profesional, y no es de extrañar viendo su dominio de la bola, su imponente físico y teniendo los genes de un campeón de Europa. Rafa siempre ha comentado que lo que más echa de menos del fútbol es formar parte de un equipo, compartir experiencias y batallas con los compañeros. Es uno de los motivos por los que adora disputar las eliminatorias de la Copa Davis y ser parte de la delegación española en los Juegos Olímpicos.

Con una filosofía estajanovista basada en una cultura del esfuerzo, Toni tenía muy claro el tipo de deportista que quería formar. Para ello no solo era ultraexigente con su joven discípulo, sino que le hacía preguntas constantemente. Buscaba que el joven Rafael reflexionara y entendiera el porqué de las cosas. El propio Rafa lo reconoce en el libro del que es coautor junto a John Carlin: «Saber jugar no es solo golpear bien la bola, sino tomar las decisiones correctas... Toni me hacía pensar mucho sobre tácticas básicas desde una temprana edad. Si me equivocaba, él me preguntaba en qué me había equivocado y hablábamos sobre ello». Esta combinación de método socrático y disciplina espartana tuvo efectos muy beneficiosos en el tenista que ha llegado a ser Nadal. Por un lado, le hizo comprender el juego mejor que nadie y le ha hecho ser muy superior a sus rivales táctica y estratégicamente; por el otro, forjó un indomable espíritu guerrero que hizo de la lucha y la garra, además de la enorme calidad que atesora, el inconfundible sello tenístico del español.

La combinación tío-sobrino pronto empezó a dar réditos en forma de títulos. En 1994 y con solo ocho años, Rafa ganó el Campeonato de las Islas Baleares en categoría sub-12. El resultado tuvo que ser impactante para quienes lo presenciaron, ya que a esas edades cuatro años de diferencia son un mundo física y mentalmente. De hecho, a esas alturas el menudo tenista balear todavía ejecutaba todos sus golpes con las dos manos debido a su falta de fuerza; fue poco después cuando empezó a empuñar la raqueta con una sola mano. Sin embargo, no es cierta la creencia general de que su tío le obligó a jugar con la mano izquierda para tener una ventaja estratégica en el juego. Nadal ha comentado en múltiples ocasiones que, cuando llegó el momento, lo que le vino natural fue golpear con la zurda, a pesar de ser diestro para todo lo demás. Toni ha tomado muchas decisiones buenas para beneficio de su querido sobrino, pero esa no fue una de ellas.

Como mentor, nunca le permitió lamentarse por nada ni buscar excusas por sus errores. Si alguna vez lo hacía, siempre le respondía «no busques justificaciones porque las vas a encontrar» o «nunca una excusa ganó un partido». Pretendía con ello que su sobrino se mentalizase de que todo lo bueno o malo que le sucediera sería responsabilidad suya. Estas frases que moldearon su personalidad decoran hoy en día las paredes de la Rafa Nadal Academy, que el tenista inauguró en octubre de 2016 en Manacor. Nadal interiorizó muy joven esta filosofía, hasta el punto de llevarla al paroxismo en algunos momentos. Una de las anécdotas favoritas de Toni Nadal se produjo cuando en un torneo alguien fue a avisarle de que su sobrino estaba jugando con una raqueta rota. Toni estaba viendo jugar a otro alumno, pero fue a ver qué sucedía y comprobó que, efectivamente, Rafa estaba perdiendo por jugar con una raqueta dañada. Cuando su tío le preguntó por qué no usaba una de las otras raquetas disponibles, el joven tenista le respondió que estaba tan acostumbrado a que la culpa fuera siempre suya que no se había dado cuenta de que en esta ocasión era de la raqueta. Una contestación que define una filosofía.

En el año 1995 ya era evidente que el futuro de Roger Federer pasaba por ser tenista profesional si no se desviaba en sus últimos años de formación. Pocos años antes había dejado de jugar al fútbol para centrarse exclusivamente en el tenis y, a pesar de los progresos realizados bajo la tutela de Peter Carter, necesitaba un programa de entrenamientos más exigente y acorde a su nivel. Por este motivo, después de mucho meditarlo, se decidió a hacer las pruebas para ingresar en el programa deportivo y académico de la Swiss Tennis en Ecublens, en las inmediaciones de Lausana. El encargado de supervisar los test de admisión fue Pierre Paganini, quien más adelante se convertiría en uno de los miembros más importantes de su equipo profesional. Como no podía ser de otra forma, Roger fue aceptado y se fue a vivir a Lausana, en la Suiza francófona, con una familia de acogida. El comienzo fue muy difícil para él y pensó seriamente en abandonar. Como germanoparlante, no entendía el idioma y apenas podía comunicarse, por lo que no tenía muchos amigos. Debido a ello, echaba mucho de menos su casa y a sus amigos, lloraba continuamente y solo deseaba que llegase el fin de semana para volver a Münchenstein. Es comprensible la angustia que sintió, ya que estas academias de alto rendimiento deportivo son lugares difíciles para los jóvenes, donde reina la competitividad y la carga de trabajo es brutal; madrugones, entrenamientos, clases, vuelta a las prácticas, más estudio…, así un día tras otro. No es fácil adaptarse y no es difícil entender que al principio no quisiera continuar en el programa. Fueron sus padres, con los que hablaba a diario por teléfono, los que le convencieron de que siguiera esforzándose para poder alcanzar su sueño. Al principio, todo ello afectó a su nivel de juego, que bajó mucho en los entrenamientos, pero todo cambiaba en los partidos importantes, en los que dejaba a todos boquiabiertos por la variedad y precisión de sus golpes. Con el paso de los meses, y gracias a sus progresos con el idioma y el apoyo de su nueva familia, Roger mejoró su actitud y fue encontrando su lugar en Ecublens.

La parte académica fue siempre la más difícil para él. Los estudios seguían sin motivarle y sus resultados nunca fueron buenos, razón por la que los abandonó definitivamente cuando terminó la enseñanza obligatoria en 1996. Esta decisión coincidió en el tiempo con el traslado de la Swiss Tennis a Biel, en la región de los Tres Lagos, donde ya se dedicó en exclusiva al tenis para intentar ser profesional. Roger contó en todo momento con el apoyo de sus padres, que empezaron a incrementar sus horas de trabajo, ya que la beca de la federación suiza no era suficiente para financiar su prometedora carrera. Le advirtieron de que tendría que dar el máximo para llegar a ser profesional y que con eso no bastaría, ya que solo los mejores podían vivir de su pasión. Pero él tenía fe ciega en sus posibilidades y para entonces ya había conquistado varios títulos nacionales; era la gran esperanza suiza para coger el testigo de Marc Rosset y Jakob Hlasek, las dos mejores raquetas del país en los años noventa.

En septiembre de 1996, en Zúrich, se enfrentó por primera vez a uno de los tenistas con los que siempre se le comparó en sus comienzos en el circuito profesional. El australiano Lleyton Hewitt, unos meses mayor que él, era por entonces una de las grandes promesas del tenis internacional. Sin embargo, en la World Youth Cup, Federer demostró que nada ni nadie podía frenarlo cuando estaba centrado; lo derrotó por 4-6, 7-6 y 6-4. Fue el primero de muchos duelos entre dos futuros número uno del mundo. El juego del joven talento suizo maravilló a todos en esa edición, tanto como sorprendió su facilidad para irse de los partidos por arrebatos de furia en los que gritaba o hacía volar su raqueta. René Stauffer cuenta en su biografía sobre Federer que tuvo oportunidad de presenciar ese campeonato y entrevistar al adolescente suizo. Preguntado por su mala conducta, se sinceró y confesó ser consciente de su punto débil: «Sé que no debería hacerlo porque solo me daña a mí. El hecho es que no me perdono ningún error, aunque sepa que forman parte del tenis». Era capaz de lo mejor y de lo peor en una pista de tenis; de su capacidad para controlarlo dependería su futuro en la élite.

En el centro de Biel, Federer volvió a trabajar con Peter Carter, con quien ya había entrenado en Basilea. Los unía una gran amistad; el australiano es uno de los grandes culpables del amor que su pupilo desarrolló muy pronto por su país. La de Biel fue una época decisiva en su formación, el paso previo a su debut como profesional. Allí entró en contacto por primera vez con Peter Lundgren, entrenador sueco que sería muy importante en los inicios de su carrera, además de trabar amistades con tenistas como Yves Allegro. Con este último compartió apartamento y poco después vestuario en el equipo suizo de la Copa Davis; Allegro era el especialista del doble helvético.

En 1997, Federer se proclamó campeón de Suiza sub-18 y fue aumentando su presencia en los torneos internacionales. En ellos coincidió con algunos de los tenistas con los que rivalizaría por el número uno de la ATP en la primera mitad de su carrera profesional. Entre ellos destacaban el mencionado Hewitt y la gran esperanza norteamericana, Andy Roddick. El suizo ya era conocido por su gran facilidad para jugar al tenis, pero su irritabilidad y su mal carácter amenazaban con eclipsar este sello de calidad. Por tal motivo, tanto Hewitt como Roddick parecían en aquel momento apuestas más seguras y, de hecho, alcanzaron su mejor nivel mucho antes que Federer, que relevó al de Nebraska en el número uno del *ranking* ATP. Casi siete años antes, el 22 de septiembre de 1997, Federer apareció por primera vez en esa clasificación como número 803 del mundo; acabó el año en la posición 704. La meta de ser tenista profesional estaba cada vez más cerca.

Si Federer se encontraba en la fase decisiva para dar el gran salto a la élite, Nadal apenas comenzaba su periplo tenístico, aunque en su caso quemó etapas a un ritmo superior. Pocos meses antes de que el suizo viese por primera vez su nombre en la clasificación mundial, el español conquistó su primer campeonato nacional en Segovia. Fue en la categoría sub-12 y contaba con once años de edad. Como Federer cuando ganó su primer título de Suiza, Nadal también derrotó a su mejor amigo en la final, Tomeu Salvà. Posteriormente, lo que debía ser una celebración por el importante éxito de un niño se convirtió en una lección *made in Toni*. Haciéndose pasar por periodista, el preparador mallorquín había llamado a la Federación Española de Tenis para pedir la lista de los últimos veinticinco ganadores del torneo; cuando la familia estaba festejando la victoria en la cena, quiso que su sobrino pusiera los pies en el suelo. Delante de todos, Toni le leyó la lista de campeones del torneo, preguntándole si los conocía. Solo cinco de ellos habían llegado a profesionales, entre ellos Àlex Corretja, por lo que Toni sentenció mirando a aquel sorprendido chaval: «Las posibilidades de que llegues a profesional son una entre cinco. No te emociones demasiado, hay todavía un largo y duro camino. Depende de ti». Indudablemente, estos mensajes tuvieron un efecto positivo en el pequeño Rafael a largo plazo, pero es fácil imaginar su cara de circunstancias, arqueando la ceja en un momento en el que no sabría si había hecho bien o mal ganando el título.

Como revela John Carlin en su biografía sobre el campeón español, *Rafa. Mi historia*, Toni nunca cobró a su hermano por su trabajo. Cuando Rafa tenía diez años, un año antes de su primer título nacional, ya eran conscientes de que tenían un proyecto de campeón entre las manos y acordaron que Toni se liberara de sus funciones en la empresa en la que era socio de Sebastián. Se dedicaría en exclusiva al entrenamiento de Rafa y cobraría su parte de beneficios de la empresa. Los negocios perdieron a un empresario más y el tenis ganó a uno de los mejores entrenadores de su historia. En 1998, Rafa siguió dándoles motivos para apostar por él y repitió título ganando en la final a Marcel Granollers, su futuro compañero en la Copa Davis. El espigado tenista catalán fue su víctima también en el cuadro de dobles, que Nadal se llevó junto a Tomeu Salvà, con quien Rafa arrasó en las categorías inferiores, conquistando muchos campeonatos internacionales. El de Tomeu es un caso peculiar en el mundo del tenis. Zurdo como su amigo y campeón de Europa cadete, con solo diecisiete años ya estaba entre los cuatrocientos mejores del mundo. Al contrario que Rafa, él sí aceptó la beca de la Real Federación Española de Tenis para entrenarse en el Centro de Alto Rendimiento de San Cugat. Llegó a situarse en el puesto 288 del *ranking* ATP, pero con solo veintiún años sintió que estaba estancado; no aguantaba la presión que él mismo se imponía, como confesó en una entrevista concedida al diario digital *El Español*. En principio fue una simple desconexión, pero durante ese tiempo comenzó a trabajar como entrenador en la Federación de Baleares y sintió que ese era el camino que quería seguir. Hoy es uno de los entrenadores principales de la Rafa Nadal Academy, donde dirige a algunos de los alumnos más avanzados del centro deportivo. Tomeu Salvà es un claro ejemplo de lo duro que es el camino hacia la élite; no basta con tener grandes condiciones físicas y técnicas, también es necesaria una buena fortaleza mental para gestionar el éxito y el fracaso. Ya lo dice la célebre cita de Rudyard Kipling que preside la entrada a la Centre Court de Wimbledon, donde los tenistas esperan antes de saltar al césped de La Catedral: *If you can meet Triumph and Disaster and treat those two impostors just the same*.

Al igual que Nadal, Novak Djokovic comenzó esos años a disputar sus primeras competiciones sub-10 e incluso sub-12, enfrentándose generalmente a chavales mayores que él. Cuenta Chris Bowers en su completa biografía sobre Djokovic que una de las personas con quien más tiempo compartió en esos torneos fue Ana Ivanovic. Era solo seis meses más joven que Nole y coincidieron en infinidad de campeonatos en los que fueron compañeros de juegos, buscando el modo de entretenerse entre partido y partido. Hoy siguen siendo buenos amigos y se da la curiosa circunstancia de que ambos ganaron su primer Grand Slam en 2008, Novak en el Open de Australia y Ana en Roland Garros. En esas competiciones coincidieron también con Viktor Troicki, Janko Tipsarevic y Jelena Jankovic, los dos últimos en categorías superiores. Todos ellos han formado parte de la generación de oro del tenis serbio, la que sobrevivió a la guerra y los bombardeos de la OTAN para poner en el primer plano mundial a su país, pero por un motivo bien distinto.

Con los primeros viajes de Nole para disputar torneos comenzaron también las dificultades económicas de los Djokovic, que debían costear los gastos de la incipiente carrera de su hijo. Dijana Djokovic confesó al diario suizo *Blick* que «fueron momentos difíciles. Los dos trabajábamos en Kopaonik, pero no teníamos dinero suficiente ni para pagar el alquiler del piso. Mi esposo era el que acompañaba a Novak a los torneos, y yo me quedaba en casa con los otros dos niños pequeños. Había días en los que me despertaba y no sabía ni cómo iba a poder comprar pan. Estaba desesperada, pero si uno tiene un objetivo *in mente*, acaba lográndolo. Creo que fuimos una familia valiente. Si Novak hubiera nacido en otro país, todo habría sido diferente. Hemos pasado muchas noches sin poder dormir. La preocupación nos desesperaba». Estas dificultades comenzaron incluso antes de la tragedia que se cerniría sobre la población serbia en 1999. Yugoslavia atravesaba una grave crisis económica y de identidad después de la guerra, lo que sumado a la inflación, el desempleo y el aislamiento internacional empujaban al abismo a muchos de sus habitantes. Belgrado era el lugar menos indicado para conseguir financiación en aquel momento. Y mucho menos para sufragar una carrera tenística.

Totalmente ajeno al drama balcánico, Federer afrontó 1998 como un año crucial en su carrera. Iba a ser su última temporada como júnior y debutaría con los profesionales antes de dar el salto definitivo al circuito ATP. Comenzó la campaña con un buen papel en el Open de Australia júnior, donde perdió en las semifinales contra el sueco Andreas Vinciguerra. Era uno de los mejores júniors del circuito, pero después no pudo mantener las expectativas con los grandes: su mejor *ranking* fue el número 33. Vinciguerra era zurdo, así que ya desde el principio esta especie en extinción le creó muchos problemas al bueno de Roger. El mes de julio sería inolvidable para él: por primera vez jugó en su torneo favorito en categoría júnior, en Wimbledon, la competición que siempre había soñado disputar. Y Federer volvió a demostrar que cuando algo le importaba de verdad era imparable. En una demostración de poderío impropia a su edad, se impuso en la competición por partida doble; la final individual se la ganó al georgiano Irakli Labadze y la de dobles se la llevó haciendo pareja con el belga Olivier Rochus. A punto de cumplir los diecisiete años, comenzaba a familiarizarse con la dulce sensación de ganar un Grand Slam. Sin tiempo para celebraciones, viajó de vuelta a Suiza para hacer dos días después su estreno entre los profesionales en el Swiss Open de Gstaad, la versión al abierto del torneo de Basilea. Este torneo se desarrolla en un enclave precioso en los Alpes y siempre ha sido muy apreciado por los especialistas en tierra batida, por lo que hizo su debut en la élite en la superficie que menos le gusta. Su rival en la primera ronda fue Lucas Arnold, número 88 del mundo, ante el que tuvo una buena actuación sin arrugarse, pero no fue suficiente para batir al argentino (6-4 y 6-4).

En septiembre, cumplidos ya los diecisiete años, repitió experiencia en el torneo de Toulouse. Había bajado en el *ranking* ATP a la posición 878, pero gracias a esta competición dio un espectacular salto en la clasificación hasta situarse en el puesto 396 del mundo. Lo hizo gracias a sus magníficas victorias ante dos top 50, el francés Guillaume Raoux (45) y el australiano Richard Fromberg (43). Su aventura llegó hasta los cuartos de final, donde perdió con el neerlandés Jan Siemerink (20) por 7-6 y 6-2. Ese mismo mes disputó su último Grand Slam júnior en el US Open y de nuevo tuvo una gran actuación en una competición importante. En Flushing Meadows llegó a la final, pero perdió con quien sería una de sus bestias negras en sus primeros años en el circuito profesional, el argentino David Nalbandian.

Gracias a estas buenas actuaciones recibió una *wild card* para participar por primera vez en el torneo de Basilea, donde apenas cuatro años antes era recogepelotas. Y su debut fue nada menos que contra Andre Agassi, una de las mayores leyendas del tenis y en aquel momento el único que había conquistado el Golden Slam en su carrera (reunir los cuatro Grand Slams y la medalla de oro individual en los Juegos

Olímpicos; en 2008 se le uniría Rafa Nadal). En su primer partido contra un mito de la raqueta, Roger no pudo hacer nada salvo aprender de la inmensa clase del tenista de Las Vegas (6-3 y 6-2). Volverían a verse las caras.

Su etapa júnior llegó a su fin en diciembre; Roger la culminó a lo grande. Primero ganando la prestigiosa Orange Bowl en Florida al derrotar en la final al argentino Guillermo Coria; después, poniendo el broche a su gran año al acabar como número uno del mundo en la categoría. Federer despidió 1998 después de ganar 26 370 dólares en premios y habiendo firmado contratos de patrocinio con Nike y Wilson, así como un acuerdo de representación con la prestigiosa agencia IMG (International Management Group). Situado ya en el puesto 301 del *ranking* ATP, estaba preparado para competir en 1999 con las mejores raquetas del mundo. Todavía alternaría torneos ATP y Challengers, pero sería el año de su estreno en los Grand Slams, los Masters 1000 y la Copa Davis; su primera temporada como tenista profesional.

La primera gran competición en la que Roger Federer participó dentro del circuito profesional fue el Masters 1000 de Miami; mientras se disputaba este torneo, en Belgrado dieron comienzo los tres meses que marcaron el carácter y las vidas de Novak Djokovic y varias generaciones de serbios. Era el 24 de marzo de 1999 cuando la OTAN dio luz verde al bombardeo sistemático de Yugoslavia, que se prolongó durante setenta y ocho días. El objetivo principal de los F-16 estadounidenses y aliados fue la capital serbia, pero también fueron atacados objetivos en Pristina, Novi Sad y Podgorica. Fueron once semanas en las que se estima que perdieron la vida al menos mil doscientas personas y que terminaron de destrozar la maltrecha economía del país. Decenas de hospitales y colegios fueron destruidos, y las principales infraestructuras del país resultaron muy dañadas, especialmente edificios e instalaciones gubernamentales, aeropuertos, estaciones de trenes y autobuses, fábricas, puentes y centrales eléctricas. El escritor Diego Mariottini cita en su libro *Dios, patria y muerte* un artículo publicado por la web ariannaeditrice.it, en el que se detallan los recursos utilizados por la Alianza Atlántica en la operación Allied Force: «Se lanzaron 10 000 misiles de crucero, 21 000 toneladas de explosivos y 1085 bombas de racimo, que diseminaron por el territorio más de 35 000 pequeñas bombas que, a modo de minas, siguen poniendo en peligro la integridad de más de 160 000 civiles».

El devastador ataque y sus terribles consecuencias políticas, sociales y económicas influyeron fuertemente en la mentalidad de la población serbia. En especial en sus futuros deportistas, ávidos por mostrar al mundo lo que su país realmente representa. Todos recuerdan el miedo que pasaron de marzo a junio, la incertidumbre de no saber qué saltaría por los aires en la oscuridad de la noche, quién moriría. Novak estaba a punto de cumplir doce años esos días en los que toda la familia se despertaba de madrugada para bajar al refugio antiaéreo que el abuelo Vladimir tenía debajo de su apartamento en Belgrado. Allí se juntaban con otras familias cuando sonaban las sirenas y esperaban a que la agresión terminase. Srdjan Djokovic relató en una entrevista al portal ruso *Telegraf* la angustia de aquellas trágicas semanas: «Novak tenía doce años; Marko, ocho, y Djordje, cuatro. Nos escondíamos cuando escuchábamos detonaciones y estábamos en peligro. Fueron meses muy duros y toda la familia dormía junta en la misma habitación. A pesar de que ya han pasado años, aún lo recordamos con cierto miedo y, quieras o no, aún tenemos ese trauma».

Como el resto de sus compatriotas, el joven Djokovic se fue adaptando a la rutina de las bombas y continuó con su plan de entrenamientos. Jelena Gencic se encargaba de buscar las pistas, que variaba cada día. La mentora de Nole decidió que la mejor opción era ejercitarse siempre en las pistas cercanas a los lugares donde hubieran bombardeado los aviones de la OTAN la noche anterior. Pensaba que los agresores no repetirían los objetivos y sería más seguro seguir ese patrón. Además, intentar seguir con las actividades diarias era la única forma de superar mentalmente una situación tan estresante y agotadora. Económicamente, el ataque fue devastador para la República Federal de Yugoslavia y sumió en la desesperación a millones de familias, que estaban al límite de sus fuerzas tras una década de guerras. Por fortuna, el clan de los Djokovic nunca pasó hambre, pero su padre tuvo enormes dificultades para conseguir la financiación necesaria para la incipiente carrera de Novak. No era suficiente con los dos restaurantes, y en esa época la federación no los podía ayudar. Sin dinero en las empresas para patrocinar la carrera tenística de un niño, la única opción era pedir gravosos créditos que en muchos casos tenía que renegociar, para poder devolverlos. El propio Srdjan Djokovic ha reconocido en más de una ocasión que llegó a ser amenazado por este motivo. Si tenemos en cuenta que en aquellos años las mafias campaban a sus anchas por Belgrado, no era una buena idea deber dinero a nadie.

La importancia de Srdjan Djokovic en el éxito de su hijo Novak es capital. Él fue siempre el cerebro del equipo hasta que su hijo se posicionó entre los mejores del mundo y poco a poco fue tomando las riendas de su propio futuro. El patrón de los Djokovic sacrificó todas sus energías y todo su dinero para que a su hijo no le faltase nada en su camino a la élite. Y lo consiguió; la determinación es un don que Novak heredó de sus padres. Él mismo ha reconocido que al volcarse totalmente con el mayor no pudo ayudar de igual modo a sus hijos menores, Marko y Djordje. Esta circunstancia ha hecho que Nole sienta un especial afecto y agradecimiento a todos los miembros de su familia. Sin su generosidad, un niño de clase media de la Yugoslavia de 1999 jamás hubiera podido triunfar en el mundo del tenis.

Cuando Nole ya había cumplido los doce años, Jelena Gencic les dijo a los Djokovic que había llegado el momento de que su hijo continuase su formación fuera de Serbia. Necesitaba entrenarse con un nivel de exigencia superior que ni ella ni Belgrado le podían ofrecer. Y les propuso la prestigiosa academia de Nikola Pilic, en Múnich. Conocía a Pilic, con quien ya había hablado para que lo aceptase, a pesar de ser tan joven. Aquel fue el mejor tenista yugoslavo en los años setenta y llegó a disputar la final de Roland Garros en 1973, en la que perdió contra el rumano Ilie Nastase. Una vez retirado de las pistas, el exjugador croata montó su academia y se dedicó a entrenar. Sus mayores éxitos como técnico llegaron en la Copa

Davis; es el único capitán que la ha ganado con dos países distintos. Con la Alemania que lideraba Boris Becker alzó la Ensaladera en tres ocasiones (1988, 1989 y 1993), mientras que con Croacia la ganó en 2005.

Srdjan y Dijana aceptaron esta gran oportunidad e hicieron las gestiones pertinentes para que el niño pudiera pasar algunas temporadas en Alemania. El primer viaje lo hizo con su tío Goran, hermano de Srdjan, poco después del final de los bombardeos. Todavía iba a la escuela en Belgrado, así que en Múnich pasaba dos o tres meses y regresaba. Al principio, como solo tenía doce años, Nole se quedaba en casa de Pilic y de su mujer, Mia. No fue fácil para el pequeño proyecto de tenista; tampoco para sus padres resultó sencillo dejar ir a su hijo a otro país. Así que los Pilic se convirtieron en una familia adoptiva para Nole; todavía hoy mantienen una excelente relación. Como la tuvo con Gencic hasta su fallecimiento en 2013. Djokovic siempre ha hablado de ambos como sus padres tenísticos. Ellos le enseñaron a conocer, amar y estudiar el juego, además de prepararle mentalmente para lo que estaba por venir. Ellos, junto con Srdjan y Dijana Djokovic, pusieron las bases para crear un tenista sin apenas fisuras.

En una situación muy distinta se encontraba por entonces Rafa Nadal. Al contrario que Djokovic, que tuvo que buscarse la vida lejos de Belgrado, él pudo permitirse el lujo de rechazar la oferta de la Federación Española para entrenarse en el CAR de San Cugat, en Barcelona. Toda la familia pensó que la mejor opción era que permaneciese en su hogar y continuase su plan de entrenamientos con Toni. Y visto el palmarés del binomio, es la mejor decisión que pudieron tomar. Ese mismo año, Rafa volvió a ganar la final del campeonato de España a Tomeu Salvà, esta vez en la categoría sub-14. La anécdota que siempre han contado los Nadal de esa final es que lo hizo con un dedo roto, lo que le obligó a sujetar la raqueta con solo cuatro dedos durante todo el partido. La resiliencia que Toni le había inyectado en vena ya daba sus primeros resultados. Repitió triunfo en la competición de dobles con su amigo Tomeu; otra vez en la final derrotaron a Granollers y Díaz. Pese a su corta edad, Rafa empezaba a hacerse un nombre en el mundillo del tenis y también ganó dos de los torneos internacionales más prestigiosos de su categoría: Les Petits As de Tarbes (Francia) y el Masters de Prato, en la Toscana italiana.

En esa época, Nadal empezó a entrenarse asiduamente con Carlos Moyà. Ejercitarse con quien ya era campeón de Roland Garros y ex número uno del mundo fue muy beneficioso para él, como apunta John Carlin en su libro: «Cuando tenía catorce años empezó a entrenar con Moyà en Mallorca tres veces por semana, [...] otro ejemplo de cómo las estrellas se habían alineado para el joven que soñaba con ser un campeón». El excelente escritor británico cuenta también que «Moyà lo protegió y fue como el hermano mayor que nunca tuvo», a la vez que alucinaba «con la velocidad a la que Nadal quemaba las etapas normales en la evolución tenística». Con quince años, Rafa no pudo evitar su traslado a Mallorca para terminar los estudios básicos, un año terrible para él. No solo por las agotadoras jornadas de estudios y entrenamiento, sino porque echaba de menos a su familia, a la que solo veía los fines de semana. Acostumbrado a estar muy arropado por los suyos, al menos Toni le acompañó en ese curso de penitencia para poder seguir con sus entrenamientos. Por si fuera poco, esta circunstancia le obligó a sacrificar su presencia en los torneos júnior de Roland Garros y Wimbledon, algo que aún hoy le duele al campeón español. Como Federer en Ecublens, fue su último esfuerzo académico antes de dedicarse por completo al tenis.

Como Nadal, Djokovic también pasó ese año alejado de su familia, al establecerse a tiempo completo en Múnich para dedicarse exclusivamente al tenis. Tenía catorce años y fue el primero de los dos años que residió en Alemania. Los dos anteriores los había pasado alternando Múnich y Belgrado, donde se ejercitaba con diferentes técnicos en las instalaciones del Partizán de Belgrado. Entre ellos estaban su querida Jelena Genic y Bogdan Obradovic, futuro capitán de la Serbia ganadora de la Copa Davis. Comenzó entonces a disputar torneos internacionales, en los que coincidió con su gran rival de la época y uno de los tenistas con quien guarda una mejor relación, Andy Murray. Entre sus primeras batallas en la pista destacaron la victoria de Djokovic en el Campeonato de Europa sub-14 que se disputó en San Remo en 2001 o el triunfo del escocés en Les Petits As de Tarbes.

En un momento de grandes apuros financieros para poder sufragar los gastos de la carrera de su hijo mayor, representantes de la Lawn Tennis Association, la federación británica, se reunieron con los padres de Djokovic para ofrecerles un cambio de nacionalidad. Novak nunca ha negado esos contactos y confesó al periodista Graham Bensinger en el programa *In Depth* los motivos por los que rechazaron la jugosa propuesta: «Me estaba yendo muy bien en los torneos sub-12 y sub-14, así que sus agentes me vieron y recibimos una oferta para cambiar nuestra nacionalidad a la británica cuando tenía catorce años. Fue muy tentador para mis padres, porque habrían recibido un trabajo y una casa. Habría sido un gran acuerdo en ese momento. Yo no quería hacerlo porque no quería ir a Inglaterra, donde no conocía a nadie. Quería quedarme donde tenía a mis amigos, mi vida, mi idioma y mi país. Fueron mis padres los que tomaron la decisión, y arriesgaron». En el mismo programa televisivo, Dijana Djokovic fue más allá y alegó un motivo más pasional y patriótico: «No puedes vender tu alma y lo que eres. Yo no podría vivir allí, aunque mis hijos habrían ido a una escuela mejor y habrían tenido más facilidades para jugar al tenis..., pero ¿sería feliz? Novak nunca jugaría por Gran Bretaña igual que juega para Serbia, con todo su corazón».

Solo un año mayor que Djokovic, Rafa Nadal debutó en el circuito profesional en 2002 con apenas quince años: se convirtió en el tenista más joven de la historia en ganar un partido en una competición ATP. Fue en la primera ronda del Open de Mallorca, donde derrotó al número 81 del mundo, el paraguayo Ramón Delgado, por 6-4 y 6-4. Su victoria sobre el tenista sudamericano, diez años mayor que él, le sirvió para sumar puntos importantes para acceder a los torneos Futures y Challengers, los niveles inferiores al circuito ATP. Ocupaba ya la posición 598 del *ranking* mundial y terminaría el año en el puesto 199 después de ganar seis títulos en esos torneos Futures organizados por la ITF (International Tennis Federation).

Con dieciséis años recién cumplidos, se confirmaba como una de las grandes promesas del tenis mundial, circunstancia que no pasó desapercibida para las grandes firmas. Antes de pasar al circuito profesional en 2003, Nadal ya había firmado contratos de patrocinio con marcas como Nike y Babolat, que junto con los premios obtenidos en las competiciones le permitían sufragar su emergente carrera tenística. Por aquel entonces, Sebastián Nadal, padre de Rafa, ya había previsto la necesidad de invertir en la formación de un equipo profesional multidisciplinar que cubriera todas las necesidades de su hijo. Por su visión, talante y buen hacer en los negocios, siempre ha sido el guía de la familia, además del responsable de todos los pasos estratégicos que Rafa ha dado en su carrera, desde el inicio.

La familia es muy importante para Rafa Nadal, y considera a su equipo técnico una extensión de ella. Esto ha hecho que solo puedan entrar en su círculo íntimo personas de su máxima confianza. A diferencia de los múltiples cambios que tanto Federer como Djokovic han hecho en sus equipos, los integrantes del *staff* técnico de Nadal se han mantenido con él desde el principio de su larga carrera profesional. El único cambio importante llegó con la sustitución de Toni Nadal por Carlos Moyà, ya muy avanzada la carrera de Rafa, pero incluso en esa ocasión hubo un largo periodo de transición con ambos compartiendo funciones. El resto de su estructura deportiva la han compuesto siempre Francis Roig (entrenador), Joan Forcades (preparador físico), Rafael, *Titín*, Maymó (fisioterapeuta), Ángel Ruiz Cotorro (médico), Benito Pérez Barbadillo (jefe de prensa) y Carlos Costa (agente).

Si Sebastián Nadal era el cerebro en la sombra del equipo de Rafa, Srdjan Djokovic lo fue siempre en el de Nole, pero nunca se mantuvo en la sombra; el *modus operandi* de ambos es antagónico. Sebastián apostó por la continuidad y el anonimato; Srdjan hizo múltiples cambios en el equipo técnico y el exceso de celo le llevó a entrar en polémicas que no hicieron ningún favor a la imagen de su hijo en los albores de su carrera. No cabe duda de que lo ha dado todo por la carrera de Novak y que es uno de los grandes artífices de su éxito gracias a su trabajo. Sin embargo, en muchas ocasiones ha dado la impresión de culpar al mundo por haber pasado dificultades y no recibir ayuda. En el aspecto deportivo, sus decisiones de cambiar continuamente de entrenador en sus inicios como profesional no supusieron un perjuicio para el juego de su primogénito, sino más bien al contrario. Las enseñanzas de diversos preparadores, con estilos y métodos muy diferentes, seguramente influyeron decisivamente en que hoy sea el tenista más versátil del circuito.

En 2003, mientras Nadal combinaba en su calendario los torneos Challengers con sus primeros Masters 1000 y los Grand Slams, Djokovic iba poniendo fin a su formación tenística en la academia de Nikola Pilic. Ese año debutó en los eventos Future de la ITF: disputó uno en Múnich y cinco en Serbia. Su estreno fue en Oberschleissheim (Alemania), donde con solo quince años y sin *ranking* ATP perdió con el alemán Alex Radulescu (7-5 y 7-6). El resto de las competiciones que disputó se celebraron en su país; en Belgrado consiguió su primer título al derrotar al español César Ferrer-Victoria por 6-4 y 7-5. Era el 29 de junio..., y solo siete días después Federer se proclamó por primera vez campeón de un Grand Slam al derrotar en la final de Wimbledon al australiano Mark Philippoussis. El primer *major* de un futuro *Big Three* cuyos miembros se encontraban en aquel momento en fases muy diferentes de sus carreras deportivas.

Al igual que Nadal, Djokovic no pudo competir en Wimbledon en la categoría júnior y nunca experimentó la sensación de ganar un Grand Slam *amateur* como sí hizo Federer. El serbio jugó el Open de Australia y Roland Garros; las semifinales del torneo oceánico fueron su mejor resultado. Su peor actuación llegó después, en el US Open, donde cayó en la primera ronda. Curiosamente, ninguno de los rivales que le derrotaron en estas grandes citas ha llegado a tener una brillante carrera entre los profesionales; son muchos los tenistas que se quedan por el camino. Novak terminó el curso como número 679 del mundo, y el año siguiente ya haría su debut en el circuito ATP, compaginándolo con las competiciones Futures y Challengers. Justo en este momento en el que la carrera de su hijo comenzaba a despuntar y las necesidades de financiación eran mucho mayores, Srdjan Djokovic cerró un acuerdo con el agente israelí Amit Naor, contrato que puso fin a sus dificultades económicas. Después de años afrontando cuantiosas deudas por los préstamos necesarios para sufragar el proyecto, el dinero por fin dejó de ser un problema. Los tiempos de llamar a todas las puertas para buscar patrocinadores y apoyos para su hijo habían llegado a su fin y era el momento de gestionar el prometedor futuro de su primogénito. Srdjan sabía en su fuero interno que todos los que le rechazaron en algún momento se arrepentirían muy pronto de no haber apostado por él.

El año 2004 fue el primero en el que los tres protagonistas de este libro coincidieron en el circuito ATP; un año muy especial para todos ellos por diversas razones. Para Roger, porque, habiendo ganado su primer Wimbledon la temporada anterior, esta fue la de su confirmación como mejor tenista del mundo, pues ganó tres Grand Slams más y alcanzó por primera vez el número uno del mundo. Para Rafa, porque derrotó a Federer en el partido que dio origen a esta rivalidad en el *masters* 1000 de Miami y conquistó su primer gran título al ganar la Copa Davis con España. Por último, fue también muy importante para Novak, que se estrenó en los torneos ATP y pudo sentirse tenista de élite por primera vez. En la parte del libro que repasa la cronología de esta gran rivalidad encontrarán todos los detalles de un año mágico para el mundo del tenis.

1.2

El tenista perfecto

La llegada de Federer a la élite del tenis coincidió con el inicio de una época de transición después de seis años de absoluto dominio de Pete Sampras como número uno. En las cinco temporadas que transcurrieron desde 1999, su primera campaña completa, hasta febrero de 2004, cuando alcanzó por primera vez el número uno del mundo, se sucedieron en lo más alto de la clasificación nada menos que diez tenistas: Pete Sampras, Carlos Moyà, Yevgueny Kafelnikov, Andre Agassi, Patrick Rafter, Marat Safin, Gustavo Kuerten, Lleyton Hewitt, Juan Carlos Ferrero y Andy Rodick. Fue precisamente al bombardero de Nebraska a quien Federer arrebató el cetro mundial tras ganar su primer Abierto de Australia a comienzos de 2004. Esta estadística demuestra en buena medida el desgobierno que existía en esos primeros años de Federer en el circuito ATP, con leyendas como Sampras y Agassi en el ocaso de sus carreras y sin un heredero claro.

El inicio del reinado de Federer empezó a marcar el cambio de ciclo, que se impuso definitivamente con la fulgurante aparición del fenómeno Nadal. Sin duda, Federer se encontró un panorama propicio para establecer un largo reinado en el mundo del tenis, postura que defiende Pete Sampras en el documental *Strokes of genius*, dirigido por Andrew Douglas y basado en el libro de L. Jon Wertheim: «Sin faltar al respeto a Roddick o Philippoussis, pero Roger, durante unos pocos años, no tuvo competidores». La tranquilidad del reinado de Federer fue evaporándose con la irrupción de Nadal y su proceso de maduración como tenista. Su presentación al gran público fue en la final de la Copa Davis de 2004 en Sevilla. Allí derrotó al entonces número dos del mundo, Andy Roddick, con un despliegue físico y un juego desde el fondo de la pista de una intensidad diferente. Su estilo rompía con todo lo anterior. Y no solo por su tenis enérgico y hasta pasado de revoluciones, sino también por la vestimenta (sin mangas y con pantalones pirata), las eufóricas celebraciones más propias de futbolistas y las emociones que transmitía a los veintisiete mil aficionados congregados en La Cartuja.

Cuando meses antes y con apenas diecisiete años derrotó a Federer en Cayo Vizcaíno (Miami), la mayor rivalidad de la historia del tenis escribió su primer capítulo. A partir de entonces, cada Federer-Nadal ha puesto frente a frente dos estilos de juego y dos personalidades sobre la pista totalmente antagonistas, lo que ha contribuido a dar lustre a su ya legendaria rivalidad. Si Federer es precisión, elegancia y gracilidad, Nadal es pasión, intensidad y fortaleza mental. A esas sensaciones que provocaban con su juego contribuyeron también sus diferentes indumentarias, con las que Nike buscaba potenciar la dicotomía entre ambos. No obstante, no se debe caer en el cliché, ya que el suizo cuenta con un físico privilegiado para el tenis y el español es uno de los tenistas con más talento y calidad de la historia.

La explosión tenística de Novak Djokovic con su primer Grand Slam en 2008 y su extraordinario curso de 2011 hizo que tal dicotomía se fuera diluyendo poco a poco. El serbio fue ganando cuota de protagonismo mientras disminuía principalmente la de Federer, que comenzó una larga sequía en los cuatro grandes torneos hasta 2017. Lo que antes era un duopolio pasó a ser un triunvirato, y los títulos que antes se repartían entre dos pasaron a dividirlos entre tres. Fue en esos años cuando se empezó a hablar del *Big Three*, e incluso por momentos del *Big Four*, aunque finalmente Andy Murray no pudo seguir el ritmo debido en gran medida a sus lesiones.

Si la época de Sampras estaba dominada por los grandes cañoneros como él, Goran Ivanisevic o Patrick Rafter, en los años de transición hasta el liderato de Federer comenzó a cambiar la tendencia. Y esta se confirmó en la era del *Big Three*, donde los grandes sacadores no tienen el protagonismo de antaño. Federer es la excepción, pero él representa un modelo único de cañonero-artista, un nexo con el pasado en una versión muy perfeccionada de su admirado Stefan Edberg. Salvo él, el resto de los grandes protagonistas de estas últimas dos décadas son tenistas muy versátiles y completos, que juegan principalmente desde el fondo de la pista: Rafa Nadal, Novak Djokovic, Andy Murray, Stan Wawrinka, Juan Martín del Potro, David Ferrer...

Buscando la perfección, Federer es seguramente el jugador mejor dotado para la práctica del tenis que haya existido. Su extraordinaria coordinación le permite golpear siempre perfectamente posicionado, con una precisión de cirujano y un golpeo a bote pronto que limita mucho el tiempo de reacción a sus rivales. Su facilidad de desplazamiento hace que muchos tenistas del circuito digan que flota sobre la pista, llegando a bolas muy complicadas sin aparente esfuerzo. Esto le ha permitido siempre ahorrar esfuerzos, gracias a lo cual ha podido estar en la cima hasta los cuarenta años, evitando las temidas lesiones hasta el tramo final de su longeva carrera, muy al contrario que Rafa Nadal, cuyo estilo es radicalmente opuesto.

Y si hablamos de estilo, el suizo no tiene rival, algo de lo que se percataron pronto las grandes firmas comerciales. Su juego preciosista, mucho más ofensivo que el de sus dos oponentes, está basado en su extraordinario saque y su gran volea, combinación que él ha elevado a la categoría de arte. Sus intercambios son habitualmente mucho más cortos, no más de tres o cuatro tiros, ya que arriesga más y, como consecuencia, es el que tiene un mayor porcentaje de golpes ganadores y errores no forzados. Los recursos del mago de Basilea son inagotables, y la variedad, la creatividad y la riqueza de sus golpes no tienen parangón en la historia, lo que le permite abrir ángulos imposibles y sorprender con acciones difíciles de anticipar. De entre todos ellos, destaca su revés a una mano, de una ejecución tan bella como eficaz, una imagen ya icónica en la historia del tenis. En este sentido, sería el tenista más completo de todos los tiempos y seguramente también aquel con un juego de una mayor plasticidad y belleza, aunque esto dependerá del gusto del aficionado.

Sus superficies favoritas son la hierba y la pista rápida cubierta. La primera porque beneficia claramente a los jugadores de ataque, con un gran servicio, buen juego de piernas y unas rodillas resistentes, ya que es necesario agacharse continuamente ante el escaso bote de la pelota; la segunda, por la velocidad del juego y porque las condiciones permanecen inalterables y no influyen agentes externos como la temperatura, los ruidos o el viento. Es muy llamativo ver cómo sube el porcentaje de victorias de Roger en estas condiciones.

Muy diferente es el tenis de Nadal, que destaca por la intensidad que imprime a cada uno de sus movimientos, imponiendo un ritmo muy difícil de aguantar. Esta desbordante energía la muestra antes incluso de que comience el partido, intimidando considerablemente a muchos de sus rivales. En el vestuario que comparten los jugadores, Nadal calienta frenéticamente con sus auriculares puestos, dando enormes saltos al grito de su famoso «vamos» y realizando *sprints* cortos ante la atónita mirada de sus oponentes, que enseguida temen lo que se les viene encima. Posteriormente, en el sorteo inicial, mientras su rival permanece quieto al lado del juez de silla, Rafa sigue dando botes sin parar de moverse, buscando entrar al partido con la tensión y sudoración adecuada. Sin embargo, esta intensidad ha contribuido, junto con una lesión congénita en su pie izquierdo, a que su carrera esté marcada por las lesiones, debido al enorme desgaste que supone para su físico. Por suerte, otro punto fuerte de Nadal es su privilegiada fortaleza mental, que le ha hecho mantener la serenidad en situaciones en las que cualquier otro tenista entraría en pánico, dentro y fuera de las pistas.

Sus grandes armas son el contraataque y su devastador *drive*, tanto paralelo como cruzado, con el increíble *topspin* que imprime a la bola, de unas revoluciones muy superiores a las de cualquier oponente. Su confianza en ese golpe es tal que es muy habitual verle realizar desplazamientos laterales muy acusados para poder impactar con su demoledora derecha invertida. Además, al ser zurdo tiene más opciones de utilizarlo, pudiendo sobrecargar el juego sobre el revés del rival, como hacía en sus clásicos duelos contra Federer, al que machacaba con pelotas altas a esa zona. Otra de sus virtudes es llegar a bolas inalcanzables y no solo devolverlas, sino además sacar golpes ganadores en posiciones inverosímiles. Para ello se vale de su ya mítico *banana shot* o del revés cruzado a dos manos. Es, sin duda, el rey de los puntos imposibles, como los logrados superando la red por el lateral gracias a los sorprendentes efectos que es capaz de conseguir. Pese a no contar con un gran primer saque, el español tiene un excelente segundo servicio, y es el tenista que más puntos se lleva con él. Además, aunque se prodiga menos que Federer o Djokovic en la red, tiene un mejor porcentaje de acierto cuando decide subir a la divisoria. No en vano, Rafa es el mejor estratega de los tres, un auténtico mariscal de campo que sabe leer como nadie los partidos y aportar variantes tácticas durante su transcurso.

La superficie predilecta del español es la tierra batida. Nadie en la historia ha dominado un tipo de pista como Nadal el polvo de ladrillo, con un porcentaje de victorias inhumano (91,6 %), muy lejos del siguiente en cualquier terreno. Las características de este tipo de cancha se adaptan perfectamente a su tenis, ya que la arcilla frena la pelota y otorga unas décimas adicionales para poder pensar y llegar a las bolas, algo que favorece su juego. En ella, Rafa explota al máximo sus virtudes, ya que además patina perfectamente sobre tierra al haberse entrenado toda su vida sobre esta superficie. Por otra parte, la arena se pega a la pelota, lo que, unido al *topspin* del balear, hace que el peso de su bola sea inasumible para sus rivales. Al contrario de lo que se suele pensar, Rafa no es un tenista que busque los peloteos largos, y cuando mejor está es cuando saca a relucir su capacidad para solventar los puntos con muy pocos golpes. Su entrenador Francis Roig lo explicó perfectamente en una entrevista en ATPTour.com: «Los puntos largos se dan cuando Rafa no pega con la calidad necesaria. Cuando golpea bien, en tres o cuatro tiros es capaz de desbordar. Si bien le interesa un partido largo, porque mentalmente es un jugador que desgasta mucho al pelear cada pelota, intenta desbordar para no jugar puntos demasiado largos».

El estilo de Novak Djokovic sería más difícil de definir, más ecléctico. En el apartado físico destaca principalmente por su elasticidad y velocidad, que le permiten hacer extraordinarias defensas que acaban por desmoralizar a sus oponentes. Además, es el que mejor se adapta a todo tipo de superficies y nota menos el cambio de una a otra. Mientras que Federer encuentra su hábitat en pistas rápidas e *indoor*, y a Nadal le convienen lentas y *outdoor*, las preferencias de Nole no están tan claras, ya que desde muy niño se acostumbró a jugar en todo tipo de canchas. Muchas veces se ha dicho que Djokovic es el tenista más completo del *Big Three*. Sería más correcto utilizar el adjetivo «versátil», pues lo que se pretende alabar es su capacidad para adaptarse a cualquier tipo de superficie y ambiente, no su repertorio de golpes.

Seguramente, el tenis del de Belgrado está más cerca del estilo de Nadal. Es otro defensor infranqueable, capaz de estirarse como un chicle y, desde posiciones forzadas, obtener golpes ganadores. Una imagen clásica de Djokovic sería abierto de piernas y con el tobillo doblado mientras golpea con furia o salva puntos imposibles. Es también, junto con Andre Agassi, el mejor restador de todos los tiempos, con unas devoluciones muy profundas que le han sacado de infinidad de situaciones muy comprometidas. Su fama de escapista tiene mucho que agradecerle a su resto, que le ha posibilitado minimizar la importancia del saque del rival en superficies rápidas. Junto con su resto y un saque muy efectivo, Nole destaca por la tremenda efectividad de sus golpes y por los pocos errores que comete, cosa que permite que sus intercambios de golpes sean más largos. Su mejor tiro es su mortífero revés a dos manos, principalmente el paralelo, sin duda el mejor del circuito actual. Si bien es cierto que en el resto de sus golpes es probablemente inferior a Federer o Nadal, también lo es que lo compensa largamente con su fantástica fiabilidad, defensa y determinación. Además, tiene una habilidad especial para atacar el punto fuerte del rival, lo que Mike Agassi, el padre del ex número uno, definiría como «meter una ampolla en la mente del rival». Por si esto fuera poco, al Djoker nunca se le puede dar por muerto y es capaz de salir de las situaciones más críticas. Con estas armas, Nole mina a sus rivales mentalmente, llevándolos a la desesperación y el agotamiento. Andy Roddick definió de una forma muy ilustrativa la manera en la que Djokovic acaba con la resistencia de sus rivales: «Primero te coge las piernas… y luego tu alma».

La superficie en la que ha obtenido siempre mejores resultados es la pista dura, pero tiene una gran capacidad de adaptación a cualquier escenario. Esta cualidad le viene ya desde su infancia en Belgrado, donde solía entrenarse al aire libre en verano, utilizando pistas de arcilla o cemento, y en pabellones cubiertos en invierno, dada la dureza de la climatología balcánica.

Aunque nos adentramos en el terreno de la pura elucubración, todo gran aficionado a este deporte ha pensado alguna vez en cómo sería el tenista perfecto. Si partimos de la base de que el *Big Three* lo conforman los tres mejores de siempre, ¿qué cualidades de cada uno elegiríamos para configurar nuestro tenista perfecto? En el saque no habría discusión, ya que el de Federer es muy superior; gracias a él, su porcentaje de juegos ganados al servicio roza el noventa por ciento. En el resto es Djokovic el que mejora a sus rivales; Rafa está solo un escalón por debajo de él. El serbio tiene una habilidad diferencial para contrarrestar los saques del rival y minimizar la ventaja del que sirve. En el apartado psicológico, el español goza de una fortaleza mental única, una virtud muy envidiada por todos sus rivales y que le permite sacar lo mejor de sí en los momentos más delicados. Nadal también aportaría la derecha perfecta, con sus efectos imposibles y su explosivo *topspin*, un arma de destrucción masiva. El revés seleccionado sería el de Djokovic, a dos manos, de una precisión milimétrica gracias a su perfecta ejecución técnica. Si buscamos grandes dejadas, el artista es el tenista suizo, pero en la volea se nos plantearía una gran duda. Si bien Federer es un voleador excelso, un clásico de la vieja escuela, lo cierto es que es un golpe que Nadal controla a la perfección y que su porcentaje de acierto es superior al de Roger, aunque lo utilice menos. Sería difícil decantarse. Para completar nuestro supertenista, sin duda lo dotaríamos de la elasticidad de Nole, la elegancia de Roger y el pundonor de Rafa.

Aunque obviamente ninguno de los tres alcanza la perfección, son los que más cerca están o han estado de conseguirla. Gracias a su inagotable fuego competitivo y ansia de mejora, todos han evolucionado su juego con el paso de los años. Los motivos han sido muy variados: perfeccionar golpes, adaptarse a las duras condiciones de los partidos, contrarrestar las armas de sus rivales o estirar al máximo sus carreras evitando lesiones. Y en esa evolución han influido mucho los diferentes entrenadores que han formado parte de sus equipos de trabajo, si bien aquí hay una gran diferencia entre la trayectoria de Nadal y las de Federer y Djokovic. Rafa ha mantenido su cuadro técnico durante toda su carrera, y solo sustituyó a Toni Nadal por Carlos Moyà cuando su tío decidió retirarse de la gran competición y pasar a dirigir la academia de Manacor..., e incluso entonces se tomaron toda la temporada 2017 para coincidir y tener un periodo de transición. Todo lo contrario que Roger y Novak, que realizaron múltiples cambios en sus equipos, tanto en el puesto de primer entrenador como en el de técnico asistente, principalmente al inicio de sus carreras, hasta que encontraron al técnico perfecto para ellos. Por este motivo, cuando dieron con la persona ideal, Severin Lüthi en el caso de Federer y Marian Vajda en el de Djokovic, la mantuvieron a su lado el resto de sus carreras, salvo una breve interrupción de la relación en el caso del serbio. Asimismo, ambos coinciden en haber apostado a menudo por complementar su estructura con técnicos asistentes, principalmente extenistas, con la intención de hacer progresar su juego y enriquecerlo con facetas del tenis en las que esas personas son especialistas. El caso de Federer es muy peculiar, ya que incluso se ha permitido el lujo de no tener entrenador durante alguna fase de su exitosa carrera..., y sus resultados fueron espectaculares.

El tenis de Rafa Nadal es fruto de su talento y su mentalidad, cocidas a fuego lento por Toni Nadal, que le dio su carácter irreductible y granítico. Las duras lecciones desde pequeño endurecieron la mente de un tenista que sin ese bagaje difícilmente hubiera superado las enormes dificultades que ha tenido que afrontar en forma de graves infortunios. El paso de los años y la huella de las lesiones obligaron a Nadal a hacer evolucionar su tenis; en ello desempeñó un papel decisivo la llegada a su *staff* técnico de su amigo Carlos Moyà, que trajo ideas frescas al equipo mallorquín. Desde el principio buscaron un juego menos elaborado y más agresivo, para lo cual trabajaron y mejoraron notablemente su saque. El Nadal de los últimos años es mucho mejor sacador, con golpes más potentes y ajustados, además de haber desarrollado el que tal vez sea el mejor segundo servicio del circuito. Esto le ha permitido acortar los puntos y reducir los minutos en cancha, minimizando en lo posible el riesgo de lesión. Y es que el saque siempre fue una asignatura pendiente para el balear. Al no ser zurdo natural, su postura tampoco lo era, cosa que le complicaba la coordinación para servir. Si su condición de zurdo le da un plus en algunos aspectos del juego como al abrir ángulos o cargar el juego sobre el revés del contrario, a la hora de sacar le ha supuesto un hándicap que ha sabido mitigar.

Muy distinta ha sido la relación de Roger Federer con sus entrenadores desde su llegada al circuito ATP. Nada más convertirse en profesional, hizo su primer cambio al sustituir a su mentor Peter Carter por el extenista Peter Lundgren. Su intención era aprender de una persona con experiencia en la élite; el nuevo binomio trabajó desde 2000 hasta 2003. Al final de esa temporada, en la que conquistó su primer Wimbledon, decidió poner fin a la relación con el sueco y seguir sin preparador. No le fue nada mal la experiencia: en 2004 ganó tres Grand Slams y terminó el año como número uno por primera vez. La campaña siguiente optó por la vía de en medio y tuvo un entrenador a distancia. El australiano Tony Roche, ganador de Roland Garros en 1966 y exentrenador de Ivan Lendl, fue una apuesta de prestigio. Sin embargo, dada su edad, apenas lo pudo acompañar en los torneos; en mitad de la temporada 2007, Roger puso fin a su contrato. Fue entonces cuando comenzó a trabajar con el entrenador más importante de su carrera profesional, Severin Lüthi, que aún hoy sigue al frente de su equipo técnico. También extenista, el suizo lo ha ganado todo con Roger, incluida la Copa Davis 2014, en la que era el capitán del combinado helvético.

Desde la llegada de Lüthi, los preparadores con los que ha trabajado Federer han ejercido una función complementaria y específica, con la idea de pulir determinados aspectos del juego. El objetivo prioritario de ganar Roland Garros y completar el Grand Slam le llevaron a contar con los servicios de José Higueras en 2008, considerado un gran especialista en tierra batida. De hecho, había llevado a Jim Courier a ganar la Copa de los Mosqueteros, pero con Roger la aventura fue un fracaso estrepitoso. No solo no ganó en París, sino que Nadal le endosó su mayor paliza en una final de un grande. Dadas las circunstancias, ese mismo año terminó la relación profesional entre ambos y Federer no hizo más cambios hasta 2010, cuando se incorporó Paul Annacone, cuyo gran éxito fue ayudarle en el triunfo en Wimbledon 2012.

El campeón suizo vivía el peor momento de su carrera cuando llegó a su equipo su gran ídolo de la infancia, Stefan Edberg. El sueco estuvo con él las temporadas 2014 y 2015, en las que Federer no pudo conseguir ningún gran título individual. Sin embargo, el trabajo que realizaron juntos fue importante y comenzó a evolucionar su juego hacia un tenis aún más clásico, muy al estilo Edberg, que poco después daría sus frutos. Incluso cambió la raqueta que utilizaba por una más grande, algo que se reveló como un acierto tras un breve periodo de adaptación. El deseo era estirar su carrera al máximo, siendo más agresivo y acortando los puntos, que fue lo mismo que Carlos Moyà buscó con Rafa Nadal. Esta premisa se mantuvo con la incorporación de Ivan Ljubicic en 2016, con quien la química fue inmediata y pudo recuperar su mejor nivel y resultados en 2017. La última versión de Federer se vale de su gran saque y ha aumentado el número de subidas a la red, donde aprovecha su excepcional dominio del arte de la volea, tal como hacían sus admirados Sampras, Edberg y Becker.

La trayectoria de Novak Djokovic con los entrenadores es muy similar a la de Federer. Formado en su infancia por su descubridora Jelena Gencic, con doce años comenzó a alternar épocas en la academia de Nikola Pilic en Múnich con estancias en Belgrado. En la capital serbia se ejercitaba con diversos entrenadores, entre ellos la propia Gencic y Bogdan Obradovic, quien luego fue su capitán en la Copa Davis. Cumplidos los catorce años pasó a residir de manera permanente en Alemania, donde Pilic lo preparó para su salto al tenis profesional. Su primer técnico en el circuito ATP fue el extenista Dejan Petkovic, con quien trabajó durante prácticamente un año; su relación terminó en julio de 2005. Con él pasó del top 300 al top 100, lo que le permitió disputar los torneos importantes del circuito ATP. A partir de ese momento comenzó a ser entrenado por el prestigioso Riccardo Piatti, unión que le permitió ejercitarse con Ivan Ljubicic, por entonces una de las mejores cinco raquetas del circuito. Esta relación se prolongó un año, hasta que los rápidos progresos del serbio hicieron necesario disponer de un entrenador a tiempo completo. No obstante, aquellos meses le sirvieron para aprender mucho de uno de los mejores jugadores de la época, con quien aún guarda una gran relación.

Fue en este momento cuando apareció la trascendental figura de Marian Vajda en la vida de Novak Djokovic. El técnico eslovaco comenzó a trabajar con Nole en el verano de 2007 y con él se produjo su gran explosión en el circuito, llegando inmediatamente a la final del US Open y conquistando su primer Grand Slam en Australia solo seis meses después de su unión. Desde entonces los éxitos fueron una constante, y Vajda ha permanecido como su entrenador principal, salvo en los pocos meses en los que Djokovic decidió no contar con sus servicios en 2017, antes de rectificar y volver a contratarlo para inaugurar un nuevo ciclo ganador. A pesar de contar con un preparador jefe, tanto Srdjan como Novak Djokovic siempre han buscado complementar su entrenamiento con las enseñanzas de extenistas que pudieran enriquecer su juego con aportaciones más específicas. Fue el caso de Mark Woodforde y Todd Martin, que trabajaron con Nole los aspectos más débiles de su juego como el servicio, las subidas a la red y las voleas. Es algo por lo que también ha apostado en ocasiones Federer, pero no Nadal, reacio a introducir nuevos elementos en su círculo de confianza.

En diciembre de 2013 el campeón balcánico anunció la contratación de Boris Becker, que debía complementar a Marian Vajda, pues este deseaba pasar más tiempo con su familia. Solo seis meses después llegó el primer gran éxito con la conquista de Wimbledon 2014; la temporada siguiente comenzó el mejor periodo de la carrera de Djokovic, que enlazó los cuatro grandes títulos entre Wimbledon 2015 y Roland Garros 2016. Con la Copa de los Mosqueteros completó el soñado Grand Slam que tanto había perseguido y llegó el vacío espiritual y la crisis de resultados de un Djoker que necesitaba urgentemente una desconexión física y mental. A partir de ese momento, la relación con Becker comenzó a deteriorarse, ya que no veía a su pupilo con el mismo nivel de autoexigencia, e incluso se lo recriminó en público en alguna ocasión. Además, los medios de comunicación publicaron que el excampeón alemán no aprobaba el creciente protagonismo de Pepe Imaz, el misterioso extenista español que ha creado una escuela basada en el lema «Amor y paz», con el que intenta ayudar espiritualmente a sus pupilos. El principio de armonía y la filosofía *hippie* de Imaz no entraban por el prisma del teutón. Finalmente, Novak decidió poner fin a su exitosa relación profesional a finales de año.

Vajda volvió entonces a la primera línea de combate, pero los resultados siguieron sin llegar, en gran medida por la lesión en el codo que obligó al tenista serbio a parar medio año. Buscando soluciones, en abril de 2017, Djokovic sorprendió a todo el circuito al anunciar que ponía fin a su relación con todo su equipo técnico. Fue tras la disputa del Masters 1000 de Montecarlo; no solo despedía a Marian Vajda después de una década juntos, sino también a Gebhard Phil Gritsch, preparador físico, y Miljan Amanovic, fisioterapeuta. El serbio buscó la solución en extenistas de prestigio como Andre Agassi y Radek Stepanek, pero su larga crisis de resultados siguió, tocando fondo en abril de 2018 al situarse en la decimotercera posición del *ranking* ATP. En ese momento se decidió a dar un giro completo a su rumbo y volver a los orígenes. Contrató de nuevo a su anterior equipo; con su mentor Vajda a la cabeza, no tardaron en llegar los éxitos, ganando en Wimbledon y el US Open en esa segunda mitad de campaña. Desde entonces, Djokovic ha recuperado su mejor nivel; solo realizó pequeños ajustes en su fórmula ganadora, como la incorporación de Goran Ivanisevic en 2019.

Las grandes diferencias en las carreras de los tres superclase se han debido principalmente a las circunstancias que han envuelto sus vidas y al carácter de cada uno de ellos. Nadal siempre ha buscado sentirse arropado por personas de su máxima confianza; además, la mayoría de su equipo no solo son españoles, sino también de Mallorca. Además, tuvo la gran suerte de contar en su familia con su tío Toni, fundamental en su carrera. Por su parte, Federer siempre consideró que los entrenadores son importantes, pero solo como preparadores y consejeros; nunca ha obedecido a pies juntillas como sí lo ha hecho Nadal toda su carrera. Y es que entre las personalidades de ambos media un abismo. Mientras Rafa siempre ha pecado de exceso de humildad, respetando a veces en demasía a rivales muy inferiores, Roger lo hizo en el sentido opuesto. En más de una ocasión se complicó los partidos y fue eliminado por haber subestimado a su oponente, principalmente en los primeros años de su carrera. En el caso de Djokovic, la gran cantidad de entrenadores que tuvo en su infancia se debió a las circunstancias de la Serbia de la posguerra y a la necesidad de buscar un futuro fuera de su país. Posteriormente, cuando pasó al tenis profesional, su padre Srdjan siempre cortó la relación con los técnicos cuando pensó que ya no podían aportar nada más a su hijo, pues quemaba etapas a gran velocidad. Una vez asentado en la élite, ha sido Nole quien ha tomado las riendas de su carrera y ha tenido más estabilidad en su equipo.

De igual modo, el estilo de juego de cada integrante del *Big Three* es fruto de los ambientes y las culturas tenísticas en los que se han formado. Las duras condiciones climáticas de Suiza llevaron a Federer a pasar muchas horas de entrenamiento en pistas *indoor*, sobre superficies rápidas, algo que ha marcado su tenis. Esas instalaciones cubiertas no las tuvo a su disposición Nadal, ni siquiera después de ganar su primer Grand Slam, y el balear se formó en pistas de tierra o cemento al aire libre, por lo que su juego es heredero de la cultura tenística española. Solo sus grandes éxitos en todas las superficies le permitieron romper con el estereotipo del típico jugador español de tierra batida. Por su parte, Djokovic se acostumbró desde muy pequeño a alternar todo tipo de superficies, como hemos comentado anteriormente. Por supuesto, Nadal será considerado siempre el rey de la arcilla, como Federer de la hierba, pero ambos están entre los mejores de la historia en cualquier superficie, al igual que Djokovic, a quien nunca se ha encasillado tanto. De hecho, Nadal llegó a jugar cinco finales seguidas de Wimbledon (exceptuando 2009, porque no participó) y ganó dos títulos, ¿alguien se atrevería a decir que no es un gran especialista en hierba? De igual modo, Federer ganó un Roland Garros y perdió cuatro finales más, pero solo porque enfrente estaba Nadal. ¿Cómo no considerarlo un extraordinario tenista en polvo de ladrillo? Y es que, a pesar de sus preferencias por algún tipo de superficie en concreto, su extraordinaria calidad les ha permitido hacer evolucionar su juego y adaptarse a escenarios que les eran ajenos en un principio, hasta convertirse en los mejores jugadores en tales condiciones.

1.3

Modelos de conducta

Tan diferentes como sus estilos de juego son las personalidades y las vidas de los tres protagonistas de este libro. Como en todo ser humano, sus formas de ser están marcadas por sus raíces y por las personas con las que se han cruzado en las diferentes etapas de su desarrollo personal y profesional. A pesar de ello, Roger Federer, Rafa Nadal y Novak Djokovic coinciden en lo más básico y esencial de sus caracteres. Los tres le han dado prioridad absoluta a la estabilidad en sus vidas, sin protagonizar grandes polémicas ni escándalos públicos o privados. Y esto es algo que ha redundado muy positivamente en su rendimiento en la pista. Además, se han caracterizado por ser un gran ejemplo de deportividad en todos los ámbitos de la vida, tanto dentro como fuera de la cancha.

La gran personalidad del *Big Three* ha marcado no solo su rivalidad en estas dos primeras décadas del siglo XXI, sino también el ambiente en el circuito de la ATP. Su enorme respeto por el juego y por los rivales trajo al mundo del tenis una época de paz, muy alejada de las polémicas de los años ochenta y noventa. El protagonista pasó a ser el juego. Como bien explica el periodista Sebastián Fest en su libro *Sin red*, una obra que retrata no solo esta rivalidad, sino también el tenis moderno, aquella época estuvo marcada por la guerra sin cuartel entre las principales figuras mundiales. Jimmy Connors, John McEnroe o Ivan Lendl no se concedían la menor tregua, faltándose al respeto y creando un clima de tensión impensable hoy en día. Esa época macarra fue diluyéndose en los noventa hasta llegar a la actual, en la que las principales raquetas del mundo son un modelo de conducta para los niños.

En ese sentido, la carrera de Roger Federer ha sido ejemplar. Tanto es así que ha recibido en trece ocasiones el Premio Stefan Edberg a la Deportividad, concedido anualmente por la ATP tras una votación de los tenistas. Es una muestra más de lo apreciado que es el suizo en el circuito, algo que se ha ganado a pulso. Sin embargo, en sus inicios como profesional protagonizó episodios de mala conducta e incluso recibió alguna amonestación por bajo rendimiento, aspecto poco conocido por los aficionados. El genio suizo fue un *enfant terrible* en su adolescencia y en sus primeros años como profesional su conducta no fue la mejor. En varias ocasiones destrozó raquetas, faltó al respeto al juez de silla e incluso fue advertido o multado, algo que hoy nos podría parecer muy difícil creer. El punto de inflexión que cambió su comportamiento se sitúa en el partido que perdió en Hamburgo en 2001 ante el argentino Franco Squillari. Esa fue su última gran rabieta, pues avergonzado por el mal ejemplo ofrecido comprendió que no podía seguir dando la nota ante millones de personas.

El propio Federer reconoce en el documental *Strokes of genius* que algo hizo clic en su cabeza aquel día y se decidió a mejorar: «Llegó un momento, cuando alcancé la etapa profesional, en que pensé, sinceramente, que no me sentía cómodo haciendo esto. No me gustaba hacerlo cuando estaba la televisión en directo, con cientos de miles o millones de personas viéndome en el salón de su casa lanzando raquetas y gritando… No me gustaba y me dije que iba a cambiarlo». Hoy en día, no queda ni rastro de esos episodios y Federer es posiblemente el tenista más querido por los aficionados de todo el mundo. Gracias a su tenis, pero también al ejemplo que ha dado muchos años dentro y fuera de las pistas.

Si Federer es el más amado por los fans, Nadal es el siguiente en la lista y el favorito de los organizadores de los torneos y del personal que trabaja en ellos. Su exquisita amabilidad, simpatía y cercanía en el trato le han granjeado un cariño especial de los que hacen posible que se celebren las competiciones (empleados, directivos, recogepelotas, etc.). Rafa ha recibido el Premio Stefan Edberg en tres ocasiones y no se le recuerdan capítulos de mala conducta fuera o dentro de las pistas. Siempre ha sido alabada su humildad, a veces excesiva, y la enorme paciencia que tiene con los fans a la hora de firmar autógrafos. Además, en la sala de prensa, nunca ha puesto excusas a sus derrotas, algo que le viene de sus años de formación con Toni Nadal. A base de buena actitud y constancia se ha ganado el cariño de todos los aficionados, incluso de los más duros. El ejemplo lo tenemos en Roland Garros, donde tuvieron que pasar muchos años y títulos para que el público parisino por fin se rindiera al buen hacer del español y le demostrara su cariño en cada ocasión.

El caso de Novak Djokovic es diferente. Tardó más que Federer y Nadal en ganarse el reconocimiento y respeto de sus compañeros, pero con el tiempo ha conseguido demostrar lo gran deportista que es y no solo en cuanto a los resultados. En su primera etapa como profesional, en cambio, fue acusado de fingir lesiones para enfriar los buenos momentos de los rivales en los partidos e incluso de abandonar sin estar lesionado cuando perdía. Entre los que le señalaron se encontraba el propio Federer, además de otros como Andy Roddick o Stan Wawrinka. Tampoco le ayudaron las imitaciones que solía realizar de compañeros y compañeras como el propio Nadal o Maria Sharapova. Es indudable que tenía la mejor de las intenciones y que a muchos aficionados les encantaba verlo, por la gracia natural que tiene el serbio, pero no fueron pocos los que se lo reprocharon hasta que dejó de hacerlas. Con el paso de los años se ha ido conociendo al verdadero Djokovic, no a aquel que busca reconocimiento y agradar, sino a la persona que hay detrás, muy preocupado por lo que sucede en el mundo y siempre dispuesto a mejorarlo.

Que llegase a los puestos altos de la clasificación cuando Roger y Rafa ya eran los reyes del circuito también le hizo más difícil poder ganarse el corazón de los aficionados en su etapa inicial en el circuito. Ya se lo habían entregado a sus dos grandes rivales. Incluso en *marketing* y publicidad, los fans ya estaban posicionados en la dicotomía planteada por Nike, por lo que tuvo que buscarse su nicho de mercado con otras firmas comerciales. Federer y Nadal habían cambiado el panorama tenístico y los fans de todo el mundo solo tenían ojos para ellos dos. Tal circunstancia ha generado un sentimiento de injusticia en el propio Nole y en su familia. En parte está justificado, ya que en casi todas las pistas del mundo los aficionados apoyan a sus dos grandes rivales cuando juegan contra él. Y no solo eso, sino que en muchas ocasiones tiene al público directamente en contra, aunque no sean Federer o Nadal los que están al otro lado de la red.

Seguramente, el caso que más le duela a Djokovic es el del público australiano. A pesar de ser el tenista con más títulos en la historia del Open de Australia, en sus últimas finales en 2020 y 2021, contra Dominic Thiem y Daniil Medvedev, la grada de la Rod Laver Arena se posicionó a favor de sus rivales. Es un caso parecido al que Rafael Nadal padeció siempre en Roland Garros hasta bien avanzada su carrera, aunque por suerte la situación cambió radicalmente en sus últimos triunfos en París. En cambio, a Djokovic no le ayudarán a ganar adeptos las declaraciones de su padre, que varias veces ha cargado contra los aficionados de todo el mundo. Sin ir más lejos, después de la octava conquista de su hijo en Melbourne Park criticó duramente al público australiano, que tomó nota para la edición de 2021. En una entrevista concedida al portal ruso *Telegraf*, Srdjan Djokovic no dejó títere con cabeza: «Es increíble lo que ocurrió en la final. El siete veces campeón del torneo jugó contra un austriaco y el público animó al austriaco [Dominic Thiem]. Es una falta de respeto. Lo que sucedió en Melbourne también pasó en otras partes del mundo. Novak no ha hecho nada para ser odiado de esta manera. No hay duda en decir que mi hijo es el mejor de todos los tiempos, quien sepa de esto sabe que tengo razón». Es evidente el dolor que siente como padre y se comprende que se sienta molesto, pero su falta de objetividad también es manifiesta. Novak Djokovic no es odiado, sino más bien al contrario, es un tenista muy querido..., pero ha coincidido en el tiempo con los dos más amados por el gran público.

El *Big Three* se ha mantenido siempre ajeno a estas polémicas. El buen ambiente que han ayudado a crear en el mundo del tenis actual responde al amor que sienten por su deporte. Desde el principio han querido dejar un legado y que las nuevas generaciones lleguen a un circuito mejor del que ellos encontraron. Para ello se implicaron en el Consejo de Jugadores, con Federer asumiendo la presidencia y Nadal la vicepresidencia. Aunque hubo momentos de tensión entre ambos, cuando Nadal abandonó el organismo por diferencias entre ambos, supieron recular, y hoy en día su relación es más sólida que nunca. Djokovic también ha presidido el organismo y, como ellos, lo ha hecho para defender no solo los intereses de los mejores tenistas, sino también los de los jugadores con peor *ranking* o los doblistas. Una muestra más de su compromiso llegó en 2020, cuando lideró la creación de un fondo de ayuda para los tenistas tras cancelarse la temporada por la pandemia originada por la Covid-19. Sin embargo, el serbio no siempre ha estado de acuerdo con las posturas defendidas por Federer, Nadal y el Consejo de Jugadores, motivo por el cual en 2020 creó junto con el canadiense Vasek Pospisil su propio sindicato de jugadores, la Professional Tennis Players Association. La PTPA, un organismo «de jugadores para jugadores» según las palabras del propio Nole, formalizó su estructura en 2021, pero fue rechazada por la ATP al considerar que «divide a los jugadores y fragmenta el deporte».

Fuera del mundo del tenis, ese legado que tanto les preocupa lo han querido materializar creando mejores condiciones de vida para los más necesitados. La ayuda la han canalizado a través de las fundaciones que crearon cuando todavía eran muy jóvenes, al inicio de su extensa trayectoria profesional. La Roger Federer Foundation echó a andar en 2006 y gestiona proyectos educacionales localizados en el sur de África y en Suiza. Según datos extraídos de su página web, desde entonces y hasta finales de 2020 casi dos millones de niños se han podido beneficiar de su trabajo. Además de Roger, en la organización están implicados sus padres, Roger y Lynette, su esposa, Mirka Vavrinec, y su agente, Tony Godsick. El mismo año que inició su andadura este proyecto, Unicef nombró al campeón suizo «embajador de buena voluntad». La directora ejecutiva del organismo de Naciones Unidas, Ann M. Veneman, señaló que la decisión venía motivada porque «Roger no es solo un modelo para los que quieren ser deportistas, sino para todos los que creen que tenemos el poder y la responsabilidad de lograr un mundo mejor para la infancia».

Dos años después de Federer, Rafa Nadal y su madre, Ana María Parera, crearon la Fundación Rafa Nadal. Con la educación y el deporte como pilares fundamentales para el desarrollo de la juventud, sus programas se ubican principalmente en España y la India. En ellos atienden a jóvenes con discapacidad intelectual, integran socialmente a los menores más vulnerables y promueven el talento deportivo. Maria Francisca Perelló, esposa de Rafa, es la directora de la organización; Ana María Parera ejerce de presidenta, y Sebastián Nadal, padre del tenista, como vicepresidente. Creando centros y escuelas contribuyen a derribar las barreras que encuentran en su camino las personas con menos recursos, cosa que les permite integrarse plenamente en la sociedad.

Con una misión muy similar a las dos anteriores, la Novak Djokovic Foundation nació en Serbia bajo el auspicio del campeón balcánico y su esposa, Jelena Ristic, que la dirige desde entonces. A lo largo y ancho de su país, la organización crea escuelas y programas autosostenibles para ayudar a los niños en riesgo de exclusión social. Con estas infraestructuras académicas y por medio de la escolarización de miles de niños impulsan su desarrollo personal para darles las mismas oportunidades que tiene el resto de la sociedad. Conocedores de la difícil situación que viven muchos jóvenes en las áreas más desfavorecidas de Serbia, Novak y Jelena tuvieron claro desde el principio cuál sería su ámbito de actuación. Al igual que hizo con Federer, Unicef reconoció el trabajo benéfico de Djokovic y le nombró en 2015 embajador de buena voluntad. El día que se dio a conocer la noticia, Yorka Brandt, directora adjunta del organismo, calificó al tenista como «auténtico defensor de los niños en todo el mundo. Ha demostrado que una voz potente, junto con acciones potentes, pueden marcar una gran diferencia para los niños».

En diversas ocasiones, Federer y Nadal han colaborado organizando partidos y acciones con los que obtener recaudación para financiar sus proyectos benéficos. Es el caso del *Match for Africa*, partido entre ambos organizado por la Roger Federer Foundation, que en su sexta edición en febrero de 2020 consiguió recaudar más de 3,5 millones de dólares. Celebrado en Ciudad del Cabo, Sudáfrica, era la primera vez que tenía lugar en suelo africano, y más concretamente en el país natal de su madre, un sueño hecho realidad para el campeón suizo. Por supuesto, Lynette Federer estuvo presente, como también el filántropo multimillonario Bill Gates, que jugó en dobles con los dos campeones. El encuentro, disputado en el Cap Town Stadium, batió además el récord de asistencia a un partido de tenis, con 51 954 espectadores. También Djokovic ha querido ser parte de estos eventos benéficos; en 2012 aceptó enfrentarse a Nadal en el Estadio Santiago Bernabéu de Madrid, en un duelo organizado por la fundación del mallorquín. El partido tuvo que ser cancelado por una lesión de Nadal, por lo que no pudieron establecer un récord de espectadores que habría sido muy difícil de batir.

Esta excepcional imagen pública que proyectan los tres deportistas, tanto fuera como dentro de las pistas, sería imposible sin la sólida base que les proporciona su círculo más íntimo de amistades y familiares. Uno de los grandes secretos de su fantástica y longeva carrera es, sin lugar a dudas, la estabilidad en su vida privada. Han contado siempre con el apoyo incondicional de sus familias y de sus mujeres, con las que se casaron después de largas relaciones que comenzaron al inicio de sus carreras profesionales. Sus esposas son conocidas por su gran discreción; de hecho, se sabe muy poco de ellas, aparte de su actividad en las respectivas fundaciones. Especialmente de Maria Francisca Perelló y Jelena Djokovic (cambió su apellido al casarse), ya que Mirka Vavrinec era más conocida por su pasado tenístico y sus funciones dentro del equipo de Federer. Ejerció de jefa de prensa de su marido en los primeros años de su relación, pero el desgaste de imagen que suponía su continua exposición a los medios de comunicación aconsejó que se apartara de esa labor. Posteriormente, ha seguido siendo muy importante en la gestión de la carrera del tenista suizo y muchos la consideran una de las claves del éxito de su marido tanto en su trayectoria deportiva como en los negocios.

Otro de los motivos de que sea muy perseguida por los paparazzi de todo el mundo son sus conocidas amistades, como Anna Wintour, editora de la revista *Vogue*, o Gwen Stefani, excantante del grupo de rock No Doubt. A ambas es fácil verlas en el *box* de Federer, llenando de *glamour* las rondas finales de Wimbledon. Mirka es también la principal responsable del cambio radical en el estilo del suizo. Poco tiempo después de conocer a su futura esposa en los Juegos Olímpicos de Sídney, Federer dejó atrás las greñas y la coleta para pasar a un corte de pelo que potenciaba mucho más su elegante figura. Posteriormente, cuando conoció a Wintour, esta pasó a asesorarle en cuestiones de estilo y Roger se convirtió también en un icono de la moda.

La firma que lo vestía no dejó pasar la oportunidad de aprovechar esta nueva faceta de su gran campeón y durante algunos años lo presentó en Wimbledon con modelos de ropa que difícilmente olvidaremos. Intentando potenciar la elegancia del suizo llegaron en algunos casos a la exageración, como en la final de Wimbledon 2007. Roger apareció en la Centre Court ataviado con un traje de pantalón largo y chaqueta, además de un bolso blanco con el logo RF plateado. Verlo vestido así en el sorteo mientras empuñaba la raqueta era, cuando menos, curioso. Más aún cuando al otro lado de la red estaba Rafa Nadal uniformado con pantalones pirata y camiseta sin mangas, aunque en este caso no dejaba de ser ropa de tenista. Una de las anécdotas más comentadas e hilarantes se produjo en la posterior ceremonia de entrega de trofeos. Fruto de las prisas y los nervios, Federer salió a recoger la copa de campeón con los pantalones largos puestos del revés, algo que no pasó desapercibido para algunos periodistas, que obviamente lo publicaron en sus medios.

Muy alejadas del papel protagonista de Mirka Vavrinec en la carrera de su marido, están Maria Francisca Perelló y Jelena Djokovic. La mujer de Rafa Nadal mantiene un perfil muy bajo y los medios de comunicación ni siquiera se ponen de acuerdo para referirse a ella. Muchos la llaman Xisca, cuando ella misma ha negado que en su entorno la apoden así, mientras que otros se dirigen a ella como Mery, que es como Rafa y su familia la llaman. Fan incondicional de su marido, acude a todos los partidos que su trabajo le permite y suele estar acompañada en la grada por su cuñada, Maribel, y su suegra, Ana María.

Idéntico perfil presenta Jelena Djokovic, que al igual que la mujer de Nadal y Federer, tampoco suele conceder entrevistas y está centrada en su trabajo en la fundación. También es asidua en los partidos de Novak, aunque desde que es madre de un niño y una niña tiene que seleccionar más los torneos. Ambos se conocen desde su adolescencia y se casaron después de muchos años de noviazgo. En los primeros momentos de su relación tuvieron que lidiar con la distancia, ya que ella estudiaba en Milán, y Nole empezaba a viajar a competiciones internacionales por todo el globo. Posteriormente, Jelena pudo acompañarle mucho más, y ahora, casados y con dos hijos, han tenido que reorganizar su vida y adaptarse a la nueva realidad que les trajo la paternidad.

Para ello tienen en Roger y Mirka un ejemplo perfecto. Ambos han optado por un estilo de vida inusual y cosmopolita en el que viajan con sus cuatros hijos por torneos de todo el mundo. Es cierto que Federer ha reducido su calendario, pero aun así son muchos los viajes que hacen y son largas las estancias en cada país al que van. Las gemelas Myla Rose y Charlene Riva, así como los gemelos Lenny y Leo, cambiaron por completo la vida y las prioridades de la pareja, que supo adaptarse a la perfección. Ahora tienen todo un máster en logística, ya que en sus desplazamientos están acompañados por niñeras y profesoras para los niños, que junto con ellos y el equipo técnico forman una auténtica comitiva.

Respecto a los vínculos entre los tres miembros del *Big Three*, no hay duda de la gran relación que tienen Roger Federer y Rafa Nadal, además de una mutua y profunda admiración. En su caso se les podría considerar buenos amigos, ya que su contacto ha ido a más con el paso de los años y las colaboraciones que han tenido. Es muy significativo el hecho de que Rafa eligiera a Roger para acompañarle en la inauguración de su gran proyecto, la Rafa Nadal Academy de Manacor. En un día tan señalado para él, Rafa quiso tener junto a él a su gran rival durante tantos años, que es también el tenista al que más admira. Asimismo, el campeón español tiene una cordial relación con Novak Djokovic y sienten un gran respeto el uno por el otro. Su interacción aumentó mucho conforme el protagonismo de la rivalidad Federer-Nadal cedía ante el auge de los Nadal-Djokovic, que han acaparado las portadas en los últimos diez años y les ha permitido conocerse mejor. Sin embargo, no se les puede considerar amigos como en el caso anterior y es manifiesta su disparidad de criterios en muchos asuntos que atañen al tenis profesional. En cualquier caso, es una relación más amistosa que la que une a Federer y Djokovic. Aunque actualmente su trato es mucho más sano y respetuoso, no fue así en los primeros años del serbio en el circuito. Las acusaciones de Roger a Nole por su conducta en la pista crearon un mal clima entre ambos. Con los años, la situación se calmó y tienen una relación más que correcta, pero Srdjan Djokovic no lo olvidó y en los últimos años ha vuelto a criticar a Federer en diversas ocasiones.

Al final, y como ha sucedido con las grandes rivalidades de la historia, a medida que han ido pasando los años el «enfrentamiento» ha ido cediendo y cederá terreno al cariño. Con la perspectiva que dan los años, los grandes rivales se dan cuenta de todo lo que les une y valoran más las experiencias únicas que han compartido. Sucedió con Magic Johnson y Larry Bird, con Ayrton Senna y Alain Prost, y también con John McEnroe y Björn Borg, entre muchos otros. A fin de cuentas, como todos ellos, Federer, Nadal y Djokovic deben estar agradecidos por haber contado con unos rivales tan extraordinarios que les permitieron sacar lo mejor de sí mismos y alcanzar cotas que hubieran sido impensables sin tal acicate.

SEGUNDA PARTE

Los escenarios

2.1

La carrera del Grand Slam

En el mundo del tenis, el número de Grand Slams conquistados es tácitamente aceptado por la mayoría de los aficionados y tenistas como el mérito que decide de forma objetiva quién es el mejor tenista de todos los tiempos. Roger Federer, Rafael Nadal y Novak Djokovic no son ajenos a tal circunstancia y siempre han dado prioridad absoluta a este parámetro, dejándolo muy claro cuando les han preguntado por ello. Incluso han relegado la lucha por el número uno a un segundo plano, subordinado al objetivo prioritario.

El año 2021 terminó con una histórica igualdad del *Big Three* en cuanto a títulos de Grand Slam, dieciocho años después de que Roger Federer inaugurase esta infinita carrera con su primer éxito en Wimbledon en 2003. Los triunfos de Novak Djokovic en Australia, Roland Garros y Wimbledon situaron el marcador en un triple empate a veinte victorias, después de que Rafa Nadal ya hubiera dado alcance a Federer el año anterior. Ambos culminaron así una increíble remontada, trece y quince años después de alzar sus primeros *majors*. En el momento de mayor distancia en el palmarés, tras ganar el Open de Australia 2010, Federer llegó a aventajar a Nadal en diez grandes (16-6) y en quince al tenista de Belgrado (16-1).

Grans Slams totales al final de cada año

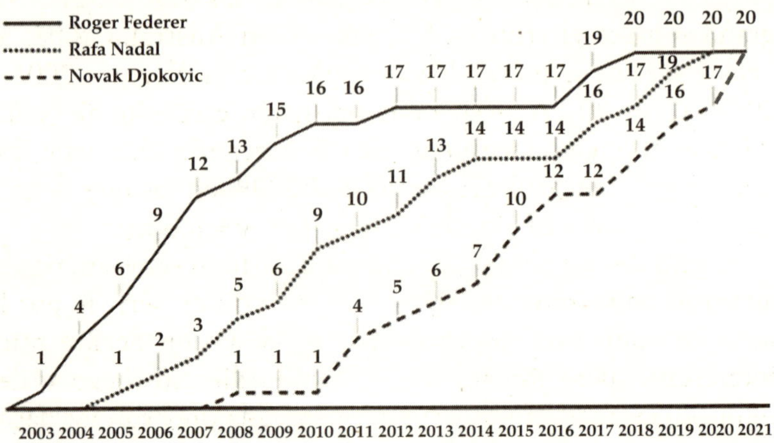

El punto de inflexión principal de la rivalidad es 2008, el año en el que nace el *Big Three*. Es el primero en el que se repartieron el Grand Slam, gracias a la primera victoria de Djokovic en Australia. Meses después, Nadal logró su primer Wimbledon derrotando a Federer en la final, consiguiendo al fin su primer grande fuera de la tierra batida y arrebatándole además el número uno. A partir de ese momento, la tendencia cambió radicalmente y el suizo dejó de dominar el circuito en solitario. De hecho, desde 2010 hasta 2021 el balance de grandes títulos es muy favorable para Djokovic y Nadal, con diecinueve y catorce respectivamente, por solo cinco de Federer. Evidentemente, en esta evolución entra en juego la diferencia de edad, cinco años con respecto a Nadal y seis con Djokovic. Sin embargo, en una etapa inicial, esta misma circunstancia permitió al helvético acumular muchos Grand Slams, cuando sus dos grandes rivales todavía estaban en pleno proceso de maduración.

Para hacerse una idea del totalitarismo impuesto por Federer en esa primera fase de su carrera, basta echar un vistazo al cuadro de títulos ganados cada año. Cuando Nadal hizo su gran irrupción ganando Roland Garros en 2005, Federer ya contaba con cuatro Grand Slams. A partir de ese momento, exceptuando el torneo parisino, que pasó a ser propiedad exclusiva del español, ganó los siguientes ocho grandes hasta el triunfo de Djokovic en Australia 2008; de hecho, más de la mitad de sus títulos los logró entre 2004 y 2007 (12 de 20). A pesar de la oposición creciente de Nadal y Djokovic, en esa fase apoteósica, Federer aún hizo otras dos campañas espectaculares en 2008 y 2009, en las que llegó a siete de las ocho finales de Grand Slam y ganó tres.

Como hemos comentado, hay quien ha restado mérito al dominio imponente de Federer en ese primer periodo por la falta de oponentes de verdadero nivel. Es un debate muy interesante, pero injusto con su extraordinario juego y desempeño en esos años. Corresponde a cada uno, con los datos en la mano, posicionarse a favor o en contra de esta afirmación. Es evidente que Nadal y Djokovic han encontrado la oposición de los otros dos mejores tenistas de la historia a lo largo de toda su carrera, y que Federer no tuvo esa brutal competencia al principio, por lo que pudo acumular muchos Grand Slams hasta que un Nadal muy joven fue capaz de competir de igual a igual en cualquier superficie. Si el español no hubiese sido tan extraordinario en tierra batida desde el primer momento, ahora estaríamos hablando de Federer como el mejor tenista de la historia sin discusión, pues muy probablemente habría ganado también varios Roland Garros, mientras Nadal alcanzaba su plenitud tenística. Djokovic aún tardó algunos años más en poder pelear por los grandes, pese a ser solo un año más joven que el español; pero, por otro lado, se benefició de que su madurez vino cuando los mejores años de Federer ya habían pasado. Todo depende del prisma que utilicemos.

Ganadores Grand Slam (2003-2021)

2021	**Djokovic**	**Djokovic**	**Djokovic**	Medvédev
2020	**Djokovic**	**Nadal**	no se disputó	Thiem
2019	**Djokovic**	**Nadal**	**Djokovic**	**Nadal**
2018	**Federer**	**Nadal**	**Djokovic**	**Djokovic**
2017	**Federer**	**Nadal**	**Federer**	**Nadal**
2016	**Djokovic**	**Djokovic**	Murray	Wawrinka
2015	**Djokovic**	Wawrinka	**Djokovic**	**Djokovic**
2014	Wawrinka	**Nadal**	**Djokovic**	Cilic
2013	**Djokovic**	**Nadal**	Murray	**Nadal**
2012	**Djokovic**	**Nadal**	**Federer**	Murray
2011	**Djokovic**	**Nadal**	**Djokovic**	**Djokovic**
2010	**Federer**	**Nadal**	**Nadal**	**Nadal**
2009	**Nadal**	**Federer**	**Federer**	Del Potro
2008	**Djokovic**	**Nadal**	**Nadal**	**Federer**
2007	**Federer**	**Nadal**	**Federer**	**Federer**
2006	**Federer**	**Nadal**	**Federer**	**Federer**
2005	Safin	**Nadal**	**Federer**	**Federer**
2004	**Federer**	Gaudio	**Federer**	**Federer**
2003	Agassi	Ferrero	**Federer**	Roddick

No se puede desmerecer ni un ápice lo alcanzado por Federer en esos años; sus rivales eran los tenistas que encontró en su momento, no los eligió él, y tuvo que lidiar con grandísimos jugadores. De hecho, algunos de ellos eran excelentes especialistas en determinadas superficies, como Andy

Roddick, Marat Safin, Lleyton Hewitt, Carlos Moyà, Juan Carlos Ferrero o Andre Agassi, si bien este último estaba en el ocaso de su fantástica carrera. Por otro lado, esa diferencia de años es la misma que le ha perjudicado en los últimos tiempos, y, aun así, ha conseguido conquistar grandes títulos, como los dos Grand Slams de 2017 o el Open de Australia 2018 con treinta y seis años y ciento setenta y tres días. Un mérito bestial, no lo suficiente valorado.

Comparado con Federer y Djokovic, Nadal ha sido un jugador más constante a la hora de acumular títulos de Grand Slam, con una extraordinaria regularidad que le ha permitido ganar *majors* casi cada año. O, mejor dicho, ha sido todavía más regular y constante que sus rivales. El balear sumó sus veinte coronas en catorce temporadas distintas, mientras que Federer y Djokovic lo hicieron en diez cursos. Además, desde su primera victoria en Roland Garros 2005, Rafa solo ha dejado de ganar al menos un grande tres años (2015, 2016 y 2021), igual que Nole desde Australia 2008 (2009, 2010 y 2017). Federer, con una carrera más larga, se ha ido de vacío ocho cursos desde Wimbledon 2003 (2011, 2013, 2014, 2015, 2016, 2019, 2020 y 2021). El español consiguió una gesta única al enlazar diez temporadas consecutivas ganando al menos un grande (2005-2014), por las ocho de Federer (2003-2010) y las seis de Djokovic (2011-2016), lo que habla del tenista más fiable y constante de todos los tiempos. Sus duelos contra Federer y Djokovic son también las dos finales de *grand slam* más repetidas de la historia, nueve veces cada una de ellas, lejos de las cinco que disputaron sus dos grandes rivales.

El mallorquín comparte con Federer el gran mérito de haber conseguido ganar títulos del Grand Slam con quince años de separación, más que nadie en la historia. Desde el primer Wimbledon que levantó Federer en 2003 hasta su último Open de Australia en 2018 pasaron tres lustros, los mismos que entre las ediciones 2005 y 2020 de Roland Garros, ambas ganadas por Rafa Nadal. La trayectoria de Novak Djokovic es diferente a las de sus dos rivales; se encontraría a mitad de camino. Ha tenido fases de dominio apabullante en las que acaparó casi todos los títulos, como en 2011, 2015, 2016 y 2021, pero no tan largas como las de Federer. En cambio, ha disfrutado de una gran constancia desde que ganó su segundo grande en Australia en 2011, faltando solo a su cita con los Slam en 2017. Desde ese momento, ha ganado diecinueve grandes en solo once años, una gran media en un largo periodo de tiempo, aunque no ha mantenido ese extraordinario nivel tantos años como Nadal.

Uno de los grandes hitos del tenis lo protagonizó Roger Federer en 2006, cuando se convirtió en el primer jugador de la Era Open que alcanzaba las cuatro finales de Grand Slam en el mismo curso. La pena es que no pudiera emular a Rod Laver, que en 1969 no solo alcanzó la última ronda de todos los grandes, sino que se llevó todos los trofeos a casa. The Rocket es, hasta la fecha, el único que lo ha logrado, si bien el *Big Three* ha estado muy cerca de emularlo. El mismo Federer repitió intento solo un año después, y por tercera vez en cuatro años ganó tres de los cuatro grandes de la temporada. Sobran las palabras. Solo Nadal le había impedido en Roland Garros alcanzar una heroicidad difícil de asimilar, el pleno de títulos por partida triple. Nuevamente Federer en 2009 y Djokovic en 2015 y 2021 conseguirían disputar las cuatro grandes finales en un año natural, algo que se le ha resistido a su gran rival español, si bien este ganó tres Grand Slams en 2010, y en el Open de Australia solo una lesión le pudo apartar de su camino. Sin embargo, Nadal fue capaz de ganar tres *majors* seguidos en tres superficies distintas, gesta que solo Djokovic pudo igualar en 2021, aunque cambiando la secuencia al ganar en Melbourne y no en Nueva York.

En esta batalla de gestas, Djokovic es el único que puede presumir de haber alzado cuatro consecutivos, cuando por fin completó el ansiado Grand Slam en 2016. Lo hizo al ganar de corrido los títulos de Wimbledon y el US Open en 2015 más el Open de Australia y Roland Garros en 2016. Al cambiar de temporada no se considera el auténtico Grand Slam, algo que solo ha conseguido Rod Laver. La leyenda australiana y Djokovic son los dos únicos que han sido capaces de ostentar a la vez los cuatro grandes títulos, un hecho extraordinario que definitivamente lo equiparó a sus dos compañeros en el *Big Three*.

Una pregunta pertinente en este eterno debate para nombrar al mejor de todos los tiempos es la siguiente: ¿es mejor el tenista que más títulos del Grand Slam consigue o el que cuenta con un mayor porcentaje de títulos con respecto al número de participaciones? Este es un dato relevante y del que apenas se habla en las tertulias tenísticas, seguramente porque poca gente conoce los datos. Si le diéramos prioridad a este segundo baremo, Björn Borg (40 %) sería el mejor de la historia, por delante de Rafa Nadal (32 %) y Novak Djokovic (30 %). Sin embargo, el icono sueco logró todos sus títulos entre Roland Garros y Wimbledon, y fue incapaz de ganar en todas las superficies. Además, cuenta con nueve títulos menos y logró ese porcentaje de victorias participando en treinta y cinco ediciones de Grand Slams menos que Nadal. Obviamente, es un dato objetivo que pueden esgrimir los seguidores del español a la hora de considerarlo el mejor, aunque no es suficiente para proclamarlo el número uno de siempre, pues, además, Djokovic cuenta con porcentajes muy similares.

Sin embargo, es irrefutable que, de no ser por las lesiones, el palmarés del español sería muy superior visto su elevadísimo porcentaje de victorias en Grand Slams; ningún otro integrante del *Big Three* las ha padecido tanto como él ni tiene una eficacia como la suya en las cuatro grandes competiciones. Federer ha sido inmune a ellas la mayor parte de su carrera y no fue hasta 2014, con treinta y tres años, cuando empezó a padecerlas, si bien después tuvo temporadas excelentes antes de empezar a vivir un auténtico calvario con su rodilla. Prueba del privilegiado físico del tenista helvético es que nunca se ha retirado de un partido por lesión, a pesar de haber disputado 1526 individuales y 223 dobles. Más afortunado ha sido Djokovic, que solo tuvo una lesión importante. Fue en el codo, en 2016, contratiempo que le impidió disputar el US Open, hasta la fecha el único Grand Slam que ha dejado de jugar. El de Belgrado padeció también problemas respiratorios en sus inicios, pero estos no le alejaban de las pistas, cosa que sí le ha sucedido continuamente a Rafa Nadal. Las lesiones han sido el gran lastre del isleño a lo largo de su trayectoria deportiva, impidiéndole participar en multitud de eventos importantes y forzándole a retirarse en otros muchos una vez empezada la competición. De hecho, se ha ausentado de los Grand Slams en once ocasiones (diez por lesión) y en siete ATP Finals, dato que contrasta con las dos únicas ausencias de Djokovic entre ambas competiciones. Por su parte, Federer solo se ha visto obligado a no participar en un *major* en cuatro ocasiones por problemas físicos, tres de ellas entre 2020 y 2021, ya rozando la cuarentena. Además, renunció a disputar Roland Garros en tres ocasiones para centrarse en preparar la temporada de hierba. Aunque el baremo más utilizado es el del número de Grand Slams ganados, dado el elevado número de títulos de los tres, su amplio margen con respecto al resto de los tenistas y la diferencia mínima entre ellos, es importante acudir a otros índices que midan las prestaciones de cada uno a lo largo de sus trayectorias. Depende de la óptica con la que se miren, hay datos y argumentos más que suficientes para respaldar cualquier opinión que se decante por uno de ellos como el más grande de todos los tiempos o, como dicen en el mundo anglosajón, el GOAT (Greatest of All Times).

Retomando el argumento anterior, Nadal es el que mejores números globales tiene en porcentaje de victorias, finales disputadas y finales ganadas en los cuatro grandes. Ha ganado veinte títulos en 62 participaciones, mientras que Djokovic, a pesar de comenzar después, ha disputado cuatro torneos más (66). El peor porcentaje lo tiene Federer, que ha participado en diecinueve Grand Slams más que Nadal (81) y ha conseguido el mismo número de triunfos. El porcentaje de éxito del balear en estas competiciones es del 32 %, lo que quiere decir que ha ganado uno de cada tres Grand Slams en los que ha participado, por un 30 % de Djokovic y un 25 % del suizo (uno de cada cuatro). Manteniendo este ritmo de éxito, algo que es imposible predecir y muy complicado lograr, Nadal se iría a los veintiséis Grand Slams si hubiese alcanzado el número de participaciones del tenista helvético.

Por otro lado, el de Manacor ha alcanzado la final en el 45 % de los torneos grandes en los que ha tomado parte, una auténtica barbaridad que solo el Djoker iguala. Federer se queda atrás en esta estadística, pero con números espectaculares al jugar nada menos que el 38 % de los partidos decisivos. Los tres mantienen también un extraordinario porcentaje de triunfos en las finales que han disputado, donde nuevamente se impone Nadal con un 71 %, frente al 67 % de Djokovic y el 64 % de Federer. Obviamente, los números de Nadal y Djokovic podrían bajar en los próximos años, a medida que se hagan mayores, pero es algo que está por ver. Sin embargo, este no es el único motivo que justifica el bajón de Federer, ya que entre los veintinueve y los treinta y cinco años solo ganó un Grand Slam, pero después, entre los treinta y cinco y los treinta y siete, sumó tres más. De hecho, los tres cuentan con una meritoria cosecha de Grand Slams una vez superada la treintena. El récord lo tiene Djokovic con ocho títulos, superando los seis de Nadal y los cuatro de Federer. El gran mérito de Federer, Nadal y Djokovic es haber mantenido este altísimo porcentaje de victorias durante tanto tiempo, superando los obstáculos de las lesiones y la edad, la continua presión de superar los éxitos precedentes y haber sido capaces de ganar en todas las superficies.

ROGER FEDERER	**Totales**	AO			us open
Ediciones	**81**	21	19	22	19
Victorias	**20 (25%)**	6 (28%)	1 (5%)	8 (36%)	5 (26%)
Finales	**31 (38%)**	7 (33%)	5 (26%)	12 (55%)	7 (37%)
% de finales ganadas	**64%**	86%	20%	67%	71%
Ausencias	**8 (9%)**	1 (5%)	4 (17%)	0	3 (14%)

RAFA NADAL	**Totales**	AO	Roland Garros	Wimbledon	us open
Ediciones	**62**	16	17	14	15
Victorias	**20 (32%)**	1 (6%)	13 (76%)	2 (14%)	4 (27%)
Finales	**28 (45%)**	5 (31%)	13 (76%)	5 (36%)	5 (33%)
% de finales ganadas	**71%**	20%	100%	40%	80%
Ausencias	**11 (18%)**	2 (11%)	1 (6%)	4 (22%)	4 (21%)

NOVAK DJOKOVIC	**Totales**	AO	Roland Garros	Wimbledon	us open
Ediciones	**66**	17	17	16	16
Victorias	**20 (30%)**	9 (53%)	2 (12%)	6 (38%)	3 (19%)
Finales	**30 (45%)**	9 (53%)	6 (35%)	7 (44%)	9 (56%)
% de finales ganadas	**67%**	100%	33%	86%	33%
Ausencias	**1 (1%)**	0	0	0	1 (6%)

Cada integrante del *Big Three* es el gran dominador del palmarés de uno de los Grand Slam, aunque Federer colidera otro más. El suizo es el tenista que más Wimbledon ha ganado en la historia (8) y el que más US Open (5), en este caso empatado con Jimmy Connors y Pete Sampras. Por si fuera poco, es el segundo que más Open de Australia ha logrado (6). Por su parte, Nadal es el dios de Roland Garros (13), con más del doble de coronas que el siguiente, Bjorn Börg (6). Además, ha ganado las trece finales disputadas, lo que constituye el récord más impresionante en la dilatada historia de los *Majors*. Por otro lado, es el segundo con más US Open (4), a un solo triunfo del trío de cabeza. Por último, Djokovic es el líder en Australia, donde alzó nueve copas con otro espectacular cien por cien de efectividad en las finales, mientras que en Wimbledon ganó seis veces, dos menos que Federer y a solo una victoria de Sampras.

Viendo tales números de leyenda, es complicado determinar quién ha sido el mejor de todos, pero no es este el único debate apasionado que generan estos tres fuera de serie. Otro de los temas recurrentes en las discusiones sobre tenis es quién de ellos llegó a alcanzar un nivel tenístico superior en algún momento de su carrera. Es evidente que los tres han realizado temporadas impresionantes, algunas de las cuales están entre las mejores de siempre, junto con las de mitos como Rod Laver, Jimmy Connors, Björn Borg o John McEnroe. Los tres tuvieron años en los que ganaron tres de los cuatros Grand Slams de la temporada, un elevado número de Masters 1000 y obtuvieron un porcentaje excepcional de victorias. Y no es menos cierto que lo consiguieron en años en los que al menos uno de sus dos máximos rivales, si no los dos, no estaba a pleno rendimiento, ya que de lo contrario hubiera sido imposible ejercer tal dominio.

En este sentido, Federer es el que ha hecho un mayor número de temporadas arrolladoras: 2004, 2006, 2007 y 2009. Rafa Nadal, en cambio, ha sido más constante y regular, pero ha tenido menos años de hegemonía absoluta, los más evidentes 2010 y 2019. Y si hablamos de la mejor de todas, seguramente deberíamos encumbrar la campaña 2015 que hizo Novak Djokovic, quien ganó prácticamente todo y mejoró incluso sus espléndidos 2011 y 2021. No hay duda de que, si no hubieran coincidido en la misma época, en las vitrinas de todos ellos lucirían muchos más trofeos. La prueba más evidente es que se han jugado el título en veintitrés finales de Grand Slam y que, en muchas de ellas, el perdedor seguramente habría ganado de no estar al otro lado de la red otro miembro del *Big Three*. En esos veintitrés duelos por la gloria,

Nadal sale vencedor con un 61 % de victorias (11-7), superior al 57 % de Djokovic (8-6) y muy lejos del 28 % de Federer (4-10), que es el principal damnificado de estas épicas batallas.

Y es que la gran aspiración de todo tenista es ganar uno de los cuatro grandes títulos. Es el sueño que todos tienen cuando empiezan a practicar este deporte. En función de su procedencia, su cultura tenística o sus gustos, preferirán hacerlo en Melbourne, París, Londres o Nueva York. Los pocos que lo consiguen pasan a fantasear con el siguiente nivel, el que distingue a los grandes campeones de las leyendas: completar el Grand Slam. Esta expresión se acuñó originalmente para referirse a la hazaña de ganar los cuatro grandes títulos en el mismo año natural. Hasta la fecha, solo lo han logrado Don Budge (1938), Maureen Connolly (1953), Rod Laver (1962 y 1969), Margaret Court (1970) y Steffi Graf (1988). En categoría masculina, solo el de Rod Laver pertenece a la Era Open.

Posteriormente, y ante la gran dificultad de conseguirlo, la expresión comenzó a usarse cuando un jugador reunía los cuatro títulos, sin importar los años que tardara en completar la colección. Para diferenciarlo del auténtico Grand Slam, se definió este mérito como «Grand Slam en la carrera». Así, se sumaron a la lista Doris Hart, Shirley Fry, Roy Emerson, Billie Jean King, Chris Evert, Martina Navratilova, Andre Agassi, Serena Williams, Roger Federer, Rafael Nadal y Novak Djokovic. En la Era Open, el tenista de Manacor es el más joven en haber alcanzado este hito. Lo consiguió al ganar su primer US Open en 2010 con solo veinticuatro años, por los veintisiete con los que contaba Roger Federer cuando por fin conquistó la tierra batida de Roland Garros en 2009 o los veintinueve de Djokovic al alzar el trofeo parisino en 2016.

Como esta lucha por la excelencia parece no tener fin, siempre se plantean nuevos retos que los protagonistas de esta historia aceptan sin dudar. Su espíritu ganador les impide renunciar ante la perspectiva de un nuevo desafío; una vez que completaron el Grand Slam, se abrió ante ellos la posibilidad de ser el primero en la Era Open en alcanzar el Doble Grand Slam. Este nuevo objetivo consistiría en ganar los cuatro grandes al menos dos veces, algo de lo que solo podía presumir Rod Laver

(1962 y 1969), si bien lo hizo a caballo entre la época *amateur* y la profesional. El primero en rozar la proeza fue Roger Federer, cuando perdió la final de Roland Garros 2011 ante Nadal. Posteriormente, el español hizo una triple tentativa, pero se quedó a un partido de levantar su segundo Open de Australia (2014, 2017 y 2019). El último en rozarlo fue Djokovic en 2020, pero al igual que Federer fue frenado por Nadal en la final de Roland Garros. Finalmente, el serbio logró este hito en la arcilla parisina solo un año después, y es el único que aspira ya al Triple Grand Slam, algo que unos años atrás sonaba a ciencia ficción.

Yendo más lejos, Nadal y Andre Agassi son los únicos jugadores que han conquistado el «Golden Slam en la carrera», es decir, ganar al menos una vez los cuatro Grand Slams y la medalla de oro individual en los Juegos Olímpicos. En categoría femenina también lo han conseguido Serena Williams y Steffi Graf; la alemana es la única persona que lo ha logrado en un año natural, el genuino Golden Slam. Djokovic tiene complicado alcanzar el único gran título que le falta; su última oportunidad le llegará en los Juegos Olímpicos de París en 2024, cuando ya contará con treinta y siete años. Por su parte, Federer ya se despidió de este sueño, pues rozaría los cuarenta y tres años cuando la cita olímpica tenga lugar, y es difícil que entonces siga en activo. En la cita parisina, Nadal podría situarse como el único tenista en alcanzar el Doble Golden Slam en la carrera, si se cuelga la medalla de oro. A favor cuenta con el hecho de que se disputen en su feudo favorito, Roland Garros, pero en contra suya juegan la edad, tendrá treinta y ocho años, y la necesidad de ganar antes un título más en Australia. Pero, si alguien sabe de imposibles, son ellos tres.

Con todos estos datos, corresponde al lector o lectora decidir quién es, en su opinión, el mejor tenista de todos los tiempos. Estadísticas y argumentos hay para todos los gustos y seguiremos desgranándolos en las próximas páginas, en las que resumiremos su desempeño en los mejores torneos del circuito y analizaremos lo sucedido en cada año de su extensa rivalidad. Si aceptamos la opinión mayoritaria de que lo más importante para decidir son los Grand Slams, entonces deberemos esperar a los próximos años para coronar al mejor de siempre.

2.2

Open de Australia

El Open de Australia abre la temporada de grandes torneos cada año, coincidiendo con el verano austral. Las altas temperaturas que se alcanzan, que rozan los cuarenta grados centígrados, lo convierten en una de las competiciones más duras del circuito, y no es extraño ver abandonos por golpes de calor. Esto llevó a modernizar y mejorar las pistas principales, que ahora cuentan con un techo retráctil; además, en 2008 se cambió la superficie anterior por el *plexicushion,* que absorbe mejor el calor. No fue el único cambio de superficie desde la primera edición en 1905. El más importante se produjo en 1988, cuando el torneo pasó a disputarse en el nuevo Melbourne Park y en pista dura, ya que la hierba exigía muchos y costosos cuidados. La ciudad sureña ya había sido designada sede única en 1972, y con este cambio de escenario se puso a la altura de sus tres competidores.

Tierra de tenistas legendarios como Ken Rosewall, Roy Emerson o Rod Laver, Australia siempre ha tenido un gran paladar para este deporte. Y entre todos los mitos que han desfilado por la competición, Novak Djokovic se ha convertido en el jugador con mejor palmarés. Su sensacional registro de nueve títulos en nueve finales disputadas en la Rod Laver Arena le han distanciado del antiguo dominador del torneo, un Roger Federer que está a tres victorias del serbio. Muy lejos queda Rafa Nadal, con solo un título, pese a haber alcanzado la final en cinco ocasiones.

El primero de los cuatro torneos que componen el Grand Slam se ha convertido desde 2011 en coto de caza casi exclusivo del Djoker, que estrenó su palmarés de *majors* allí en 2008, justo el año en el que se sustituyó el polémico *rebound ace* por la actual *plexicushion*. Esto redujo la velocidad del juego, pero desde entonces se han vivido algunos de los mejores partidos de la historia de este deporte. Es una superficie dura, pero no excesivamente rápida, por lo que permite largos intercambios de golpes, unas condiciones ideales para Djokovic y su tenis defensivo y de contragolpe. Desde que en 2011 levantara su segundo trofeo, solo la dupla suiza Federer-Wawrinka ha conseguido que sean sus nombres y no el del tenista de Belgrado los inscritos en la peana de la Norman Brookes Challenge Cup, o simplemente «Norman», como le gusta llamarla a Roger. El principal damnificado por la autoridad balcánica en territorio oceánico ha sido su amigo y rival desde la infancia Andy Murray. El escocés ha perdido nada menos que cinco finales, y cuatro de ellas ante Djokovic. Nadal en dos ocasiones y Jo-Wilfried Tsonga, Dominic Thiem y Daniil Medvedev en una fueron sus otras víctimas.

Algunas de sus victorias en Australia están grabadas en la retina de los buenos aficionados al tenis como parte de los mejores partidos de siempre. Seguramente, la más dramática llegó en la final de 2012, cuando se impuso a Nadal en un duelo titánico que se prolongó por espacio de cinco horas y cincuenta y tres minutos, la más larga en la historia de los Grand Slams (5-7, 6-4, 6-2, 6-7 y 7-5). Ambos jugadores acabaron extenuados, tras dejarse en la pista hasta el último gramo de energía, hasta el último golpe de calidad.

Si hablamos de sus dos grandes rivales, Australia siempre ha traído mejores recuerdos a Roger Federer que a Rafael Nadal, si bien la pista central del Melbourne Park fue testigo del momento más duro en la carrera tenística del suizo. La victoria de Nadal en la final de 2009 es uno de los mejores partidos de su extensa rivalidad, no solo por el gran juego desplegado, sino por la emotividad que hubo antes, durante y después del encuentro. Abatido en la ceremonia de entrega de trofeos y con las lágrimas surcando sus mejillas, Federer se derrumbó y pronunció su ya famoso «*God, it's killing me*».

Esto hizo que Nadal tratara de consolarle y que, en su discurso, casi le pidiera perdón por haberle ganado.

A pesar de este dramático capítulo de su rivalidad, las antípodas siempre han sido una tierra feliz para Roger y complicada para su gran oponente, que ha cosechado más decepciones que alegrías. El jugador helvético ha vivido aquí algunos de los momentos más felices de su carrera, comenzando en el año 2004, cuando alzó su primer trofeo Norman Brookes tras derrotar al ruso Marat Safin y alcanzó por primera vez el ansiado número uno del *ranking*. Era el 2 de febrero de 2004: con veintidós años comenzaba el régimen totalitario de *sir* Roger Federer como líder de la ATP, al que solo pondría fin Rafael Nadal en 2008. Curiosamente, el manacorí hizo su primera aparición en el abierto australiano en esa edición: con apenas dieciocho años logró avanzar hasta la tercera ronda, donde cayó ante el ídolo local, Lleyton Hewitt.

Después de aquella edición de 2004, el tenista helvético volvió a conquistar el torneo australiano en cinco ocasiones (2006, 2007, 2010, 2017 y 2018). La más especial de todas fue la de 2017, por lo simbólico del triunfo, después de muchos problemas con las lesiones, tras cinco años sin Grand Slams y ante su rival más admirado, Rafa Nadal, que también recuperó ese año su mejor nivel. Un año después, Federer ganó el que hasta hoy es su último Grand Slam, el vigésimo, derrotando en la final al croata Marin Cilic.

Las andanzas de Rafa Nadal en territorio austral no han tenido tantos finales felices como las de sus mayores oponentes, excepción hecha de la mencionada edición de 2009. Sin embargo, ni siquiera pudo disfrutar de su único triunfo en el torneo australiano. El español cuenta en su biografía *Rafa. Mi historia*, escrita por John Carlin, que en el avión de vuelta su padre le contó que iba a divorciarse de su madre. La noticia produjo un enorme impacto en la moral del jugador, que afectó a su juego y, junto con las lesiones, le arruinó esa temporada hasta el punto de caer derrotado por primera vez en su carrera en Roland Garros. Gracias a su enorme calidad, el español fue capaz de alcanzar después otras cuatro finales en una superficie adversa para sus condiciones, aunque no pudo ganar ninguna de ellas. Se quedó con la miel en los labios en 2012, 2014, 2017 y 2019: cayó dos veces contra Novak Djokovic y una contra Federer y Stanislas Wawrinka. Seguramente, la derrota más dolorosa en todos los sentidos fue ante este último, ya que se produjo tras lesionarse en la espalda durante el calentamiento previo al inicio de la final. Así pues, Federer y Djokovic han aprovechado las finales en Melbourne mucho mejor que Nadal.

En 2020, el Open de Australia fue el último gran torneo en disputarse antes de la cancelación parcial de la temporada por la pandemia mundial causada por la Covid-19. Djokovic hizo honor a su condición de gran favorito y ganó en la final a Dominic Thiem, idéntico resultado que logró un año después ante Daniil Medvedev, cuando, en vías de recuperarse la normalidad en el planeta, alzó su noveno título e inició una temporada de ensueño.

2.3

Roland Garros

En las inmediaciones del Bois de Boulogne y rodeado por uno de los meandros que describe el majestuoso río Sena a su paso por París, el Stade Roland Garros acoge cada año los Campeonatos Internacionales de Francia. Su primera edición se disputó en 1891, y en 1927 pasó a su ubicación actual, añadiendo a su denominación el nombre del legendario aviador francés, fallecido en combate en la Primera Guerra Mundial.

Roland Garros es la única de las cuatro grandes citas del año que se disputa en tierra batida y a lo largo de su historia se ha labrado una leyenda de torneo maldito para muchos de los mejores tenistas de todos los tiempos. Grandes nombres como Jimmy Connors, John McEnroe, Boris Becker, Stefan Edberg o Pete Sampras nunca fueron capaces de alzar la Copa de los Mosqueteros. Este dato revela la enorme dificultad que tiene ganar esta competición, máxime cuando la gran mayoría de los torneos se disputan sobre pista rápida. El polvo de ladrillo hace que el bote de la pelota sea mayor y ralentice el juego, proporcionando unas décimas extra a los tenistas para reaccionar a los golpes de su adversario. De esta forma, los tenistas más defensivos se ven beneficiados, al contrario de lo que sucede en el resto de las superficies.

Si dicen que una imagen vale más que mil palabras, para describir la grandiosidad de las hazañas de Rafael Nadal en Roland Garros lo mejor sería mostrar una imagen de la estatua del español, que la organización decidió situar al lado de la de Philippe Chatrier. Junto a la pista central, todos los visitantes podrán ver este magnífico homenaje a una trayectoria única en este torneo. Los trece títulos de Nadal en Roland Garros suponen la mayor demostración de autoridad y dominio de una superficie y una competición que se haya visto en la historia del tenis. Sin discusión. Un récord que alcanzó con un cien por cien de efectividad en las finales y en solo dieciséis participaciones. Ningún otro tenista ha ganado un mismo evento en tantas ocasiones, ni siquiera siendo de inferior rango. Los números, por más veces que se vean, no dejan de sorprender por su magnitud. El ídolo español se ha impuesto sobre el polvo de ladrillo de París nada menos que en 105 de los 108 partidos que ha disputado, lo que supone un descomunal porcentaje del 97 %. Para hacerse una idea de su abrumadora superioridad, si no estaba claro, basta señalar que solo en dos encuentros tuvo que recurrir al quinto set y nunca en la final. Las tres únicas derrotas llegaron ante Robin Söderling en 2009 y Novak Djokovic en 2015 y 2021, pues su eliminación en 2016 se debió a su abandono por lesión antes de disputar la tercera ronda contra su compatriota Marcel Granollers.

La primera de esas derrotas fue aprovechada por Roger Federer para ganar la final batiendo al propio Söderling y alzar así su único Roland Garros, completando además el anhelado Grand Slam. Djokovic emuló al suizo en 2016, beneficiado por la comentada retirada por lesión de Nadal, mientras que en 2021 derrotó con justicia al mallorquín en las semifinales, y su posterior victoria le llevó a ser el único en la Era Open en conquistar el doble Grand Slam. Vistos tales antecedentes, es evidente que ganar a Nadal en la arcilla de Roland Garros ofrece recompensa; no es para menos siendo uno de los retos más complicados en el mundo del deporte. Es de justicia que tanto Federer como Djokovic cuenten en su palmarés con este torneo que tanto esfuerzo y años les costó conseguir. En París han dejado grandísimos momentos y lo habrían ganado varias veces más de no haber coexistido con el tenista español.

Son muchos los que consideran que un todavía menor de edad Rafa Nadal hubiera sido candidato al título ya en 2004, un año antes de su primer triunfo, tras haber batido en arcilla a campeones en Roland Garros como Carlos Moyà o Albert Costa. Al igual que en 2003, una lesión le impidió participar, y nunca sabremos de lo que habría sido capaz. Lo que sí conocemos bien son los hechos de 2005, cuando tras arrasar en la temporada de tierra, con títulos en los Masters 1000 de Montecarlo, Madrid y Roma, todos los expertos señalaron a un adolescente de apenas dieciocho años como el principal candidato al título. Donde cualquier otro tenista habría acusado la inmensa presión puesta sobre sus hombros, Nadal exhibió músculo y mentalidad para cargar con ella y con todo lo que viniera.

En las semifinales, el día que cumplía diecinueve años, el de Manacor comenzó a traumatizar al intratable número uno, un Roger Federer que se vio impotente ante la energía y la tremenda pegada de Nadal, con un *topspin* nunca visto hasta entonces. Aquel día, lo mejor para el suizo fue desconocer lo que estaba por llegar en los años sucesivos. En la gran final, Mariano Puerta, uno de los integrantes de la gran hornada argentina en tierra batida, nada pudo hacer para impedir que el español pusiera la base de su futura estatua. Ahí comenzó la leyenda de Nadal en Roland Garros; una memorable trayectoria que le llevaría a enlazar cuatro títulos entre 2005 y 2008, así como cinco entre 2010 y 2014, antes de su última racha de cuatro entre 2017 y 2020. Solo Bjorn Börg había conseguido antes que él encadenar cuatro títulos consecutivos y tenía el récord con seis entorchados. De momento, Nadal ha ganado más del doble que el sueco y es imposible predecir dónde dejará el insuperable listón.

En el campo de batalla cayeron muchas víctimas ilustres ante la garra del hondero balear. Principalmente, Roger Federer, derrotado en las finales de 2006, 2007, 2008 y 2011, además de en las semifinales de 2005 y 2019. Una auténtica pesadilla para el genial tenista helvético, que nunca pudo doblegar al español en París. Y si para Federer ha sido insufrible luchar contra lo imposible, la misma suerte corrió Novak Djokovic la gran mayoría de las veces. El serbio cayó contra Nadal en siete de los nueve partidos disputados, incluidas las finales de 2012, 2014 y 2020. Al menos él puede presumir de ser el único en haberlo derrotado dos veces en su feudo favorito. Además de Federer y Djokovic, los otros damnificados en las finales fueron los mencionados Mariano Puerta y Söderling, Stan Wawrinka, David Ferrer y el austriaco Dominic Thiem, este último por partida doble en 2018 y 2019. Casi todos ellos forman parte del selecto club de quince tenistas que han logrado arrancarle un set en París.

Las dos mayores exhibiciones de Nadal en su competición favorita llegaron precisamente ante Federer y Djokovic, en las finales de 2008 y 2020. En la primera, el balear desató la tormenta perfecta, de arena en este caso, arrasando a su paso al número uno del mundo en solo una hora cuarenta y ocho minutos de juego (6-1, 6-3 y 6-0). La victoria ante Djokovic fue un momento clave en la historia de la rivalidad, ya que Nadal conquistó con ella su vigésimo Grand Slam, igualando por fin a Federer, después de quince años a su sombra. En aquel enfrentamiento maltrató a su rival y se impuso con una facilidad insultante (6-0, 6-2 y 7-5).

Dadas las circunstancias que le ha tocado vivir en París, es de admirar la constancia y el tesón de Federer, que no ha cejado en el empeño de alzar la Copa de los Mosqueteros hasta que finalmente lo consiguió en 2009. El suizo es también un excelente jugador sobre la arcilla roja, y prueba de ello son sus cuatro finales consecutivas en la Philippe Chatrier entre 2006 y 2009, algo que solo Bjorn Börg, Ivan Lendl, Rafa Nadal y el propio Federer pueden acreditar en la Era Open. Antes de alzar su trofeo más sufrido, Federer tuvo que superar decepción tras decepción y le costó siete años llegar a su primera final, dejando atrás dolorosos recuerdos de eliminaciones en las primeras rondas ante tenistas de calidad muy inferior. Una vez que se demostró a sí mismo que podía ser un gran jugador en tierra, se encontró con la irrupción del huracán Nadal y no le quedó más remedio que ponerse a cubierto y minimizar los daños a su paso..., hasta que llegó su oportunidad en 2009 y no la desaprovechó.

Tras ese triunfo de efecto calmante, Federer solo volvió a la final en 2011, en la que Nadal volvió a dejarle claro quién manda en Roland Garros (7-5, 7-6, 5-7, 6-1). En la edición de

2016 se ausentó por una lesión en su rodilla, mientras que en las de 2017 y 2018 renunció a participar como parte de su estrategia de seleccionar cuidadosamente los torneos para estirar al máximo su carrera. Federer ha optado por poner el foco en los eventos en los que tiene más opciones de ganar títulos, y el segundo grande del año no es uno de ellos. Aun así, en 2019 volvió a disputarlo y tuvo una destacada actuación llegando hasta las semifinales, donde Nadal, quién si no, puso fin a su participación. En 2020 se ausentó nuevamente, esta vez obligado por la lesión que le hizo perderse parte de la temporada; en 2021 regresó a París para coger ritmo de cara a Wimbledon, aunque acabó retirándose para no acumular demasiadas horas de juego.

Algo mejor le han ido las cosas a Novak Djokovic en París. Sin embargo, su trayectoria es muy similar a la de Federer: es el Grand Slam en el que ha tenido un peor rendimiento, a pesar de que la inmensa mayoría de los tenistas matarían por haber conseguido dos títulos y quedar cuatro veces subcampeón. El de Belgrado tuvo que esperar hasta 2016, cuando en su cuarta final en París y sin la presencia de Nadal derrotó a su enemigo íntimo Andy Murray, al que una vez más privó de un título superior. Por fin logró reunir las cuatro coronas: la recompensa a una meta largamente perseguida y que le había reportado las peores decepciones de su carrera. Antes del título había sucumbido en las finales de 2012 y 2014 ante Nadal y había sufrido su derrota más dolorosa en 2015 ante Stanislas Wawrinka. En esa edición, el serbio había hecho la machada de eliminar al rey de la pista en los cuartos de final y se plantó en la gran final como número uno del mundo y con una racha de veintiocho victorias consecutivas. Su último obstáculo para hollar la cima más inaccesible era el tenista suizo, en aquel momento la novena raqueta del mundo. Contra todo pronóstico, *Stanimal,* como es conocido el tenista suizo, barrió del rectángulo a Djokovic, quien tuvo que esperar un año más para cerrar el círculo. Nole también ha tenido momentos de inmensa felicidad en Francia y posiblemente su mejor victoria en la Philippe Chatrier se produjo en 2021, cuando derrotó a Nadal en unas semifinales que pudieron cambiar el rumbo de la rivalidad. Su posterior triunfo en la final le permitió quedarse a un solo título de los veinte grandes de sus rivales y rematar la faena pocas semanas después en Wimbledon.

Con estos precedentes y con el *Big Three* inmerso en la carrera por ser el jugador con más Grand Slams, Nadal cuenta con la ventaja de su dominio absoluto en Roland Garros, incluso en mayor medida que Djokovic en Australia. Se hace difícil pensar que no pueda ganar uno o varios títulos más si le respetan las lesiones. Las principales amenazas para el español en París, seguramente al nivel de la que supone Djokovic, provienen de Dominic Thiem, finalista en 2018 y 2019 y segundo mejor especialista del circuito en tierra batida, así como del griego Stefanos Tsitsipas, finalista en 2021.

2.4

Wimbledon

Roger Federer, Rafa Nadal y Novak Djokovic soñaron de niños con ganar el torneo más prestigioso y venerado del mundo. De todos ellos hay imágenes de archivo de cuando, siendo muy pequeños, afirmaban que el trofeo que más les gustaría levantar era Wimbledon. Y los tres pueden presumir orgullosos de haberlo logrado en más de una ocasión. Sin embargo, solo el tenista suizo puede decir que es el mejor jugador de la historia sobre hierba, que es el auténtico rey de Wimbledon.

El All England Lawn Tennis & Croquet Club fue fundado en 1868 y es el hogar de la competición de tenis más antigua, que destina todos sus beneficios a su federación, para el desarrollo de este deporte en Gran Bretaña. The Championships, como se conoce al torneo en Inglaterra, celebró su primera edición en 1877; desde entonces parece inmune al paso del tiempo. El inmenso respeto a las tradiciones, con los protagonistas jugando siempre de blanco, los actos protocolarios, el silencio sepulcral o las fresas con champán, amén de los épicos partidos que allí se han disputado, hacen que se conozca a su pista central como la Catedral. En la Centre Court han ganado los mejores de la historia y quien no lo haya hecho no estará en el Olimpo de los dioses de la raqueta.

La victoria en la hierba londinense otorga el derecho de ser miembro honorífico del exclusivo club de Wimbledon, comúnmente conocido como The Club y limitado a quinientas personas. Los socios se reúnen el día que termina la competición en la glamurosa cena de los campeones, en la que se rinde homenaje a los triunfadores de esa edición. Y como protagonista de esa cena en categoría masculina nadie ha acudido más veces que Roger Federer. Sus ocho títulos le sitúan como el tenista más laureado, por delante de Pete Sampras, que cuenta con un espectacular registro de siete coronas y pleno de efectividad en las finales. Federer tiene también el récord de doce finales disputadas, casi tantas como Rafa Nadal en Roland Garros, aunque con cinco ediciones más y un porcentaje de victorias muy por debajo. Su mejor momento abarcó de 2003 a 2009, cuando enlazó siete finales y ganó seis, las cinco primeras de forma consecutiva. De las cuatro que ha perdido Federer, tres llegaron ante Novak Djokovic y una contra Nadal.

Federer ya dio muestras de sus intenciones cuando en 1998 alzó el torneo júnior en el All England Club. Era ya evidente que se trataba de un jugador talentoso, aunque ni mucho menos se intuía que alcanzaría la dimensión actual. Fue en 2001, con solo diecinueve años, cuando confirmó las sospechas de que se trataba de un tenista especial y protagonizó una de las grandes sorpresas en la historia del torneo. En un duelo antológico, Federer derrotó en cinco sets al siete veces campeón Pete Sampras, su ídolo de la adolescencia (7-6, 5-7, 6-4, 6-7 y 7-5). Por aquel entonces *Pistol* Pete era el tenista con más títulos en Wimbledon, el dueño y señor de la competición, y había saldado con victoria sus anteriores treinta y un encuentros en el santuario británico. El de Basilea aún lo recuerda como el partido favorito de toda su carrera.

A pesar de ese hito, Federer tuvo que esperar dos años más para conquistar su primer Wimbledon. En la final de 2003 se impuso al bombardero australiano Mark Philippoussis (7-6, 6-2, 7-6), cumpliendo su sueño de la infancia y comenzando un reinado que duraría cinco plácidos años. Andy Roddick y Rafa Nadal fueron, cada uno en dos ocasiones, sus rivales en la final; el de Manacor dio muestras de una evidente progresión sobre la hierba en cada edición que disputaba. No podía ser de otra forma: Nadal fue quien puso fin al dominio de Federer en la Centre Court, arrebatándole la corona tras un duelo dramático en la final de 2008, que para muchos es considerado el mejor partido de la historia del tenis.

Nadal levantó su primer Wimbledon en la noche de Londres, tras una épica lucha de casi cinco horas en las que tuvieron que adaptarse a las interrupciones por la lluvia, así como a la oscuridad y al terrible cansancio en el quinto set (6-4, 6-4, 6-7, 6-7 y 9-7). Fue tal la trascendencia de aquel partido que cambió completamente el rumbo de la rivalidad y con ello la historia tenística reciente. Hasta ese momento, Nadal era solo el aspirante y un especialista en tierra batida, intratable en Roland Garros. Aquella tarde se aseguró el número uno del mundo y demostró que podía competir de tú a tú con Federer en cualquier superficie. De un dominio absoluto del tenista suizo se pasó a una lucha titánica entre ambos por el número uno y por cada uno de los torneos del Grand Slam..., antes de que Djokovic se sumase a la fiesta en 2011.

Después de esa épica victoria, Nadal volvió a ganar Wimbledon solo una vez más, en 2010, tras imponerse cómodamente al checo Tomas Berdych. El año anterior, uno de los más duros de su carrera, no pudo defender su corona y tuvo que ver por televisión como Federer la recuperaba al batir por tercera vez en la final a Andy Roddick. El de Basilea sumó dos nuevas coronas en 2012 y 2017, derrotando al ídolo británico Andy Murray y al croata Marin Cilic, respectivamente.

Sin embargo, Federer ha encontrado estos últimos años su verdugo particular en lo que antes era su apacible morada. Novak Djokovic le ha privado en 2014, 2015 y 2019 de acercarse a las cifras de Nadal en Roland Garros, derrotándole en tres finales memorables. El de Belgrado se aficionó al tenis viendo partidos de Wimbledon y su ídolo también fue Sampras. Cuando era un crío, fabricó en papel el trofeo que se entrega a los campeones; después de soñar mucho con ello, en 2011 cambió el papel por el metal al imponerse a Nadal y arrebatarle además el número uno del mundo (6-4, 6-1, 1-6 y 6-3).

La final de 2019 entre Djokovic y Federer fue la más larga de la historia en cuanto a duración del juego, con cuatro horas y cincuenta y cinco minutos. El quinto set se resolvió por primera vez en el *tie-break* y en él se impuso el serbio de manera milagrosa, tras desperdiciar Federer dos bolas de campeonato (7-6, 1-6, 7-6, 4-6, 13-12 (7-3)). Djokovic logró así su quinta corona e impidió a Federer alcanzar los nueve títulos de Martina Navratilova, la tenista más laureada en la historia del venerable torneo inglés. Con su sexto título en 2021 y con años por delante para poder ampliar su palmarés, Djokovic es el único tenista que está en disposición de igualar la marca de Federer.

Un año después, Wimbledon fue el único Grand Slam que se suspendió por la crisis sanitaria mundial causada por la Covid-19. Por primera vez desde 1945, las mejores raquetas del mundo dejaron de desfilar de blanco inmaculado por el santuario británico. Los rectores del All England Lawn Tennis & Croquet Club decidieron cancelar la competición por el riesgo que suponía para la salud de tenistas, público y organizadores, por lo que las fresas y el champán tuvieron que esperar un año.

Con las últimas victorias de Djokovic y al igual que sucede en el Open de Australia, el *Big Three* ha ganado dieciséis de las últimas dieciocho ediciones disputadas desde 2003. Solo Andy Murray fue capaz de romper esta hegemonía en dos ocasiones. Un dominio que parece difícil que a corto plazo vaya a cambiar, ya que los tenistas de la NextGen no han obtenido buenos resultados en la Catedral y solo Matteo Berrettini fue capaz de alcanzar la final. En el horizonte no se vislumbran alternativas dominantes en esta superficie, pero en el tenis y en Wimbledon nunca se puede estar seguro. Y si no que se lo pregunten a Boris Becker, que en 1985 sorprendió al mundo al ganar su primer título en la Catedral con solo diecisiete años. Esa victoria inspiró a Roger Federer de pequeño… Así que, quién sabe, las suyas podrían haber inspirado ya a su futuro heredero.

2.5

US Open

Cada Grand Slam refleja fielmente el carácter del país que lo alberga. Y si Wimbledon representa el respeto a las tradiciones centenarias, tan acentuado en la cultura británica, el US Open es el espectáculo puro que aman los estadounidenses. *Show business* y espíritu libre que le han proporcionado un carisma diferente entre los cuatro grandes torneos. Tanto es así que el Abierto de Tenis de Estados Unidos es el único que se ha jugado en todas las superficies. Gracias a ello Jimmy Connors puede presumir de haberlo ganado en hierba, arcilla y acrílico, material sobre el que se juega desde 1978. Actualmente está mezclado con arena, dando como resultado el famoso *decoturf*, que favorece un juego más rápido que en Australia, el tipo de tenis que gusta a los estadounidenses. Y de ello se beneficiaron sus tres últimos ídolos: Pete Sampras, Andre Agassi y Andy Roddick, todos ellos ganadores en Nueva York.

Para que el *show* sea genuinamente estadounidense, dentro del complejo ubicado en Flushing Meadows se encuentra la pista central más grande y ruidosa del mundo. El Arthur Ashe Stadium da cobijo a más de veintitrés mil espectadores que llenan de colorido y decibelios los partidos nocturnos, otra invención de este Grand Slam. Al público neoyorquino le gusta participar, bebiendo y gritando mientras se desarrolla el espectáculo; en las interrupciones por cambio de lado, la música suena a todo volumen para animar a los ya de por sí excitados aficionados. Por si esto fuera poco, las pistas son con frecuencia sobrevoladas por los aviones que van y vienen al cercano aeropuerto de La Guardia, haciendo más difícil si cabe la concentración para los tenistas.

Dentro de la rivalidad del *Big Three*, el US Open significa el gran duelo pendiente, el que los aficionados neoyorquinos y los organizadores están deseando que se produzca antes de que sea demasiado tarde. El cara a cara entre Roger Federer y Rafa Nadal. Además, es el único Grand Slam en el que los títulos de los tres son equiparables, ya que Federer domina el palmarés con cinco victorias, igualado con Jimmy Connors y Pete Sampras, mientras que Nadal cuenta con cuatro y Djokovic con tres. Ambos le podrían igualar en los próximos años, ya que el español ganó dos de las últimas tres ediciones en las que participó (no estuvo en 2020 y 2021) y Djokovic ha alcanzado la final hasta en nueve ocasiones.

Si 2008 supuso un punto de inflexión en la rivalidad de los tres, el abierto estadounidense fue una prueba más, ya que Federer levantó su quinto US Open consecutivo sin saber que sería el último que lograría. Era el cuarto año seguido que lo combinaba con la victoria en Wimbledon, añadiendo en tres de ellos además el Open de Australia, algo que será difícil que volvamos a ver. El de Basilea alcanzó aún dos finales más en 2009 y 2015, pero para entonces ya había perdido su infalibilidad en la Arthur Ashe. No obstante, esa increíble racha de triunfos catapultó su imagen en Estados Unidos y todavía hoy es el favorito indiscutible de la afición estadounidense.

Nadal levantó su primer título en Flushing Meadows en 2010 al derrotar a Novak Djokovic en la primera final que disputaba el balear, no así el serbio, que ya había perdido la de 2007 contra Federer. Desde entonces, Nadal ha recogido el testigo de Federer en Nueva York y se ha impuesto tres veces más (2013, 2017 y 2019). El marcador particular entre Federer y Nadal ha pasado del apabullante 5-0 inicial al apretado 5-4 actual. Quien también se ha sumado a esta pelea es Djokovic, que en 2011 ganó por primera vez en la Gran Manzana y ya suma tres títulos, tras repetir en 2015 y 2018. Ha contado con oportunidades para igualar a Federer, pero el Djoker ha desaprovechado seis de las nueve finales que ha disputado, el que más del *Big Three*. En la primera de ellas en

2007, el mejor Federer no le dio ninguna opción al jovencísimo e inexperto Nole; posteriormente, se estrelló dos veces en la última ronda contra Nadal y una frente a Del Potro, Stan Wawrinka y Daniil Medvedev.

El idilio de Roger Federer con el US Open comenzó en 2004, cuando empezó a ser evidente que su forma de gobierno en el circuito ATP sería la tiranía. Se impuso de forma aplastante en la final al australiano Lleyton Hewitt (6-0, 7-6, 6-0), quien aún debe de preguntarse a qué clase de extraterrestre se enfrentó aquel día. Agassi, Roddick, Djokovic y Murray, todos ellos números uno en algún momento de sus carreras, se vieron impotentes ante la autoridad del mayor talento que ha dado el tenis mundial. Hubo que esperar a su sexta final consecutiva para que el argentino Juan Martín del Potro, el único de ellos que nunca alcanzó la cima de la ATP, pusiera fin al dominio de Federer en suelo norteamericano. El tandilense había derrotado también a Nadal en las semifinales, completando el mejor torneo de su carrera. En cualquier caso, nadie antes que Federer había logrado cerrar el año con al menos dos de los cuatro grandes durante cinco temporadas consecutivas. Un récord difícilmente igualable.

La Arthur Ashe es también una de las pistas favoritas de Rafa Nadal. Allí ha vivido algunos de los mejores momentos de su sensacional trayectoria. Ante los veintitrés mil entusiastas que abarrotan sus gradas, el tenista de Manacor alcanzó la categoría de mito viviente del tenis al derrotar a Novak Djokovic en la final de 2010 (6-2, 5-7, 6-4, 6-2) y convertirse en el séptimo jugador en completar el Grand Slam. Era además el más joven en conseguirlo, con solo veinticuatro años. Cerró con este triunfo su año mágico, tras alzar consecutivamente los títulos de Roland Garros, Wimbledon y US Open.

Tanto Rafa como Toni Nadal siempre habían dicho que el Abierto de Estados Unidos era el Grand Slam más difícil de conseguir para ellos. La superficie dura y rapidísima, amén de las diferentes bolas empleadas, hacían que no depositaran muchas esperanzas en este torneo. Sin embargo, la evolución paulatina del juego de Rafa, mucho más agresivo con el paso de los años, ha propiciado que el último *major* del año se haya convertido con el tiempo en su segundo mejor vivero de Grand Slams. Además, Nadal adora jugar en la Gran Manzana y el público neoyorquino le venera. Al tenista le encanta la ciudad y el ambiente que se crea en las pistas de Flushing Meadows, tan diferente del resto de los torneos. Aunque muchos tenistas no soporten el bullicio y el ruido, acostumbrados al silencio que se impone especialmente en las grandes competiciones, el mallorquín disfruta poniendo a prueba su extraordinaria capacidad de concentración. Esto le da un plus de competitividad frente a muchos de sus oponentes, que no consiguen aislarse del entorno festivo que los rodea. Por su parte, la grada enloquece con el juego eléctrico de Nadal y con la pasión que pone en cada punto. En sus últimos triunfos se creó una conexión especial con el público, latino en una buena proporción, que vibra con las celebraciones entusiastas del campeón español.

De haber tenido una mayor efectividad en las finales, Djokovic podría liderar el palmarés del US Open. Los tres títulos del serbio se produjeron contra Federer, Nadal y Del Potro, pero las seis finales pérdidas son un gran lastre para él. Hay que tener en cuenta que, de los tres grandes torneos, este es el más dado a las sorpresas y que el tenista de Belgrado lo ha sufrido en sus propias carnes en más de una ocasión.

Hay varios motivos que llevan a pensar que esta puede ser la competición más emocionante en las próximas ediciones. En primer lugar, por la igualdad de títulos entre los tres, con solo uno de diferencia entre cada uno de ellos; después, porque es el Grand Slam que más veces ha dejado de ganar el *Big Three* en los últimos quince años, además del que menos veces han conquistado. Mientras el US Open se les escapó en seis ocasiones, en Wimbledon y Australia perdonaron apenas dos veces y una solo en Roland Garros. Por si no fuera suficiente, al ser el último grande que se disputa en la temporada, suele ser determinante para decidir la lucha por el número uno al final del año.

Las ediciones de 2020 y 2021 fueron dos muestras más de que todo puede suceder en Nueva York. Djokovic fue el principal damnificado: fue incapaz de aprovechar las repetidas ausencias de Federer y Nadal. En 2020, en una competición marcada por el vacío en las gradas debido al coronavirus, el de

Belgrado fue descalificado por golpear con una bola a una jueza de línea, una acción surrealista que se convirtió en una de las noticias deportivas del año. Un año después, tuvo una gran oportunidad de proclamarse el mejor tenista de todos los tiempos, si ganaba su vigésimo primer *major* y conquistaba el Grand Slam en un año natural. Solo necesitaba una victoria más, pero la enorme presión y el gran juego de Daniil Medvedev fueron demasiado para él en una final en la que no tuvo ninguna opción.

2.6

El número 1 del *ranking* ATP

Desde que se inauguró el *ranking* ATP en 1973 con el rumano Ilie Nastase como primer número uno, alcanzar lo más alto de la clasificación ha sido, junto con ganar un Grand Slam, la mayor aspiración de todo tenista. Estar en lo más alto del *ranking* te da el derecho a afirmar que eres el mejor tenista del momento o, para ser más precisos, de los últimos doce meses. El sistema creado por la Asociación de Tenistas Profesionales (ATP) contabiliza los dieciocho mejores resultados de las últimas cincuenta y dos semanas. Las competiciones tienen una puntuación diferente en función de su categoría, y cada ronda que se avanza otorga una mayor cantidad de puntos. De esta manera, los jugadores defienden los puntos conseguidos en el mismo torneo el año anterior. Si su resultado es peor, se les resta la diferencia de puntos, mientras que, si lo mejoran, suman. Podría decirse que es un sistema bastante justo, al abarcar un periodo de tiempo lo suficientemente amplio como para no estar determinado por las rachas de juego de los tenistas.

Dada la aceptación que tiene este sistema en el mundo del tenis, es uno de los argumentos esgrimidos cuando se trata de valorar quién ha sido el mejor tenista de la historia, aunque siempre lejos de la importancia y el peso que tienen los Grand Slams. Y es que, si bien el *ranking* ATP es el sistema que determina quién es el mejor del momento, no es menos cierto que es el número de Grand Slams conquistados el baremo unánimemente aceptado para coronar al mejor de siempre y el objetivo principal de los jugadores que aspiran a serlo.

Por supuesto, la lucha de Federer, Nadal y Djokovic se dirime también en este escenario del número uno, que ha variado progresivamente con el paso de los años. El genio de Basilea alcanzó el número uno por primera vez el 2 de febrero de 2004, tras ganar su primer Abierto de Australia al ruso Marat Safin. Desde entonces, impuso su hegemonía y se mantuvo en la cumbre 237 semanas consecutivas, un récord imposible de igualar en las circunstancias actuales. Fue Nadal quien, después de tres años al acecho como número dos, le arrebató el cetro el 18 de agosto de 2008, al día siguiente de colgarse el oro en la final de los Juegos Olímpicos de Pekín. La mayoría de los jugadores habrían arrojado la toalla mucho antes, ya que ni siquiera haber ganado once torneos en 2005 fue suficiente para destronar a Federer. Cualquier otro año y con esa inmensa cantidad de puntos el mallorquín hubiera liderado el *ranking* cómodamente.

Desde ese momento, Federer comenzó a alternarse con Nadal en los dos primeros puestos, mientras que desde 2011 son el español y Djokovic los que más se han turnado en los peldaños superiores del podio. El de Belgrado es ya el jugador que más semanas ha estado en lo más alto del *ranking* ATP (338 en octubre de 2021), después de superar las 310 semanas de Roger Federer tras una larguísima persecución. La cancelación de gran parte de la temporada 2020 debido a la pandemia mundial por la Covid-19 hizo que la ATP decidiese congelar los puntos y se mantuviese en suspenso la clasificación del 18 de marzo al 23 de agosto de 2020. Posteriormente, el organismo tenístico estableció unos parámetros provisionales que retrasaron más si cabe el *sorpasso* de Djokovic a Federer, que pudo seguir así en el *top ten* hasta finales de 2021. Tras Djokovic y Federer se sitúan Pete Sampras, con 286 semanas, Ivan Lendl (270), Jimmy Connors (268) y Rafa Nadal (209), quien por su puesto tiene opciones de escalar en esta clasificación.

En los cuarenta y siete años que han pasado desde el estreno de este sistema de puntuación, solo veinticinco jugadores han llegado a la cima del tenis mundial; de ellos, apenas dieciséis consiguieron terminar un año natural como número uno. Solo los más grandes de todos los tiempos han tenido ese privilegio, y Novak Djokovic es también quien más veces lo ha logrado, con siete temporadas, una más que Pete Sampras, a quien no podrán quitar el impresionante récord de seis campañas consecutivas. Roger Federer y Rafa Nadal son los siguientes en la lista, tras haber despedido el año en la cima en cinco ocasiones.

En este campo, el gran logro de Federer es haber sido capaz de terminar cuatro años seguidos como número uno mundial, liderando el *ranking* todas las semanas del año en 2005, 2006 y 2007. Este dato ejemplifica mejor que ningún otro su indiscutida tiranía en esos años. Por su parte, Nadal ha sido el líder anual en cinco ocasiones, nunca en temporadas consecutivas. Una prueba más de su espíritu combativo, su fuerza mental y su gran capacidad de volver a lo más alto tras largas ausencias por lesión, que le han impedido en más de una ocasión recuperar o mantener el liderazgo ATP al concluir la campaña. Como siempre, Djokovic es la vía de en medio, y sus siete reinados llegaron principalmente en tres épocas de dominio bianual, terminando en lo más alto en 2011-2012, 2014-2015 y 2020-21.

Si Federer fue durante un tiempo el Zeus del circuito, Nadal tuvo siempre la constancia y la carga de Sísifo; levantándose una y otra vez de sus infortunios para volver con mucho esfuerzo a lo más alto… y volver a caer. Desde 2008, el primer año que terminó como líder de la ATP, hasta 2019, cuando lo hizo por última vez, pasaron once años, uno más que Djokovic (2011-2021), el único tenista con un dato similar. Entre medias, multitud de lesiones que cortaron su progresión y le impidieron permanecer en la cima del *ranking*. Para valorar con perspectiva este dato basta compararlo con el caso de Federer, pues entre su primera y su última temporada pasaron solo cinco años (diciembre 2004-diciembre 2009). Esto no quiere decir, ni mucho menos, que Federer no haya sido capaz de superar las adversidades ni que su dominio se haya circunscrito solo a su glorioso lustro hegemónico. No en vano, es el tenista de mayor edad en alcanzar el número uno. Tras derrotar al díscolo Nick Kyrgios en las semifinales de Stuttgart el 17 de junio de 2018, el de Basilea arrebató el cetro mundial a

Nadal con treinta y seis años, once meses y seis días. Pese a que no pudo mantenerlo hasta el final del curso, era una proeza impensable unos años atrás.

A la lucha que han mantenido por el número uno desde 2005 Roger Federer y Rafa Nadal se sumó definitivamente Novak Djokovic en 2011, y el serbio es actualmente el claro dominador en este apartado. Aunque su irrupción fue unos años antes y ganó su primer Grand Slam en 2008, no fue hasta 2011 cuando acabó con el duopolio establecido en la ATP, al ganar tres de los cuatro grandes, hito que fue capaz de repetir una década después (2021). Es, sin duda, quien se muestra más obcecado con la posibilidad de ser el tenista con más semanas y temporadas como número uno, además del único que reconoce sincera y abiertamente que es uno de sus grandes objetivos. Aunque los tres han admitido que la prioridad absoluta son los Grand Slams, estar en la disputa por el número uno es una consecuencia directa de pelear por esos grandes títulos y siempre que se han visto con opciones de lograrlo han ido a por ese objetivo. Dada la igualdad existente en el palmarés, cada faceta en la que destaquen sobre el resto puede ayudar a inclinar la balanza en uno u otro sentido, y son conscientes de ello.

2.7

ATP Masters 1000

Dentro de las múltiples y simultáneas batallas de la gran guerra que libran Federer, Nadal y Djokovic por ser el mejor tenista de la historia, uno de los grandes escenarios del conflicto es, sin duda, el de los ATP Masters 1000. Los nueve torneos más importantes del circuito, exceptuando los Grand Slams y las ATP Finals, han acogido desde 2004 muchos enfrentamientos épicos, decisivos para dirimir el número uno cada año. Este *tour* nació en 1990 y en sus tres décadas de historia ha pasado por diferentes denominaciones. Son los eventos de élite de la ATP (los Grand Slams forman parte de la International Tennis Federation) y los que más puntos otorgan después de los cuatro grandes. Indian Wells, Miami, Montecarlo, Madrid, Roma, Canadá (Montreal y Toronto), Cincinnati, Shanghái y París son las sedes de una gira mundial que ha ido aumentando su prestigio con el paso de las temporadas, hasta el punto de que algunos de ellos son las citas favoritas de los tenistas.

El primer duelo del *Big Three* llegó precisamente en uno de ellos. El Miami Open tiene el honor de ser el origen de todo y fue testigo en marzo de 2004 del capítulo inicial de esta inagotable serie de clásicos del tenis. Ese día, Rafael Nadal Parera, un semidesconocido chaval de apenas diecisiete años, fue capaz de vencer en solo dos sets (6-3 y 6-3) al número uno del mundo, ante la atónita mirada del público que se dio cita en Cayo Vizcaíno. Exhibiendo una pegada y un despliegue físico extraordinarios, desarboló por completo a un estupefacto Roger Federer, que no daba crédito a lo sucedido. El torneo de

Florida fue también el marco, solo un año después, de la primera final entre Federer y Nadal, la que abría la interminable lista de partidos por el título disputada por el *Big Three*. Se jugaban por entonces al mejor de cinco sets y comenzó de la misma forma que el duelo anterior. Sin embargo, tras perder las dos primeras mangas, el campeón suizo sacó a relucir su orgullo para darle la vuelta al marcador y ganar los siguientes tres parciales (2-6, 6-7, 7-6, 6-3 y 6-1).

En una lucha sin cuartel que se aviva año tras año, Rafa Nadal y Novak Djokovic comparten el liderazgo de títulos en los Masters 1000, con treinta y seis entorchados; muy por encima de los veintiocho de Roger Federer. Djokovic es, además, el único tenista que ha ganado seis en una misma temporada (2015), uno más que Nadal en 2013, en una campaña en la que el serbio llegó a disputar ocho de las nueve finales. Si ambos dominan los Masters 1000 es gracias a su gran versatilidad y capacidad de adaptación a diferentes superficies. Prueba de ello es que han sido capaces de ganar diez títulos en «territorio hostil», Nadal en pista rápida y Djokovic en arcilla.

El 19 de agosto de 2018 en Cincinnati (Ohio), Djokovic se convirtió en el primer jugador en los veintiocho años de historia de los ATP Masters 1000 en contar con todos los trofeos en su palmarés. Tras derrotar a Federer en la final, pasaba a ser el único tenista en completar el llamado Golden Masters Career. Culminaba así uno de los retos más complicados del tenis, ya que es necesario ganar un alto número de competiciones en muy diversas circunstancias, no solo por la superficie, sino también por las condiciones climáticas. Es muy diferente jugar en la arcilla de Roma que en el cemento de Indian Wells. Y nada tienen que ver las condiciones de estos eventos al aire libre, con las de un pabellón cubierto en Shanghái o París, en una pista mucho más rápida y sin estar a merced de los elementos. Muy pocos jugadores son capaces de adaptarse a cualquier entorno y ser competitivos en los nueve torneos, de ahí la grandeza de un Djoker que en 2020 fue más allá en su gesta, al ganar nuevamente en Cincinnati y juntar en sus vitrinas al menos dos trofeos de todos los Masters 1000. Con esa victoria en Ohio, Djokovic igualó además los treinta y cinco títulos de Rafa Nadal, superándole dos semanas después con su victoria en la arcilla de Roma, lugar donde un año después el español volvió a poner las tablas al derrotar al serbio en la final, precisamente.

Roger Federer, Andy Murray y el propio Rafa Nadal son los tenistas que más cerca están de poder unirse a Djokovic en el Golden Masters Career, si bien es una misión casi imposible. A pesar de que solo le faltan los torneos de Miami y Montecarlo en su colección, el tenista escocés lo tiene realmente complicado, debido a sus delicados problemas de cadera. Federer también está a solo dos pasos de cerrar el círculo, y en su caso tiene la espina clavada en Montecarlo y Roma. Ha perdido hasta ocho finales en estos torneos, cuatro en la Raniero III y otras cuatro en la pista central del Foro Itálico. Como era de imaginar, cinco de ellas las perdió ante su verdugo español, dueño y señor de estas dos pistas, que se encuentran entre las más bellas del mundo. Las lesiones que arrastra y el hecho de que se disputen en tierra batida aleja las opciones del suizo de igualar a Djokovic, ya que además en los últimos años renunció a esa parte de la temporada.

Más cerca parece estar Rafa Nadal, a pesar de necesitar tres nuevos títulos para reunir todos los ATP Masters 1000. Si le respetan las lesiones, tiene plenas opciones en Miami, Shanghái y París. La derrota en la final de 2005 ante Federer fue la primera de las cinco ocasiones en las que el tenista balear ha estado a punto de hincarle el diente al abierto de Florida. París y Shanghái se le resisten por un motivo bien diferente. Es difícil tener peor suerte que el campeón español en la Ciudad de la Luz cada final de temporada, donde en diez ocasiones se ha ausentado o retirado por lesión. Su ciudad fetiche le niega en otoño lo que le ofrece en primavera, y con ello pierde la posibilidad de alcanzar uno de los pocos objetivos que le faltan por cumplir en su carrera. En China, en cambio, han sido cuatro las veces que dejó de participar por el mismo motivo. En total, Nadal ha disputado ocho finales en estos torneos (cinco en Miami, dos en Shanghái y una en París), pero en ellas no pudo hacer valer su elevada efectividad en los duelos por el título.

Sin embargo, si esos trofeos se le resisten, los de Montecarlo y Roma podría decirse que son de su exclusiva propiedad; son muy pocos los privilegiados que han conseguido alzarlos estando Nadal en competición. Sus once triunfos en el Montecarlo Country Club son, de lejos, el récord absoluto en un mismo Masters 1000; la siguiente marca es también propiedad suya, gracias a sus diez victorias en el Foro Itálico de Roma. A gran distancia quedan las siete coronas de Federer en Cincinnati y las seis de Djokovic en Miami, a pesar de ser unos registros espectaculares. Es tal el dominio de Nadal en la temporada de arcilla que en seis ocasiones ha sido capaz de enlazar los títulos en Montecarlo, Roma, Barcelona y, como broche de oro, Roland Garros. Nunca un tenista había logrado someter a sus rivales de una manera tan apabullante en ninguna superficie, y solamente en Roma Djokovic fue capaz de plantarle cara, a pesar de ser una de las pistas talismán del español, con cinco victorias en seis finales disputadas.

A pesar de haberse quedado atrás en este apartado, la cosecha de títulos de Federer en estos torneos ha sido también excelente. El artista suizo afila sus colmillos cuando el calendario mira hacia Estados Unidos, país donde ha conquistado dieciséis de sus veintiocho Masters 1000. En superficies perfectas para su juego, las pistas de cemento, ha grabado su nombre siete veces en el trofeo de Cincinnati, cinco en el de Indian Wells y cuatro en el de Miami.

En los últimos años, los tres tenistas están seleccionando a conciencia los ATP Masters 1000 en los que participan, especialmente un Federer que supera ya la cuarentena. En la etapa final de sus carreras, el *Big Three* ha dado prioridad absoluta a los Grand Slams, por lo que el resto de las competiciones las eligen pensando más en los beneficios que estos puedan reportarles de cara a su preparación. Por fortuna, todavía toman parte en la mayoría de estos nueve eventos, por lo que aún quedan muchas lecciones que impartir por todo el mundo. Además, queda un título honorífico por dirimir: el del tenista con mayor número de títulos en los ATP Masters 1000.

2.8

ATP Finals

Las ATP Finals reúnen cada final de temporada a las ocho mejores raquetas del *ranking* mundial en un evento sencillamente espectacular, con una fantástica puesta en escena. Para la mayoría de los tenistas profesionales, es un sueño clasificarse algún año para poder disputarlas, pero solo la superélite alcanza tal privilegio. El campeón del torneo es coronado como «maestro», pues el nombre original de esta competición nacida en 1970 era Masters Grand Prix. Desde su primera edición en Tokio, muchas grandes ciudades del mundo lo han acogido, algunas de ellas en varias temporadas, como Nueva York, Fráncfort, Shanghái o Londres. Si para Roger Federer y Novak Djokovic la medalla de oro individual en los Juegos Olímpicos pondría la guinda a una carrera y un palmarés extraordinarios, para Nadal lo sería un triunfo en esta competición. El campeón español es, junto con el sueco Mats Wilander, el único gran mito del tenis que no ha ganado esta competición desde que se instauró. Su trayectoria respecto a las de sus dos mayores oponentes no ha podido ser más dispar; mientras su historial de ausencias es digno de estudio, Federer es con seis títulos el tenista más laureado, uno más que Pete Sampras, Ivan Lendl y Novak Djokovic.

Las estadísticas del genio de Basilea en esta competición son espectaculares. Federer ha alcanzado la final en diez de sus diecisiete participaciones, y en seis consiguió el título. Este gran evento se disputa siempre en unas condiciones ideales para su tenis, en pista ultrarrápida y bajo techo, lo que le ha ayudado a alcanzar un setenta y ocho por ciento de victorias, y solo en 2008 cayó en la *round* Robin sin poder clasificarse para las semifinales. Su victoria más dulce en este torneo llegó ante Nadal en 2010 (6-3, 3-6 y 6-1), un año muy difícil para el tenista helvético, en el que después de ganar el Open de Australia inició una larga sequía de grandes títulos. Además, con esa victoria igualó los cinco títulos de Pete Sampras e Ivan Lendl, a quienes superó solo un año después.

Después del último triunfo del suizo en 2011 llegó el momento de Djokovic. El de Belgrado recogió el testigo de Federer batiéndole en la final de 2012 e iniciando un reinado de cuatro años que suponen un récord en el historial del torneo de maestros. Sumados al primero que conquistó en 2008, lo sitúan como el único tenista en condiciones de superar los títulos de Federer en los próximos años. En tres de esas cuatro finales la víctima fue el propio tenista suizo, mientras que en la de 2013 el derrotado fue un Nadal, que, como le sucediera en 2010 con Federer, perdía su segunda gran oportunidad de completar toda la colección de grandes títulos. Djokovic alcanzó una quinta final consecutiva, pero, esta vez sí, Andy Murray consiguió batirle en una gran final.

Mucho peor le han ido las cosas a Rafa Nadal, con quien se ha cebado la mala suerte en esta competición. A pesar de tener el récord de diecisiete ediciones consecutivas clasificándose, el de Manacor se ha perdido siete por lesión, motivo que también le obligó a retirarse en 2017. Solo ha podido competir en diez ocasiones, en las que alcanzó las dos finales mencionadas y tres semifinales. El español ha sufrido un auténtico calvario con las lesiones a lo largo de su carrera y muy especialmente en la última fase del año. Ya en la primera edición de las ATP Finals para la que se clasificó, tras ganar su primer Roland Garros en 2005, tuvo que anunciar su ausencia debido a una lesión en el pie, que a la postre casi le retira del tenis con apenas diecinueve años. En las siguientes campañas, el cargado calendario le ha hecho sufrir todo tipo de lesiones en rodillas, muñecas o abdomen, que le han impedido tomar parte en un torneo que tiene marcado en rojo. La ubicación del evento como última cita tampoco le favorece, pues sus rodillas llegan muy castigadas al tramo final del curso tras la larga gira en pistas de cemento.

Las reiteradas ausencias de Nadal han reabierto en muchas ocasiones el debate sobre el cargado calendario y el excesivo peso que las superficies duras tienen en los torneos del circuito ATP. El porcentaje de eventos en este tipo de canchas es muy superior, cosa que perjudica a la salud de los protagonistas del espectáculo. En la parte meramente deportiva, beneficia claramente a los tenistas más ofensivos, y la prueba más evidente son precisamente las ATP Finals. Siempre se han disputado en pista rápida *indoor* y son muchas las voces que reclaman que la superficie debe rotar de un año a otro para no favorecer siempre a los mismos jugadores.

Mientras se debatía qué sería lo más justo, saltó la sorpresa en las cinco ediciones disputadas entre 2016 y 2020. En el majestuoso O2 Arena londinense, el trofeo esquivó las manos del *Big Three* yendo a parar a las de Andy Murray, Grigor Dimitrov, Alexander Zverev, Stefanos Tsitsipas y Daniil Medvedev. Hasta el US Open conseguido por el propio tenista ruso en 2021, estos fueron los títulos más importantes que pudieron ganar los integrantes de una NextGen que hasta entonces no terminaba de derribar la puerta de las grandes competiciones.

2.9

Copa Davis

Si hay una competición genuina en el mundo del tenis, esa es la Copa Davis. Inaugurada en 1900 en Boston, es una de las más antiguas y sus diferencias con el resto la hacen muy especial para tenistas y aficionados. En ella los jugadores representan a su país y son parte de un equipo, ya que las eliminatorias combinan duelos individuales y de dobles. Su nombre se lo debe a su creador, Dwight Filley Davis, un extenista estadounidense que en la primera edición organizó un enfrentamiento entre una selección de su país y otra británica. El propio Davis jugó y pagó el trofeo que se creó y que llamaron International Lawn Tennis Challenge Trophy. Con el paso de las ediciones y la costumbre de grabar el nombre de los ganadores en placas metálicas, se fueron añadiendo peanas que han ido aumentando el tamaño de la Ensaladera de Plata. Tras la muerte de su fundador en 1945, la competición pasó a llamarse Copa Davis.

A lo largo de su extensa historia se ha disputado en todos los rincones del planeta y ha dejado algunos de los momentos más apasionantes que se hayan vivido en este deporte. Los mejores jugadores de todos los tiempos han defendido los colores de su país; una de las características más llamativas de la Davis es el ambiente tan especial que se crea en sus eliminatorias. Desde 2019, la competición ha sufrido un cambio de formato que ha cambiado en parte su esencia. Sin embargo, se ha adaptado con sentido a los nuevos tiempos, haciéndola una competición más justa, sin por ello perder la emoción y la pasión. Organizada por Kosmos, empresa de la que es propietario el futbolista español Gerard Piqué, se ha revolucionado la Davis haciendo de ella un Mundial anual con una fase final en la que se enfrentan los dieciocho mejores países, primero en seis grupos de tres equipos y después en eliminatorias desde cuartos de final jugadas a tres partidos (dos individuales y un doble). La primera edición se disputó en 2019, con la Caja Mágica de Madrid como sede única, pero la segunda tuvo que ser cancelada debido a la pandemia por coronavirus. La Davis se retoma en 2021, de nuevo con Madrid como sede de la fase final, pero esta vez con Turín e Innsbruck como sedes complementarias.

Con el formato anterior, la Copa Davis estaba languideciendo y las grandes raquetas a veces no querían competir por no saturar más su apretado calendario. Varias eliminatorias se disputaban justo después de los Grand Slams, donde los mejores tenistas llegan hasta las últimas rondas, por lo que apenas tenían descanso. Los partidos se jugaban en campo del país que actuaba como local, que elegía además la superficie. De esta forma, el público estaba absolutamente a favor del combinado anfitrión, creándose atmósferas muy especiales, pero en las que el equipo visitante tenía una clara desventaja técnica y anímica. A pesar de tener su gran encanto, era injusto, ya que las opciones de muchos países pasaban en gran medida por tener un sorteo favorable; por otro lado, según esa suerte, algunos tenistas decidían participar o no.

Imposible para el equipo visitante era el formato original, la llamada «ronda del retador», donde el país campeón se clasificaba directamente para la final de la siguiente edición y actuaba como local. Esto permitió que, hasta que se eliminó este sistema en 1972, solo Estados Unidos, Australia, Gran Bretaña y Francia ganaran la competición, motivo por el que hoy día dominan muy holgadamente su palmarés. Igual que se establece una distinción con la Era Open, es interesante trazarla entre el sistema anterior y el de eliminatorias instaurado en 1972. Desde entonces, el historial de títulos se ha igualado mucho, aunque Estados Unidos sigue dominando con nueve, seguido de Suecia con siete y Australia y España con seis.

De esos seis títulos españoles, cinco llevan la firma de Rafa Nadal. La Copa Davis es una competición donde se puede ver siempre a un Nadal en estado puro, derrochando garra, pasión, talento y una fuerza mental fuera de lo común. Es una de sus competiciones favoritas por su añorado sentimiento de pertenencia a un equipo, algo que transmite en cada una de las eliminatorias que disputa. Si en las ATP Finals la comparación era netamente favorable a Federer y Djokovic, en la Davis es el español quien barre a sus archienemigos. Aun así, tanto Roger como Nole han sido capaces de ganarla en una ocasión y tienen muy buenos registros individuales, aunque lejos de las estadísticas del tenista mallorquín.

Rafa Nadal es, sin lugar a duda, uno de los mejores jugadores de Copa Davis de todos los tiempos, y el mejor desde que se instauró el sistema de eliminatorias. Sus cinco títulos le sitúan al nivel de los mayores mitos del torneo, John McEnroe, Vincent Richards, Bob Lutz, Rod Laver, Jacques Brugnon o Norman Brooks, además de su compañero en el equipo español Feliciano López. Por delante, solo las ocho ensaladeras de Roy Emerson y las siete de un grupo de tenistas entre los que destacan, Stan Smith y Bill Tilden. Aquí es importante hacer una puntualización, ya que, salvo McEnroe, Nadal y López, el resto de estos grandes tenistas consiguió todos o casi todos sus títulos cuando todavía existía la ronda del retador. ¿Cuántas ensaladeras tendría Nadal si estuviese vigente la ronda del retador? Imposible saberlo, pero de conseguir ganar una edición y contar con el factor cancha, hubiera sido muy difícil derrotar a España, en tierra batida y a cinco sets, contando con un Nadal que es prácticamente imbatible en esas condiciones. Además, habría tenido la ayuda de una extraordinaria generación de campeones de Roland Garros como Carlos Moyà, Juan Carlos Ferrero o Albert Costa, así como otros grandes especialistas como Àlex Corretja, David Ferrer o Roberto Bautista.

El campeón español no ha perdido ni un solo partido individual desde que debutara con derrota ante un antiguo *top ten*, el checo Jiri Novak, en febrero de 2004, cuando Nadal tenía apenas diecisiete años. Desde entonces, ganó los siguientes veintinueve individuales que disputó hasta la final de Madrid en 2019. Es la mejor racha en los más de ciento veinte años de historia de la competición, ya que esta increíble secuencia de triunfos aumenta a treinta y seis si tenemos en cuenta que también ganó los siete partidos de dobles que disputó en ese periodo. Desde la introducción del sistema de eliminatorias, Nadal es claramente el jugador con mejor rendimiento en los partidos individuales, con un espectacular 97 % de victorias (29-1), superando el 93 % de Boris Becker (26-2) y muy lejos del 83 % de Federer (40-8) y Djokovic (34-7), que es también un gran registro.

Esta competición fue también la gran presentación en sociedad de Rafa Nadal y la que permitió corroborar que nos encontrábamos ante un nuevo genio de la raqueta. Pocos tenistas han conseguido a lo largo de la historia ese grado de identificación con la competición y de fusión con la grada como él en las eliminatorias; es un experto en alentar a las masas, darles lo que piden y hacer que se levanten de sus asientos. Y el primer capítulo de esta historia de amor llegó en 2004, en la final de Sevilla ante veintisiete mil entusiastas que llenaban el estadio de fútbol de La Cartuja, adaptado para la ocasión. Ante la sorpresa mayúscula de equipo y aficionados, los tres capitanes españoles decidieron que el chaval de apenas dieciocho años disputase el segundo punto de la eliminatoria ante Andy Roddick. Lejos de dejarse amilanar por la presión, un Nadal que ya había sido decisivo en las eliminatorias previas dio una lección de pundonor: en un épico partido dio la vuelta al marcador y se impuso por 6-7, 6-2, 7-6 y 6-2. La final estaba vista para sentencia: fue su amigo Carlos Moyà quien le dio la puntilla. Después de ese título llegaron cuatro más en 2008, 2009, 2011 y 2019; este último, muy especial para Nadal, fue el disputado en La Caja Mágica de Madrid.

En esta primera edición con el nuevo formato, dio lo mejor de sí con ocho victorias en solo seis días, algunas de ellas cerradas a altas horas de la madrugada. Acompañado por un colosal Roberto Bautista, que se sobrepuso a la muerte de su padre a mitad de competición, guio a España al triunfo final ante Canadá, cuyos jóvenes talentos no pudieron contener la furia de unos españoles que contaban con un público entregado a la causa. Con el nuevo formato, en la fase final los equipos anfitriones cuentan solo con el apoyo mayoritario de la grada, pero no total como antes, ya que hay aficionados de todos los países participantes y las simpatías están más repartidas. Además, la sede va rotando y el anfitrión no elige la superficie; de hecho, en Madrid se disputó el torneo en pista rápida *indoor*, la superficie que menos le va a Nadal y al resto del combinado español.

La extraordinaria dimensión del palmarés de los tres componentes del *Big Three*, sumado a los sensacionales resultados de Nadal, hacen que hayan quedado algo eclipsados los títulos de Serbia en 2010 y Suiza en 2014. Seguramente, fuera de esos países no se valora lo suficiente el enorme mérito que tiene llevar a dos pequeñas naciones con poca tradición tenística como Suiza y Serbia a conquistar la Ensaladera de Plata por primera vez. Djokovic pudo cumplir este sueño en su ciudad natal, ante sus compatriotas, gente que como él había sufrido las fatalidades de la guerra y que ese 5 de diciembre de 2010 pudieron festejar juntos el orgullo de pertenecer a una comunidad que comenzaba a resurgir de sus propias cenizas. La final ante Francia paralizó el país; todas las esperanzas estaban puestas en su gran ídolo. Djokovic no decepcionó: ganó sus dos puntos ante Gilles Simon y Gäel Monfils, aunque la eliminatoria no se decidió hasta el quinto partido, cuando Victor Troicki derrotó a Michael Llodra para darle a Serbia su primera y única Copa Davis. Pocas veces se ha visto a un Djoker tan exultante y emocionado como aquella tarde de invierno en su querida Belgrado. Era el triunfo de la generación de oro, tenistas que se habían sobrepuesto a las adversidades para darle a su gente una de las mayores alegrías en su «reciente» historia.

En los años posteriores, Nole estuvo cerca de repetir gesta, pero acusó la ausencia de otra raqueta que le descargue de parte del peso de cada eliminatoria. La prueba más evidente llegó en la final de 2013 en Praga, ante la República Checa. Ganó sus dos partidos a Radek Stepanek y Tomas Berdych, pero sus compañeros no fueron capaces de sumar un punto adicional. En la nueva Davis, inaugurada en 2019 en Madrid,

Djokovic volvió a tirar del carro, jugando incluso el doble en los cuartos de final ante Rusia, en el que contaron con hasta tres bolas de partido y eliminatoria; sin embargo, los nervios de Victor Troicki, el héroe de 2010, dieron al traste con las esperanzas serbias ante Karen Kachanov y Andrey Rublev.

Una historia similar con la Davis tiene Roger Federer. Durante muchos años, la ausencia de compañeros de verdadero nivel impidió al equipo suizo alcanzar cotas mayores, y poco a poco fue minando la ilusión de Federer por la competición entre países. La mayor de todas llegó seguramente en 2003, en las semifinales ante el potente combinado australiano en Melbourne, pero tampoco olvida las eliminatorias perdidas después de aportar él sus dos puntos individuales, algo que le producía una gran impotencia y frustración. Después de muchos años de sinsabores, la gran ocasión que Federer esperaba llegó en 2014. Se daban todas las circunstancias: Nadal y Djokovic fuera de competición, un calendario favorable y la ayuda de un campeón de Grand Slam como su amigo Stanislas Wawrinka. Curiosamente, el mayor peligro que afrontó Suiza en su caminar hacia su primera Ensaladera de Plata fue la propia pareja de Federer, Mirka Vavrinec. Cerca estuvo de provocar un cisma en el equipo helvético pocos días antes de la gran final de Lille, al llamar llorón a Wawrinka en las semifinales de las ATP Finals, crisis que ambos tenistas supieron resolver con madurez.

Los suizos cumplieron con los pronósticos y ganaron su primer título a domicilio ante Francia, sobreponiéndose a la sorprendente derrota inicial de un renqueante Federer y a un ambiente muy hostil en el estadio Pierre Mauroy. Roger pudo recuperarse físicamente y en el cuarto punto de la eliminatoria dio el ansiado título a Suiza al apabullar a Richard Gasquet, cerrando el duelo con una preciosa dejada de revés y cayendo de rodillas a la arcilla para celebrarlo con su entrenador y capitán Severin Lüthi. En ese equipo estaba también su mejor amigo de la infancia, Marco Chiudinelli, por lo que la alegría fue completa para el líder alpino. A partir de ese triunfo, las apariciones del gran campeón han sido contadas y algunas voces le han acusado de falta de compromiso, una vez conseguido el título que le faltaba. Lo cierto es que Federer acudió muchas veces al rescate de Suiza en las eliminatorias por la permanencia, pero, después de ganar la Davis con treinta y tres años y con las lesiones de rodilla que ha padecido posteriormente, ha preferido no incluir esta competición en su estudiado y conciso calendario.

2.10

Juegos Olímpicos

Los Juegos Olímpicos han pasado a ser en los últimos tiempos una de las mayores aspiraciones de todos los tenistas. Después de sesenta y cuatro años de ausencia, el 20 de septiembre de 1988 el tenis volvió a formar parte del programa olímpico con el partido inaugural de los Juegos de Seúl, que enfrentó al sueco Stefan Edberg y al austriaco Horts Skoff (7-6, 6-2 y 6-3). Desde esa edición, ganada por el eslovaco Miloslav Mecir, por aquel entonces representando a la extinta Checoslovaquia, el torneo ha estado caracterizado por las sorpresas y los cambios en el formato de la competición y sus partidos. La magia de los Juegos ha permitido que tenistas sin grandes títulos en su palmarés, como el chileno Nicolás Massú o el suizo Marc Rosset, hayan sido capaces de colgarse el oro, y que otros como Fernando González, Jordi Arrese, Mardy Fish o Tommy Hass hayan alcanzado la final y tengan una merecida medalla de plata.

Sin embargo, con cada edición el torneo olímpico adquiere un mayor prestigio y sube su nivel de competitividad, a lo que ha contribuido el deseo del *Big Three* de conquistar un título que ponga el broche dorado a sus extraordinarias carreras. Solo Nadal ha sido capaz de ganar la cada vez más buscada medalla de oro individual, acompañándola además con la de dobles, que logró junto a su gran amigo Marc López. Un doblete que da más lustre, si cabe, a su impresionante palmarés. También Federer alcanzó el oro en dobles haciendo pareja con Stan Wawrinka, pero en la competición individual se quedó a las puertas; su mejor resultado es la medalla de plata que se colgó en Londres. Peor es la cosecha de Djokovic, que se tiene que conformar con un bronce individual y ha terminado dos veces en el cuarto puesto, después de perder las semifinales y el partido por el tercer metal.

Para Roger Federer y Novak Djokovic, los Juegos Olímpicos suponen una espina clavada, al no haber sido capaces de ganar el oro individual y completar así el Golden Slam, reunir los cuatro Grand Slams y los Juegos Olímpicos, algo que solo han conseguido Andre Agassi y Rafa Nadal. Lo que para cualquier tenista serían unos resultados soñados, para Federer y Djokovic son una asignatura pendiente. Sin embargo, mientras Federer puede presumir de ser campeón olímpico en dobles, a Djokovic la cita olímpica le ha costado terribles decepciones al no haber alcanzado ni siquiera una final.

La mejor oportunidad de Federer para ganar el torneo individual llegó en Londres 2012, cuando perdió la final en su querida Center Court del All England Club ante Andy Murray. Curiosamente, apenas un mes antes había derrotado al británico en esa misma pista en la final de Wimbledon. Antes de lograr su primera medalla, en Pekín 2008, Federer había sufrido dos fuertes decepciones en los Juegos de Sídney 2000 y Atenas 2004. En la cita australiana perdió en las semifinales ante el alemán Tommy Haas; luego, en el partido por el bronce cayó ante el francés Arnaud Di Pasquale, un rival netamente inferior y que por aquel entonces era el número sesenta y dos del mundo. Cuatro años después, en Grecia, cayó en los cuartos de final ante el estadounidense James Blake, a quien había derrotado en las ocho ocasiones en las que se habían enfrentado. Su mayor alegría en la cita olímpica es, además de haber conocido a su mujer Mirka Vavrinec en Sídney, la medalla de oro en dobles que ganó junto con Stan Wawrinka. En la final derrotaron a la dupla sueca formada por Simon Aspelin y Thomas Johansson (6-3, 6-4, 6-7, 6-3), y por fin pudo escuchar el himno suizo con el metal colgado del cuello. Además, Federer tuvo el doble honor de ser abanderado en Atenas y Pekín; en los de Londres renunció para que Wawrinka pudiera portar orgulloso la bandera de Suiza.

Rafa Nadal debutó en Pekín en el torneo individual de unos Juegos Olímpicos, que considera una de sus citas favoritas. El balear se siente muy a gusto compartiendo instalaciones y conversaciones con el resto de los deportistas en la Villa Olímpica y se toma con paciencia las innumerables peticiones de fotos y autógrafos; su firma es en cada evento una de las piezas más codiciadas por el resto de los atletas. Cuatro años antes, Nadal tuvo en Atenas una participación fugaz, ya que no llegó a tiempo de participar en la ceremonia inaugural y cayó eliminado junto con Carlos Moyà en la primera ronda del cuadro de dobles. Así que fue en Pekín 2008 cuando pudo disfrutar plenamente de unas Olimpiadas, y su estreno no pudo ser mejor. Además de vivir una experiencia inolvidable compartiendo su día a día con el resto de la delegación española, hizo un torneo excepcional y ganó la medalla de oro en su primera aparición. Tras derrotar a Djokovic en las semifinales, se impuso en la final al chileno Fernando González (6-3, 6-7, 6-3), apodado «Mano de Piedra» por la dureza de su *drive*, y cumplió uno de sus grandes sueños. Eran días inolvidables para un Nadal que al día siguiente de subir por primera vez a lo más alto del podio olímpico haría lo propio en la clasificación del *ranking* ATP.

Debido a una lesión, el balear no pudo defender su título en Londres 2012, cita en la que además iba a ser el abanderado español, al igual que Federer de la delegación suiza y Djokovic de la serbia. Tendría que esperar cuatro años más para disfrutar de ese honor en Río de Janeiro, donde compitiendo en individuales y dobles llegó exhausto a la lucha por las medallas del cuadro individual y perdió en las semifinales contra Del Potro en el *tie-break* final, así como en el duelo por el bronce con el japonés Kei Nishikori (6-2, 6-7 y 6-3). Los Juegos le compensarían tal decepción con la inmensa alegría de completar su palmarés olímpico, al ganar la medalla de oro en dobles junto con Marc López, uno de sus mejores amigos. Los españoles derrotaron en una tensa final a la dura pareja rumana formada por Florin Mergea y Horia Tecau (6-2, 3-6 y 6-4), antes de rebozarse por el suelo y fundirse en abrazos y lágrimas.

De los tres miembros del *Big Three*, Djokovic es el que cuenta con peor bagaje en la cita olímpica: su mayor logro fue una medalla de bronce individual, insuficiente para un animal competitivo como el serbio. La presea la ganó, como Nadal, en su debut en Pekín 2008 y fue precisamente el español quien le privó en semifinales de optar a lo más alto del podio (6-4, 1-6 y 6-4). En el partido por el tercer metal, Djokovic no dio opción al estadounidense James Blake, que no pudo completar la machada tras eliminar a Federer y claudicó por 6-3 y 7-6. En las dos siguientes ediciones, Londres 2012 y Río 2016, el verdugo de los sueños del serbio tuvo el mismo nombre y apellidos, Juan Martín del Potro. En la hierba de Wimbledon, el argentino arrebató el bronce al serbio tras perder también en semifinales con Andy Murray, a la postre doble campeón olímpico. En la cita brasileña, el golpe sería aún más duro. Nuevamente, el tandilense se cruzaba en su camino, pero esta vez en la primera ronda y después de mucho tiempo lesionado. Djokovic llegaba como el gran favorito, ya que solo había perdido cuatro partidos en ocho meses; en realidad, se hacía casi imposible imaginar otro campeón. Ante el asombro general, Del Potro derrotó en dos sets al número uno del mundo (7-6 y 7-6); el serbio abandonó entre lágrimas la pista olímpica en una de las mayores desilusiones de su vida deportiva.

La última cita olímpica, celebrada en 2021 en Tokio, un año después de lo previsto debido a la pandemia mundial provocada por la Covid-19, fue una competición de la que el *Big Three* no guardará buenos recuerdos. En el caso de Federer y Nadal, porque ni siquiera pudieron tomar parte de ella, debido a sus lesiones en la rodilla y el pie, respectivamente. Si hablamos de Djokovic, por su inesperado e impactante derrumbe en las semifinales de los torneos individual y mixto, cuando tenía en su mano ser doble campeón olímpico y conquistar el Golden Slam. Al final, el tenista serbio se fue de Japón con las manos vacías, tras perder el duelo por el tercer puesto ante el español Pablo Carreño y no presentarse a ese partido por el bronce en el cuadro mixto por lesión. Una decepción de proporciones olímpicas en la única gran competición que se le resiste y en la que nunca pudimos ver al verdadero Novak Djokovic.

TERCERA PARTE

La rivalidad

1999

En la élite del tenis

Roger Federer debutó como profesional en 1998, su último año juvenil, llegando al circuito con la vitola de gran promesa tras imponerse en la final de Wimbledon júnior al georgiano Irakli Labadze. Esa misma temporada disputó los torneos ATP de Gstaad, Toulouse y Basilea, donde había pasado en cuatro años de recogepelotas a enfrentarse a un mito como Andre Agassi, que le derrotó cómodamente en la primera ronda. El curso 1999 fue de transición y en él empezó a tomar parte en algunas de las grandes competiciones, pero combinándolo todavía con los torneos Challenger, categoría un peldaño inferior a la ATP.

En esta importante campaña, en la que todavía estuvo bajo el amparo de la Swiss Tennis, fue capaz de lograr algunas victorias de mérito que le permitieron terminarla en el top 100 mundial (64). A pesar de tener un balance negativo de victorias (13-17), consiguió ascender doscientas treinta y siete plazas y posicionarse bien para el año siguiente afrontar su primera temporada completa en el circuito ATP. No consiguió entrar en el cuadro final del Open de Australia, pero después tuvo un buen inicio de curso con dos actuaciones de mérito en Marsella y Róterdam, donde alcanzó los cuartos de final. En la ciudad mediterránea logró una impactante victoria ante el número cinco del mundo, Carlos Moyà, que ese mismo año alcanzaría el liderato del *ranking* ATP (7-6, 3-6 y 6-3). Le frenó el francés Arnaud Clement, mientras que en Holanda su verdugo fue Yevgueny Kafelnikov, la segunda raqueta del circuito por aquel entonces.

Federer disputó en marzo y abril sus dos únicos Masters 1000 en Miami y Montecarlo, en los que no pudo ganar ningún partido. Entre ambos torneos hizo su debut en la Copa Davis con solo dieciocho años, en Neuchatel ante Italia, en la primera eliminatoria del Grupo Mundial. Suiza ganó cómodamente (4-1) y Roger sumó un punto derrotando a Davide Sanguinetti (6-4, 6-7, 6-3 y 6-4). Su segundo enfrentamiento lo perdió con Gianluca Pozzi, pero la clasificación ya estaba sentenciada. El de Basilea disfrutó enormemente de la experiencia de defender los colores de su país y compartir equipo con jugadores como el campeón olímpico Marc Rosset, con el que trabó una buena amistad.

Después de participar en varios Challengers, pasó directamente a disputar nada menos que Roland Garros y Wimbledon. En París debutó en un Grand Slam ante el antiguo número uno Patrick Rafter, que se llevó un susto en la manga inicial, pero reaccionó barriendo de la arcilla a aquel joven insolente en los siguientes tres parciales (5-7, 6-3, 6-0 y 6-2). Peor se lo puso a Jiri Novak en Wimbledon pocas semanas después, llevando el duelo al quinto set (6-3, 3-6, 4-6, 6-3 y 6-4). Se iba con las manos vacías de su estreno en las grandes competiciones, pero acumulando valiosas experiencias que le serían de mucha utilidad. Además, no se había arrugado ante tenistas de prestigio que tuvieron que emplearse al máximo para doblegarle.

También en julio asumió la responsabilidad de jugar dos puntos en la eliminatoria de cuartos de final de la Copa Davis ante Bélgica en Bruselas, pero esta vez las cosas fueron mucho peor y perdió ambos partidos contra Christophe van Garsse y Xavier Malisse. Supuso una gran frustración, ya que eran jugadores con peor *ranking* que él y sentía que había fallado. Estas dos derrotas le costaron la clasificación a Suiza, que perdió por 3-2.

Poco después de esta decepción llegaría la siguiente, al no conseguir clasificarse para el cuadro final del US Open. Sin embargo, esta disminuyó en parte días después al entrar por primera vez en el top 100 mundial. Federer subió al puesto noventa y cinco el 20 de septiembre, después de haber participado en el torneo de Tashkent (Uzbekistán). Posteriormente, dos buenas actuaciones en Basilea y Viena, donde alcanzó los cuartos de final y las semifinales, le catapultaron hasta el número sesenta y siete en la fase final del curso. Los británicos Tin Henman (6) y Gred Rusedski (7) pusieron fin a su trayectoria en estas competiciones, después de derrotar a rivales de nivel como Vincent Spadea o Jiri Novak, del que se vengó tras su derrota en Wimbledon.

En el último *ranking* publicado en 1999, Roger Federer ocupaba la posición número sesenta y cuatro. Había ganado en premios 200 986 dólares y estaba listo para la nueva etapa de su incipiente carrera profesional. La siguiente temporada se presentaba decisiva en su porvenir, ya que empezaría a disputar todos los cuadros finales de las grandes competiciones. Era el momento de analizar y adoptar decisiones. Y estaba listo para tomar las riendas de su prometedor futuro.

2000

Amor y decepción en los Juegos Olímpicos

Roger Federer afrontó en el año 2000 su primera temporada completa en el circuito ATP, participando por fin en todos los Grand Slams y Masters 1000. Atrás quedaban los torneos Challengers. Este curso marcó su salto definitivo al tenis profesional. El número uno del *ranking* por aquel entonces era el genuino Andre Agassi y el circuito seguía dominado por un tenis estadounidense que, lentamente, iniciaba su ocaso. Después de dos décadas de esplendor gracias a tenistas como el propio Agassi, Pete Sampras, Jim Courier, Jimmy Connors o John McEnroe, solo Andy Roddick sustentaría la esperanza norteamericana en el nuevo milenio, pero se toparía con el mejor Roger Federer.

Este año lleno de cambios trascendentales en su vida lo define Stefano Semeraro como «el año de los encuentros decisivos». Y no podría tener más razón el periodista italiano. El campeón helvético no solo empezó una nueva vida como tenista, sino que se rodeó de especialistas de gran nivel y encontró a la mujer de su vida. Como siempre tuvo las ideas claras, supo que era el momento de crear un equipo técnico propio, lejos del paraguas de la federación suiza. Su primera decisión fue dolorosa, al prescindir de los servicios de su amigo Peter Carter. El australiano había sido su mentor desde los nueve años, y ahora que Roger empezaba su andadura profesional se veía apartado. Fue muy duro para ambos, pero el suizo ha demostrado en multitud de ocasiones que no le tiembla el pulso cuando se trata de tomar decisiones complicadas.

Necesitaba a su lado a un *coach* con experiencia en el circuito, y por ello contrató al extenista Peter Lundgren, miembro de la generación de oro del tenis sueco, con quien también había trabajado en el centro de las Swiss Tennis en Biel. Lundgren tenía la misión de terminar de pulir el diamante que le había dejado Carter, y lo haría no sin dificultades, dada la fuerte personalidad de Roger. La joven promesa todavía no había apaciguado su carácter rebelde en la pista, lo que en muchas ocasiones echaba a perder sus opciones de victoria.

De la etapa previa con la Swiss Tennis provenía también su nuevo preparador físico, Pierre Paganini, una de las piezas claves de su extraordinario rendimiento físico hasta hoy. Durante dos décadas ha realizado una excelente labor con el cuerpo y la mente de Federer, quien apenas ha sufrido lesiones hasta los últimos años de su larguísima carrera. Paganini es, además, un gran admirador de su pupilo e hizo una curiosa comparación entre Federer y Nadal en el documental *Strokes of genius*: «Roger es un artista que sabe luchar, mientras que Rafa es un luchador que sabe ser artista».

Antes de comenzar con Lundgren, Federer había empezado bien el año, alcanzando la tercera ronda del Open de Australia y destacando en la primera eliminatoria de la Copa Davis en Zúrich ante la todopoderosa Australia, vigente campeona del torneo. El de Basilea se impuso en su primer partido individual ante Mark Philippoussis y también ganó el punto del doble formando pareja con Lorenzo Manta. Sin embargo, en el duelo decisivo no pudo con la mejor versión de Lleyton Hewitt, uno de sus ogros en estos primeros años, que cerró el encuentro y el pase de los australianos en la cuarta manga (6-2, 3-6, 7-6 y 6-1).

Ya en febrero, Federer alcanzó su primera final ATP en Marsella, donde solo su compatriota y protector Marc Rosset pudo evitar que estrenase muy pronto su palmarés como profesional. Tras haber derrotado en los cruces previos a rivales de la talla de Ivan Ljubicic, quien años después sería su entrenador, Federer vendió cara su derrota en el duelo por el título. Finalmente se impuso la mayor experiencia del campeón olímpico, que tuvo que salvar tres bolas de partido y se llevó el choque en el *tie-break* decisivo (2-6, 6-3 y 7-6).

Después de alcanzar muy rápido su primera final, Roger se encontró con la dura realidad del circuito ATP para un novato, y en los ATP *masters 1000* de Indian Wells, Miami, Montecarlo, Roma y Hamburgo solo pudo ganar un partido en Florida. Esto no afectó a su moral y tuvo una gran actuación en Roland Garros, a pesar de no ser la arcilla su superficie favorita. Llegó a los octavos de final, donde cayó eliminado ante un especialista de la Armada Española como Àlex Corretja, dos veces finalista en el torneo parisino. Poco después, en Wimbledon, otro clásico como el ruso Yevgueny Kafelnikov le dejó fuera en la primera ronda por segundo año consecutivo.

En la gira americana volvieron los malos resultados en los Masters 1000, esta vez en Toronto y Cincinnati, donde siguió sin ganar un partido. Volvió a ofrecer su mejor versión en el US Open, derrotando a Peter Wessels y Daniel Nestor, antes de ceder ante Juan Carlos Ferrero en un igualado encuentro que pudo haber caído de su lado (7-5, 7-6, 1-6 y 7-6).

Solo una semana después llegaron los Juegos Olímpicos de Sídney. En una de sus ciudades favoritas, el joven Federer tenía depositadas muchas ilusiones, que aumentaron al despejarse su lado del cuadro con las inesperadas derrotas en la primera ronda de Lleyton Hewitt, Marat Safin y Tim Henman. Hasta las semifinales, el suizo tenía un camino muy accesible y lo aprovechó deshaciéndose de David Prinosil, Karol Kucera, Mikael Tillström y Karim Alami. Una vez en la lucha por los metales, Federer flaqueó y desperdició su primera gran oportunidad de colgarse una medalla. En la semifinal, Tommy Haas no le dio opción y se impuso claramente a un irreconocible Federer por 6-3 y 6-2. El alemán, que con el tiempo sería uno de sus mejores amigos en el circuito, siempre ha tenido la virtud de complicarle la vida. La derrota afectó mucho a su moral en el duelo por el bronce, donde partía como claro favorito ante Arnaud di Pasquale, el número sesenta y dos del *ranking*. El francés fue muy superior y se llevó la presea, su mayor éxito deportivo, al vencer por 7-6, 6-7 y 6-3. Dominado por los nervios, Federer estuvo muy desdibujado en el último set, algo que lamentaría durante mucho tiempo.

Como la vida siempre ofrece segundas oportunidades, la enorme desilusión deportiva se vio compensada ampliamente por uno de los encuentros a los que hacíamos alusión al inicio de este capítulo. Fue el último día de los Juegos cuando Roger comenzó su historia de amor con Mirka Vavrinec, después de haber estado toda la competición conociéndose y pasando mucho tiempo juntos. Su unión fue muy fuerte desde el primer día, y la sellarían con su boda nueve años después. De ella son fruto las gemelas Myla Rose y Charlene Riva, y los gemelos Leo y Lenny, a los que se puede ver en los partidos más importantes del orgulloso papá. Se da la curiosa circunstancia de que ambos acudieron al torneo olímpico por las lesiones de Marc Rosset y Martina Hingis, cuya mala pata unió para siempre a Roger y Mirka.

Nacida en Eslovaquia tres años antes que Roger, Mirka emigró con sus padres a Suiza cuando apenas tenía dos años. Se inició en el tenis a los nueve, por una recomendación de Martina Navratilova a sus padres, y llegó a ser la número setenta y seis del *ranking* WTA. Los problemas de lesiones la obligaron a dejar el circuito profesional poco después de los Juegos Olímpicos, y desde ese momento se centró en la carrera de su novio, comenzando por gestionar su relación con los medios de comunicación. La estabilidad emocional que le ha proporcionado desde el primer momento es otro factor de relieve en la trayectoria de Federer y, entre otras muchas aportaciones, le ayudó a terminar con los restos de su mal carácter en la pista.

Sin medalla, pero con novia, después de Sídney, Roger alcanzó la final del torneo de Basilea por primera vez, pero falló nuevamente en el momento decisivo. Esta vez contra el sueco Thomas Enqvist, en un partido que se fue a cinco mangas (6-2, 4-6, 7-6, 1-6 y 6-1) y en el que acusó el cansancio en su primera final a más de tres sets. Roger terminó el año como número veintinueve del mundo, un muy buen *ranking* que podría haber mejorado mucho de haber tenido alguna buena actuación en los ocho Masters 1000 que disputó. Solo ganó dos partidos en ellos, algo que lastró sus opciones de entrar en el top 20.

El curso tenístico se cerró con el primer triunfo de España en la Copa Davis ante Australia, después de muchos años persiguiéndolo y tras dos finales perdidas con los *aussie* en 1965 y 1967. La eliminatoria por el título se disputó en Barcelona, en un Palau Sant Jordi convertido en una espectacular pista de tierra batida, y el abanderado del equipo local fue un desconocido chaval de apenas catorce años, que ya era la gran promesa del tenis español. Portar la bandera de España en la conquista de la primera Ensaladera de Plata le sirvió a Rafa Nadal como ensayo para el futuro, ya que dieciséis años después encabezaría la delegación ibérica en la ceremonia inaugural de los Juegos Olímpicos de Río de Janeiro. Con esta presencia testimonial, Nadal puede decir que ha estado en los seis títulos que ha conquistado España, uno como abanderado y cinco como jugador, si bien el primero no contará en las estadísticas oficiales.

2001

Ídolo caído

Roger Federer siempre recordará el año 2001 como aquel en el que se instaló definitivamente entre la élite profesional. No solo conquistó su primer título ATP, sino que alcanzó los cuartos de final en Roland Garros y Wimbledon, terminando el curso como número trece del *ranking*, a las puertas del *top ten*. Además, en la Catedral logró su primera gran hazaña y comenzó a hablarse de un nuevo fenómeno en el tenis mundial.

El inicio de la temporada no pudo ser mejor para el suizo. Debutó en el cuadro final del Open de Australia, donde pudo superar dos rondas, y en enero por fin levantó en Milán su primer título. Lo hizo a lo grande, después de batir a Goran Ivanisevic y Yevgueni Kafelnikov, dos ganadores de Grand Slam, antes de disputar la final contra el *outsider* Julien Boutter. A pesar de la clara superioridad técnica de Federer, el francés llevó el partido al tercer set, donde se impuso la calidad del suizo (6-4, 6-7 y 6-4). Era el 4 de febrero del 2001, y Roger Federer ponía rúbrica al primero de los ciento tres trofeos que ha levantado hasta la conclusión del año 2021. Se le había resistido más de lo esperado, pues era su tercera temporada como profesional y había dado muestras sobradas de su potencial para codearse con los mejores del mundo. Fue sin duda un punto de inflexión y por fin se desquitó de la presión de estrenar su palmarés.

Sin tiempo para celebrarlo, tuvo que concentrarse con Suiza para la primera eliminatoria de la Copa Davis. Por fortuna para él fue en casa, en su querido St. Jakobshalle de Basilea, donde los suizos ganaron a Estados Unidos por un apretado 3-2. Federer fue por primera vez el gran héroe helvético, al sumar los tres puntos de su país, el doble y los dos individuales contra Todd Martin y Jan-Michael Gambill. Estaba claro que febrero estaba siendo su mes e hizo semifinales y final en Marsella y Róterdam, antes de cruzar el charco para jugar los Masters 1000 americanos. En Indian Wells no pasó de la primera ronda, pero en el Miami Open llegó a los cuartos de final tras derrotar a Mark Philippoussis y Thomas Johansson. Otro nivel era el australiano Patrick Rafter sobre su superficie favorita, ante el que nada pudo hacer (6-3 y 6-1).

De vuelta en Europa, Federer no pudo volver a salvar a Suiza en la Copa Davis y fue Francia quien pasó a las semifinales (2-3). En Neuchatel, los locales comenzaron de la peor forma el enfrentamiento, perdiendo sus dos individuales con Marc Rosset y el propio Federer, si bien este consiguió equilibrar la balanza ganando el doble con Lorenzo Manta e imponiéndose en la tercera jornada a Arnaud Clement. En el partido decisivo, Suiza volvió a evidenciar la carencia de una segunda raqueta de verdadero nivel y George Bastl perdió contra Nicolás Escudé en un duelo dramático. En esta eliminatoria, Federer se vio envuelto en una importante polémica que acabó en la destitución del capitán Jakob Hlasek. El tenista de Basilea lo criticó duramente por medio de un comunicado, afirmando que no podía trabajar con él. Poco después, su mentor Peter Carter ocuparía el lugar de Hlasek al frente del combinado helvético.

En la temporada de tierra batida, Federer tuvo buenos resultados en los Masters 1000 de Montecarlo y Roma, pero perdió en su estreno en Hamburgo. Este resultado tendría poco que comentar, si no fuera porque lo recuerda como el detonante de un cambio en su carácter. Tras caer ante el argentino Franco Squillari, volvió a mostrar una reprobable actitud y destrozó la raqueta de la rabia. Según el propio Roger, ahí se dio cuenta de que debía cambiar su comportamiento en las pistas: «Ante Squillari en Hamburgo todo fue mal. Estaba muy enfadado y rompí la raqueta. Luego pensé que no podía tener esa actitud nunca más». Tras el incidente de Hamburgo, el suizo moderó su conducta, pero su transición hacia la ejemplaridad fue paulatina. Este episodio de ira no pareció afectarle en Roland Garros, donde superó cuatro rondas hasta ser eliminado por segundo año consecutivo por Àlex Corretja, un consumado especialista en tierra batida. Lo que no imaginaba el suizo después de su buena actuación en arcilla es que tendría que esperar cuatro años hasta volver a la segunda semana de competición en París.

A pesar de ser la temporada en la que el suizo levantó su primer título, lo cierto es que es más recordada por su espectacular y simbólica victoria en Wimbledon sobre Pete Sampras. El norteamericano llegaba a ese duelo de octavos de final con una impresionante racha de cincuenta y seis victorias en los cincuenta y siete encuentros previos, que le había reportado siete títulos en el All England Club. En las anteriores ocho ediciones, solo Richard Krajicek había podido derrotar al mito estadounidense. Aquel 2 de julio, por primera vez en su carrera profesional, Federer destapó el tarro de las esencias y mostró al mundo, y a sí mismo, que estaba en disposición de dominar el circuito. El propio jugador ha reconocido en más de una entrevista que aquel fue su partido más especial y el que le permitió darse cuenta de que, a sus diecinueve años, podía lograr lo que se propusiera.

En la primera y única vez que se enfrentaron los dos mejores en la historia de Wimbledon, ambos ofrecieron un espectáculo sublime a la abarrotada Centre Court, que se decidió en una última y emocionante manga (7-6, 5-7, 6-4, 6-7 y 7-5). Federer cerró el duelo con un tremendo resto directo de derechas que dejó paralizado a Sampras; acto seguido, cayó de rodillas al césped y se le saltaron las lágrimas. No se lo podía creer. Aunque perdió en la siguiente ronda contra el ídolo local Tim Henman, dejó patente que ese torneo estaba hecho a su medida. Tan especial fue para Federer que, el día en el que se cumplían quince años de su victoria ante su ídolo, escribió en Twitter que todavía era su «partido favorito de siempre». Y es que además del altísimo nivel de tenis exhibido, aquel fue un triunfo simbólico, que representó un traspaso de poderes en el All England Club.

La enorme exigencia del circuito ATP comenzó a pasarle factura en la segunda mitad del año, cuando su rendimiento bajó notablemente. Lo más reseñable fueron los octavos de final que alcanzó en el US Open, donde otra leyenda como Andre Agassi le dio una soberana lección de tenis (6-1, 6-2 y 6-4). Unos días después y muy lejos todavía de ese foco mediático de los Grand Slams, Rafa Nadal hizo su debut en la ATP, aunque no como profesional. El español estrenó su casillero de puntos con apenas quince años, al derrotar en un torneo Challenger en Sevilla a su compatriota Israel Matos (6-4 y 6-4). Esta victoria le reportó sus primeros 767 dólares en ganancias y le permitió finalizar la temporada en el puesto número 811 del *ranking* mundial.

Antes de la conclusión del curso, Federer alcanzó su primera final en Basilea, pero fue batido otra vez por Tim Henman, un rival que se le atragantó en la fase inicial de su carrera. Su último torneo del 2001 fue en París, donde perdió en el estreno con Jiri Novak. Era el momento de hacer balance de una campaña en la que por fin se vio el potencial de la mayor promesa del tenis mundial. Terminó la temporada en una meritoria decimotercera posición, si bien no se correspondía con su nivel de *top ten*. No podía estar del todo satisfecho, su calidad exigía mucho más y le volvieron a penalizar sus flojas actuaciones en los ATP Masters 1000, donde no conseguía llegar a las rondas finales. En 2012 no podía tener otro objetivo que ganar más títulos y consolidarse entre las mejores raquetas del circuito.

2002

¿Quién es ese niño?

La temporada de su entrada en la aristocracia del tenis, al consolidarse en el *top ten* mundial, fue también una de las más irregulares y difíciles para Roger Federer. En cuanto a los resultados es complicado calificarla, ya que alcanzó varios hitos en su carrera, pero falló en muchos de los momentos más importantes. Por un lado, fue capaz de ganar su primer torneo importante en el Masters 1000 de Hamburgo, alzar dos trofeos más, situarse entre las mejores seis raquetas del circuito y disputar sus primeras ATP Finals; algo que firmaría cualquier tenista de solo veintiún años. Sin embargo, con ese *ranking* era exigible una mejor actuación en los Grand Slams, donde no pasó de los octavos de final y fue eliminado dos veces en la primera ronda, al igual que en tres de las nueve citas del segundo nivel. Psicológicamente, tuvo un inicio de campaña sensacional, pero los malos resultados a partir de mayo, unidos al trágico fallecimiento de su amigo y mentor Peter Carter, le hicieron atravesar unos meses muy difíciles. La fatídica noticia le afectó emocionalmente y tuvo consecuencias en su rendimiento deportivo inmediato.

Esta fue también la campaña en la que Rafa Nadal lanzó un primer aviso al mundo de lo que estaba por llegar…, aunque pocos se enteraron en ese momento. El español sorprendió al circuito logrando su primera victoria en un torneo ATP con apenas quince años, en una temporada en la que lograría finalizar en el puesto doscientos del *ranking*. Junto con Richard Gasquet, con quien siempre se le comparó desde que se enfrentaron con trece años en el prestigioso Le Petit As de Tarbes (Francia), se postulaban como las dos grandes promesas del tenis mundial. Si bien el francés no ha cumplido con las enormes expectativas depositadas en él, el balear ha desbordado cualquier previsión sobre su futura carrera profesional, por muy optimista que esta pudiera ser.

El comienzo del curso tuvo un momento muy especial para Federer, cuando disputó la Hopman Cup junto a su novia Mirka. Se trata de un torneo mixto por países, que cada año abre la competición tenística en Perth, en la costa oeste australiana. Pocos meses después de haber compartido pista, Mirka tuvo que anunciar su retirada del circuito debido a las continuas lesiones en su pie derecho. Una vez superado ese durísimo golpe psicológico para alguien que siempre soñó con ser tenista, pasó a formar parte del equipo de Federer, primero como intermediaria con los medios de comunicación y después asumiendo un papel cada vez más relevante en la gestión de la carrera del que hoy es su marido.

Cruzando todo el país austral, Federer consiguió su segundo título ATP en el torneo de Sídney, al vencer en la final al argentino Juan Ignacio Chela en apenas cincuenta minutos (6-3 y 6-3). El suizo hizo un gran torneo, ganando con autoridad a rivales como Tommy Robredo, Marcelo Ríos o Andy Roddick. Estas buenas sensaciones se vieron confirmadas en el Open de Australia hasta que se cruzó en octavos de final con su verdugo en los Juegos Olímpicos, Tommy Haas. En un fantástico partido de ambos, el alemán puso fin a su presencia en Melbourne Park tras un quinto set dramático (7-6, 4-6, 3-6, 6-4 y 8-6). Otra vez Haas, otra vez en Australia, otra vez fuera antes de tiempo.

Tras la eliminación en el primer Grand Slam del año, Federer tuvo una fase de la temporada en la que se quedó a las puertas de varios éxitos importantes. Primero en su intento de revalidar su éxito en Milán, donde perdió en la final con Davide Sanguinetti (7-6, 4-6 y 6-1). Después, estuvo muy cerca de superar una apasionante y dificilísima eliminatoria de Copa Davis en Moscú ante la Rusia de Safín y Kafelnikov. El de Basilea derrotó a los dos fuera de serie rusos, pero perdió el doble con Marc Rosset, y sus compañeros no aportaron ningún punto en los duelos individuales. Una vez más. Esta eliminatoria supuso el debut de Peter Carter como capitán del equipo helvético, gracias a la influencia de su joven pupilo. Por desgracia, sería también la última.

De vuelta en el circuito ATP, Federer tuvo una actuación estelar en el Miami Open, donde batió a Tim Henman y consiguió por primera vez ganar a un número uno del mundo, Lleyton Hewitt. Esto le permitió estrenarse en la final de un Masters 1000, donde se enfrentó a Andre Agassi. No se arrugó Federer ante el peso de la leyenda, pero acabó cediendo ante el *rock & roll* y la experiencia del tenista de Las Vegas (6-3, 6-3, 3-6 y 6-4).

Semanas después de ese logro de Federer, Rafa Nadal se convirtió el 29 de abril de 2002 en el tenista más joven en ganar un partido ATP, con quince años y diez meses. Su víctima en su debut en el Open de Mallorca, el paraguayo Ramón Delgado, era diez años mayor que él y se encontraba en el puesto 81 del *ranking* mundial. El adolescente balear, por entonces el número 762, finiquitó el choque en apenas una hora y veintitrés minutos con un doble 6-4. Sacó de la pista al tenista sudamericano con sus golpes desde el fondo, ante el asombro de un público que, pese a ser consciente del potencial de su paisano, no esperaba que pudiera derrotar a todo un top 100. Al día siguiente, Nadal apareció por primera vez en la prensa nacional. En el diario *Marca*, el especialista en tenis Joan Solsona le dedicó un artículo titulado «Nadal, el nuevo recluta de la Armada española». El joven talento declaraba que su torneo favorito era Wimbledon y que jugaba mejor en *indoor*, curiosamente todo lo contrario de lo que su carrera ha demostrado. El eco de la noticia llegó a su siguiente oponente, el belga Olivier Rochus, que no dio opción a la sorpresa y venció claramente a Nadal por un doble 6-2.

Si especial fue ese momento para Rafa Nadal, no lo fue menos el Masters 1000 de Hamburgo para Roger Federer, una competición de la que guarda recuerdos imborrables y que es su favorita sobre tierra batida. Después de dos pobres actuaciones en Montecarlo y Roma, el suizo completó una gran semana en Alemania, eliminando en los cuartos de final al vigente campeón de Roland Garros, el brasileño *Guga* Kuerten, y barriendo en la final al número cinco del mundo, Marat Safin (6-1, 6-3 y 6-4). Por primera vez ganaba un Masters 1000 y entraba por derecho propio en el *top ten* como octava raqueta del mundo. El campeón helvético la recuerda como una de las victorias más especiales de su carrera.

Una semana después y con el subidón moral de haber ganado su primer gran título, el joven campeón llegó a Roland Garros dispuesto a demostrar que lo de Hamburgo no había sido casualidad. Sin embargo, se dio de bruces con la arcilla parisina y cayó eliminado en la primera ronda ante un Hicham Arazi que le procuró una cura de humildad y le hizo ver que todavía tenía mucho trabajo por delante (6-3, 6-2 y 6-4). La decepción fue mayúscula, pero no sería la única de esas dimensiones en el corto espacio de un mes. En Wimbledon, después de su gran actuación el año anterior, las apuestas lo situaban ya como uno de los candidatos al título, y a Federer le gustaba ese cartel. En la primera ronda el rival era el júnior Mario Ancic, de solo dieciocho años y que llegaba de la fase previa. ¿Qué podía salir mal? El exceso de confianza, que le jugó otra vez una mala pasada ante un rival inferior. El joven croata, 154 del *ranking* y debutante en un Grand Slam, jugó sin complejos y demostró su madera de tenista ganándole en solo una hora y cuarenta minutos (6-3, 7-6 y 6-3). Este encuentro siempre será recordado por dos motivos: por un lado, por ser el último que perdió Federer en Wimbledon hasta su derrota ante Nadal en 2008, ya con cinco títulos a sus espaldas; por parte de Ancic, por ser el debutante más joven en ganar en la Centre Court desde que un tal Björn Borg venciese allí en su primera aparición en 1973.

Federer tenía un problema evidente de falta de humildad, cosa que él mismo reconoció años después: en sus comienzos como profesional, infravaloraba a rivales de peor *ranking*. No se concentraba en el siguiente partido y afrontaba los Grand Slams pensando solo en sus opciones de título, cuando las primeras rondas son especialmente traicioneras, más aún cuando se cambia de superficie. En este sentido, se situaba en sus primeros años en las antípodas de Rafa Nadal. El español ha pecado en muchas ocasiones de lo contrario, de respetar demasiado al rival, tal y como confiesa en su propia biografía. Sin embargo, esto afecta menos al resultado, ya que una vez en la pista y conforme el partido se desarrolla, se va perdiendo esa desconfianza inicial cuando el propio juego pone a cada uno en su sitio.

No atravesaba un buen periodo el bueno de Roger, a quien las malas noticias se le acumulaban; solo un mes después recibiría la más dura de todas. Después de una nueva derrota en una primera ronda, esta vez ante Guillermo Cañas en el Masters 1000 de Toronto, le informaron de que Peter Carter había fallecido. El entrenador que pulió con mimo la delicada técnica de Federer durante su infancia y adolescencia había sufrido un trágico accidente. Se encontraba de safari en el Parque Nacional de Kruger (Johannesburgo) celebrando su luna de miel, cuando el automóvil en el que viajaba tuvo un accidente del que no pudo salir con vida. Por fortuna, su mujer viajaba en otro coche. Paradojas macabras del destino, su querida Sudáfrica le arrebataba a una de las personas más influyentes en su vida. El mazazo para Roger fue terrible. En 2019, en una entrevista con la CNN, Federer no pudo reprimir el llanto al recordar su figura: «Peter fue una persona muy importante en mi vida y puedo decir que gran parte de mi técnica se la debo a él. Espero que esté orgulloso de todo lo que logré». Donde quiera que esté, a buen seguro que el entrenador australiano esbozó una sonrisa al escuchar las emotivas palabras del chico al que guio desde su infancia.

Aturdido por el inesperado golpe, el de Basilea volvió a caer en el primer partido en Cincinnati ante Ivan Ljubicic y perdió en los octavos de final del US Open con Max Mirnyi, un tenista fuera de los treinta mejores del *ranking*. Fue en octubre en Viena cuando el suizo recuperó su mejor versión y conquistó su tercer título de la temporada, venciendo en las semifinales a Carlos Moyà y en el duelo final a Jiri Novak (6-4, 6-1, 3-6 y 6-4). Después de unos meses fuera del *top ten*, este éxito le permitió subir hasta la séptima posición, y en las siguientes competiciones fue capaz de mantener su plaza de privilegio para acudir a sus primeras ATP Finals.

En su debut en la competición que reúne a las grandes figuras del circuito, Federer dejó claro que es uno de sus momentos favoritos del año. En Shanghái no se dejó intimidar por el espectáculo que rodea al evento final del curso y ganó los tres partidos del Grupo Dorado a Juan Carlos Ferrero, Jiri Novak y Thomas Johansson. En las semifinales fue Hewitt quien se llevó un duelo extraordinario, decidido por detalles y en el que Federer tuvo opciones de colarse en su primera final (7-5, 5-7 y 7-5). El australiano acabó coronándose como maestro y cerrando la temporada como líder del *ranking* ATP. Federer, por su parte, terminó como número seis del mundo, un nuevo paso adelante en su carrera en la antesala del año de su consagración. Ya no se bajaría del *top ten* hasta catorce años después.

Si el ascenso del suizo en la clasificación fue paulatino en ese 2002, el de Rafa Nadal fue meteórico, aunque obviamente se movía en un nivel muy inferior en aquellos días. Tras su exitoso debut entre los grandes, ganó seis torneos Future (los actuales ITF) y alcanzó las semifinales del ATP Challenger de Barcelona. Estos resultados le permitieron dar un espectacular salto en el *ranking* hasta situarse justo en el top 200 de la ATP. El balear quemaba etapas a un ritmo de vértigo y la temporada siguiente dejaría atrás su periodo de formación para subir dos escalones de golpe y compaginar los torneos Challenger con su estreno en los Masters 1000 y los Grand Slams.

2003

El sueño de Roger

El 6 de julio de 2003 Roger Federer vio por fin cumplido su sueño más verde. De manos del duque de Kent recibió el trofeo que desde 1887 acredita a su poseedor como campeón de Wimbledon y miembro de pleno derecho del All England Lawn Tennis & Croquet Club. Como decía la portada de deportes del diario *El País*, aquella tarde de verano comenzó la «Era Federer». Y no solo no se equivocaba el periodista Manel Serras en su predicción, sino que iba más allá en su clarividencia: «Roger Federer puede convertirse en el futuro sucesor del único tenista de la historia que ha ganado catorce torneos de los grandes». Hacía alusión Serras al número de *majors* conquistados por Pete Sampras, que en ese momento era el tenista más laureado de todos los tiempos.

Fue la primera gran temporada del artista de Basilea y la que marcó el inicio de su apabullante dominio en el tenis mundial durante un lustro. No solo ganó su primer Wimbledon, sino que hizo lo propio en las ATP Finals y terminó como número dos del mundo. Además, alcanzó las semifinales de la Copa Davis a pesar de la debilidad de Suiza y levantó cinco títulos más. El único pero a su año, si es que es posible ponerlo, fueron sus flojas actuaciones en el resto de los Grand Slams, donde los octavos de final continuaron siendo una barrera infranqueable.

Quien pronto sería su gran rival en la lucha por el número uno, el jovencísimo Rafa Nadal, dio otro paso de gigante en su espectacular progresión. Pasó de jugar los torneos Futures el curso anterior a disputar los Challenger en la primera mitad de la temporada 2003 y sus primeros Masters 1000 y Grand Slam en la segunda parte del año. El español se confirmó como una de las grandes promesas del mundo, logrando victorias muy llamativas ante dos excampeones de Roland Garros como sus compatriotas Albert Costa y Carlos Moyà. Estas contribuyeron a que terminase el año entre los mejores cincuenta tenistas del planeta con apenas diecisiete años y solo media temporada en el circuito.

Dos escalones por debajo se encontraba Novak Djokovic, que en la primera semana de ese 2003 debutó como profesional. Fue en el Futures de Múnich gracias a su mentor Nikola Pilic, con el que trabajaba en su academia donde tenía lugar la competición. Con quince años se enfrentó al alemán Alex Radulescu, 664 del mundo, mostrando ya su carácter luchador pese a perder por 7-5 y 7-6. En esa primera mitad del año pudo disputar cinco torneos del mismo nivel en Serbia; fue capaz de ganar uno de ellos, en junio.

El gran protagonista del año, Roger Federer, realizó una primera mitad de curso muy irregular antes de la tarde que cambió el rumbo del tenis mundial. Alternaba enormes actuaciones con increíbles derrotas ante rivales muy inferiores por *ranking* y calidad. La presión de ser el foco de atención de los periodistas, que le situaban como futuro número uno, le empezaba a pasar factura. Fue capaz de ganar los torneos de Marsella, Dubái y Múnich, pero también de perder ante Jan-Michael Gambill (42) en Doha, Franco Squillari (81) en Sídney, Max Mirny (46) en Róterdam o Mark Philippoussis (67) en Hamburgo. Pero las derrotas más dolorosas llegaron en la final del Masters 1000 de Roma contra Félix Mantilla (47) y después ante Luis Horna (88) en la primera ronda de Roland Garros. Esta última fue todavía más decepcionante si cabe, porque se produjo en un Grand Slam, y además el suizo era reincidente. Solo perder en el Open de Australia ante David Nalbandian y en Miami ante Albert Costa entraban dentro de lo normal en este primer tramo de la campaña al tratarse de dos asiduos del *top ten*. Pero esa irregularidad estaba haciendo mella en la moral del jugador y resultaba desconcertante para todos los expertos en tenis; además de una auténtica lotería para cualquiera que quisiera apostar por él.

Quien no mostraba dudas a esas alturas de año, sino una decisión impropia de un chico de dieciséis años, era Rafa Nadal. Los primeros tres meses de la campaña los dedicó a jugar torneos Challenger con los que consiguió los puntos necesarios para participar en el cuadro final de varios ATP Masters 1000 con los mejores del mundo. Y no decepcionó cuando tuvo la oportunidad. En su estreno en Montecarlo fue capaz de superar dos rondas al derrotar a Karol Kucera, ex *top ten*, y a Albert Costa, número nueve del *ranking* y vigente campeón de Roland Garros, a quien despachó por la vía rápida (7-5 y 6-3). Guillermo Coria, futuro finalista en París y gran especialista en tierra batida, puso fin a la primera aventura del manacorí en la pista en la que batiría todos los récords de victorias consecutivas en una competición (7-6 y 6-2). Lo suyo con la Rainiero III fue un amor a primera vista.

Solo un mes después volvió a dar la campanada en Hamburgo al vencer a su paisano y amigo Carlos Moyà, campeón de Roland Garros y ex número uno del mundo. Tampoco esta vez cedió un set (7-5 y 6-4) y nuevamente un argentino le puso los pies en la tierra, otro futuro campeón en París como Gastón Gaudio. Una inoportuna lesión en el codo derecho durante un entrenamiento en Manacor impidió al mallorquín disputar su primer Grand Slam precisamente en Roland Garros, y nunca sabremos de qué habría sido capaz el pupilo de Toni Nadal. Es difícil pensar en una posible victoria, pero de lo que no cabe duda es de que podría haber dado más de una sorpresa en el Bois de Boulougne. Quien sí estuvo en la ciudad del Sena fue Roger Federer, aunque más como turista que jugando en la arcilla parisina. Eliminado por un desconocido Luis Horna en el primer partido (6-7, 2-6 y 6-7), volvió a infravalorar a su adversario y a tener una paupérrima actuación pese a partir como sexto cabeza de serie. Exceptuando su victoria ante Sampras en 2001, no conseguía rendir a su verdadero nivel en los Grand Slams, que suponían una decepción tras otra.

La temporada de hierba llegó al calendario como una bendición para él, que pudo cargarse de moral con su cuarto título del año en el que desde entonces ha sido uno de sus torneos fetiche, el de Halle (Alemania). El tenista suizo se impuso en la final al local Nicolas Kiefer por 6-1 y 6-3, levantando el primero de los diez trofeos que ha conseguido allí. Después de este triunfo, el de Basilea regresó al All England Club como número tres del mundo y uno de los grandes favoritos a la victoria. Y esta vez no defraudó. Federer no pasó apuros en las dos semanas de competición, salvo contra Feliciano López por un fuerte dolor de espalda que incluso le hizo pensar en la retirada. Sin embargo, aguantó y pudo finiquitar el duelo en tres sets (7-6, 6-4 y 6-4), si bien contó con la colaboración del español, que no aprovechó ninguna de las roturas de saque que tuvo en cada set. En la semifinal esperaba otro cañonero como Andy Roddick, pero no dio opción a uno de los tenistas con los que ha mantenido duelos más espectaculares (7-6, 6-3 y 6-3).

Mark Philippoussis era el último obstáculo que se interponía entre Federer y el sueño de su vida. The Scud le había ganado meses atrás en Hamburgo, y su temible saque había causado estragos en las dos semanas de torneo. Su víctima más ilustre había sido el número uno del mundo, Andre Agassi, al que derrotó en un partido vibrante en cinco sets. Esta vez Federer no le daría opción al australiano, había aprendido de sus errores y no subestimó a su rival. Fue muy superior y le derrotó con mayor facilidad de la que muestra el marcador (7-6, 6-2 y 7-6) en menos de dos horas de juego. El genio suizo se sacudía por fin todos los fantasmas que le habían llevado a caer derrotado en seis primeras rondas de Grand Slam. Había cumplido el objetivo de su vida, aquello para lo que se había preparado desde que era solo un niño.

En la ceremonia de entrega de trofeos, con lágrimas en los ojos, risa nerviosa y voz quebrada, confirmó lo que todos sabíamos, que era un sueño hecho realidad: «De pequeño solía bromear diciendo que iba a ganar en Wimbledon y ahora lo tengo..., es increíble, no sé cómo lo he hecho». Cuando la entrevistadora le preguntó por su ídolo Pete Sampras, la respuesta no pudo ser más elocuente, el joven Federer en estado puro: «Nuestros estilos son diferentes, yo la verdad es que disfruto viendo mi propio juego». El público de la Centre Court rompió a reír, entre ellos Mirka y Peter Lundgren, que miraban embobados a su chico desde el *box*. La Catedral tenía un nuevo ídolo, un nuevo tenista al que mimar. Lynette Durande, la madre del artista, se emocionó años después recordando aquella tarde en una entrevista con la cadena ESPN2 y dijo entre lágrimas que poca gente sabe «cuánto había detrás de ese primer Grand Slam».

Federer había invertido casi veintidós años de su vida en conseguir su primer grande, por los diecinueve recién cumplidos que tenía Nadal cuando lo logró y los veinte de Djokovic. Ahora nadie podría evitar que instaurase su reinado en tierras británicas, no estaba dispuesto a dejarse arrebatar su trofeo más querido en mucho tiempo. Comenzaba una racha histórica de cinco títulos seguidos en el santuario del tenis, a la que solo pudo poner fin su futura némesis en 2008. Curiosamente, Nadal hizo su debut en un Grand Slam en esa edición de Wimbledon un mes después de cumplir diecisiete años: fue capaz de pasar dos rondas en una superficie que, en principio, le era poco propicia. Superó a Mario Ancic, verdugo de Federer en la edición anterior, en un duelo de promesas en la primera ronda, y venció al local Lee Childs en la segunda, antes de caer con el tailandés Paradorn Srichaphan (6-4, 6-4 y 6-2). El balear se fue de Londres con un botín de setenta y cinco puntos ATP, saltando al puesto número sesenta y uno del *ranking* mundial.

La misma semana en la que Nadal debutó en un Grand Slam y Federer caminaba con paso firme hacia su primer Wimbledon, un adolescente Novak Djokovic ganó su primer torneo Futures en Serbia con dieciséis años. Lo hizo al imponerse al español César Ferrer-Victoria (973) por 6-4 y 7-5, sumando así sus primeros doce puntos ATP. De esta forma, el 7 de julio entró por primera vez en el *ranking* como número 767, una clasificación que años después dominaría, y llegaría a convertirse en el tenista que más semanas la ha liderado a lo largo de la historia. Además, se embolsó 1300 dólares en metálico, una cifra que hoy le parecería ridícula, pero que en ese momento le ayudó a creer que podría financiar su carrera profesional.

Después de Wimbledon, Federer llegó a la final de Gstaad y se embarcó hacia la gira americana. Nadal, en cambio, no participó en los Masters 1000. Hasta el US Open disputó varios torneos sobre tierra batida. En Umag (Croacia) logró su mejor resultado del curso al llegar a las semifinales, donde cayó ante Carlos Moyà (6-4 y 6-4) después de dejar por el camino a Adrian Voinea, Mariano Puerta y Magnus Norman. Esta gran actuación le permitió seguir con su escalada en el *ranking* y situarse en el puesto cincuenta y uno. En una temporada todavía entre dos aguas, la semana siguiente disputó y ganó el Challenger de Segovia (España) antes de estrenarse en Nueva York en el último Grand Slam del año. Pasaba de jugar con las mejores raquetas del mundo a enfrentarse a auténticos desconocidos y vuelta de nuevo a la élite, algo que podría afectar a la concentración y motivación de cualquiera. Sin embargo, esto no descentraba en absoluto al joven Nadal, siempre humilde y con los pies en la tierra cuando le tocaba volver a jugar con la clase obrera del tenis. Asumía que ese era su papel, y la prueba son las seis finales que disputó en estas competiciones a lo largo de la campaña.

En su debut en el US Open derrotó a su compatriota Fernando Vicente, pero fue eliminado por el marroquí Younes El Aynaoui en la segunda ronda (6-4, 6-3 y 6-3). Estos partidos supondrían una valiosa experiencia para mejorar sus prestaciones en pista dura, en un Grand Slam que tanto él como su tío Toni siempre consideraron el más difícil para su juego. Hasta el final del año, Nadal disputó solo tres torneos más, en los que cayó en la primera ronda. A sus diecisiete años se le hizo larga la temporada, pero poco más se le podía pedir.

El objetivo de Federer en la recta final del curso era bien distinto. Tenía a tiro el número uno del *ranking* que ostentaba Andre Agassi y se propuso alcanzarlo. En esos momentos, la ATP no tenía un dominador claro y casi todos los *top ten* podían ser candidatos a liderarla en algún momento. Con quien no contaba era con un rival inesperado. Andy Roddick, número siete en ese momento y un año más joven que él, arrebató a Federer la posibilidad de alcanzar la cima en las semifinales del Masters 1000 de Montreal cuando ya lo acariciaba con la punta de los dedos. En unas brillantes semifinales decididas en el *tie-break*, gozó de dos bolas de partido que significaban nada menos que dos oportunidades de ser el número uno del mundo. Sin embargo, a pesar de haber derrotado al jugador norteamericano en las cuatro ocasiones anteriores, esta vez la presión pudo con Federer en el juego decisivo, en el que cometió cuatro errores no forzados y una doble falta que regalaron el duelo a Roddick. De esta forma se esfumó la posibilidad de estar en lo más alto por primera vez en su carrera. La victoria dio una enorme moral al joven bombardero estadounidense, que arrasó en esta gira americana sumando los títulos de Montreal, Cincinnati y US Open. Unido a las semifinales en el Masters 1000 de París-Bercy y las de las ATP Finals, le dieron un liderato final por el que nadie hubiera apostado unos pocos meses antes.

Si alguien colaboró con Roddick, ese fue David Nalbandian, una de las bestias negras que Federer ha tenido en su carrera. A pesar de contar con un ajustado balance favorable de victorias contra el argentino (11-8), el Rey David consiguió muchas de sus victorias en momentos muy importantes. Así, en aquel 2003, fue su verdugo en el Open de Australia, el Masters 1000 de Cincinnati y por último en los octavos de final del US Open (3-6, 7-6, 6-4 y 6-3). A Flushing Meadows había llegado como número dos del mundo, y esta derrota le hizo retroceder un puesto y le restó valiosos puntos que le hubieran dado el cetro mundial.

Tras la decepción de Nueva York, una nueva desilusión, esta vez en las semifinales de la Copa Davis. En el Rod Laver Arena de Melbourne, las opciones de los helvéticos ante un temible combinado australiano liderado por Lleyton Hewitt pasaban por que Federer ganase tres puntos: sus dos individuales y el doble que disputaría con Marc Rosset. El primer espada suizo comenzó cumpliendo el guion y derrotando a Mark Philippoussis, su víctima en Wimbledon, con lo que compensó la derrota de Michel Kratochvil ante Hewitt. En el duelo de dobles, en cambio, no pudo evitar la derrota ante la pareja oceánica, y las opciones suizas pasaron a depender de su duelo ante el ídolo local. En un durísimo partido, Federer se puso dos sets arriba y parecía que Suiza podría hacer la proeza de derrotar al equipo *aussie* a domicilio. Sin embargo, el guerrero Hewitt no había dicho su última palabra: en una lección de pundonor remontó y dio el punto decisivo a Australia (5-7, 2-6, 7-6, 7-5, 6-1). Esta fue una de las derrotas más duras para Federer, ante un rival que le tenía tomada la medida en ese momento. Con respecto a su equipo, empezaba a tener claro que sin un compañero que pudiera aportar al menos un punto sería imposible tener opciones de levantar la Ensaladera.

Lo bueno del tenis es que siempre da a los jugadores la oportunidad de desquitarse: dos semanas después, Federer lo hizo ganando en Viena. Tras una buena actuación en el Masters 1000 de Madrid y otra decepcionante en París, el suizo llegó a las ATP Finals de Texas como tercer cabeza de serie, solo por detrás de Roddick y Juan Carlos Ferrero. En su segunda participación, se vio la arrolladora versión del Federer más talentoso que explotaría en la temporada siguiente. Realizó un torneo prácticamente perfecto: ganó los cinco partidos, derrotó en las semifinales al ya número uno del mundo Andy Roddick y en la final a Andre Agassi, a quien ya había batido en la *round* Robin. El maestro suizo, ya se le podía llamar así, cerró un año inolvidable, el de su consagración como uno de los mejores del mundo tras ganar siete títulos, entre ellos su primer Grand Slam y las ATP Finals. Aunque terminó el curso como segundo del *ranking*, todos sabían que era el principal candidato para desbancar a Roddick.

Solo unos días después, Federer anunció que ponía fin a su relación profesional con Peter Lundgren, el técnico que había afilado su gran potencial hasta llevarlo a la conquista de su primer Grand Slam. Con él había dado un salto cualitativo muy importante en su juego y su mentalidad, por lo que la noticia sorprendió en los mentideros del circuito. De momento seguiría su camino sin entrenador, una decisión que no todo el mundo entendió al considerarla una muestra de soberbia, pero que el tiempo demostró que no es tan arriesgada si te llamas Roger Federer.

Rafa Nadal fue nombrado por la ATP *Newcomer of the year* gracias a sus impresionantes victorias ante vencedores de Grand Slams y ex números uno, que le permitieron finalizar el año en el puesto número cuarenta y nueve del *ranking* mundial. Había subido ciento cincuenta y un puestos en doce meses, pese a disputar solo la mitad de su primera temporada ATP. Aunque todavía no lo sabía nadie, el único tenista capaz de frenar a Federer en lo que era el futuro inmediato ya estaba dando sus primeros pasos en el circuito. Muy lejos todavía, en el puesto 679, quemaba etapas un imberbe Novak Djokovic, que disputó sin suerte los Grand Slams júniors de Roland Garros y del US Open; su mejor resultado fue una tercera ronda en el torneo parisino. Era momento de dejar los torneos Futures, pasar a disputar las competiciones Challenger y, por qué no, debutar con los grandes.

2004

El origen de la rivalidad

Si hubiese que datar el origen de la nueva era del tenis, la que comenzó con el dominio de Federer y su rivalidad con Nadal, todos apuntaríamos a 2004. Fue la temporada en la que Federer alcanzó el número uno del mundo y desató todo su arsenal tenístico consiguiendo once títulos, incluidos tres Grand Slams y las ATP Finals. Puso fin a una época sin un dominador claro, en la que el primer puesto del *ranking* había cambiado de manos con demasiada frecuencia. Con él se acabó y pasó a cotizar más alto que nunca. Y todo ello sin entrenador, una prueba más de la extraordinaria calidad y superioridad del tenista de Basilea.

Con lo que no contaba el suizo es con la teoría del Yin y el Yang, que habla de las fuerzas antagónicas que mantienen el equilibrio y no tienen sentido alguno por separado. Tal vez por este motivo, el año de la ascensión de Federer al Olimpo fue el mismo en el que un niño de diecisiete años le bajó los pies a la tierra, batida en este caso. Fue la primera temporada completa de Nadal entre los profesionales y pronto se haría con el foco mediático, derrotando al nuevo número uno en su primer enfrentamiento y siendo el inesperado héroe de España en la conquista de su segunda Ensaladera en la Copa Davis.

Todavía faltaba para que Djokovic se uniese a la disputa y naciera el *Big Three*. Se encontraba disputando los torneos Challenger, pero fue también la campaña de su estreno en una competición de la ATP, el punto de partida de su exitosa carrera en la élite. A principios de año había dejado la academia de

Nikola Pilic y le tocaba volar en solitario. Después de una vida buscando recursos para financiar la prometedora carrera de su hijo, Srdjan Djokovic por fin había conseguido acabar con las preocupaciones económicas, gracias a un acuerdo con el agente israelí Amit Naor. Esto le permitiría costear todos los gastos que conlleva ser un tenista profesional, por lo que el siguiente paso era buscar un entrenador que lo guiara.

El curso tenístico comenzó en enero con Rafa Nadal a pleno rendimiento, colándose en su primera final en el torneo de Auckland, donde el eslovaco Dominik Hrbaty, con peor *ranking* que él, le impidió estrenar su palmarés (6-4, 2-6 y 7-5). Posteriormente tuvo un buen debut en el Open de Australia, donde ganó dos partidos, pero Lleyton Hewitt (11) fue demasiado rival para el joven talento manacorí (7-6, 7-6 y 6-2). Este resultado impidió que en la siguiente ronda se diera el que hubiera sido el primer duelo de la legendaria rivalidad entre Federer y Nadal. Hewitt no pudo con el jugador suizo, y en esta ocasión tampoco David Nalbandian. Las semifinales contra Juan Carlos Ferrero depararon la curiosa circunstancia de ver un duelo de Grand Slam en el que los dos oponentes se jugaban no solo el acceso a la gran final, sino también el número uno del mundo que ostentaba hasta entonces Andy Roddick, eliminado en los cuartos de final. A pesar de las grandes expectativas creadas, en la pista Federer no dio ningún tipo de opción al español, a quien despachó con un contundente 6-4, 6-1 y 6-4. Afrontaría la final con la tranquilidad y la confianza de haber cumplido el segundo de los sueños de su infancia. El domingo le esperaba Marat Safin, uno de los jugadores con más talento del circuito.

El impredecible genio ruso había completado la machada de llegar a la final desde la ronda previa, ya que la temporada anterior había estado muchos meses apartado de las pistas por una lesión. Por el camino, cinco estadounidenses eliminados: Bian Vahaly, Todd Martin, James Blake, Andy Roddick y Andre Agassi. Vladimir Putin podía estar orgulloso. Sin embargo, el tenista formado en Valencia tuvo que rendirse ante la evidencia de que nada ni nadie podía parar al nuevo número uno del mundo. Federer volvió a campar a sus anchas y solventó el duelo con facilidad (7-6, 6-4 y 6-2). Al día siguiente, el 2 de febrero de 2004, su nombre apareció en lo más alto de la clasificación, posición que ya no abandonaría hasta el 17 de agosto de 2008. Con veintidós años, comenzaban doscientas treinta y siete semanas de dominio implacable que lo llevarían a superar todos los récords y a ser considerado el mejor tenista de la historia. En esa primera lista liderada por Federer, Nadal ocupaba el puesto número 40 y Djokovic el 676.

Ese mismo lunes, el mejor amigo de Roger Federer, su inseparable Marco Chiudinelli, con quien compartió su vida y su formación tenística desde la época del Tennis Club Old Boys, derrotó en la primera ronda del Challenger de Belgrado a un desconocido Novak Djokovic. El serbio disputó también el Open de Australia júnior, donde alcanzó las semifinales, su mejor resultado en un Grand Slam de la categoría, después de los malos resultados el año anterior en Roland Garros y en el US Open.

Ya desde lo alto de su atalaya, Federer siguió acumulando victorias y se impuso en el torneo de Dubái y el Masters 1000 de Indian Wells, además de superar una eliminatoria de la Copa Davis contra Rumanía. Su único tropiezo hasta entonces llegó en Róterdam ante Tim Henmann, que le tenía cogida la medida, aunque el suizo se vengaría del británico en la final de Indian Wells. Federer siempre vuelve. En esa edición de Indian Wells, el 17 de marzo de 2004, se vieron las caras por primera vez en una pista los dos tenistas llamados a protagonizar la rivalidad más legendaria de la historia y a dominar la ATP sin oposición hasta la aparición de Novak Djokovic, el tercer mosquetero del irrepetible *Big Three*. Aunque todo el mundo señala como la primera vez el duelo que protagonizaron dos semanas después en Miami, fue en la competición de dobles del torneo californiano cuando disputaron su primer partido. En este enfrentamiento hispano-suizo, Rafa Nadal y Tommy Robredo se impusieron a Yves Allegro y Roger Federer (5-7, 6-4 y 6-3) sin que nadie hiciera el más mínimo caso a aquel partido. Para la historia quedaron las fotos de ese duelo en el que Federer y Nadal vestían el mismo modelo de Nike. Felicidades a los cazatalentos de la firma estadounidense. Lo que también desconoce la gran mayoría de los aficionados es que, tras el encuentro, Federer y Nadal mantuvieron una charla en la que el número uno del mundo invitó al chaval a ver su cruce de cuartos de final en su *box* personal. Tantos años después, resulta curioso ver su foto en el palco de Federer sentado a una silla de distancia de Mirka Vavrinec. Fue también un bonito gesto de Roger con un adolescente que apenas daba sus primeros pasos entre los profesionales a pesar de su *ranking*.

Solo once días después, en la tercera ronda del Masters 1000 de Miami, ambos se volvieron a enfrentar, esta vez en individuales, en el partido que marcó realmente el inicio de su rivalidad. Fue la noche en la que Rafa Nadal se dio a conocer al mundo y atrajo de inmediato el foco mediático en el circuito tenístico. Hasta ese momento, el número uno se había mostrado intratable, por lo que fue una sorpresa mayúscula que un imberbe adolescente, aunque ya número treinta y seis del mundo, fuera capaz de batir al mejor jugador que se había visto desde hacía mucho tiempo. Además, el balear lo liquidó por la vía rápida: un inapelable 6-3 y 6-3 en solo setenta minutos. Cuando Federer quiso reaccionar, ya estaba de vuelta en el vestuario, apabullado por el vendaval de juego y energía derrochados por su joven rival, que celebraba sus mejores puntos con un entusiasmo y una pasión inusitada. Lo que no sabía el suizo es que vendrían muchas noches como esa. Su némesis había llegado para quedarse y cuestionar el apacible reinado del monarca del circuito. Aquella noche del 28 de marzo de 2004 quedaba inaugurada la mejor época de la historia de este maravilloso deporte. Nadie recordará que, en el siguiente partido, Nadal no pudo repetir triunfo ante Fernando González. Había nacido la leyenda de Rafa Nadal. Su rivalidad con Federer proporcionaría a los aficionados duelos inolvidables en tardes de domingo en las que el tenis llegó a importar más que el fútbol.

La alegría le duraría poco a Nadal, que dos semanas después, en Estoril, tuvo que retirarse por una fisura en el escafoides del pie izquierdo. En los octavos de final había derrotado a Richard Gasquet, pero no pudo presentarse al siguiente partido ante el georgiano Irakli Labadze, aquel jugador al que Federer derrotó en la final júnior de Wimbledon. Poco después se confirmó que el mallorquín debía permanecer en el dique seco al menos tres meses. Saltaba por los aires la temporada de tierra batida, en la que tanto él como su equipo tenían depositadas grandes esperanzas. El manacorí reflexiona sobre este duro golpe en uno de los capítulos de *Rafa. Mi historia*: «En 2004 mi cuerpo dijo basta. El hueso de mi pie izquierdo me tuvo fuera de las pistas entre abril y julio, sin Roland Garros ni Wimbledon. Había llegado al treinta y cinco del *ranking* y este era el primer parón en mi carrera por lesión, era cruel. La fragilidad del cuerpo en mi caso ha hecho mi mente más fuerte. Me ha ayudado la manera en la que Toni me programó para resistir la adversidad. Ese periodo me sirvió para aprender lo inmensamente privilegiados que somos los deportistas de élite. Me hizo ver lo rápido que pasa el tiempo y que hay que disfrutar cada momento».

Cuenta además el tenista mallorquín que su mánager, el ex *top ten* Carlos Costa, organizó un viaje a Roland Garros para que se fuera familiarizando con el ambiente del torneo, ya que tampoco había podido participar como júnior y estaba seguro de que algún día lo ganaría. Nadal afirma en el libro que se ponía enfermo viendo partidos, tales eran las ganas de jugar, y que no paraba de decirle a Costa que el año siguiente ganaría allí. Después reconoce que su gran sueño siempre había sido Wimbledon, pero «antes tendría que escalar la montaña de Roland Garros».

La primavera también fue un suplicio para su futuro archienemigo, con excepción de un nuevo triunfo en su querido Masters 1000 de Hamburgo. En la Copa Davis contra Francia, Suiza volvió a perder una eliminatoria tras ganar Federer sus dos individuales. Dado lo cargado de su calendario, empezaba a ver como una papeleta el acudir al rescate de su país para no obtener resultado alguno. A ello se sumó la temprana eliminación ante Albert Costa en el Foro Itálico de Roma, una de sus pistas malditas, además de un nuevo fracaso en Roland Garros, torneo al que no conseguía cogerle la medida. Su rival en la tercera ronda fue un triple campeón en

París como Gustavo Kuerten, que no atravesaba por su mejor momento (30 del mundo), aunque Federer no opuso la resistencia que se le exige a un líder del *ranking* (6-4, 6-4 y 6-4). Seis años de fracasos en París empezaban a hacer mella en la moral del suizo a la hora de afrontar los torneos en el polvo de ladrillo.

Por suerte para él, cuando peor ha estado, generalmente tras Roland Garros, siempre ha aparecido la hierba para mejorar su estado de ánimo. Halle y Wimbledon han sido durante su carrera un gran bálsamo y en 2004 volvió a hacer doblete. En la meca del tenis, Federer confirmó su gran superioridad en esta superficie, completando un torneo muy serio en el que solo pasó dificultades en la final ante el número dos del *ranking*, Andy Roddick. El de Nebraska se adelantó en el primer set y pudo ponerse con ventaja en la tercera manga, pero finalmente Federer ganó el *tie-break* y después el parcial decisivo (4-6, 7-5, 7-6 y 6-4). Segundo Wimbledon y segundo Grand Slam del año. Había número uno para rato.

Dos semanas después del tercer *major* de Federer, hacía su debut entre los profesionales el tercer integrante del *Big Three*. Novak Djokovic se estrenó en el torneo ATP de Umag (Croacia) con una derrota ante el italiano Filippo Volandri (7-6 y 6-1). El de Belgrado había alternado los torneos Futures y Challenger toda la temporada con varios títulos y había alcanzado los puntos suficientes para empezar a batirse con los mejores. Repetiría meses después en Bucarest y Bangkok. En la capital rumana consiguió una gran victoria ante el sesenta y siete del mundo, Arnaud Clement, aunque no pudo repetir contra David Ferrer, un gran especialista en tierra batida al que al menos logró arrancar un set (4-6, 6-4 y 6-4). Peor le fue en Tailandia, donde perdió en la primera ronda contra el holandés Dennis van Scheppingen (4-6, 7-5 y 6-4). Los puntos logrados le permitieron subir hasta el puesto 249 del *ranking*, y aún escalaría muchas posiciones más hasta el final del año gracias a sus victorias en los Challengers.

Quien también había cogido carrerilla era Roger Federer, que enlazó su tercera y cuarta victoria consecutiva al imponerse en Gstaad y el Masters 1000 de Canadá, nuevamente ante Roddick en la final de Toronto (7-5 y 6-3). Para entonces ya estaba de vuelta en las pistas Rafa Nadal, que aún tuvo tiempo de participar sin suerte en la gira americana y disputar varios torneos sobre tierra batida. El balear no dejó pasar la ocasión de reivindicarse: en su primer gran regreso a la competición después de una lesión, fue capaz de ganar su primer título ATP en Sopot (Polonia) derrotando en la final al argentino José Acasuso (6-3 y 6-4). Con solo dieciocho años abrió por primera vez las vitrinas de Manacor, que pronto rebosarían de trofeos.

Sin tiempo para celebrarlo, Nadal cogió un vuelo con rumbo a Atenas para participar en sus primeros Juegos Olímpicos, una de las competiciones que más ilusión le han hecho siempre. Al igual que la Copa Davis, los Juegos despiertan en Rafa un sentimiento de pertenencia que le dan un plus de pasión a su tenis, si tal cosa es posible. Por desgracia fue una primera experiencia fugaz, ya que no llegó a tiempo de participar en la ceremonia de inauguración y cayó eliminado en la primera ronda del cuadro de dobles (no estaba clasificado para el individual). Haciendo pareja con Charly Moyà, cayeron sin paliativos ante los brasileños André Sa y Flavio Saretta por 7-6 y 6-1.

No le fueron mejor las cosas a Federer en Grecia, y esta vez no hubo historia de amor que compensara el golpe. Un por entonces desconocido Tomas Berdych, de dieciocho años y número setenta y nueve del *ranking*, lo mandó de vuelta a casa en la segunda ronda al voltear el marcador de forma inesperada (4-6, 7-5 y 7-5). ¿Nuevo exceso de confianza? Solo el propio Roger sabe cómo pudo cometer cincuenta y nueve errores no forzados. El palo fue doble al caer también con Yves Allegro ante la pareja india formada por Mahesh Bhupathi y Leander Paes, dos especialistas que dejaron clara su mayor compenetración (6-2 y 7-6). Por segunda vez se volvía de vacío de los Juegos y tendría que volver a esperar cuatro años para tener una tercera oportunidad de colgarse una medalla olímpica.

A pesar de la decepción, no hay nada que un buen Grand Slam no pueda curar. Con un cuadro muy complicado, Federer recuperó su mejor nivel en el US Open y se deshizo de Albert Costa, Andre Agassi y Tim Henman antes de la final con

Lleyton Hewitt. Para el recuerdo quedaron los cuartos de final contra Agassi, donde el tenista de Las Vegas recordó sus mejores tiempos y llevó al límite a un Federer que solo pudo decantar la balanza en la quinta manga (6-3, 2-6, 7-5, 3-6 y 6-3). Antes de eso, Rafa Nadal había sido barrido de la cancha en la segunda ronda por Andy Roddick, que lo acribilló con su saque (6-0, 6-3 y 6-4). La gran final se presumía apasionante contra el siempre combativo Hewitt, pero acabó siendo una de las más plácidas de la historia de los *majors*. Federer humilló sin contemplaciones al australiano, endosándole dos *roscos* en solo tres sets (6-0, 7-6 y 6-0). El suizo se la tenía jurada por afrentas pasadas y alzó al cielo de Nueva York su primer título en el mítico Arthur Ashe Stadium. Con su tercer Grand Slam del año, Federer se distanciaba enormemente del resto de sus rivales e igualaba una gesta que nadie había logrado desde 1988, cuando el mítico Mats Wilander izó la bandera sueca en Australia, Francia y Estados Unidos. Años después, tanto Rafa Nadal como Novak Djokovic se unirían a este selecto club.

Para poner la guinda a la temporada de su explosión definitiva, Federer volvió a ser un vendaval en las ATP Finals de Houston. En suelo tejano ganó nuevamente todos los partidos y siguió maltratando a Hewitt, a quien venció en la *round* Robin y en la final, donde además le propinó una nueva paliza (6-3 y 6-2). Culminó así un año de ensueño para él, con un total de once títulos y la impresión de no tener rival en la lucha por el primer puesto. O al menos eso pensaban la inmensa mayoría de los aficionados y expertos del mundo del tenis.

El niño prodigio destinado a disputarle el trono iba a hacer su gran puesta en escena, por si la victoria ante Federer en Miami había pasado desapercibida. La historia tuvo lugar en un escenario espectacular, especialmente creado para la ocasión. España había llegado a la final de la Copa Davis y recibía como anfitrión al combinado de Estados Unidos, capitaneado por John McEnroe y liderado por Andy Roddick. La sede elegida fue el estadio de La Cartuja, un campo de fútbol con pistas de atletismo al cual se le añadieron gradas para formar una pista de tenis con capacidad para veintisiete mil espectadores, todo un récord hasta la fecha.

Nadal, que ya había ganado el punto decisivo de la eliminatoria de semifinales ante Francia tras arrasar a Arnaud Clement, contaba como suplente en los pronósticos de todos los especialistas. Sin embargo, en la previa de la final, el trío de capitanes de España comunicó que el partido de individuales ante el número uno estadounidense lo jugaría Rafa Nadal, trigésimo cuarto tenista del mundo, de solo dieciocho años, sin experiencia previa en la gran competición y un auténtico desconocido para el gran público. Además, venía de ser barrido por el propio Andy Roddick en el US Open y de flojas actuaciones en los torneos de Palermo, Lyon, Madrid y Basilea. La decisión fue un *shock* no solo para los aficionados, sino para el propio equipo español. Este contaba con tenistas como Juan Carlos Ferrero, ex número uno del mundo y ganador de un Roland Garros, a quien no sentó nada bien esta decisión, al igual que a Tommy Robredo, otro *top ten*.

Todos estos condicionantes pusieron una presión brutal en un chaval recién llegado a la élite y que veía cómo todo un país y el mundo del tenis fijaban su mirada en su figura en el evento que cerraba la temporada. Tras la victoria inicial de Carlos Moyà sobre Mardy Fish, llegó su turno. Al otro lado de la pista, Andy Roddick, número dos de la ATP, que aprovechó la situación y su mayor experiencia para imponerse en el *tie-break* del primer set y cargar más peso sobre los hombros del adolescente. Pero Roddick aún no sabía quién era su rival. A partir de ahí, Rafa mostró por vez primera al mundo la fortaleza mental, el talento y la fuerza física que han hecho de él un tenista irrepetible. Ante unas gradas enfervorecidas con los golpes, el despliegue y las celebraciones del balear, Nadal remontó el partido (6-7, 6-2, 7-6, 6-2) y dio a España el segundo punto de la eliminatoria. Puso así el título en bandeja para que lo certificara su amigo y futuro entrenador, Carlos Moyà. Era la primera Copa Davis de Nadal, que daba el pistoletazo de salida a su leyenda en una competición en la que tiene unos números irrepetibles. El de Manacor terminó el año a las puertas del top 50 (51) y con la sensación de no tener límites, al menos en el polvo de ladrillo.

Con un año menos que el español, aunque dos de diferencia en cuanto a etapas de desarrollo tenístico, Novak Djokovic cerró el año en el puesto 186, después de avanzar casi quinientas posiciones desde el inicio del curso. En septiembre había empezado a trabajar con el extenista serbio Dejan Petkovic, quien sería el encargado de guiarle en una temporada similar a la que vivió Nadal en 2003, a caballo entre los Challengers y las grandes competiciones. Ante sí el gran desafío de adaptarse a la enorme exigencia y desgaste del tenis de élite, a los cambios de continente y a la velocidad de juego de las mejores raquetas del mundo. Pero si hay algo que siempre ha motivado al Djoker son los retos.

2005

La leyenda de Roland Garros

La temporada 2005 marcó el inicio de la verdadera rivalidad entre Roger Federer y Rafa Nadal. Ambos establecieron un duopolio que duró hasta 2011, cuando Novak Djokovic se rebeló y pasó a gobernar el circuito con ellos, en un triunvirato del que solo se bajaría Federer a partir de 2020. Durante esos años, las tardes de los domingos de los amantes del tenis pasaban por sentarse ante el televisor para ver a uno de ellos, muchas veces a los dos, disputando la final de algún Masters 1000, Grand Slam o cualquier otra competición. Tras un 2004 que sirvió a Nadal como imponente carta de presentación, su actuación en su primer año completo en la élite no pudo ser más arrolladora, estrenando su colección de Roland Garros y pasando del número cincuenta y uno del *ranking* ATP al segundo puesto en apenas seis meses. Entre él y Federer se repartieron veintidós títulos, once cada uno, ganando tres de los cuatro Grand Slams y ocho de los nueve Masters 1000. Solo dejaron escapar el de París-Bercy, básicamente porque no participaron. Tomas Berdych les estará eternamente agradecido.

Visto el gran éxito cosechado la campaña anterior sin entrenador, Roger Federer decidió continuar sin técnico, o al menos no tener uno a tiempo completo. Sin embargo, sí contó con la ayuda y los consejos del australiano Tony Roche, antiguo preparador de Ivan Lendl y Patrick Rafter. Si bien no viajaría con él habitualmente, estaba a su disposición para asesorarle en cualquier momento desde su retiro oceánico.

En el pensamiento del suizo estaba la dilatada experiencia en el primer nivel del veterano extenista y su posible ayuda en los momentos clave de la temporada.

En el Open de Australia, Roger Federer, Rafa Nadal y Novak Djokovic cayeron eliminados ante los futuros finalistas del torneo, Marat Safin, a la postre campeón, y Lleyton Hewitt. Djokovic, que debutaba en un Grand Slam, fue presa fácil en la primera ronda para el ruso y recibió una de las mayores palizas de su carrera (6-0, 6-2 y 6-1). Federer, en cambio, le hizo sacar lo mejor de sí y vendió muy cara su derrota en las semifinales, en un épico e igualadísimo partido jugado a cara de perro (5-7, 6-4, 5-7, 7-6 y 9-7). Safin contaba ahora con los valiosos consejos de Peter Lundgren para vengarse de su antiguo jefe, que no perdía desde agosto de 2004. En la final, el moscovita se impuso a Hewitt, verdugo de Nadal en los octavos de final, en un duelo de gladiadores en el que el español solo se mostró inferior en la quinta manga (7-5, 3-6, 1-6, 7-6 y 6-2). Tras esta triple eliminación en la que nadie reparó en aquel momento, pasarían diecinueve ediciones de Grand Slams hasta que alguien ajeno al *Big Three* fuese capaz de alzar uno de los cuatro grandes. Ese honor le correspondió a Juan Martín del Potro en el US Open 2009, evitando que Federer lo alzase por sexta vez consecutiva. Tras esa muesca en su historial ganador, los tres magníficos volverían a encadenar once grandes para no perder las buenas costumbres y engrosar la estadística hasta un veintinueve de treinta y uno desde que Nadal se estrenó en París.

Después de Australia, los tres tenistas pusieron rumbos distintos. Federer recorrió medio mundo y se dedicó a participar y ganar en tres torneos de tres continentes diferentes: Róterdam, Dubái e Indian Wells. Nadal optó por la gira sudamericana, donde después de una de las derrotas más abultadas de su vida en Buenos Aires contra Gastón Gaudio (0-6, 6-0 y 6-1), se rehízo a lo campeón ganando los torneos de Suipe y Acapulco. Por su parte, Djokovic debutó en el Grupo Regional de la Copa Davis, donde Serbia y Montenegro aplastó en Novi Sad (5-0) a una Zimbabue en la que la mayoría de sus tenistas ni siquiera tenían *ranking* ATP. Su entrenador Dejan Petkovic era también el capitán del equipo balcánico y le dio la alternativa con diecisiete años. No le fueron tan bien las cosas en la siguiente eliminatoria contra Bélgica, donde perdió los dos encuentros que disputó, lo que impidió que Serbia y Montenegro se clasificase para la repesca del Grupo Mundial (3-2).

Federer y Nadal llegaron al Masters 1000 de Miami con velocidad de crucero, y un año después reeditaron su primer duelo en las pistas de Cayo Vizcaíno, pero esta vez en la final. La primera entre ambos, la primera de la era del *Big Three*, la primera de una interminable lista en una rivalidad única que dura ya más de tres lustros. El entonces número treinta y nueve del mundo volvió a ganar los dos parciales iniciales y a desesperar al líder del *ranking*, pero esta vez al español se le hizo largo su debut en una final a cinco sets, y Federer le dio la vuelta al marcador impidiendo que su jovencísimo rival ganase su primer Masters 1000 (2-6, 6-7, 7-6, 6-3 y 6-1).

No tardaría en lograrlo el balear, que dos semanas después derrotó al argentino Guillermo Coria en la Rainiero III de Montecarlo, en una final entre los dos mejores tenistas del momento en tierra batida (6-3, 6-1, 0-6 y 7-5). Era el inicio de una histórica racha de ochos títulos consecutivos en el torneo monegasco, así como el comienzo de una sesión en arcilla arrolladora. Rafa ganó también en Barcelona, y en Roma alzó su segundo Masters 1000, de nuevo ante el combativo Coria en una dramática final que solo se pudo resolver en la muerte súbita del quinto set (6-4, 3-6, 6-3, 4-6 y 7-6). De no ser por el desempate, todavía hoy estarían persiguiendo bolas en la arena italiana.

Esta racha triunfal hizo que Rafa Nadal fuese señalado por una amplia mayoría como principal candidato al título en Roland Garros, a pesar de ser un debutante de apenas dieciocho años. Era una pesada carga para un adolescente sin experiencia previa. No parecía importar que el cuadro final contase con el indiscutible número uno del *ranking* y con varios ganadores del torneo francés como el triple campeón Gustavo Kuerten, el mito Andre Agassi, el defensor de la corona Gastón Gaudio o los también campeones españoles Carlos Moyà y Juan Carlos Ferrero. Su temporada en polvo de ladrillo había sido espectacular: cinco títulos, en São Paulo, Acapulco, Montecarlo, Barcelona y Roma. Todos los focos estaban puestos en él.

Como ya hiciera medio año antes en la final de la Copa Davis, el mallorquín demostró una madurez insólita. Preguntado en la previa del torneo por su condición de favorito, el joven se lo tomó con naturalidad: «Solo tengo dieciocho años, no puedo ser el favorito. ¿Qué dirán de mí dentro de cinco años?». Pues bien, en 2010 se decía que era un extraterrestre. También Novak Djokovic debutó ese año en la gran cita parisina. Con la mayoría de edad recién cumplida y siendo el ciento cincuenta y tres del mundo, se olvidó del escenario y le dio una soberana paliza al estadounidense Robby Ginepri (71) por 6-0, 6-0 y 6-3, dando muestra de una enorme determinación. Aunque se tuvo que retirar en el siguiente partido contra Guillermo Coria cuando sus posibilidades de victoria permanecían intactas (4-6, 6-2 y 3-2), los presagios no podían ser mejores para el futuro. Esta fue la primera vez que tuvo que abandonar por problemas respiratorios, circunstancia que le mermó en los siguientes años y que solucionó en parte operándose, por segunda vez en su vida, de una desviación en el tabique nasal.

A quien era imposible frenar era a un Nadal que, sin acusar la presión, avanzó rondas sin apenas dificultades hasta llegar a las semifinales, en las que nuevamente se vio las caras con Federer. Fue su primera batalla en un Grand Slam. En una abarrotada Philippe Chatrier y el día de su decimonoveno cumpleaños, el de Manacor infligió la primera de muchas dolorosas derrotas al que sería su gran rival desde entonces (6-3, 4-6, 6-4 y 6-3). La confianza de Federer comenzaba a sufrir pequeñas fisuras después de dos claras derrotas en sus tres primeros enfrentamientos. En la final, pese a no jugar su mejor tenis, Nadal mostró un enorme aplomo para derrotar al argentino Mariano Puerta (6-7, 6-3, 6-1 y 7-5) y recibir de manos de su admirado Zinedine Zidane la primera de sus trece Copas de los Mosqueteros. El vendaval Nadal había arrasado París. Al acabar el partido, el jovencísimo tenista declaró que sentía «que podría haber estado corriendo durante tres días por la adrenalina». Nadie había conseguido ganar en su debut en Roland Garros desde que Michael Chang sorprendiera al mundo y a Ivan Lendl en 1989, uniéndose a un club en el que ya estaban Ken Rosewall y los suecos Björn Borg y Mats Wilander.

Ya como número tres del mundo, Nadal acusó el cambio de superficie en Wimbledon y perdió en la segunda ronda contra un semidesconocido Gilles Müller, que repetiría gesta años más tarde. Una ronda más aguantaría en pie Djokovic en su debut en el All England Club, en un torneo al que llegó como número ciento veintiocho y del que se fue como top 100 mundial. Avanzó treinta y cuatro puestos (94) gracias a sus victorias sobre Guillermo García-López y Juan Mónaco. Al contrario que Nadal, para Federer fue una bendición volver a las instalaciones de Church Road; tras ganar también en Halle, alzó su tercer Wimbledon consecutivo. Sus ya habituales víctimas Hewitt y Roddick lo fueron una vez más en las semifinales y la final, en dos enormes exhibiciones de un Federer que prácticamente se paseó por el torneo londinense. No sería de extrañar que la expresión «el jardín de Federer», bastante utilizada para referirse a Wimbledon, hubiera sido acuñada en aquella edición. Ni siquiera la lluvia descentró en la última ronda al suizo, que regaló una *masterclass* gratuita al bombardero de Nebraska (6-2, 7-6 y 6-4). Comenzaba aquí una monstruosa racha de presencias en finales del Grand Slam que lo llevó a jugar diez consecutivas, y dieciocho finales de diecinueve torneos disputados. Solo Nadal pudo evitar que ganara todas ellas. Nadie más podía hacer frente al indiscutible rey de la ATP.

Por esas fechas, Djokovic prescindió de los servicios de Dejan Petrovic y comenzó a trabajar con Riccardo Piatti, entrenador también de Ivan Ljubicic. En ese momento, el croata era uno de los mejores tenistas del circuito y empezaba a frecuentar el *top ten* mundial. Djokovic se sumó a sus entrenamientos, circunstancia que fue de gran ayuda para ambos, ya que el serbio se ejercitaba con un rival superior y para Ljubicic era un lujo contar con un *sparring* así. En el año que compartieron prácticas se hicieron buenos amigos, y el tenista serbio hoy guarda una gran relación con el ahora entrenador de Federer.

Después de Wimbledon, Federer se tomó un descanso de dos meses antes de volver a dar lecciones de tenis, periodo de tiempo que aprovechó su ya único rival para sumar tres nuevos títulos en Bastad, Stuttgart y el Masters 1000 de Canadá. En Montreal, Nadal volvió a demostrar que no era solamente un gran jugador sobre polvo de ladrillo y derrotó en la final a Andre Agassi (6-3, 4-6 y 6-2), único tenista que, junto con el propio Nadal, puede presumir de haber completado el Golden Slam en la carrera (los cuatro Slams y la medalla de oro en los Juegos Olímpicos). La semana siguiente, el número uno regresó a las pistas ganando una vez más a un desesperado Roddick en la final de Cincinnati (6-3 y 7-5).

En el US Open, Nadal y Djokovic corrieron igual suerte, al caer en la tercera ronda frente a James Blake y Fernando Verdasco respectivamente. Federer, en cambio, mostró el porqué de su lugar en lo más alto del *ranking* y conquistó su sexto Grand Slam, igualando a dos de sus ídolos de la juventud, Boris Becker y Stefan Edberg. La final contra Agassi fue una vez más un compendio de golpes maestros ante los que nada pudo hacer el ídolo local (6-3, 2-6, 7-6 y 6-1). A la efectividad de su raqueta, Federer sumaba una plasticidad que encandilaba a los aficionados al buen tenis de todo el mundo. Era el indiscutible número uno y lo era jugando como los ángeles. Además, había superado sus problemas de concentración y era capaz de enfrentarse a ambientes tan hostiles como el de una Arthur Ashe abarrotada y que estaba a favor de Agassi. Al de Las Vegas le deben mucho los Federer, Nadal y Djokovic, puesto que su imagen de *rockstar* e icono publicitario hizo subir el valor de la imagen de los tenistas. Un deportista a contracorriente, cuya biografía, *Open,* merece ser leída por los amantes de este deporte.

En otra interesante biografía, esta sobre Federer, René Stauffer cuenta que fue en esta edición del US Open cuando Federer conoció a Tony Godsick, el hombre clave en su ascenso a gran estrella mediática. Ambos encajaron desde el principio y Godsick representó al de Basilea primero en IMG y después en solitario, hasta que se hicieron socios y formaron la agencia Team8, que representa a otras figuras del deporte mundial y es la organizadora de la Laver Cup. Godsick, neoyorquino de cuna, está casado con la extenista estadounidense Mary Jo Fernández, a quien es fácil ver junto a su marido y Mirka en el *box* de Roger.

En los dos últimos meses de la temporada, Federer tuvo tiempo de rescatar a Suiza en la Copa Davis ante Gran Bretaña y ganar el torneo de Bangkok, derrotando a Andy Murray en la final (6-3 y 7-4). Era nada menos que su vigésimo cuarta victoria consecutiva en una final, un récord de una dimensión galáctica si tenemos en cuenta la distancia con sus ilustres perseguidores en esta estadística: Rod Laver (19), Borg (15) y Nadal (14). Pese a lo que pueda pensarse, no fue el español el encargado de poner fin a esa racha imposible de triunfos en los partidos por el título. Sin moverse de Asia, el número uno del mundo fue a Shanghái para buscar su tercer título consecutivo de maestro. Allí, Federer batió a Ivan Ljubicic y a tres de los cuatro representantes de la armada argentina, Nalbandian, Coria y Gaudio, antes de enfrentarse de nuevo en la última ronda con el Rey David. En la gran final en el espectacular Qi Zhong de Shanghái, todo estaba listo para que Federer repitiera su cómodo triunfo de la *round* Robin contra el número doce del mundo. Nalbandian había llegado en el último momento a las ATP Finals tras una plaga de lesiones que impidió participar a Rafa Nadal, Lleyton Hewitt y Marat Safin. Tras interrumpir sus vacaciones y después de más de veinticuatro horas de vuelos, el cordobés había hecho la gesta de meterse en la final. Pero nada hacía presagiar que fuera capaz de derrotar al indiscutible amo del circuito, cuyo récord de victorias de 81-3 convertían aquella suya en una de las mejores temporadas de la historia.

En un duelo muy igualado, Federer ganó los dos primeros sets en el *tie-break*, por lo que todo parecía visto para sentencia. Sin embargo, llegó la reacción del tenista argentino, que no se vino abajo y desarboló al suizo en las dos mangas siguientes. El último parcial volvió a decidirse en el desempate, pero esta vez fue el cordobés quien decantó la balanza a su favor (6-7, 6-7, 6-2, 6-1 y 7-6). Nalbandian logró así la mejor victoria de su carrera, dando una de las mayores sorpresas de la historia del tenis y poniendo fin a una maravillosa racha de veinticuatro finales consecutivas ganadas por el genio de Basilea. Una derrota que, en cualquier caso, no empañó la portentosa campaña del tenista suizo.

Mucho peor fue el trago que tuvo que pasar Nadal antes de la que iba a ser su primera comparecencia entre los maestros del tenis. Tras la final del Masters 1000 de Madrid, que le ganó a Ivan Ljubicic, el manacorí empezó a sentir un fuerte dolor en su pie izquierdo, que fue a más y le obligó a renunciar por primera vez a las ATP Finals. El balear tomó la decisión tras haberse entrenado ya en Shanghái y compareció ante el público chino para anunciar su dolorosa retirada del torneo. Ya de vuelta en España, Rafa recibió las peores noticias que cabría imaginar, puesto que los especialistas consultados no encontraban una explicación a sus problemas físicos y durante un tiempo le hicieron temer por una prematura retirada. El mundo se le vino encima; lo pasó realmente mal y derramó muchas lágrimas al pensar en la posibilidad real de que su sueño se esfumase de la peor manera. Después de todo lo que había sacrificado en su vida para triunfar en el tenis y justo en el momento en que había alcanzado la gloria.

Finalmente, averiguaron que el problema radicaba en la deformación del escafoides tarsiano de su pie izquierdo, donde padecía el síndrome de Müller-Weiss, una enfermedad congénita degenerativa que se origina durante la infancia, pero que se manifiesta en la edad adulta. Esta extraña patología produce un fuerte dolor en el puente del pie, que impide la práctica del deporte de alto nivel..., y lo peor es que no hay cirugía que solucione el problema, solo el descanso permite aliviar el sufrimiento. En caso de encontrar una solución, Nadal tendría que acostumbrarse a jugar con dolor durante toda su carrera deportiva. En aquel momento, era inimaginable que esta pudiera prolongarse más allá de los treinta años.

La angustia ante la falta de noticias esperanzadoras crecía, pero Sebastián Nadal no cejó en su empeño de encontrar una salida al callejón sin salida en el que se encontraba su hijo. Y no fue hasta casi un mes después cuando, en una clínica de Madrid, dieron con una posible solución. En cualquier caso se trataba de un parche y no un remedio médico propiamente dicho, ya que el problema en el escafoides continuaría. El plan consistía en crear unas plantillas adaptadas a su pie, para lo cual tuvieron que modificar también la estructura de sus zapatillas, algo de lo que se encargó Nike, la marca que siempre le ha patrocinado y de la que ya era uno de sus grandes iconos.

A pesar de haberse situado en el número dos del *ranking*, solo por detrás de Federer, Nadal recuerda esos meses como los peores momentos de su carrera deportiva, desesperado ante la falta de soluciones y la imposibilidad de ejercitarse. Como él mismo confiesa en su autobiografía, llegó a verse tan lejos de las pistas que incluso se le pasó por la cabeza la posibilidad de dedicarse al golf profesional, aprovechando su juventud y su talento también para este deporte. Para luchar contra eso, su tío Toni llegó a convencerle de entrenarse desde una silla, ya que al menos así mantendría activos los brazos. Finalmente, el balear vio la luz al final del túnel y volvió con gran éxito a las pistas en febrero de 2006, aunque esa lesión ha condicionado el resto de su carrera deportiva. Además de obligarle a jugar con dolor en el pie, ha afectado a otras partes del cuerpo, principalmente las rodillas, que le han martirizado en diversas fases de su trayectoria, obligándole a infinidad de retiradas y periodos de convalecencia en momentos decisivos de muchas temporadas.

Quien si acabó el año de modo feliz fue un todavía semidesconocido Novak Djokovic, que cerró su primer año profesional alcanzando la tercera ronda en el Masters 1000 de París-Bercy, donde además consiguió derrotar a un *top ten* como Mariano Puerta (6-3 y 7-6). Cerró así un gran año para él, en el que había conseguido debutar en todos los Grand Slams, en tres de ellos con victorias, ganar al subcampeón vigente de Roland Garros y subir hasta el puesto setenta y ocho del *ranking* ATP. El serbio continuaba dando pasos firmes en su trayectoria y su siguiente reto era situarse entre los cincuenta mejores del mundo en la que sería su primera temporada completa en el circuito.

2006

La tiranía de Federer

Después de un impresionante 2005, Roger Federer deleitó al mundo en 2006 con su mejor temporada de siempre..., y eso es mucho tenis. Gracias a sus noventa y dos victorias, el artista helvético elevó el listón de títulos hasta los doce y un aura de invencibilidad le acompañó de forma permanente, intimidando a sus rivales con su sola presencia en la pista. La suya fue una de las campañas con más partidos ganados de la historia, a pesar de que hoy en día se juegan muchos menos torneos que antes. Además, Federer consiguió alcanzar las cuatro finales de Grand Slam, algo que en la Era Open solo había conseguido antes Rod Laver en 1969, si bien la leyenda australiana hizo pleno de triunfos. El número uno no estaba en discusión y solo el cielo hubiera sido su límite de no haber sido por la presencia de Rafa Nadal. El manacorí confirmó que era el mejor tenista del mundo en tierra batida, revalidando su corona de Roland Garros y protagonizando un espectacular regreso a las pistas después de temer por su carrera a finales de 2005. Además, sorprendió a todos con su extraordinario rendimiento en Wimbledon, donde llegó a la final por primera vez. Otro gran salto cualitativo fue el que dio Novak Djokovic, en un año en el que mejoró enormemente sus prestaciones en los Grand Slams, estrenó su palmarés con dos títulos y se reveló como un gran jugador de Copa Davis. También en este año se produjeron sus primeros duelos con Federer y Nadal, aunque todavía estaba verde para derrotarlos.

En su segunda participación en el Open de Australia, Djokovic fue eliminado nuevamente en la primera ronda, y nada hacía intuir que ese sería en el futuro su Grand Slam favorito. Federer en cambio volvió a salir por la puerta grande y encadenó su tercer grande consecutivo. En la final tuvo que lidiar con la sensación del torneo, el chipriota Marcus Baghdatis, que llegó a sorprenderle en el primer set, antes de que el suizo reaccionara y pusiera las cosas en su sitio (5-7, 7-5, 6-0 y 6-2). Era el séptimo gran título para Federer, que lo había logrado con un espectacular cien por cien de efectividad en las finales disputadas. Su aura de invencibilidad crecía en cada competición en la que participaba.

Finalizada la cita australiana, Djokovic tuvo una gran actuación en el torneo de Zagreb, donde alcanzó sus primeras semifinales en el circuito, cuando cayó eliminado por su compañero de entrenamientos Ivan Ljubicic, que ya era el número cinco del *ranking*. Poco después, Federer se volvería a ver las caras con Nadal, esta vez en la final de Dubái. El balear, ausente por lesión en el abierto australiano, había reaparecido en Marsella la semana anterior ofreciendo un sorprendente buen nivel y alcanzando las semifinales. Esta vez en pista dura, Nadal volvió a derrotar a un Federer al que le empezaba a tomar la medida (2-6, 6-4 y 6-4). Estaba de vuelta y la victoria le permitió convencerse de que volvería a alcanzar su mejor versión. Por fortuna para el suizo, Nadal fue eliminado por James Blake y Carlos Moyà en los Masters 1000 de Indian Wells y Miami, circunstancia que no dejó pasar para imponerse en ambos con un tenis espectacular, sumar dos títulos más y seguir distanciándose del español en la clasificación mundial.

Muy diferente fueron las cosas en Montecarlo y Roma, donde el balear hizo valer su supremacía en la superficie. En la ronda inicial del Masters 1000 monegasco se vieron las caras por primera vez Federer y Djokovic, en un duelo en el que el serbio consiguió arrancarle un set al número uno del mundo (6-3, 2-6 y 6-3). Aunque lo desconocía por entonces, a Federer le había salido una segunda muela del juicio. Era solo el sexagésimo séptimo tenista del mundo, pero ya dejaba claro que estaba preparado para enfrentarse a los mejores. De hecho, fue el único que pudo hacerle un set al suizo hasta la final, donde le esperaba uno de los pocos tenistas a los que no quería ver.

Conociendo la anécdota que suele contar Toni Nadal en sus conferencias, más bien era su pupilo el que debía temer a su gran rival. Según el técnico mallorquín, en la charla en los vestuarios antes de la final, su sobrino le pidió un análisis previo y la respuesta de Toni no tuvo desperdicio: «Lo veo francamente complicado. Federer tiene el *drive* mejor que el tuyo, el revés mejor que el tuyo, la volea es mucho mejor que la tuya y en el saque no hay color». Sorprendido, Rafa le pidió que parase y le recriminó la poca moral que le daba, a lo que Toni contestó: «Rafael, él tiene todo eso mejor que tú, pero tengo claro que, si tú haces lo que toca, si juegas cada punto como si fuera el último, como si te fuera la vida en ello, serás capaz de ganar». Y no se equivocó. En un gran partido en la Rainiero III, Nadal reeditó su triunfo del año anterior volviendo a derrotar a Federer y aumentando la diferencia en su marcador particular de victorias cara a cara (6-2, 6-7, 6-3 y 7-6).

Para el recuerdo quedará también la final que el 14 de mayo disputaron Nadal y Federer en el majestuoso Foro Itálico de Roma. Contagiados por la mística del escenario, ofrecieron un duelo épico que requirió de un esfuerzo agónico. Nadal se impuso en el *tie-break* del quinto set tras más de cinco horas de tenis sublime, en el que ambos sacaron lo mejor de su calidad tenística y en el que Federer llegó a gozar de dos puntos de campeonato. También se recuerda por ser el primer partido en el que Nadal desquició a Federer con su famosa táctica de enviar bolas altas al revés del suizo, estrategia que le ha dado enormes réditos. Los enfrentamientos contra el español eran ya una pesadilla para Roger, que no encontraba la fórmula para contrarrestar el juego del zurdo y terminaba muchos de esos choques totalmente frustrado.

Tampoco andaba satisfecho con sus resultados Novak Djokovic, cuya mejor actuación en los Masters 1000 fueron dos segundas rondas en Miami y Hamburgo. Después de su eliminación en Roma, su padre y él tomaron la decisión de romper con Riccardo Piatti y buscar un técnico exclusivamente centrado en mejorar el tenis del serbio. Al hacer balance después de un año con el preparador italiano, es evidente que la colaboración fue beneficiosa para Nole, ya que pudo entrenarse asiduamente con uno de los mejores del mundo y recibir consejos importantes. Poco tiempo después, Srdjan Djokovic eligió al sustituto de Piatti, y se puede decir que dio en el clavo. El eslovaco Marian Vajda, que anteriormente había trabajado con Karol Kucera como figura más destacada, conectó inmediatamente con el tenista balcánico, y es hasta hoy día una de las claves en la fulgurante carrera de Djokovic.

Donde sí estaba exhibiendo su mejor nivel era en las eliminatorias del Grupo Regional de la Copa Davis disputadas esos meses iniciales de 2006, en las que ganó sus cuatro partidos individuales contra Israel y Gran Bretaña. La eliminatoria contra los británicos fue la última que disputó bajo la bandera de Serbia y Montenegro, ya que un mes después los montenegrinos proclamaron su independencia. Todavía tendría que esperar para poder debutar en el Grupo Mundial, pero cuando ese momento llegase, sería defendiendo únicamente los colores de Serbia. Como tantas otras personas de la extinta Yugoslavia, Djokovic ha tenido varias nacionalidades a lo largo de su vida.

La segunda gran cita del año llegó a finales de mayo. Roger Federer continuó exhibiendo en Roland Garros el gran nivel tenístico visto en la arcilla de Montecarlo y Roma, aprovechando además el hecho de no toparse en su camino con ningún especialista en tierra batida. Así, en su octava presencia en Roland Garros, el suizo consiguió meterse por primera vez en la gran final del domingo, donde le esperaba su verdadera bestia negra. Por su parte, Nadal defendió su corona hasta la final sin excesivos problemas, y en la primera ronda superó el récord de victorias consecutivas en tierra batida que ostentó durante veintinueve años Guillermo Vilas. El argentino estaba presente en la grada y, al concluir el partido, le entregó un trofeo conmemorativo por sus cincuenta y cuatro triunfos, acompañado de miembros de la federación francesa. En los cuartos de final, Nadal batió a la gran revelación del torneo, un Novak Djokovic que se coló por primera vez en la segunda semana de un Grand Slam, en la primera edición del duelo tenístico más repetido de la historia. El serbio mantuvo la compostura ante el sólido juego del máximo favorito, pero tuvo que retirarse por problemas respiratorios tras perder los dos primeros sets (6-4 y 6-4). A pesar de la derrota, los doscientos cincuenta puntos ganados permitieron al de Belgrado colarse entre las mejores cincuenta raquetas del circuito. Este fue el capítulo inicial del enfrentamiento más repetido en la historia del tenis.

La final del domingo 11 de junio será recordada como la primera en la que dos miembros del *Big Three* se disputaron un título de Grand Slam. El duelo más esperado entre los números uno y dos del circuito llegaba cargado de alicientes, con Federer buscando por primera vez completar su colección de grandes y Nadal dispuesto a defender su única corona. El suizo comenzó el partido arrollando al español, endosándole un apabullante 6-1 en el primer set y mostrando su determinación a invertir la tendencia de derrotas ante el balear. Sin embargo, fue solo un espejismo y Nadal volvió a someter a Federer con sus golpes liftados y sus bolas altas al revés de su rival, que cedió los tres siguientes parciales para un marcador definitivo de 1-6, 6-1, 6-4 y 7-6. El manacorí se rebozó en la arcilla para celebrar su segundo Roland Garros, una imagen que pasaría a ser icónica en las sucesivas ediciones.

Era la primera final de Grand Slam que perdía Federer después de haber ganado las siete anteriores. Una sensación nueva para él, pero muy común en el resto de los mortales. La pesadilla de Nadal estaba ya muy asentada en su cerebro. El español, que sumó así su sexagésima victoria consecutiva en polvo de ladrillo, le había derrotado en las últimas cinco ocasiones y solo la perspectiva de Wimbledon podía aportar un halo de esperanza a un abatido número uno al que Nadal intentó consolar en la entrega de trofeos: «Federer es el mejor jugador de la historia, nunca vi otro tan completo». A pesar de las amables palabras del joven campeón, la *nadalitis* de Federer era un hecho. Solo perdía contra él..., pero siempre perdía contra él. La mejor noticia para el bueno de Roger es que el circuito tenístico siempre ofrece la oportunidad de resarcirse, y esta ocasión llegó tres semanas después. El de Basilea repitió escrupulosamente su tradicional preparación para llegar a Wimbledon en las mejores condiciones, que consiste básicamente en disputar y ganar el torneo de Halle (Alemania).

En el All England Club, Novak Djokovic repitió su buena actuación en París y ganó tres cruces, incluido el que le enfrentó a Tommy Robredo, número ocho del mundo. Le frenó un especialista como Mario Ancic, *el Cañonero de Split*, que tuvo que sudar tinta para doblegar al serbio en cinco sets (6-4, 4-6, 4-6, 7-5 y 6-3). Nole tuvo su oportunidad en el cuarto parcial, pero la falta de experiencia le impidió cerrar el partido y pasar a los cuartos de final, donde se hubiera enfrentado a Federer. Habría que esperar para verlos frente a frente en la Catedral.

En contra de lo que podía esperarse, el camino de Rafa Nadal fue bastante plácido y salvo unas imprevistas complicaciones contra el número 257 del mundo en segunda ronda, Robert Kendrick, apenas encontró oposición y llegó sin dificultades a su primera final de Wimbledon. A esas alturas, ya solo Federer era mejor que el español fuera de la tierra batida. Su enorme clase hizo que un camino minado se convirtiera en un relajante paseo por el prado londinense. Sin inmutarse y sin ceder un set, dejó a su paso los teóricos escollos que suponían grandes especialistas como Tim Henman, Nicolas Mahut, Tomas Berdych, Mario Ancic y Jonas Björkman. Menos de un mes después, los dos mejores del *ranking* se iban a disputar un Grand Slam por segunda vez. Ahora era Federer quien buscaba revalidar su título y Nadal quien quería entrar en la leyenda haciendo el doblete París-Londres, algo que no conseguía nadie desde Björn Borg. Pero ahora mandaba Federer. Estaban en su casa y se jugaría según sus reglas. Y para demostrarlo, de entrada, le endosó un *rosco* a su némesis. Al enemigo, ni agua. Sin embargo, si hay una cabeza privilegiada en el circuito, esa es la de Nadal, que no se dejó amedrentar y le hizo un *break* de inicio en la segunda manga, aunque Roger consiguió equilibrarla y adjudicársela en la muerte súbita. El español recortó distancias ganando el tercer parcial, algo que nadie había conseguido en todo el torneo, pero en el quinto y definitivo set se impuso el mayor dominio de la escena y la superficie del suizo. Era su cuarto título consecutivo en el santuario londinense y su cuadragésimo octavo partido consecutivo sin morder el polvo, más que nadie en la Centre Court del vetusto club británico.

El triunfo supuso un subidón moral para Federer, que recuperó el impresionante nivel que había exhibido al comienzo de la temporada hasta la serie de derrotas contra Nadal. Y ya no paró de ganar en lo que restó de año. Con una superioridad desconcertante para sus rivales, se adjudicó todos los torneos en los que participó, menos el Masters 1000 de Cincinnati, en el que Andy Murray encontró el modo de frenar a una descontrolada máquina de ganar (7-5 y 6-4). En esos cinco meses de competición, Federer se llevó a sus vitrinas los torneos de Tokio y Basilea, los Masters 1000 de Toronto y Madrid, el US Open y las ATP Finals de Shanghái. Mientras Federer ganaba ya por pura inercia, Djokovic pudo saborear el éxito por primera vez en Amersfoort (los Países Bajos). La conexión con Vajda empezaba a dar sus frutos y Djokovic ganó su primer título ATP al vencer en la final al chileno Nicolás Massú por 7-6 y 6-4. Sin tiempo para celebrarlo y pletórico de confianza, el serbio voló a Croacia, donde al día siguiente comenzaba el torneo de Umag. El de Belgrado siguió con su buena línea y consiguió meterse en otra final tras derrotar en la penúltima ronda al ex número uno Carlos Moyà (6-1 y 7-5). Solo sus habituales problemas respiratorios le impidieron levantar su segundo trofeo consecutivo, pues tuvo que retirarse en la final contra Stanislas Wawrinka con el marcador empatado en el primer set. Fue el primer capítulo de su gafe en las finales que disputó con Stan.

En el US Open fue Lleyton Hewitt y no su tabique nasal quien no le concedió la más mínima oportunidad en la tercera ronda (6-3, 6-1 y 6-2). A pesar de la derrota, el serbio abandonaba la Gran Manzana rozando el top 20. Por su parte, Rafa Nadal siguió con las malas sensaciones que le habían acompañado desde la final de Wimbledon y no logró pasar de los cuartos de final en ninguna competición. Aunque en el US Open suponía dar un paso más en su trayectoria neoyorquina, la derrota ante Michael Youzhny, quincuagésimo jugador del mundo, fue un jarro de agua fría para él y para la organización, que se frotaba las manos con la posibilidad de repetir las finales de París y Londres. Federer no falló y consiguió su tercer doblete Londres-Nueva York, además de lograr por segunda vez en su carrera tres de los cuatro Grand Slams. En la final volvió a impedir que Andy Roddick sumase su segundo grande con esa suficiencia que hace que sus rivales acepten con resignación e incluso buen humor cualquier resultado (6-2, 4-6, 7-5 y 6-1). Con esta, eran tres la veces que el de Omaha se había visto privado de la gloria por el indiscutible dominador del circuito; tras el partido dijo que Federer era «el mejor deportista del mundo».

Sin apenas tiempo para descansar, el campeón se enfundó la elástica de Suiza en la repesca del Grupo Mundial de la Copa Davis que les enfrentó en Ginebra a la Serbia de Djokovic. El de Belgrado derrotó en la primera jornada a Stan Wawrinka en lo que fue el único punto ganado por los balcánicos. No pudo repetir resultado en el duelo decisivo de la tercera jornada, pues el joven Nole aún no estaba preparado para plantarle cara al mejor Federer en su propia casa (6-3, 6-2 y 6-3). La eliminatoria se recuerda por la gran polémica que nació después del partido entre Wawrinka y Djokovic, donde el serbio fue asistido varias veces antes de terminar imponiéndose en cinco sets. Federer fue muy contundente en la rueda de prensa posterior a su victoria sobre Djokovic: «No me creo sus lesiones. Es una broma cuando empieza con las lesiones. Las reglas están para usarse, no para abusar de ellas. Lo ha hecho muchas veces y no me gustó verlo otra vez, y después comprobar que seguía corriendo como un conejo. Estoy feliz de haberle ganado». Estas declaraciones no sentaron nada bien en el seno de la familia Djokovic; en más de una ocasión tanto Srdjan como Dijana, padres de Nole, se lo han recriminado públicamente. En los primeros años de Djokovic en el circuito, su figura no era vista con simpatía por muchos tenistas, que desconfiaban de sus continuos problemas físicos. Uno de ellos era Federer, por lo que al principio la relación entre ambos fue tensa. Con el paso del tiempo se fue normalizando y hoy en día se profesan un profundo respeto, aunque no se les puede considerar amigos.

Con la polémica reciente, Nole puso el sobresaliente a su curso al sumar en Metz (Francia) su segundo título en la élite. Tenistas de nivel como Nicolás Mahut, Sebastian Grosjean o Jurgen Melzer, este en la final, cayeron derrotados ante un

Djokovic que se situó como número dieciséis del *ranking*, puesto que mantendría hasta el final de la temporada. Había subido sesenta y dos posiciones desde la primera lista del año y había estrenado su palmarés entre los mejores. Poco más le podía pedir a su primera campaña completa. La siguiente debía ser la de su consagración entre las mejores raquetas del mundo. Se encontraba a gusto entre las principales figuras mundiales, había mordido el metal y le había gustado. Quería más, mucho más. Se le empezaba a poner cara de Djoker.

Tan especial como ese triunfo de Djokovic fue para Federer su primera victoria en Basilea. Después de muchos años intentándolo pudo ser profeta en su tierra al derrotar a Fernando González en la final (6-3, 6-2 y 7-6). Para celebrarlo invitó a pizza a los recogepelotas y les entregó medallas, como Michael Stich hiciera con él y sus compañeros en la edición de 1993. En una competición que ha ganado ya en diez ocasiones, ese fin de fiesta ha quedado como una tradición de la que disfrutan los que algún día podrían llegar a ser las futuras estrellas del tenis suizo.

La última cita del año para Federer y Nadal fueron las ATP Finals de Shanghái, donde el español debutó tras su ausencia por lesión en 2005. Federer llegaba con ganas de poner la guinda a un año mágico para él; para ello debía recuperar el trono que le había quitado Nalbandian en la anterior edición. Al argentino se la tenía jurada y fue una de sus víctimas en la *round* Robin, al igual que Roddick y Ljubicic. Por su parte, Nadal empezó perdiendo con James Blake, pero consiguió clasificarse venciendo a Tommy Robredo y Nicolay Davydenko. El esperado Federer-Nadal llegó con antelación, y Roger siguió con su estado de gracia para batir al aspirante (6-4 y 7-5). Nada ni nadie podrían impedir que recuperase la corona de maestro, mucho menos James Blake, a quién solo concedió siete juegos en la final (6-0, 6-3 y 6-4). Por tercer año consecutivo, el genio de Basilea cerraba el curso en lo más alto del *ranking*, pero Nadal estaba agazapado, muy atento a la espera de su oportunidad.

2007

La irrupción de Djokovic

Si en 2006 Roger Federer rozó la perfección, la temporada siguiente el mago repitió su truco y clavó sus resultados en los Grand Slams. Con los títulos de Melbourne, Londres y Nueva York, volvió a quedarse a las puertas de la gloria en París, nuevamente frenado en la frontera por Rafa Nadal, que a esas alturas comenzaba a inquietar sobremanera al frío tenista helvético. El balear no solo se mostraba indomable en arcilla, sino que además empezaba a comerle el terreno en pista dura y hierba, estrechando el cerco cada vez más hasta el punto de ponerlo contra las cuerdas en la final de Wimbledon. El síndrome Nadal crecía dentro de Federer, y en su tercer año con tres Grand Slams esa fue su única preocupación, aunque este curso empezó a tener una segunda molestia, que iría creciendo a pasos agigantados. Ese incordio no era otro que Novak Djokovic, que en 2007 se presentó como una seria amenaza para el duopolio Federer & Nadal Limited. La irrupción del Djoker entre los mejores del mundo se confirmó con cinco títulos, incluidos dos Masters 1000, su primera final de Grand Slam en el US Open y las semifinales de Roland Garros y Wimbledon. Con solo veinte años, el de Belgrado dio un impresionante salto de calidad y pasó del decimosexto puesto del *ranking* a situarse como tercer espada del circuito. Por si no fuera suficiente para el resto de los tenistas el hecho de haber coincidido en la misma época con Federer y Nadal, ahora se sumaba Djokovic para terminar de amargarles la existencia.

Aunque la época del *Big Three* estaba a punto de comenzar, a principios de 2007 solo se hablaba de la rivalidad entre Roger Federer y Rafa Nadal, cuya repercusión era planetaria. Hasta el punto de que ambos eran reclamados para todo tipo de eventos y llegaron a protagonizar a mitad de temporada uno de los partidos más extraños de la historia. La bautizada «batalla de las superficies» enfrentó en el Palma Arena de Mallorca a los dos líderes del circuito, con una mitad de la pista de arcilla y la otra de hierba, dando lugar a situaciones de lo más curiosas, entre ellas continuos cambios de raquetas y zapatillas. Nadal ganó este surrealista partido (7-5, 4-6 y 7-6), en que el público balear pudo disfrutar de un espectáculo para el recuerdo.

Roger Federer comenzó la campaña como terminó la anterior, arrasando y levantando su tercer título en el Open de Australia, esta vez sin ceder un solo set en toda la competición. En los octavos de final se deshizo sin problemas de Novak Djokovic (6-2, 7-5 y 6-3), que venía de ganar el torneo de Adelaida, el tercero de su incipiente palmarés. Volvería a derrotarlo semanas después en los cuartos de final de Dubái, torneo que *sir* Roger también ganó sin despeinarse. Nadal regresó a Melbourne tras un año de ausencia por lesión y en su tercera participación logró su mejor resultado, alcanzando los cuartos de final. Fernando González le pasó por encima (6-2, 6-4 y 6-3) en un choque en el que el isleño no tuvo respuesta a la brutal derecha del chileno y acusó el cansancio de su duelo con Andy Murray, decidido en cinco mangas. El propio *Mano de Piedra* González fue el rival de Federer en la final, pero a esas alturas al suizo ya le daba igual contra quien se enfrentase, siempre que no fuese español y de Mallorca (7-6, 6-4 y 6-4). Era el décimo Grand Slam para el artista helvético, al que con veinticinco años ya se le consideraba uno de los mejores tenistas de todos los tiempos.

A partir de este momento se invirtieron las tendencias y en la gira americana Federer cayó eliminado, sorprendentemente, ante Guillermo Cañas tanto en Indian Wells como en Miami. Estos dos Masters 1000 fueron además el inicio de una maravillosa rivalidad deportiva entre Rafa Nadal y Novak Djokovic, que si bien ya se habían enfrentado anteriormente, ahora lo hacían disputándose los títulos. La de Indian Wells fue la primera final de Djokovic en uno de los nueve torneos de élite, pero Nadal no se dejó sorprender por el todavía *outsider* serbio (6-2 y 7-5). Era el primer triunfo del español en California, una de sus competiciones favoritas, propiedad del multimillonario Larry Ellison, que lo aloja en su casa en cada edición. Todo lo contrario sucedió en el Miami Open, donde un Djokovic que estrenaba condición de *top ten* consiguió su primera victoria sobre el español (6-3 y 6-4). La que era su mejor victoria hasta la fecha cargó de moral al de Belgrado, que aplastó por completo a su amigo Andy Murray en las semifinales (6-1 y 6-0) y al verdugo de Federer, Guillermo Cañas, en la final (6-3, 6-2 y 6-4). Comenzaba así el idilio de Djokovic con los Masters 1000, que aún perdura.

Especialmente interesante fue la temporada de tierra batida previa a Roland Garros, en la que Djokovic logró su segundo trofeo del año en Estoril (Portugal), pero fue frenado por la Armada Española en los Masters 1000 de Montecarlo (David Ferrer), Roma (Rafa Nadal) y Hamburgo (Carlos Moyà). Nadal volvió a mostrarse intratable en esta fase y enlazó los títulos de Montecarlo, Barcelona y Roma, cediendo tan solo un set entre las tres competiciones. En el principado volvió a ser Federer quien claudicó en la final, pero cuando más alta parecía que estaba su *nadalitis* y con el español invicto en polvo de ladrillo más de dos años (su última derrota había sido en abril de 2005 ante Igor Andreev en Valencia), el mago suizo volvió a demostrar que nunca se le puede dar por muerto. La superlativa racha de Nadal de ochenta y una victorias consecutivas en tierra batida, la mejor de la historia en cualquier superficie, solo podía ser truncada por un mito como Federer. En Hamburgo, uno de sus torneos favoritos, Federer eliminó a dos campeones y a un finalista de Roland Garros, los españoles Juan Carlos Ferrero, David Ferrer y Carlos Moyà, antes de ajustar cuentas con Nadal. En la final no solo le dio la vuelta a un encuentro que se le había puesto muy cuesta arriba, sino que vapuleó al español en las dos últimas mangas, cerrando el choque con diez juegos consecutivos, algo que nadie ha vuelto a hacer ante el mallorquín (2-6, 6-2 y 6-0). Aunque sin quererlo, con su genial demostración le hizo un favor a su gran rival, pues le quitó mucha presión de encima antes de Roland Garros, ya que estaba siendo acosado por las preguntas de los periodistas sobre cuándo llegaría el final de su ciclo de victorias.

Ya en el Bois de Boulogne y libre de cargas tras la derrota en Hamburgo, Nadal recuperó el traje de faena y se plantó en su tercera final consecutiva tras dejar en la cuneta los cadáveres de Lleyton Hewitt, Carlos Moyà y Novak Djokovic. El talento serbio confirmó su enorme salto de calidad y, aprovechando un cuadro benévolo, no tuvo problemas hasta las semifinales, donde el español le dejó claro quién manda en París (7-5, 6-4 y 6-2). Federer volvió a demostrar el gran jugador que es también en arcilla; su tenis incluso pareció mejorar con la contratación de Severin Lüthi, capitán de Suiza en la Copa Davis, tras poner fin a su relación con Tony Roche a mitad de temporada. Fue el inicio de una colaboración exitosa en la que Lüthi pasaría pronto a ser uno de los miembros clave del equipo de Federer. Lo que no pudo evitar es que por tercer año su pupilo se topara con un muro infranqueable que le impedía abordar el reto de completar el Grand Slam con el título en Roland Garros. Tras dos sets muy igualados, con un Federer confiado tras lo que sucedió en Hamburgo, se impuso la consistencia y solidez del español en tierra batida, que logró así la triple corona en París (6-3, 4-6, 6-3 y 6-4). El siguiente objetivo sería igualar los cuatro seguidos de Björn Borg.

Un reto aún mayor afrontaba Federer en Wimbledon semanas después: igualar las cinco coronas que el mítico tenista sueco encadenó entre 1976 y 1980. Y esta vez tendría que sudar. Si el suizo era cada vez mejor jugador en tierra, su némesis lo era en hierba. Nadal volvió a demostrar su capacidad de adaptación al medio en su cuarta participación y, tras una gloriosa sesión en polvo de ladrillo, fue sorteando rondas con dificultad en el tapete londinense: tuvo que recurrir a la quinta manga en sus duelos ante Mikhail Youzhny y Robin Söderling. En las semifinales se enfrentó de nuevo contra Novak Djokovic, que también había acumulado muchas horas de juego y le pasaron factura al tener que retirarse por dolores en la espalda y ampollas en el pie izquierdo (3-6, 6-1 y 4-1). A pesar del disgusto, el lunes siguiente el serbio ya podría presumir de ser el tercer clasificado del *ranking* mundial, el mejor de los terrícolas antes de su conversión en extraterrestre.

Un día antes se volvió a disputar en la Centre Court de Londres la final que acababan de protagonizar los dos mejores del mundo en la Philippe-Chatrier de París. Se repitió también la historia del año anterior: al igual que entonces, la victoria cambió de manos y se respetó la hegemonía de cada uno en su superficie favorita. Pero algo había cambiado. En un partido maravilloso, Nadal llevó al límite a Míster Wimbledon, que solo tras cerrar el duelo en el set definitivo (7-6, 4-6, 7-6, 2-6 y 6-2) pudo respirar aliviado e incluso llorar para desprenderse de la tensión acumulada. No era para menos, pues había igualado el récord de Borg y evitado una nueva derrota ante Nadal. Esta vez el golpe fue para el español, quien a pesar de demostrarse a sí mismo y a todo el planeta tenístico que podía ganar Wimbledon ante el mejor, se lamentó mucho de las oportunidades perdidas. El guerrero balear lo explica en su biografía: «Me dejó destrozado. Yo sabía que lo podía haber hecho mejor... Lloré sin cesar durante media hora en el vestuario, bajo la ducha, lágrimas de autorrecriminación... Había desperdiciado una oportunidad, había flaqueado mentalmente y me había desviado de mi plan de juego innecesariamente».

Como en 2006, Wimbledon actuó como pócima mágica para Federer, que volvió a ganarlo prácticamente todo hasta el final de la temporada. Sir Roger fue derrotado solo en las finales de los Masters 1000 de Montreal y Madrid por dos de sus peores enemigos a lo largo de su carrera, Novak Djokovic y David Nalbandian. El Rey David repetiría afrenta en la segunda ronda del último del año, el de París-Bercy. La gira americana pos-Wimbledon comenzó con un Djokovic estelar en Montreal, que consiguió una machada que nadie lograba desde Boris Becker en 1994. El serbio completó un torneo sensacional y, tras derrotar al número tres del mundo, Andy Roddick, en los cuartos de final, consiguió vencer también en las semifinales y la final a los dos primeros del *ranking*, que no necesitan presentación. Era la primera victoria del serbio sobre Federer después de cinco duelos (7-6, 2-6 y 7-6), así que no es de extrañar que Djokovic, por entonces la cuarta raqueta del circuito tras bajar un puesto, declarase al acabar el partido que era el mejor día de su carrera. El derrotado le vaticinó un gran futuro, olvidando viejas rencillas: «Si sigue así será capaz de hacer algo grande en un Grand Slam porque ya ha hecho dos semifinales. Este torneo podría ser un punto de inflexión en su carrera». Y tanto que lo fue: desde ese día no soltó el tercer puesto del *ranking* hasta casi dos años después.

Tanta alegría pudo pasarle factura al serbio en el torneo siguiente, en Cincinnati, donde al igual que Nadal cayó en su debut. No así Federer, que se desquitó del sinsabor como mejor sabe: ganando a todos para llegar en las mejores condiciones al último Grand Slam del año. En Nueva York, la sorpresa fue la derrota de Nadal ante su compatriota David Ferrer, que impidió que se viera una semifinal con Djokovic. Lo que no pudo evitar Ferru fue la segunda final Federer-Djokovic, primera de muchas en un grande y debut del serbio en una gran final con apenas veinte años. Para Federer, en cambio, era la décima final consecutiva de Grand Slam, un récord de otra galaxia teniendo en cuenta que el segundo mejor registro de siempre son las seis de Djokovic, y el tercero, las cinco de Nadal. En el duelo por el título, Federer demostró que era *simply the best*, como diría la mítica Tina Turner. En un encuentro muy parejo en juego y marcador, decidió la frialdad del número uno en los momentos clave, algo sobre lo que aún tenía que trabajar mucho su joven rival. Al acabar el partido (7-6, 7-6 y 6-4), el propio Djokovic lo explicó mejor que nadie: «Federer es mentalmente más fuerte que yo. Le miras después de un intercambio largo y parece que no se canse. Es un témpano de hielo». *Iceman* se convertía en el primer tenista en ganar cuatro años seguidos tanto Wimbledon como el US Open, para colmo con el añadido del Open de Australia en tres de ellos. A esas alturas, con doce Grand Slams en su palmarés, era difícil no considerarlo ya el mejor de la historia, a pesar de estar aún a dos grandes de igualar a Pete Sampras.

Ambos finalistas acudieron dos semanas después a su cita con la Copa Davis, donde tenían el objetivo de llevar a sus países al Grupo Mundial para luchar por el título en 2008. Como la alegría va por barrios, esta vez fue Federer quien sufrió. Una vez más, el suizo volvió a ganar sus dos partidos de la eliminatoria ante la República Checa, pero su equipo no fue capaz de sumar un punto adicional que les diera el pase al cuadro principal. En cambio, Djokovic vivió un ambiente mágico en casa ante Australia. En el Beogradska Arena fue el gran artífice de la clasificación de Serbia para su primera participación en el Grupo Mundial, al vencer sus dos duelos individuales, así como el doble junto al excapitán Nenad Zimonjic.

El protagonismo en los dos últimos Masters 1000 del año antes del cierre de la temporada en las ATP Finals fue para un extraordinario jugador que en su carrera ha conseguido mucho menos de lo que su enorme calidad vaticinaba. David Nalbandian no solo levantó los trofeos de Madrid y París-Bercy, sino que en la capital española superó la gesta de Djokovic en Montreal y rizó el rizo batiendo a los tres miembros del *Big Three* consecutivamente. El cordobés se mostró en estado de gracia toda la semana y ninguno de los tres mejores pudo frenar su recital de tenis. Una semana después, en París, el argentino volvió a derrotar a Nadal, esta vez en la final, con lo que le impidió conquistar uno de los tres Masters 1000 que le faltan en su lustroso palmarés.

Ya sin la amenaza de *Nalbo* (Nalbandian), llegó el debut de Djokovic en las ATP Finals de Shanghái. El serbio pagó con creces la novatada: perdió sus tres partidos contra David Ferrer, Richard Gasquet y Rafa Nadal sin ni siquiera ganar un solo set. Cero puntos a su casillero, pero poco más podía pedirle a un año sensacional para él, en el que ya miraba a los ojos a los dos mejores del circuito. Sí que le pidió y le sacó algo más a su temporada Roger Federer, que en China levantó su cuarto título de maestro, lo que le dejaba a uno solo de los cinco de Ivan Lendl y Pete Sampras. Por cuarto año consecutivo, el artista suizo contemplaba al resto desde lo más alto, y por tercera vez seguida era a Rafa Nadal a quien veía más cerca… y cada vez más cerca. La foto final del *ranking*

ATP en 2007 quedó para la historia, ya que, por vez primera vez, el posteriormente bautizado como *Big Three* copó los tres peldaños del pódium al concluir el año. Esta instantánea se repetiría cuatro veces más hasta 2011, si bien los protagonistas intercambiaron varias veces sus posiciones. A lo largo de su prolongada rivalidad, han sido ocho las ocasiones en las que Federer, Nadal y Djokovic han cerrado el curso en los tres primeros puestos; un dominio abrumador que ha dejado muy pocos momentos de gloria al resto de los tenistas del circuito. Y nadie los odia por ello.

2008

Nadal cambia la historia

Después de cuatro años de dominio absolutista del Rey Sol de la ATP, Roger Federer fue destronado por Rafa Nadal en 2008. Esta temporada fue el primer punto de inflexión en la historia del *Big Three*, antes del siguiente en 2011, cuando llegó la explosión definitiva de Djokovic. Para empezar, porque en una rivalidad muy marcada por la superficie en la que se disputaban los Grand Slams, se cambiaron las tornas y el español extendió su dominio más allá de la arcilla roja para conquistar la hasta entonces inabordable hierba de Wimbledon. Esto le permitió alcanzar por fin el número uno del mundo, después de cuatro años de persecución. Federer ya nunca más volvería a dominar el circuito en solitario. En segundo lugar, porque, después de avisar en 2007, Novak Djokovic demostró que ya estaba listo para luchar de igual a igual contra los dos más grandes. Comenzó el año estrenando su palmarés de Grand Slams en Australia y lo cerró en Shanghái como maestro de la ATP. Aún hubo que esperar hasta 2011 para situarlo al mismo nivel que sus dos oponentes, pero ya dio muestras de lo que era capaz. Por último, fue un año simbólico para esta triple rivalidad: por primera vez se repartieron los cuatro grandes títulos de la temporada, algo a lo que nos acostumbrarían con el paso del tiempo.

El 2008 de Nadal fue uno de los años más completos de siempre, ya que a su victoria en Roland Garros y Wimbledon sumó tres Masters 1000, la medalla de oro individual en los Juegos Olímpicos de Pekín y la Copa Davis. Imposible que se le escapara el número uno. Por su parte, Federer vio menguada su habitual cosecha de títulos: de los once de 2004 y 2005, o los doce de 2006, pasó a solo una tercera parte de triunfos en 2008 (4), los mismos que Djokovic. El relevo generacional llamaba a la puerta y estaban dispuestos a derribarla.

En el Open de Australia, Novak Djokovic confirmó las grandes vibraciones que dejó en el US Open y conquistó el primero de sus diecisiete Grand Slams. Con solo veinte años completó un torneo prácticamente inmaculado en el que solo cedió un set y fue en la final contra la otra sensación del torneo, Jo-Wilfried Tsonga (4-6, 6-4, 6-3 y 7-6). El francés había eliminado en la penúltima ronda a Nadal (6-2, 6-3 y 6-2), que antes había dejado fuera de combate a tres de sus compatriotas galos. Djokovic ni siquiera afrontó una situación de verdadero peligro en la semifinal contra Federer y se pudo vengar de sus anteriores eliminaciones en Melbourne y Nueva York (7-5, 6-3 y 7-6). Aquel caluroso 27 de enero, mientras levantaba la Norman Brookes Cup, el jovencísimo campeón serbio todavía no era consciente de que ese sería su torneo talismán el resto de su carrera.

Cuando Tsonga envió fuera de la cancha la última bola del partido, Djokovic se dejó caer de espaldas, al tiempo que Dijana abrazaba a Srdjan con todas sus fuerzas y este trataba de respirar y lanzaba un gesto de rabia. Solo ellos sabían lo que habían sufrido para ver realizado el sueño de su hijo. Mientras, Marko y el pequeño Djordje saltaban como locos celebrando la gesta de su admirado hermano mayor. Todo cobraba sentido en ese momento; Nole los miraba incrédulo, sentado, sin dar crédito a lo que acababa de conseguir. En la ceremonia de entrega de trofeos lo presentaron como el primer serbio en ganar un Grand Slam y el tenista más joven desde Jim Courier en ganar en Melbourne Park (veinte años). Lo primero que hizo el nuevo campeón fue agradecer a su familia todo el apoyo recibido a lo largo de su vida. Los cuatro estaban sentados en orden de mayor a menor; cada una de sus sudaderas blancas llevaba impresa una gran letra en negro para que pudiera leerse «N-O-L-E». Sus rostros reflejaban una emoción enorme, no querían despertar. Y si especial fue la ceremonia en la Rod Laver Arena, la recepción en Belgrado fue una locura, con decenas de miles de personas esperándole para celebrar ese gran éxito del deporte serbio, ávido de alegrías de tal dimensión. Es difícil de imaginar lo que hubiera sucedido si Ana Ivanovic hubiera derrotado a Maria Sharapova en la final femenina. La tenista balcánica lo conseguiría pocos meses después, en Roland Garros, redondeando el gran año del tenis serbio, cuya generación de oro comenzaba a perfilar un futuro brillante.

Con este triunfo, Djokovic rompió la racha de once Grand Slams seguidos ganados por Federer y Nadal, y se postulaba como el gran aspirante, aunque tardaría tres años más en estar a su nivel. Además, el Djoker se situaba en el *ranking* a solo ochocientos quince puntos de Nadal, quien, a pesar de todo, había completado su mejor actuación en la cita australiana. Después de su derrota ante Rusia en su estreno en el Grupo Mundial de la Copa Davis, donde una vez más se retiró de un partido, Djokovic redujo aún más esa diferencia cuando venció al español en las semifinales de Indian Wells (6-3 y 6-2). A partir de ese momento fue Nadal quien se puso en modo avión, pero supersónico y a una velocidad imposible de seguir para sus rivales. Solo las lesiones pudieron frenarle en la recta final del año, algo que por desgracia ha sido la tónica habitual en su carrera. Ya en la semana siguiente en Miami llegó a la final, donde perdió contra Nicolay Davydenko (6-4 y 6-2). Allí, cerca de la lanzadera de la NASA en Cabo Cañaveral, el cohete Nadal 2008 despegó para ganar casi consecutivamente en Montecarlo, Barcelona, Hamburgo, Roland Garros, Queen's, Wimbledon y Toronto. Solo en Roma se apagó momentáneamente su estela.

En la temporada de tierra batida volvió el recurrente tema de las derrotas de Federer ante Nadal en arcilla, pues el de Manacor le ganó otras dos finales en Montecarlo y Hamburgo, torneo de gran valor para el suizo y en el que también venció a Djokovic en las semifinales. En ese partido, Djokovic se volvió a retirar por insuficiencia respiratoria y justo ante el rival que menos creía en sus problemas de salud (6-3 y 3-2). Olvidado ese asunto y de nuevo al cien por cien de sus facultades físicas, el serbio aprovechó el único tropiezo de Nadal en Roma para ganar su primer Masters 1000 en polvo de ladrillo doblegando la resistencia de Stan Wawrinka en la final (4-6, 6-3 y 6-3). Ya desde el principio de su carrera el serbio mostró su gran versatilidad ganando torneos en todo tipo de superficies.

Las repetidas derrotas ante Nadal hacían que la frustración de Federer fuese en aumento, impotente para encontrar soluciones al juego del mallorquín. Después de haber dejado de trabajar el año anterior con Tony Roche, el de Basilea contrató los servicios de un reputado técnico especialista en esta superficie. El español Pepe Higueras ya había llevado a la victoria en Roland Garros a tenistas como Jim Courier o Michael Chang, y su único objetivo debía ser repetir con su nuevo jefe. Aunque la nueva dupla comenzó con buen pie al ganar en Estoril, las derrotas ante Nadal en las finales de Montecarlo, Hamburgo y, sobre todo, Roland Garros, pusieron fin al efímero matrimonio con el preparador granadino.

La Copa de los Mosqueteros era el principal objetivo de Federer en 2008; Roger ansiaba unirse al selecto club capaz de completar el Grand Slam, algo de lo que Nadal le privaba año tras año en París. Pero el suizo acusó una vez más la falta de confianza y el complejo de inferioridad en la superficie que menos le va a su juego y que mejor domina su némesis. A pesar de realizar un torneo muy dubitativo, dejándose sets ante rivales de *ranking* muy inferior, Federer consiguió meterse en su tercera final consecutiva en la Phillipe-Chatrier. Nadal había eliminado a Novak Djokovic en las semifinales por segundo año consecutivo (6-4, 6-2 y 7-6) y llegaba después de realizar su mejor torneo, sin ceder un solo set y concediendo apenas tres juegos por partido. Era muy favorito ante Federer… y lo demostró: lo destrozó con un tsunami de juego ofensivo que tuvo como consecuencia una paliza histórica en solo una hora y cuarenta y ocho minutos: 6-1, 6-3 y 6-0. Nadal completó así su mejor actuación de siempre e igualó a Björn Borg como único tenista capaz de ganar cuatro Roland Garros consecutivos. Además, se mantenía invicto en el Bois de Boulogne desde su debut en 2005.

A esas alturas, Federer empezaba a dudar si alguna vez sería capaz de lograr su doble objetivo, pues parecía complicado que Nadal dejase escapar alguna edición.

Con el cambio a su superficie predilecta, Federer esperaba recuperar la confianza perdida. El de Basilea no había perdido en la Catedral desde hacía casi seis años y ganando en Halle la semana previa volvió a sentir buenas vibraciones. El problema es que Nadal también se había permitido el lujo de ganar en Queen's una semana antes. Después de las finales de 2006 y 2007, su juego en hierba era muy sólido y en Queen's lo demostró derrotando a grandes rivales como Ivo Karlovic, Andy Roddick y Novak Djokovic.

Comenzaba el tercer Grand Slam del año con los tres miembros de *Big Three* con muchos motivos para soñar con un título que en los últimos años solo había tenido un dueño. Federer ansiaba superar los cinco consecutivos de Björn Borg y volvió a la final sin conceder ningún set y con un primoroso juego que, junto a su récord de sesenta y cinco victorias consecutivas en hierba, le hacían ser el indiscutible favorito en la gran final. De ese partido tan especial tuvo que despedirse rápido Djokovic, apeado por un renacido Marat Safin en la segunda ronda. Quien no estaba dispuesto a renunciar a su sueño de niño era Rafa Nadal, que por tercer año consecutivo demostró que solo Federer podía considerarse mejor que él en esa superficie, pese al empeño de muchos en seguir etiquetándolo únicamente como un gran jugador de tierra batida.

La final del domingo 6 de julio contaba con todos los ingredientes para ser extraordinaria. Sin embargo, lo acontecido en el templo del All England Club superó todas las expectativas y fue una batalla antológica, memorable, la más larga en los ciento treinta y un años de historia con los que contaba el torneo. Tal fue el nivel tenístico desplegado por Federer y Nadal que inmediatamente fue encumbrada por la inmensa mayoría de los expertos, que hablaron del mejor partido de tenis de todos los tiempos. Ambos jugadores llegaban muy presionados a la cita. Federer necesitaba ganar para alcanzar el mencionado récord y no bajarse de lo más alto del *ranking* después de cuatro años. Por su parte, Nadal quería desquitarse de las dos finales perdidas en Wimbledon ante el suizo, especialmente la del curso anterior, en la que los nervios le jugaron una mala pasada. Además, una victoria le aseguraba alcanzar por primera vez el número uno del mundo.

El duelo empezó con más de media hora de retraso debido a una fina lluvia que amenazaba con echar a perder la esperadísima final. Desde el primer punto, los dos mostraron sus armas y jugaron a cara descubierta, con Nadal dominando los intercambios de golpes y Federer manteniéndose en el partido gracias a su fantástico servicio. Su mayor determinación permitió al español ganar las dos primeras mangas (6-4 y 6-4) y ver muy cerca la posibilidad de alcanzar su sueño más verde. En el tercer parcial, con Federer recuperando su mejor nivel e imponiéndose por 5-4, las temidas nubes descargaron lluvia y el encuentro se tuvo que suspender durante media hora. Tras la reanudación, Federer cerró en el *tie-break* y repitió en el cuarto, en el que su rival le perdonó la vida tras disponer de dos bolas de partido. El cada vez más emocionante partido se decidiría, si el cielo lo permitía, en un quinto set… y sin muerte súbita. Los nervios eran difícilmente controlables y la oscuridad que se cernía sobre la Centre Court aumentaba la sensación de tensión en la grada y en la pista. Esperaba una manga definitiva más que dramática.

Nadal demostró su extraordinaria fortaleza mental al olvidar los dos regalos que le había concedido a su rival, no venirse abajo ante el mejor de siempre en hierba y seguir mostrando confianza en su juego. Federer, por su parte, seguía fiando gran parte de su suerte a su efectividad con el saque, incapaz de romper el de su rival. Con 2-2 en el marcador, la lluvia volvió a interrumpir el impagable espectáculo y ambos jugadores regresaron al vestuario. Lo que allí sucedió en los ochenta minutos que duró el parón es también historia viva del tenis; el propio Nadal lo cuenta en su biografía. En los míticos vestuarios del templo británico, de un tamaño más pequeño de lo habitual, ambos jugadores tuvieron tiempo para intercambiar impresiones con su cuerpo técnico. Toni Nadal acudió con Rafael Maymó, el fisioterapeuta del mallorquín, con la intención de dar las últimas instrucciones tácticas a su sobrino y de animar a un chaval al que esperaba encontrar hundido después de las ocasiones desperdiciadas. Ante la sorpresa de ambos, Rafa se mostró muy confiado en sus posibilidades y le dijo a su tío que él no iba a perder ese partido. Federer tendría que pasar por encima de él.

Tras la reanudación, Nadal mostró una gran determinación que le puso con 5-2 a favor. Sin embargo, el de Manacor fue nuevamente víctima del famoso miedo a ganar cuando más cerca de la gloria estaba. Desperdició otra vez la oportunidad de cerrar el partido y permitió que Federer se recuperase y pusiera las tablas en el marcador. La tensión era enorme, había oscurecido y sobre el choque se cernía la posibilidad del aplazamiento. Sin apenas luz, en el decimoquinto juego Nadal volvió a romper el servicio de Federer. ¿Serviría para ganar el título? Independientemente de lo que sucediera en ese juego, sería el último del día, pues la bola era apenas perceptible y el juez principal, el francés Pascal Maria, daría por concluida la jornada. O ganaba el español, o el duelo se reanudaría al día siguiente. Con un nuevo punto de campeonato para el aspirante, Federer estrelló la bola en la red y Nadal se tiró a la hierba londinense, llorando como un niño, aquel niño que soñaba con ganar Wimbledon. Eran las 21.16 horas y el entendido público del All England Club aplaudió a rabiar a dos tenistas que habían protagonizado la batalla tenística más épica de todos los tiempos, cerrada tras cuatro horas y cuarenta y nueve minutos de juego sublime con un marcador final de 6-4, 6-4, 6-7, 6-7 y 9-7. El rey ha muerto, larga vida al rey.

La celebración de Nadal, trepando a las gradas de la Centre Court para abrazar a su familia y después caminando por un tejado para saludar a la familia real española es parte ya de la memoria colectiva del tenis. Recordó a la que en 1987 protagonizó el australiano Pat Cash al derrotar a Ivan Lendl. Y no era para menos, ya que el de Manacor conquistaba por fin su título más deseado y lo hacía ante el mejor. La *nadalitis* de Federer se disparaba a niveles incontrolables. Otra vez él, debió de pensar el suizo mientras miles de *flashes* iluminaban la Catedral buscando una instantánea que, a oscuras, dejaría mucho que desear.

Leyendas como John McEnroe afirmaron sin dudarlo que se trataba del mejor partido de todos los tiempos, e incluso muchos periodistas deportivos se preguntaron si era también el mejor de cualquier disciplina deportiva. Para la gran mayoría, ciñéndonos solo al tenis, fue incluso superior al McEnroe-Borg de 1980 o al posterior Federer-Djokovic de 2019, también en finales de Wimbledon. En *Stroke of Genius*, McEnroe afirma que sin duda lo fue y define de forma muy elocuente a los protagonistas de aquel dramático partido: «Roger es el jugador más exquisito de la historia, y Rafa es el mayor luchador que yo he visto en tenis..., y he jugado con Connors treinta veces, sé lo que es jugar con chicos que en cada punto parecen jugarse la vida. Es inspirador, pero resulta también intimidante, tiene una energía que te agita mentalmente». En el mismo documental, el propio Federer asegura que su problema era que «había perdido un mes antes la final de Roland Garros contra Rafa de un modo terrible». Sin duda, Nadal empezó a cimentar su triunfo en Wimbledon en la arcilla de París. En opinión de Martina Navratilova, nueve veces campeona en la Catedral, «Roger sentía que Nadal cada vez jugaba mejor en hierba y que cada año estaba más cerca. Sabía que por este motivo tenía que subir el nivel de su juego y sentía esa presión».

En su autobiografía, Rafa Nadal comparte en diferentes pasajes del libro sus sensaciones tras conseguir su título más deseado: «La final de 2008 contra Federer es el gran partido de mi vida... Yo había soñado con jugar en Wimbledon, mi tío Toni me había metido en la cabeza que era el torneo más grande... La derrota en 2006 no había sido tan dura, pero la de 2007 en cinco sets me dejó destrozado... Fueron las horas más tensas de mi vida, una invasión de pura alegría. Después de tres años esperando, iba a coger el número uno en el *ranking* mundial. No podía detener las lágrimas. ¿Fue el momento más grande de mi carrera? Con la historia, expectación, tensión, interrupciones por lluvia, oscuridad, el número uno contra el dos jugando a su mejor nivel, la remontada de Federer y mi resistencia a ello..., sí».

El resultado fue devastador para Roger Federer, que hasta después de los Juegos Olímpicos se mantendría en lo más alto del *ranking*, pero no podía hacer nada para evitar que ese momento llegara y la corona pasase a su gran rival. A pesar de la derrota, era el momento de reconocer la impresionante trayectoria del tenista suizo y lo conseguido en ese último lustro, una etapa irrepetible. Obviamente, ese no era un consuelo para Federer y en la gira americana no levantó cabeza: cayó eliminado en la primera ronda de Indian Wells y en la segunda en Cincinnati. Todo lo contrario que el nuevo campeón de Wimbledon, que no bajó el ritmo y se impuso en el torneo californiano y alcanzó las semifinales de Miami, donde Djokovic puso fin a su portentosa racha de resultados (6-1 y 7-5) antes de perder el partido decisivo contra Andy Murray por un doble 7-6.

Con estas trayectorias y estados de ánimo, no es de extrañar lo que ocurrió en los Juegos Olímpicos de Pekín, aunque finalmente fueron inolvidables para los tres y lograron sus mejores resultados. Ya con galones de número uno del mundo, aunque sin serlo aún oficialmente, Rafa Nadal pudo disfrutar de una maravillosa experiencia olímpica, algo que deseaba con toda su alma después de no poder hacerlo plenamente en Atenas 2004. El balear cuenta en su libro que en la villa olímpica fue «inmensamente feliz» y se dio cuenta de lo afortunados que son los tenistas de élite al compartir su día a día con atletas más modestos.

En el torneo individual continuó la dinámica del circuito, con Nadal desatado, Djokovic atento a cualquier opción de éxito y Federer deprimido. El suizo quedó apeado en los cuartos de final por James Blake (6-4 y 7-6) y por tercera vez se quedaba fuera del podio. Por fortuna, en Pekín contó con la ayuda de Stanislas Wawrinka, con quien olvidó sus miedos y frustraciones para ganar la medalla de oro en dobles. Hicieron un extraordinario torneo juntos y eliminaron en semifinales a la mejor pareja de la historia, los estadounidenses Bob y Mike Bryant, rematando la faena en la final contra la dupla sueca formada por Thomas Johansson y Simon Aspellin (6-3, 6-4, 6-7 y 6-3). Nadal y Djokovic volvieron a verse las caras en las semifinales y nuevamente la balanza cayó del lado del español, que fue mejor en los momentos cruciales del choque, frente a un rival muy fallón con su *drive* en el set decisivo (6-4, 1-6 y 6-4). Las lágrimas afloraron en el rostro del tenista serbio, que pudo consolarse después al ganar en el duelo por el bronce al verdugo de Federer, James Blake (6-3 y 7-6). A esas alturas ya estaba claro que Djokovic era el líder de los mortales.

En la víspera de su ascenso a lo más alto del *ranking*, Nadal ratificó su condición de mejor tenista del momento al derrotar al granítico Fernando González, bronce en Atenas 2004 en individuales y oro en dobles, en tres duros sets que precedieron al estallido de júbilo del español, que poco más podía pedir a un año de ensueño (6-3, 7-6 y 6-3). Nadal subía al monte Olimpo de los Dioses del deporte. Cuando, a la mañana siguiente, se despertó, fue consciente de que era campeón olímpico... y número uno del mundo. El mallorquín tocaba el cielo con las manos.

Una semana después de colgarse la medalla de oro, Rafa estrenó su condición de líder en el último Grand Slam del año. Sin embargo, en Nueva York, Federer no estaba dispuesto a soltar la última de sus posesiones, tras los asaltos de Djokovic y Nadal en Melbourne y Londres. Buscaba su quinto título consecutivo, algo que nadie había logrado en la Era Open, y estaba dispuesto a dar guerra de nuevo tras haber sido relegado a un segundo plano al que no estaba acostumbrado. Los tres alcanzaron las semifinales en Flushing Meadows, en las que Nadal cayó ante Andy Murray en cuatro sets, igual que Djokovic contra Federer. La final apenas tuvo historia, ya que el maestro dio una soberana lección de tenis al tenista escocés, novato en estas lides y que tuvo que conformarse con tomar unos valiosos apuntes (6-2, 7-5 y 6-2). Federer igualaba de una tacada los cinco entorchados de Jimmy Connors y Pete Sampras, y dominaba así el palmarés de dos de los cuatro Grand Slams. Además, con trece títulos totales se situaba a solo uno de igualar el récord absoluto de *Pistol* Pete. Todavía quedaba mucho del mejor Roger Federer.

La gran polémica del campeonato llegó en el cruce de cuartos de final entre Andy Roddick y Novak Djokovic. Al norteamericano le preguntaron en la rueda de prensa previa por las lesiones de su oponente y se explayó diciendo que quizá su

Federer y Nadal, dos estilos opuestos, en el sorteo previo a la final de Wimbledon 2007.

Federer y Nadal, a oscuras con los trofeos después de la épica final de Wimbledon 2008.

Federer y Nadal se abrazan tras la victoria del equipo europeo en la Laver Cup 2017.

Djokovic, Federer y Nadal, en un entrenamiento
en el Open de Australia 2010.

Toni Nadal y Rafa Nadal posan con su décimo trofeo de Roland Garros en 2017.

Djokovic, comiendo de la hierba de Wimbledon tras ganar la final del año 2015.

La familia de Djokovic celebra el primer Grand Slam de Novak
en el Open de Australia 2008.

Las lágrimas de Djokovic después de perder la final del US Open 2021.

Federer y Djokovic, disputando un partido de dobles en la Laver Cup de 2018.

Nadal y Djokovic, exhaustos en la ceremonia de entrega de trofeos del Open de Australia 2012.

rival tendría una vez más uno de sus supuestos problemas físicos: «Una lesión en la espalda o la cadera. O calambres. O gripe aviar, ántrax, SARS…». Estas declaraciones no sentaron nada bien al serbio, que le derrotó claramente y le respondió delante del micro, a pie de pista: «Estoy muy contento de ganar a Andy en esta ciudad, en su torneo favorito». Aunque en ese momento no se dio a conocer, Roddick dio a entender en 2013 en un debate televisivo en Fox Sports Live que la tensión fue en aumento y que llegaron a encararse justo después: «Una vez tuve un altercado con un tenista en el vestuario. No diré su nombre. Simplemente diré que rima con Schmovak Schmokovic. Él vino directamente a mí y lo puse contra la taquilla. Pero después me di cuenta de que su preparador físico era más grande que Donovan (*quarterback* en la NFL, que era también uno de los invitados en el programa). Estudié la situación, pues el mío medía poco más de 1,70 y pesaba unos sesenta kilos, así que lo dejamos». Al final la tensión se quedó ahí, y solo cinco años después se supo de este altercado.

En un calendario tenístico sobrecargado por los Juegos Olímpicos, Rafa Nadal disputó las semifinales de la Copa Davis ante Estados Unidos sin apenas descanso. El de Manacor ganó sus dos puntos individuales en la eliminatoria que se celebró en la plaza de toros de las Ventas en Madrid, llevando a España a una final que se disputaría en Mar del Plata ante el potentísimo equipo argentino liderado por Nalbandian y Del Potro. La mala noticia llegó dos semanas antes del esperado desenlace. En una concurrida rueda de prensa tuvo que anunciar su ausencia en lo que restaba de temporada por una nueva lesión que también le impediría acudir a las ATP Finals, como en 2005. Por suerte para él, sus compañeros hicieron la machada de salir victoriosos de la encerrona preparada por los argentinos y pudo sumar un nuevo título en la Copa Davis *in absentia*.

Sin la presencia de Nadal, que volvió a perderse el torneo en su mejor año desde que debutara, Roger Federer era el gran favorito para conseguir su quinta corona en las ATP Finals. Sin embargo, el torneo del suizo fue un fiel reflejo de una campaña llena de altibajos: venció a Radek Stepanek, pero cayó derrotado contra Gilles Simon y Andy Murray. En un grupo muy asequible para él, fue eliminado por primera vez en la *round* Robin. Con el panorama despejado, Novak Djokovic no dejó escapar esa gran oportunidad y puso la guinda a su enorme campaña consiguiendo el título de maestro, que a partir de entonces precedería a su nombre.

Terminó así un año que marcó un antes y un después en la historia del tenis, con partidos legendarios y momentos de gran dramatismo que serán recordados siempre por los buenos aficionados. Fue el inicio de una triple rivalidad incomparable por su calidad, dominio y longevidad. El triunvirato protagonizaría desde entonces los mejores capítulos de la extensa trayectoria de este maravilloso deporte.

2009

El mejor de todos los tiempos

El periodista español Alfredo Relaño suele referirse en sus escritos a la teoría de los vasos comunicantes aplicada al mundo del deporte. Según este principio, en una fuerte rivalidad, el éxito y el fracaso de uno de los oponentes tienen un efecto inversamente proporcional en el rendimiento de su antagonista. En una de sus columnas de opinión en el *Diario AS*, Relaño recurrió a esta teoría para explicar los ciclos de euforia y depresión de enemigos irreconciliables como el Real Madrid y el Futbol Club Barcelona: «El Madrid y el Barça son como vasos comunicantes. Cuando uno sube, el otro baja, y viceversa. Parece difícil que los dos estén bien al tiempo, o mal al tiempo. ¿Por qué? ¿Por qué casualidad sus ciclos van a contrapié? No es exactamente casualidad. Es que cuando uno se destaca y anuncia un ciclo feliz, el otro entra en nerviosismo. Los pequeños problemas que pueda sufrir se convierten en grandes, le hacen ir aún peor, mientras que el que empieza bien gana en desenvoltura al ver cómo algo parecido a la histeria va atenazando a su permanente rival».

Rafa Nadal y Roger Federer son el Real Madrid y el Barcelona de la ATP. Y lo eran especialmente en aquella época en la que Novak Djokovic no había alcanzado su cénit. Este artículo, publicado el 22 de noviembre de 2008, podría haberse escrito meses después para referirse a la temporada tenística de 2009, tan extraña como dramática y apasionante. Diversos capítulos ajenos a lo meramente tenístico afectaron a los tres mejores del circuito, especialmente a los dos grandes dominadores en aquellos momentos. A esas alturas, sus carreras estaban tan entrelazadas entre sí que cualquier éxito o fracaso de uno de ellos afectaba inmediatamente a los resultados del otro.

A pesar de haber perdido el cetro mundial, su triunfo en el US Open 2008 permitió a Federer afrontar 2009 con dos objetivos muy claros en su mente: superar los catorce grandes de Pete Sampras y completar el Grand Slam ganando Roland Garros. No iba a ser fácil, especialmente el segundo de ellos, si nada extraño sucedía a Rafa Nadal. Para el balear, sus metas pasaban por mantener el número uno y aumentar su palmarés con alguno de los dos grandes que le faltaban: Open de Australia y US Open. El tercero en discordia, el nuevo maestro Novak Djokovic, no ponía límites a su progresión. Con tan altas expectativas por parte de los tres, comenzó una campaña llena de éxitos y frustraciones a partes iguales. Un año con grandes alegrías y tristezas tanto dentro como fuera de la cancha, experiencias significativas que les harían todavía más fuertes.

El verano austral trajo el primer Grand Slam del año, en el que Djokovic defendía la que era su única corona. El torneo estuvo marcado por las altísimas temperaturas que se registraron en todo el estado de Victoria y el tenista de Belgrado fue su víctima más ilustre. Debido a un golpe de calor, se retiró en mitad de su partido de cuartos de final, que la casualidad quiso que fuera contra Andy Roddick (6-7, 6-4, 6-2 y 2-1). Era la cuarta vez que el de Belgrado tenía que abandonar un Grand Slam, tras Roland Garros en 2005 y 2006 y Wimbledon en 2007. Estas retiradas no hacían sino incrementar las sospechas de parte de sus compañeros del circuito, así como de muchos aficionados y periodistas. Aunque desde el entorno del serbio siempre se justificaron con la desviación del tabique nasal primero y la intolerancia al gluten después, lo cierto es que a muchos no les convence totalmente esta explicación. Es evidente que esos problemas afectaban a su rendimiento, pero algunas voces apuntan a que al joven Djokovic le faltaba saber sufrir y que se retiraba cuando se veía sin opciones. Se dudaba de su honestidad, algo que le restó apoyos al inicio de su carrera si se le compara con

Federer o Nadal. Por fortuna, estas situaciones dejaron de producirse y el grado de popularidad de Nole no ha dejado jamás de crecer, aunque nunca alcanzó los niveles de sus dos grandes rivales.

Con el campeón fuera de concurso, el camino se allanaba para Federer, que llegó a la final superando con gran autoridad un dificilísimo cuadro con Marat Safin, Tomas Berdych, Juan Martín del Potro y Andy Roddick, posiblemente el mayor damnificado por el fenómeno Federer. Solo el checo le puso en dificultades, y ahora estaba a un paso de recuperar la Copa Norman Bookes e igualar a Pete Sampras como el mejor de siempre. En la final se enfrentaría al ganador del duelo fratricida entre Rafa Nadal y Fernando Verdasco, una batalla memorable en la que los españoles se dejaron el físico y el alma, y que solo pudo decantarse en el quinto set tras cinco horas y catorce minutos de juego (6-7, 6-4, 7-6, 6-7 y 6-4). La alegría del balear por alcanzar su primera final en Melbourne pronto dio paso a la preocupación. No sabía si podría recuperarse a tiempo de la paliza que se había pegado para doblegar la voluntad de su amigo Verdasco en el partido más largo de la historia del torneo. El propio Nadal reconoce en su libro que, en los últimos puntos, llegó a tener lágrimas en los ojos por la tensión de un duelo dramático, que tuvo el inmerecido final de una doble falta de Verdasco.

En la final, Federer tenía muy reciente la derrota sufrida en Wimbledon siete meses atrás, que le había impedido conquistar su sexto título consecutivo y continuar como número uno del mundo. Hasta entonces, los Grand Slams eran territorio exclusivo de Federer, y solo Nadal había osado apropiarse de Roland Garros. Después del triunfo del balear en el All England Club, la historia del tenis cambió para siempre. Y la confirmación de que nuevos tiempos habían llegado al circuito de la ATP la tuvimos el 1 de febrero de 2009 en Melbourne Park. Después de otras cinco horas de épica, Nadal conquistó el Open de Australia al imponerse en cinco excepcionales sets (7-5, 3-6, 7-6, 3-6 y 6-2). Ya nadie podría decir que el mallorquín era solo un especialista en tierra; había conseguido batir al genio de Basilea en la hierba inglesa y el cemento australiano. En la Era Open, solo Andre Agassi había conseguido ganar algún Grand Slam en tres superficies distintas.

La ceremonia de entrega de premios mostró la tortura interior de Federer, quien se derrumbó en pleno discurso y no pudo aguantar las lágrimas al escuchar los gritos y aplausos de apoyo de los quince mil espectadores que llenaban la Rod Laver Arena. «Dios, esto me está matando» alcanzó a decir hasta que se le quebró la voz. Nada ni nadie podía consolarle, ni siquiera su gran rival, quien, después de impedirle dar caza a Pete Sampras, dijo que el suizo era «el mejor tenista de la historia». Nadal era la mayor pesadilla de Federer, al que había derrotado en cinco de las siete finales de Grand Slam en las que se habían enfrentado. Y ahora en todas las superficies. Suponían, además, sus únicas cinco derrotas en las dieciocho finales que había disputado en los *Major*. De no ser por Nadal, la figura de Federer tal vez no tendría parangón en la historia del deporte.

La final fue una oda al tenis y nadie ha sido capaz de explicar cómo Nadal pudo rehacerse tras la durísima semifinal contra Fernando Verdasco. El equipo del mallorquín, con Rafael Maymó y Joan Forcades a la cabeza, se enfrentó a su prueba más difícil al intentar recuperar a un tenista que acabó literalmente deshecho. Si Agassi aseguraba en sus memorias que muchos de sus grandes partidos los empezó a ganar «en la ducha» después de levantarse con el cuerpo dolorido, aquel Open de Australia lo empezó a ganar Rafa Nadal con los cuidados de Maymó y Forcades. A pocos minutos de comenzar, todavía no se veía con fuerzas para afrontar el partido ante su mayor rival. Fueron las palabras de Toni Nadal y la mentalidad única de Rafa las que completaron el trabajo de sus recuperadores y consiguieron que el español saltase a la pista con la energía y la determinación de siempre. El técnico ha contado en diversas ocasiones lo que le dijo para motivarle. Las palabras llevan el sello inconfundible de Toni Nadal: «Es probable que nunca tengas una oportunidad tan clara de ganar el Open de Australia. No te engañes, siempre se puede dar más. En la guerra, la gente hace cosas que parecían imposibles. Si hubiese un francotirador apuntándote, no pararías de correr».

Tras este partido, la teoría de los vasos comunicantes volvió a imponer sus principios y las tornas cambiaron completamente para ambos tenistas, dando comienzo a un año de pesadilla para Nadal y mágico para Federer. Cuenta el balear en su autobiografía que en el avión de vuelta su padre le contó que iba a divorciarse de su madre. A una persona como él, que sitúa a la familia en el centro de su universo, la noticia le hundió. Fue un mazazo en su mejor momento. A ello se sumó meses después una nueva lesión en la rodilla; esas dos circunstancias encadenadas le hicieron caer en una vorágine de frustración e impotencia que lo llevó a caer por primera vez en Roland Garros. Justo después, esa misma lesión le obligó también a renunciar a la defensa de su título en Wimbledon. Por el contrario, un Federer que pasaba por su momento profesional más difícil encontró la motivación en su vida personal contrayendo matrimonio con Mirka Vavrinec, mientras esperaban la llegada al mundo de sus primeras hijas. La boda se celebró el 11 de abril en Basilea y los festejos estuvieron presididos por la discreción que siempre ha buscado la pareja para su vida privada. Esta felicidad personal le dotó de la motivación que necesitaba; además, el mal momento de su némesis le permitió apartar viejos fantasmas y, de un plumazo, alcanzar los dos grandes objetivos que le quedaban en su inigualable carrera.

Aquella devastadora noticia que escuchó Rafa a su vuelta de Australia no afectó a su juego inmediatamente, sino más bien lo contrario, pues realizó un inicio de campaña espectacular. En la primera eliminatoria de la Copa Davis dejó fuera de concurso a la Serbia de Novak Djokovic (6-4, 6-4 y 6-1 a favor del español en su duelo) y conquistó los títulos de Indian Wells, Montecarlo, Barcelona y Roma. Todo parecía ir sobre ruedas en su mejor comienzo de curso desde que era profesional. El siguiente objetivo debía ser ganar su quinto Roland Garros consecutivo, para desempatar con Björn Borg. Roger Federer, en cambio, llegaba al Bois de Boulogne con solo un título. Sin embargo, este no pudo ser más oportuno, ya que lo ganó una semana antes de que comenzara la cita parisina, al derrotar a Nadal en la final del Masters 1000 de

Madrid, sobre arcilla (6-4 y 6-4). Además, desde su reciente matrimonio con Mirka antes del torneo de Montecarlo, sus resultados habían ido mejorando progresivamente hasta su triunfo en la capital española.

Para Djokovic, la temporada estaba siendo algo frustrante. Pese a exhibir un gran nivel de juego, se había quedado a las puertas de ganar en Miami, Montecarlo y Roma, teniendo que conformarse con títulos menores como Dubái y Belgrado, si bien este era muy especial por jugarse en casa y arropado por los suyos. Era la primera edición del torneo de Serbia en el circuito ATP, aunque no tuvo recorrido y tras la edición de 2012 dejó de disputarse hasta su regreso en 2021. Estos resultados le habían llegado a bajar al cuarto puesto en el *ranking* y tenía que defender las semifinales alcanzadas en 2008, por lo que también llegaba presionado a la cita francesa. Y la primera gran sorpresa de Roland Garros la protagonizó el propio tenista de Belgrado al caer eliminado en la tercera ronda por Philip Kohlschreiber (6-4, 6-4 y 6-4).

Sin embargo, el gran bombazo de esa edición y de la historia del torneo llegó en la siguiente ronda. Rafa Nadal, que buscaba su quinta Copa de los Mosqueteros consecutiva y estaba invicto en el torneo después de treinta y una eliminatorias, fue derrotado por Robin Söderling en un extraño partido marcado por los problemas físicos del mallorquín y el descarado apoyo del público francés al tenista sueco. El encuentro fue una sorpresa *in crescendo*, que fue excitando paulatinamente a la grada hasta terminar completamente volcada con Söderling al grito de «Robin, Robin». Para Nadal resultaba incomprensible que después de cuatro títulos allí fuesen incapaces de mantener al menos la neutralidad: «Siempre salgo aprendiéndome el nombre de mis rivales de tanto oírlos. Es una pena que este público no haya tenido nunca un detalle conmigo». En la actitud del respetable francés pesaba mucho no su devoción por el tenista sueco, sino los nueve títulos que los tenistas españoles habían ganado en las anteriores dieciséis ediciones. Es indudable que querían caras nuevas. Lo que no sabían es que Nadal se vengaría imponiéndose en nueve de las once siguientes, y que acabarían siendo seducidos por el juego y la personalidad del balear. Hoy en día, la situación nada tiene que ver con la que se encontraba en sus primeros años; ahora el balear es adorado y muy respetado en la capital francesa.

Es innegable que Robin Söderling hizo el partido de su vida, con un gran tenis basado en su espectacular saque, sus potentes derechas y sus acertadas subidas a la red. Sin embargo, un tenista que nunca había superado la tercera ronda en un Grand Slam es difícil que hubiera podido ganar en arcilla a un Nadal en plenitud física, menos cuando un mes antes en Roma el resultado había sido 6-1 y 6-0 a favor del español. Aunque no explican por sí solos la derrota, los problemas en su rodilla lo lastraron y tuvo que renunciar a defender su corona en Wimbledon.

La inesperada noticia, sumada al *knock out* de Djokovic, dio alas a un Federer que venía de su momento más bajo tras la final en Australia. Allí el suizo se derrumbó; Nadal le había comido la moral. Ahora, la eliminación del dueño y señor de Roland Garros dio un halo de esperanza al de Basilea, que vio ante sí su gran ocasión de alzar su primera Copa de los Mosqueteros y completar por fin el Grand Slam. En un primer momento, Federer no supo asimilar la noticia, tal era el *shock,* y sintió la presión hasta el punto de ceder al día siguiente los dos primeros sets ante Tommy Haas. Tuvo que verse en una situación dramática, prácticamente eliminado en su gran oportunidad, para sacar lo mejor de su tenis y darle la vuelta al partido (6-7, 5-7, 6-4, 6-0 y 6-2). Este fue el punto de inflexión que le permitió convencerse de que podía ganar el torneo, aunque la prueba más dura llegaría en las semifinales. Juan Martín del Potro volvió a poner en peligro el embarazo de Mirka con un duelo no apto para cardiacos en el que Federer volvió a verse contra las cuerdas; solo pudo cerrarlo de nuevo en el quinto set (3-6, 7-6, 2-6, 6-1 y 6-4).

Ya en la gran final, Federer estaba a un solo paso de igualar a Sampras como el mejor de la historia en aquel momento. Su rival, un Söderling que ha comentado en muchas ocasiones que Federer nunca le ha llamado para darle las gracias por eliminar a Nadal. Tampoco lo hizo ese domingo en su partido más serio en las dos semanas de competición. Al artista helvético no le tembló el pulso y despachó a su rival por la vía rápida (6-1, 7-6 y 6-4) antes de caer de rodillas sobre la arcilla roja y romper a llorar. Se llevó las manos a la cara de puros nervios; su rostro era un poema mientras se dirigía a saludar a su rival. Nunca se había quitado de encima un peso tan grande. En la entrega de trofeos, las lágrimas volvieron a brotarle de forma abundante por las mejillas mientras sonaba el himno suizo. No lograba contenerlas, seguramente tampoco quería, nunca fue su estilo. A su lado estaba Andre Agassi, que le susurraba al oído. Solo alguien como él sabía lo que se siente en un momento así. Esa tarde, Federer agrandó su leyenda con el título que se había convertido en una auténtica obsesión para él. Había sido capaz de aprovechar el único resquicio dejado por Nadal para completar el Grand Slam en la carrera, uniéndose en el santuario tenístico a los míticos Fred Perry, Don Budge, Rod Laver, Roy Emerson y Andre Agassi.

Frente a la inmensa alegría de Federer, su máximo rival tuvo que renunciar a la defensa del título en Wimbledon por la tendinitis rotuliana que ya le había impedido rendir al máximo nivel en Roland Garros. Nuevamente se despejaba el camino del suizo, que esta vez prefirió descansar de las grandes emociones y tensos partidos vividos en París, por lo que no participó en el torneo de Halle. Sí lo hizo Djokovic, que perdió la final ante Tommy Haas (6-3, 6-7 y 6-1). En el All England Club fue Federer el que tuvo que vérselas con Robin Söderling en los octavos, pero en su caso ni se dejó sorprender ni el público apoyó a su rival. Días después, Haas volvió a derrotar a Djokovic en los cuartos de final y puso en bandeja el título al tenista suizo. También como en Francia, Federer no agradeció el favor y eliminó sin compasión al tenista alemán en las semifinales, antes de verse en la gran final del domingo con un viejo conocido norteamericano.

Cuando parecía imposible que un partido pudiera acercarse al nivel de emoción y épica de la final del año anterior, Roger Federer y Andy Roddick le brindaron a la Catedral otro maravilloso duelo por el título, que solo pudo decidirse en el trigésimo juego del quinto set (5-7, 7-6, 7-6, 3-6 y 16-14). Difícil imaginar un escenario mejor para coronar a Federer como el indiscutible mejor tenista de la historia (al menos hasta ese momento). Con sus quince Grand Slams superaba los conquistados por un Sampras que aplaudía desde la grada a su sucesor y al que Roddick se dirigió en su discurso con un lacónico «Lo siento, Pete». Por su parte, Federer intentó consolar a su rival: «No te preocupes, Andy, a mí Nadal me hizo lo mismo». No le faltaba razón al gran campeón, aunque olvidaba un pequeño detalle: a diferencia de él, Roddick no tenía cinco títulos en Wimbledon cuando eso sucedió. Con su sexto triunfo en la hierba londinense, Federer recuperó no solo su corona en Londres, sino también la del circuito ATP tras un año muy complicado para él. Era el momento más feliz de su carrera, ¿podía pedirle algo más a la vida? Sí, Roger Federer sí. Dos semanas después, en pleno parón hasta la gira americana, Mirka lo hizo padre al dar a luz en Zúrich a las gemelas Myla Rose y Charlene Riva. Era el 24 de julio de 2009. No podía estar más feliz. Todo era perfecto, la vida era suya.

En agosto volvió la trepidante actividad tenística y con ella un Rafa Nadal que había estado dos meses y medio en el dique seco por culpa del tendón rotuliano. El de Manacor acusó la inactividad y fue presa fácil de Juan Martín del Potro en la tercera ronda del Masters 1000 de Montreal. En la siguiente caerían tanto Federer como Djokovic ante Tsonga y Roddick. Las aguas volvieron a su cauce en Cincinnati, donde Djokovic eliminó fácil a un Nadal falto de ritmo en las semifinales (6-1 y 6-4), pero perdió la final ante un Federer que volvió a engrasar la máquina de cara al US Open (6-1 y 7-5).

En la Gran Manzana el *Big Three* al completo volvió a plantarse en las semifinales, que contaron con Del Potro como invitado de excepción. Tan de excepción que acabó llevándose el triunfo en el Arthur Ashe Stadium. Fue la primera y última vez que Federer, Nadal y Djokovic dejaron escapar un Grand Slam en el que los tres habían coincidido en las semifinales. En ese penúltimo cruce, Federer volvió a derrotar a Djokovic (7-6, 7-5 y 7-5) y Delpo arrolló a Nadal con un triple 6-2. Por tercera vez, el suizo conseguía meterse en las cuatro finales del Grand Slam en una misma temporada; hasta entonces solo Rod Laver lo había logrado…, y eso son palabras mayores. En el duelo por el título, Federer y Del Potro emocionaron al ya de por sí excitado y bullicioso público neoyorquino con cinco sets de tenis eléctrico, donde el argentino se impuso a base de tremendos mazazos con su derecha (3-6, 7-6, 4-6, 7-6 y 6-2). El tandilense se graduaba *cum laude* al levantar su primer Grand Slam e impedir el sexto título consecutivo de Federer en Nueva York, que hubiera deshecho el empate con Jimmy Connors y Pete Sampras. Evitó además el decimonoveno grande seguido del *Big Three* (11 Federer, 6 Nadal y 1 Djokovic), pero era solo un espejismo. Las cosas volverían a su ser en 2010, ya dijimos que fue un año extraño.

En la recta final de la temporada, Nadal siguió sin encontrar su mejor tenis y la final de Shanghái fue su mejor resultado. Novak Djokovic, en cambio, puso la quinta marcha para recuperar el tercer puesto en el *ranking* y lo consiguió gracias a sus victorias en Pekín, Basilea y el Masters 1000 de París. En las ATP Finals, que pasaron de Shanghái a Londres, Nadal hizo su peor torneo, perdiendo sus tres partidos ante Robin Söderling (otra vez él), Nicolay Davydenko y Novak Djokovic. El sueco estaba en su año y lo bordó en la fase que lleva su nombre al derrotar también al de Belgrado, por lo que fueron él y Davydenko los que pasaron a las semifinales. En ellas, el ruso completaría el golpe de Estado eliminando también a Federer y proclamándose campeón ante Del Potro. A pesar de la derrota, Federer volvió a cerrar el año como número uno, la quinta vez en seis años, aunque también la última. Nunca más ha vuelto a lograrlo, y han sido Nadal y Djokovic los que año tras año se han repartido ese honor. El serbio consiguió mantenerse en el tercer peldaño del podio pese a la presión de Murray y Del Potro, en un año en el que se esperaba más de él tras el gran nivel exhibido en 2008.

El año más difícil para Nadal desde que se hizo profesional terminó de la mejor manera posible, con su tercer título en la Copa Davis, en el que esta vez sí pudo ser protagonista en la final. El contundente triunfo ante la República Checa en Barcelona (5-0) supuso un bálsamo para él, que volvió a recuperar sensaciones arropado por sus amigos y su gente. Nueve años después de ser el abanderado del equipo español en la primera Copa Davis que ganó España en el Palau Sant Jordi, el balear arrolló en ese mismo escenario a Tomas Berdych y Jan Hajek. El subidón de la Davis ante su público le sirvió para cargar pilas para lo que estaba por venir en 2010. El mejor Nadal estaba de vuelta..., y eso era mucho decir.

2010

El ciclón de Manacor

La teoría de los vasos comunicantes a la que hicimos referencia para resumir lo acontecido en 2009 volvió a imponer sus leyes en la temporada siguiente, la última de las siete consecutivas en las que Roger Federer y Rafa Nadal ocuparon los dos primeros puestos del *ranking* ATP. Cuando más alto estaba Roger Federer se produjo su mayor caída y su peso sirvió para impulsar a Nadal a su nivel más elevado después de un periodo durísimo para él. Dicen que uno no se ahoga por caerse al río, sino por mantenerse sumergido en él..., y el español siempre sale a flote, siempre vuelve, sin importar cuantas veces caiga; hizo la mejor campaña de su vida y ganó tres Grand Slams en tres superficies distintas, algo que nadie más había hecho en la Era Open. Además, completó el Grand Slam en la carrera solo un año después que Federer y recuperó el cetro del tenis mundial, sumiendo al suizo en la mayor crisis de resultados de su impecable trayectoria profesional. Este fue también un curso determinante en la carrera de Novak Djokovic, pero por otros motivos. El serbio siguió sin poder explotar todo su potencial y terminó el año sin ningún título individual importante. Sin embargo, en la recta final de la temporada, como ya hiciera Nadal doce meses antes, cerró su peor año ganando con Serbia la Copa Davis en Belgrado. Esa victoria, unida a un cambio radical en su preparación, le permitiría el año siguiente romper el cascarón que le impedía mostrar su inmenso potencial y discutir el trono a los reyes del circuito.

Al igual que Nadal en 2009, Federer comenzó ganando el Open de Australia, el cuarto en su glorioso palmarés. Mientras, sus dos máximos rivales se iban del torneo abatidos por sus continuos problemas físicos, que les impedían rendir al nivel deseado. Con su triunfo en la final ante Andy Murray (6-3, 6-4 y 7-6), *sir* Roger llegó a la cúspide de su rendimiento deportivo. Desde su primera final y título en Wimbledon 2003 había alcanzado veintidós de las veintisiete finales de Grand Slam disputadas hasta el Open de Australia 2010, y había ganado, además, dieciséis de ellas. Solo había faltado en cinco ocasiones al duelo por el título. En ese momento era, sin discusión, el mejor tenista de todos los tiempos. Nunca hubo un dominio semejante, nadie lo cuestionaba y la pregunta era cuántos grandes sería capaz de coleccionar. Aunque pocos habrían acertado la respuesta. En los siguientes veintisiete grandes torneos, el genio de Basilea solo llegó cinco veces al último partido, con un único triunfo. El deporte profesional tiene dos caras opuestas y Federer empezó a vivir el reverso de la moneda.

Mientras su gran rival disfrutaba de sus últimos días de hegemonía, Nadal volvió a retirarse de una gran competición por problemas en su rodilla derecha, esta vez ante Andy Murray en los cuartos de final. Viejos fantasmas volvían a su mente y daba la impresión de que, por culpa de las lesiones, nunca sacaría a relucir todo el tenis que llevaba dentro. Una situación similar a la que atravesaba en esos momentos Novak Djokovic, que pese a arrebatar el número dos al español y alcanzar así su mejor *ranking*, sufrió una experiencia traumática en los cuartos de final que perdió contra Jo-Wilfried Tsonga. El serbio seguía sin encontrar remedio a los problemas respiratorios y de cansancio que sufría en algunos partidos y que le llevaban a abandonar o requerir asistencia médica. Contra el tenista francés, Djokovic tocó fondo y con dos sets a uno a su favor sintió que las fuerzas le fallaban y tuvo que ir al vestuario para vomitar. Cuando regresó a la pista, según comenta en su libro *El secreto de un ganador*, estaba exhausto y era un jugador totalmente distinto.

En este libro, Djokovic explica que esta derrota le llevó «a tocar fondo profesionalmente», lo que le hizo intensificar la búsqueda de una solución que le permitiera recuperar su mejor nivel físico: «Nada daba resultado. Tenía la técnica, el talento y el impulso. Disponía de los recursos para probar cualquier clase de preparación mental y física..., pero no era nada de eso. Lo que realmente me impedía mi pleno rendimiento era algo que jamás había imaginado. Mi entrenamiento y mi preparación eran los correctos». La clave estaba en el gluten, la proteína del trigo a la que era alérgico sin saberlo. Cuando lo descubrió en mitad de la temporada, su vida dio un giro radical: «Lo único que hice fue dejar de ingerir gluten durante varios días y mi cuerpo empezó inmediatamente a sentirse mejor. Me volví más ligero, más rápido, más lúcido en mente y espíritu. Al cabo de dos semanas supe que mi vida había cambiado». Y a fe que lo hizo. Con el cambio de dieta, Djokovic se transformó y por fin sacó al tenista arrollador que llevaba dentro y que llegaría a su máximo nivel de rendimiento en 2011.

Tras dos semanas de competición en Australia, la mayoría de los aficionados y expertos habían sacado conclusiones que, por entonces, parecían evidentes. Nos encontrábamos ante una nueva temporada de dominio de Federer, en la que Nadal podría ganar Roland Garros si dejaba atrás sus problemas físicos y en la que Djokovic seguiría sin estar al nivel de los dos extraterrestres del circuito. No era de extrañar, pues fue el momento con una mayor diferencia en el número de Grand Slams entre Federer y sus dos rivales. El suizo contaba ya dieciséis, por seis de Nadal y solo uno de Djokovic. Es un punto de inflexión evidente en la triple rivalidad, sobre todo si tenemos en cuenta que once años después el marcador reflejaría un triple empate a veinte títulos. Por tanto, nada más lejos de la realidad que esas precipitadas conclusiones. Federer nunca más volvió a reinar con autoridad, Nadal protagonizó su mejor año y llegó la explosión definitiva de Djokovic al final de esa temporada, para alcanzar en 2011 el nivel de sus dos grandes rivales y comenzar definitivamente la era del *Big Three*.

El descenso de Federer a los infiernos comenzó ya en el siguiente torneo, en el desierto californiano de Indian Wells, donde Marcos Baghdatis lo dejó fuera en la segunda ronda. La semana siguiente fue el checo Tomas Berdych en Miami y poco después Ernest Gulbis en el estreno en Roma. Algo no funcionaba. Sin embargo, lo que parecía un simple bajón de rendimiento era algo mucho más grave. El mejor momento del artista suizo había pasado. Por supuesto, siguió disputando los grandes torneos a Nadal y Djokovic y jugando a un nivel inalcanzable para el resto, pero el Federer dominador que ganaba sin despeinarse nunca volvería. En los siguientes siete años, hasta su regreso triunfal en el Open de Australia 2017, el de Basilea solo sumaría un Grand Slam a su colección en Wimbledon 2012. Aunque tuvo presencia continuada en semifinales y en algunas finales, era frecuentemente derrotado por sus dos grandes rivales.

Comenzaba la década Nadal-Djokovic. El balear ya había sido coprotagonista de la anterior etapa dominadora junto con Federer y ahora cambiaba el rostro de su archienemigo. Esto habla de la enorme consistencia del tenista español, en ese aspecto el mejor de siempre. Solo él ha sido capaz de ganar al menos un Grand Slam diez años consecutivos, a pesar de sus innumerables problemas físicos. Ahora su némesis pasaba a ser Djokovic, un tenista que, con el tiempo, tendría un récord de victorias positivo contra sus dos grandes oponentes.

Al igual que Federer, Djokovic tuvo unos decepcionantes resultados en la gira americana, pese a haber ganado en Dubái semanas antes. No le ayudaba en sus problemas de fatiga un calendario tan cargado, a lo que se sumaba que Serbia iba pasando eliminatorias en la Copa Davis. Nadal, en cambio, fue recuperando el tono físico en Indian Wells y Miami, y alcanzó las semifinales en ambos antes de afrontar la temporada de tierra. Con la mente por fin despejada y el cuerpo afinado, comenzó un periplo que será recordado como una de las mejores temporadas que se hayan visto. La primera prueba llegó en Montecarlo, uno de sus torneos favoritos. En el precioso Montecarlo Country Club, Nadal protagonizó una de sus mayores exhibiciones al aplastar a todos sus rivales cediendo tan solo catorce juegos a pesar de enfrentarse a grandes especialistas en tierra batida como sus compatriotas Juan Carlos Ferrero, David Ferrer o Fernando Verdasco. A este último lo barrió por completo de la pista en el partido por el título, con el resultado más apabullante visto en una final de un Masters 1000 (6-0 y 6-1). Djokovic pudo dar gracias de haber caído ante Verdasco en la semifinal. Era su sexto trofeo consecutivo en la Rainiero III e igualó los dieciséis Masters 1000 de Federer, a solo uno del líder Andre Agassi. Además, rompió su sequía de títulos, que duraba casi un año. Una vez desatado, el huracán Rafael amenazaba con arrasar todo a su paso. Sus siguientes paradas fueron Roma y Madrid, con idénticos y devastadores resultados. En el Foro Itálico, Federer y Djokovic habían caído eliminados antes de tiempo, pero en Madrid fue el suizo el rival de Nadal en la final, a quien plantó cara, pero sin la convicción necesaria (6-4 y 7-6). Con esta victoria, el balear se convirtió en el tenista con más títulos en los Masters 1000 (18), condición que se ha ido disputando con Djokovic en los años sucesivos.

El tenista serbio seguía sin encontrarse a sí mismo y sin solventar sus problemas físicos, lo que le llevó a perder en la segunda ronda del ATP 250 de Belgrado con su compatriota Filip Krajinovic, número 319 del *ranking*. Nole empezaba a emitir señales muy preocupantes, que no mejoraron en Roland Garros, donde avanzó rondas a trompicones, sufriendo más de la cuenta ante tenistas muy inferiores. El tropezón definitivo llegó contra el austriaco Jurgen Melzer en los cuartos de final. En un partido que tenía controlado, el serbio se dejó remontar dos sets, volviendo a demostrar sus enormes carencias cuando los encuentros se alargaban (3-6, 2-6, 6-2, 7-6 y 6-4). Ironías del destino, esta vez fue Federer la víctima de Robin Söderling en los cuartos de final de París y Nadal quien se enfrentó al sueco en la gran final. A ella llegó el Rey de la Tierra sin ceder un solo set, y en el partido decisivo disfrutó de una dulce venganza sobre un tenista al que no le tenía ninguna simpatía. El 6-4, 6-2 y 6-3 reflejó la enorme superioridad del balear, que reconquistó Roland Garros sumando su quinto título en la Philippe Chatrier, a solo uno del récord que ostentaba Björn Borg. Además, recuperó el número uno y ya no lo soltó en todo el año. Con ello, Nadal evitó que Federer igualase el récord histórico de Pete Sampras de más semanas al frente de la clasificación. Se quedó en doscientas ochenta y cinco, solo una menos que el estadounidense, y tuvo que esperar dos años con la miel en los labios hasta su victoria en Wimbledon 2012.

Pese a la enorme alegría tras un año muy duro para él, el Don Pelayo español tenía otra reconquista pendiente. Esta vez en Londres, donde el año anterior no había tenido la oportunidad de defender su corona. En el All England Club, la sensación del torneo estaba siendo Tomas Berdych, quien eliminó consecutivamente a Roger Federer y Novak Djokovic en los cuartos de final y las semifinales. La crisis de juego del suizo era ya un tema recurrente y el tenista checo no hizo sino ahondar en ella. Había perdido la creatividad y la precisión que caracterizan su juego, como le venía sucediendo desde su título en Australia. Djokovic sí fue capaz de mejorar sus prestaciones en la Catedral, pero ante Berdych se mostró impotente e incluso expresó su frustración arrojando la raqueta. Pese a la mejoría, su desesperación resultaba evidente.

También pasó por muchas dificultades en las primeras rondas Rafa Nadal, que necesitó cinco mangas contra Robin Haase y Philipp Petzschner. La adaptación a la hierba no estaba siendo fácil, y en esas llegó su duelo de cuartos de final contra Robin Söderling, otra vez él, ahora instalado en la sexta posición del *ranking* ATP. El partido no comenzó bien para el guerrero español, que cedió el primer set ante el potente saque del nórdico, pero supo sobreponerse y encontrar las debilidades de su oponente (3-6, 6-3, 7-6 y 6-1). Tras deshacerse de Andy Murray en semifinales, el rival en la final fue Tomas Berdych. Verdugo de Federer y Djokovic, es uno de los pocos tenistas que pueden presumir de haber ganado varias a veces a los tres componentes del *Big Three*. Pero de nada le sirvió esa estadística y en el partido clave Nadal volvió a demostrar que es un extraordinario tenista en hierba. Con una táctica muy inteligente, moviendo al checo de lado a lado y variando mucho sus golpes para que no encontrara el ritmo, dominó completamente el duelo y la final se resolvió por la vía rápida (6-3, 7-5 y 6-4). Lo había vuelto a hacer. Con su octavo Grand Slam, repitió el doblete París-Londres, uno de los retos más complicados del tenis. Ya estaba a la altura de Jimmy Connors, Ivan

Lendl y Andre Agassi, con solo veinticuatro años y toda su carrera por delante. Muy pronto los dejaría atrás.

Una semana después de Wimbledon, mientras Rafa Nadal disfrutaba de un merecido descanso en Mallorca tras su doble conquista, Novak Djokovic viajó a Croacia para disputar los cuartos de final de la Copa Davis. Nadal había renunciado a la eliminatoria ante Francia para descansar, y la Suiza de Federer había sido derrotada precisamente por España. Hasta aquí todo normal, pero lo importante de esta historia es lo que sucedió en Split (Croacia), concretamente lo que sucedió fuera de la pista y que relata con detalle Chris Bowers en la biografía no autorizada *Novak Djokovic. The biography*.

En la preciosa ciudad de la Dalmacia croata, Djokovic concertó un encuentro con el controvertido médico serbio Igor Cetojevic, un estudioso de la medicina tradicional China. Cetojevic había visto por televisión su partido en el Open de Australia contra Tsonga y estaba convencido de que sus problemas de respiración y fatiga venían de su sistema digestivo. Ya en Split le hizo diferentes pruebas y confirmó sus sospechas. En su opinión, tenía intolerancia al gluten, motivo por el que le creó una dieta adaptada a su condición, así como consejos para respirar mejor. En el libro de Bowers, el doctor Cetojevic resume el problema que afectaba a Djokovic con un símil muy ilustrativo: «Es como poner gasolina sucia a un Ferrari. Puedes hacerlo y el coche seguirá corriendo, pero no muy bien». El resultado más evidente en un primer momento fue la pérdida de peso, debido a la estricta dieta a base de cereales sin gluten, frutas silvestres, frutos secos y té. Pero poco tiempo después, Nole fue mejorando su condición física progresivamente. Esto le llevó a realizar un gran final de temporada antes de su explosión definitiva en la campaña siguiente.

Dentro de la pista, Djokovic contribuyó ese fin de semana a la contundente victoria de Serbia a domicilio (1-4), con dos triunfos contra Marin Cilic y su antiguo compañero de entrenamientos Ivan Ljubicic. El de Belgrado ha afirmado en diversas ocasiones que inmediatamente empezó a sentirse mejor y a olvidar sus problemas de respiración. Es innegable que los resultados comenzaron a mejorar paulatinamente, si bien es posible que se haya exagerado al atribuir todo el mérito a un cambio de dieta, sin tener en cuenta otros factores como la confianza que dan las victorias encadenadas o la madurez tenística que había alcanzado. Toni Nadal es uno de los que considera desproporcionado el bombo que se le ha dado al hecho de que Djokovic dejase el gluten. En una entrevista en el Marca Sport Weekend de Marbella en 2019, dejó patente que para él la única receta infalible es el entrenamiento: «Cuando Rafael empezó a jugar al tenis teníamos la raqueta, la pista y las bolas. Hoy en día necesitas videoanálisis, estudios biomecánicos, estudios estadísticos que te digan por dónde tienes que tirar la pelota, nutricionistas porque si no comes muy bien no puedes llegar a ser un gran deportista..., y encima cuando fallas tres bolas llamas al psicólogo deportivo. Lo normal sería entrenar más, pero hoy tendemos a dar importancia a lo secundario, restando valor a lo principal». A continuación, con su sorna habitual, contó a los asistentes al evento la respuesta que le dio a un periodista serbio cuando insistió en que si Rafa había recuperado el número uno y estaba más delgado debía de ser porque había dejado el gluten, igual que Djokovic: «Le dije que tengo un hijo celiaco, que come todo sin gluten, como Djokovic. Además, también juega al tenis, pero a diferencia de Djokovic él tira todas las bolas fuera. No debe de ser el gluten lo que ha hecho ganar a Nole, porque a mi hijo no le ha funcionado en absoluto. Es lo que pasa cuando la gente de alrededor de los deportistas quiere justificar su valor».

Hasta el final de la temporada, Djokovic volvió a recuperar el nivel de juego y resultados que le habían llevado a ocupar la segunda posición en el *ranking* mundial, pero siguió sin ser capaz de derribar el muro que Federer y Nadal ponían entre él y la gloria cada vez que se cruzaban en su camino. Era necesario algo más que un cambio en la alimentación. Federer se lo dejó patente en las semifinales de Toronto, Shanghái y las ATP Finals, así como en la final de Basilea. No así en las semifinales del US Open, aunque esa ocasión fue Rafa Nadal quien le devolvió a la realidad. También Federer introdujo cambios después de Wimbledon, contratando los servicios de Paul

Annacone. Los resultados con el preparador estadounidense no se hicieron esperar y el suizo llegó a la final en el Masters 1000 de Toronto y volvió a saborear el triunfo en el de Cincinnati venciendo a Mardy Fish (6-7, 7-6 y 6-4).

En el US Open, el *Big Three* al completo mostró su mejor nivel en las dos semanas de competición, llegando a las semifinales con solo dos sets cedidos, los que Djokovic le permitió a su compatriota Viktor Troicki. En la penúltima ronda, la Arthur Ashe contempló por primera vez al nuevo Djoker. En un extraordinario partido contra Federer, el serbio fue por fin capaz de mantener su mejor nivel en un duelo a cinco sets contra un gran rival, exhibiendo un fantástico tono físico hasta el final y sin rastro de los problemas que lo habían torturado (5-7, 6-1, 5-7, 6-2 y 7-5). Desbordante de alegría y con su expresividad habitual, besó la pista y confesó que incluso él estaba sorprendido: «No sé cómo lo he hecho. Es difícil describir lo que siento».

En la final le esperaba el más difícil todavía, el número uno del mundo, que si vencía se convertiría en el tenista más joven de la historia en completar el Grand Slam. Ante los veintitrés mil espectadores que abarrotaban la pista central más grande y ruidosa del mundo, Nadal y Djokovic brindaron un espectáculo soberbio, con un tenis de muchos quilates que ni siquiera el parón por la lluvia pudo deslucir. Al igual que en la semifinal, Djokovic dejó claro que podría alcanzar el nivel de los dos marcianos que dominaban el circuito hasta ese momento. Solo la capacidad de concentración pudo sacar a Nadal indemne del bombardeo al que estuvo sometido por parte de un Djokovic con un arsenal de golpes ilimitado. Controlada la tempestad, el español siguió sin levantar el pie del acelerador y la consistencia de su tenis enérgico fue demasiado para su rival, que claudicó después de casi cuatro horas de juego (6-4, 5-7, 6-4 y 6-2). Con uno de los triunfos más especiales de su carrera, Nadal se unía al selecto club de jugadores con todos los Grand Slam en su palmarés. Con solo veinticuatro años, era el más joven en escalar los cuatro *ochomiles* del tenis y ya eran pocos los retos que le quedaban, a pesar de tener todo el futuro por delante. No es de extrañar que su celebración fuera una de las más emotivas y sus lágrimas estaban más que justificadas, pues culminaba su mejor año justo después de dejar atrás su peor momento.

Sin tiempo para lamentarse por su derrota, Djokovic cogió un avión que le llevó a Belgrado, pero no para descansar en casa, sino para disputar la semifinal de la Copa Davis contra la República Checa. Serbia tenía la oportunidad histórica de alcanzar su primera final y la gran baza de contar con el segundo mejor tenista del mundo. Sin embargo, no pudo recuperarse a tiempo de la enorme paliza física de sus duelos ante Federer y Nadal, y descansó en la primera jornada de la eliminatoria, que sus compañeros pudieron salvar con empate. El ídolo local debutó en el Arena de Belgrado en el partido de dobles, haciendo pareja con el veterano Nenad Zimonjic, pero la experimentada dupla checa formada por Berdych y Stepanek fue demasiado para ellos y puso con ventaja a los visitantes. Los locales estaban contra las cuerdas y ahí la comunión con el público fue decisiva para ayudar a Djokovic y Janko Tipsarevic a darle la vuelta a la eliminatoria al derrotar a Berdych y a Stepanek. Serbia estaba a un paso de su mayor logro y contaría con un Djokovic a pleno rendimiento. La ocasión era única.

Para el Djoker, la Copa Davis se convirtió en su única prioridad en lo que restaba de año y enfocó el último tramo del curso con el objetivo de llegar en las mejores condiciones posibles. Esto pudo influir en su irregular desempeño en las ATP Finals de Londres, disputada solo unos días antes, donde derrotó a Berdych y Roddick, pero perdió con Nadal antes de ser eliminado con facilidad en las semifinales por Roger Federer. La final de los maestros del tenis se presentaba como la gran ocasión de Nadal, que la disputaba por primera vez; estaba lanzado después del mejor año de su carrera. Además, el español tenía ante sí la posibilidad de cerrar su extraordinario palmarés con el único título importante que le faltaba después de completar el Grand Slam en Nueva York. Sin embargo, tras dos vibrantes sets, Federer sacó su orgullo de gran campeón y en el tercero cercenó de raíz cualquier esperanza de su némesis (6-3, 3-6 y 6-1). El gran dominador de la competición se desquitó con su quinto título de maestro, igualando a Sampras y Lendl como los tenistas con más doctorados en la ATP. Nadal dejaba pasar su mejor oportunidad, pero poco más podía pedir a un año excelente que le había llevado a sus cotas más altas de juego y resultados. Volvía a ser el número uno y ahora con una autoridad aplastante, tras un curso casi perfecto en el que había exhibido un tenis demoledor. Además, había conseguido lo que parecía imposible pocos meses antes: derrocar por segunda vez al que ya era considerado el mejor jugador de todos los tiempos.

Como cada año, el cierre a la temporada lo puso la final de la Copa Davis, donde la Serbia de Djokovic buscaba en casa su primera Ensaladera de Plata ante Francia, nueve veces campeona en una de las competiciones más añejas del tenis mundial. Las dieciocho mil almas que abarrotaron las gradas del Beogradska Arena de Belgrado depositaron sus ilusiones en la actuación de su ídolo, que no les falló. Djokovic ganó sus duelos individuales contra Gilles Simon y Gaël Monfils sin titubear. Sin embargo, Janko Tipsarevic y el doble formado por Viktor Troicki y Nenad Zimonjic perdieron sus encuentros, por lo que se decidiría en el quinto partido entre Troicki y Michael Llodra. La peor noticia para Serbia era que ya había gastado las balas de Djokovic. Sus opciones pasaban por una victoria de Troicki, el elegido por Bogdan Obradovic pese a haber perdido sus últimos tres partidos desde los cuartos de final. También cambió sus cartas el capitán de Francia, Guy Forget, quien optó para la batalla final por Michael Llodra, un experto doblista con excelentes resultados también en individuales en la Davis y que había sido decisivo en las eliminatorias previas.

Ambos capitanes buscaron el factor sorpresa, y la jugada le salió mejor al serbio en un partido con menos épica de lo que cabía esperar y en el que Troicki se convirtió en el inesperado héroe de los balcánicos (6-2, 6-2 y 6-3). El pabellón serbio se vino abajo con el punto definitivo, al igual que Djokovic y el resto de los integrantes del equipo, que se abalanzaron sobre su compañero, animaron al público con cánticos desde la megafonía y se raparon la cabeza para recibir la mítica Ensaladera. Incluso el presidente de la Federación Serbia de Tenis pasó por el peluquero en mitad de la pista, que se convirtió en un auténtico caos en el que la organización de la Copa Davis se tuvo que esmerar para hacer cumplir los actos protocolarios. Era el momento culminante de una generación de tenistas irrepetible para el tenis serbio, que había vivido siempre a la sombra de los deportes colectivos, principalmente el fútbol y el baloncesto. Tocaba celebrar y lo hicieron a lo grande desde el primer minuto.

Terminaba así un año crucial para entender lo sucedido en la última década en el tenis mundial, en la que se produjo un cambio en el equilibrio de poderes dentro del triunvirato que forma el *Big Three*. Una campaña en la que Roger Federer fue cediendo protagonismo y comenzó una larga travesía por el desierto que se prolongó seis años. Durante ese tiempo, Djokovic ocupó el lugar preponderante del suizo, mientras Nadal se mantuvo firme en su papel, discutiendo o conquistando el número uno cuando las lesiones se lo permitían. El español había ganado en 2010 los tres grandes en los que había participado en plenitud de facultades físicas. La pregunta que se formulaba la mayoría de los aficionados era evidente: de no haberse lesionado, ¿habría sido capaz de imponerse también en Australia y completar así el auténtico Grand Slam?

2011

Nace el *Big Three*

Después de varios años como aspirante al trono en el que se alternaban Federer y Nadal, Djokovic por fin derribó el muro. En 2011 sacó a relucir todo el potencial que se le intuía y protagonizó un año apoteósico, con una de las mejores campañas de la historia del tenis, en la que solo perdió seis partidos. No solo se sentó a comer en la mesa de los mayores, sino que fue el comensal principal. El Djoker protagonizó un arranque descomunal y se mantuvo invicto hasta que Federer le frenó en las semifinales de Roland Garros, ya en el mes de junio. Tras su primer título en Wimbledon, el serbio estrenó también la condición de líder mundial arrebatándosela a Nadal. El suculento botín final incluyó diez títulos, entre ellos tres Grand Slams y cinco Masters 1000.

Poco pudieron hacer Federer y Nadal para evitar el desembarco de Djokovic en su territorio; además, vieron como los batía en diez de las once ocasiones en las que se enfrentaron. El español mantuvo el nivel estratosférico del año anterior, alcanzando las finales de casi todos los torneos en los que participó, pero solo se pudo llevar aquellas en las que su rival no fue el balcánico. Incluso repitió la gesta de llegar a tres finales de Grand Slams consecutivas en tres superficies distintas, aunque «solo» pudo retener su corona en París y ganar la Copa Davis. Peor le fue a Federer, que se quedó sin ningún grande por primera vez en nueve años y al que solo le quedó el consuelo de coronarse como maestro de maestros con su sexto título en las ATP Finals. La mayoría de los tenistas solo podrían soñar con ello, tal es el nivel de esta rivalidad.

Mucho se ha hablado desde entonces de la nueva dieta de Novak Djokovic, para explicar su espectacular explosión en 2011, a lo que ha contribuido enormemente la herramienta de *marketing* que es su libro *El secreto de un ganador*. Es indudable que el cambio en su alimentación influyó de forma decisiva en su mejoría física, lo que le pudo llevar a ganar partidos que antes perdía porque le fallaban las fuerzas. Pero la comida por sí sola no explica los extraordinarios resultados que consiguió. En ello influyó y mucho la gran confianza que adquirió el tenista al ganar la Copa Davis con su país, como ya le pasó a Nadal el año anterior. Ese fue también un factor de primer orden, así como la madurez tenística que fue alcanzando un tenista que anteriormente ya había sido capaz de ganar el Open de Australia y las ATP Finals.

Precisamente en el verano austral comenzó la exhibición de Djokovic. Rafa Nadal era el principal favorito y buscaba enlazar los cuatro Grand Slams de forma consecutiva. A pesar de comenzar el torneo en modo campeón, fue sorprendido en los cuartos de final por su amigo David Ferrer, que le venció con inusitada facilidad (6-4, 6-2 y 6-3). El partido comenzó muy mal para Nadal, que tuvo que ser atendido nada más iniciarse por problemas en los isquiotibiales y no pudo pelear por la victoria. Nuevo palo para el mallorquín, que no pudo luchar en condiciones por poseer los cuatro Grand Slams al mismo tiempo.

Federer se fue abriendo hueco hasta las semifinales tras salvar un partido envenenado ante Gilles Simon en la segunda ronda. Al otro lado de la red se encontró a Djokovic, que aprovechando la inercia ganadora del final de la temporada anterior llegó en plena forma a Melbourne y no dio opción ni al suizo en las semifinales ni a Andy Murray en la final (6-4, 6-2 y 6-3). El serbio alzó su segundo título de Grand Slam un año después de tocar fondo en esa misma pista, que desde entonces pasó a ser su cancha favorita. Era indudable que nos encontrábamos ante una nueva versión de Djokovic, muy mejorada y con una determinación total. Un tenista mucho más completo y temible.

Lo que pasó desde el Open de Australia hasta Roland Garros fue una titánica lucha de poder entre Nadal y Djokovic, que ganaron todos los torneos en los que participaron y protagonizaron la final en los que coincidieron; la victoria siempre cayó del lado serbio. Nada se le puede reprochar al español, que mantuvo el espectacular nivel de 2010 y ganó los torneos de Montecarlo y Barcelona, pero no pudo con la apisonadora de Belgrado en las cuatro finales de Masters 1000 que disputaron en Indian Wells, Miami, Madrid y Roma. La moral de Djokovic subía con la misma fuerza con la que bajaba la de Nadal, que incluso se vio superado por primera vez en tierra batida en la capital española (7-5 y 6-4). Nadal empezó a recibir de su propia medicina y Djokovic comenzó a inocularle el mismo veneno que él había suministrado a Federer en los años anteriores. Estas derrotas hicieron mella en la mente del balear y fueron clave posteriormente en las finales de Grand Slam que disputaron. Federer parecía haber intercambiado los papeles con Djokovic y ahora él se veía sistemáticamente eliminado en las semifinales por los dos tenistas que se disputaban el liderazgo.

A lo que no estaba dispuesto Nadal era a renunciar a su torneo fetiche, al que dominaba con puño de hierro desde 2005 y que había reconquistado el año anterior. Para ello contó con la inestimable colaboración de Roger Federer, que entendía su frustración mejor que nadie. El suizo infligió a Djokovic su primera derrota en un partido que Nadal había calificado en la previa como el duelo entre «el mejor de la historia contra el mejor del momento». Y no decepcionó. El tenis de Federer recuperó su máximo esplendor y se impuso a la maquinaria perfecta del balcánico en una tarde para el recuerdo (7-6, 6-3, 3-6 y 7-6). Djokovic se quedó a un paso de igualar el mejor inicio de siempre, que sigue en poder del genial John McEnroe desde 1982 con cuarenta y dos victorias.

La cuarta final Nadal-Federer en Roland Garros era un *déjà vu* y el español contaba con el buen augurio de haber derrotado a Robin Söderling, algo que en los dos años anteriores fue una garantía de triunfo para ambos en París y Londres. Pero Nadal no necesita amuletos en su torneo. Rey de la Tierra y criptonita para *Superman* Federer, el balear ganó su duelo más igualado en la arcilla parisina y volvió a frustrar las ilusiones de un rival que por juego hizo su mejor Roland Garros, superior incluso al que ganó en 2009. Salvo el cuarto set, el resto pudo caer de cualquier lado, pero en los momentos más complicados Nadal mantuvo esa fe inquebrantable que tantos éxitos le ha dado (7-5, 7-6, 5-7 y 6-1). Esta vez le sirvió para levantar su décimo Grand Slam y su sexta Copa de los Mosqueteros, igualando la colección de la leyenda Björn Borg.

Semanas después, en Wimbledon, Djokovic y Nadal mantuvieron el nivel de juego, mientras Federer volvió a tropezar antes de tiempo, en esta ocasión tras desperdiciar dos sets de ventaja ante Jo-Wilfried Tsonga en los cuartos de final (3-6, 6-7, 6-4, 6-4 y 6-4). Tras el partido, Federer declaró que «excepto el marcador, muchas cosas fueron bien». Era evidente que algo había cambiado en un tenista que, como apunta Stefano Semeraro en *El código Federer*, nunca se había dejado remontar dos sets en los ciento setenta y ocho partidos de Grand Slam que había disputado. Al terminar el partido, Tsonga fue preguntado por los periodistas sobre si se veía capaz de ganar Wimbledon, a lo que respondió confiado: «¿Por qué no?». La respuesta era sencilla: porque se iba a cruzar con el nuevo Djokovic. El serbio le cortó las alas en la siguiente ronda, demostrando que ya no era aquel tenista al que le abandonaban las fuerzas en los partidos largos, como le había sucedido la última vez que se vieron las caras en Australia. Ahora era el número uno del mundo, ya que esa victoria le aseguraba por vez primera la posición de privilegio en el *ranking*. Había cumplido su palabra. Estaba en la cima después de toda una vida de duros sacrificios para conseguirlo. Y le cogería el gusto, era un placer mirar a todos sus rivales desde lo más alto. Tanto que en los años sucesivos nadie estaría más acostumbrado que él a esa perspectiva cenital.

Con esa enorme inyección de moral, Djokovic afrontó su primera final en la venerada Centre Court, mientras que para Nadal era la quinta consecutiva (en 2009 no participó). Nada mal para «un jugador de tierra», y más teniendo en cuenta que solo Federer (7) y Borg (6) lo han logrado en la Era Open. En la quinta final que ambos protagonizaban ese año, Djokovic recogió lo que había sembrado en las cuatro precedentes y volvió a imponerse a un tenista muy inseguro. El Djoker le tenía comida la moral y fue muy superior a un irreconocible Nadal, que jugó una de sus peores finales (6-4, 6-1, 1-6 y 6-3). Genio y figura, exultante de alegría, el serbio se rebozó por el prado inglés y se llevó a la boca unas briznas de césped para saborear su triunfo de un modo literal. «No sabía lo que hacer para expresar mi emoción y alegría..., me he sentido como un animal», confesó el exultante campeón de Wimbledon.

La copa de papel que un día se fabricó en casa se había convertido en un precioso trofeo de plata, que el joven tenista no dejó de abrazar en toda la ceremonia. En la rueda de prensa posterior, Djokovic reconoció que su infancia fue lo primero en lo que pensó tras su victoria, «el duro trabajo en Serbia, los sueños que tenía y que se han cumplido». También tuvo palabras de admiración para su oponente. Reconoció que él también llegó a sentirse frustrado cuando jugaba contra Nadal y que superarlo le llevó un largo «proceso de aprendizaje». Ahora se habían cambiado las tornas y eran Federer y Nadal los que debían encontrar una fórmula anti-Djokovic.

Tras el parón veraniego, la máquina perfecta en la que se había convertido el serbio siguió triturando rivales. El Masters 1000 de Montreal lo solventó sin apenas oposición y a punto estuvo de repetir en Cincinnati, donde se tuvo que retirar en la final contra Murray debido a problemas en su brazo derecho (6-4 y 3-0). Era la primera final que perdía en toda la temporada, pero pudo recuperarse a tiempo para afrontar al cien por cien el último grande del año en Nueva York. En la Gran Manzana, hogar de Broadway, Djokovic volvió a representar con maestría el papel con el que había triunfado en 2011. Tras una lucha sin cuartel, el protagonista Djokovic se impuso al actor secundario Nadal y al de reparto Federer. En esta ocasión, el guion incluyó una escena en la que se salvaba inesperadamente cuando estaba contra las cuerdas. Fue en las semifinales, cuando Federer se dejó remontar otra vez con todo a favor. Increíblemente, el suizo no había aprendido la lección de Wimbledon e incluso desperdició dos bolas de partido, como ya hiciera en las semifinales del año anterior. Impensable en la versión anterior de Federer, la única explicación plausible era la apoteósica dinámica ganadora de un Djokovic que ya ganaba por inercia (6-7, 4-6, 6-3, 6-2 y 7-5).

Por primera vez desde 1995, la Arthur Ashe pudo disfrutar de una final entre el número uno y el dos del mundo. Esta vez no hubo sorpresas, en un torneo tan dado a ellas, y Djokovic, como buen artista, se ciñó al guion y derrotó por sexta vez consecutiva a Nadal para levantar al cielo de Nueva York su primer US Open (6-2, 6-4, 6-7 y 6-1). Nadal, una vez más, ni siquiera puso en apuros a su rival, cuando al resto de sus oponentes les pasaba por encima sin titubear. Para el serbio era su tercer Grand Slam de una campaña memorable en la que su tenis rozó la perfección. El número uno al final del año estaba asegurado.

Sin embargo, como tanta alegría parecía irreal, la vida se encargó de recordarle que el drama vive a la vuelta de la esquina y aparece cuando menos te lo esperas. El fin de semana después de su triunfo en Flushing Meadows, Serbia se enfrentó a Argentina en las semifinales de la Copa Davis que defendían los balcánicos. El ambiente mágico de la final ante Francia se repitió en el Beogradska Arena, pero esta vez el deporte le mostró su cara más amarga al conjunto serbio. Su jugador estrella llegó con solo veinticuatro horas de antelación y con su físico muy castigado después de una temporada jugándolo todo y dos semanas de máxima exigencia en Nueva York. De acuerdo con su capitán, Djokovic decidió descansar hasta la tercera jornada, a la que se llegó con ventaja argentina por 2-1. En el cuarto partido, el líder serbio se enfrentó a Juan Martín del Potro queriendo asumir su responsabilidad. Pronto se vio que fue una decisión errónea y se tuvo que retirar apenas iniciado el segundo set con 7-6 y 3-0 favorable a Del Potro. Los dolores de espalda no permitieron continuar a un Djokovic que rompió a llorar en la pista, sin que sus compañeros ni el público pudieran consolarle. Su abandono significaba la victoria de Argentina, que en la final se vería las caras con España.

Antes de la final de la Davis, como ya sucediera el año anterior, Federer se reencontró consigo mismo y realizó un gran tramo final de competición. Con la ayuda de Stan Wawrinka salvó a Suiza para mantenerla en el Grupo Mundial, derrotando a una Australia que todavía dependía del correoso Lleyton Hewitt. Con la permanencia asegurada y con las buenas sensaciones del US Open, regalito a Djokovic aparte, Federer quiso enviar un mensaje a sus rivales de cara al siguiente curso: aún estaba muy vivo. Primero pasó por casa para ganar por quinta vez el torneo de Basilea, rompiendo así una sequía de diez meses sin títulos. Después, se llevó el último Masters 1000 en París al derrotar a Jo-Wilfred Tsonga en la final (6-1 y 7-6). Y para completar su *sprint* y no cerrar el año sin un gran título, volvió a demostrar su grandeza en las ATP Finals, un torneo que domina como nadie hizo antes. Mientras Nadal y Djokovic cayeron en el *round* Robin, Roger hizo un camino inmaculado, derrotando en el grupo a Tsonga, al propio Nadal y a Mardy Fish. En las semifinales, fue David Ferrer quien tuvo que inclinarse; a continuación, en su final número cien en la élite, batió a Tsonga por tercera vez en dos semanas, privándole del que hubiera sido su mayor éxito profesional (6-3, 6-7 y 6-3). Con esta victoria, se coronaba por sexta vez en el torneo que reúne a los ocho mejores del circuito, más que nadie en la historia. La grandeza de los genios te pone en tu sitio cuando dudas de ellos.

Y lo mismo pensaba Nadal. Por tercera vez en cuatro años, el equipo español de Copa Davis ponía el colofón a una intensa temporada de tenis. Esta vez en el estadio de La Cartuja de Sevilla era Argentina quien buscaba dar la campanada en una reedición de la «batalla de Mar del Plata» de 2008. Por desgracia para los sudamericanos, esta vez sí participó Nadal, posiblemente el mejor jugador de Davis de la historia. Es tal el magnetismo del mallorquín que el público español, algo frío para ser una final, se transformó totalmente en sus dos partidos, aumentando notablemente los decibelios del recinto andaluz. Con este apoyo incondicional, Nadal aplastó a su amigo Juan Mónaco en el primer partido de la eliminatoria (6-1, 6-1 y 6-2); no estaba dispuesto a dejar escapar la Ensaladera en casa. La victoria de David Ferrer sobre Del Potro puso las cosas muy de cara para los locales, pero el doble argentino formado por David Nalbandian y Eduardo Schwank acortó distancias al derrotar a los héroes españoles en Mar del Plata, Feliciano López y Fernando Verdasco.

En la última jornada, Nadal tenía en sus manos poner el broche de oro a un curso en el que había rendido a un nivel espectacular, pero sin obtener los resultados que hubiera logrado en cualquier otra campaña jugando de ese modo. El balear empezó dubitativo y cedió el primer set ante Del Potro, que a base de martillazos solo le permitió anotarse un juego. Aunque la segunda manga empezó igual, con Delpo rompiendo el saque del español, Nadal reaccionó rápidamente devolviéndole el *break*, y a partir de ahí fue recuperando la confianza y mostrando su raza de campeón hasta llevarse el segundo set y arrasar a su rival en el tercero. En la cuarta manga, ninguno era capaz de mantener su saque, con ambos jugadores nerviosos y agotados por la energía consumida a base de golpes. Todo se decidió en un *tie-break* en el que Nadal no concedió ni un solo punto a un Del Potro exhausto. Era la quinta Davis para España y la cuarta para un Nadal convertido ya en una leyenda de la competición por países. Cerraba el manacorí un año complicado por las finales perdidas ante Djokovic, pero muy exitoso por el nivel mostrado y los títulos en Roland Garros y la Copa Davis.

Esta trepidante temporada, llena de momentos inolvidables, sirvió como banderazo de salida a la nueva década, la del *Big Three*; un decenio en el que Federer, Nadal y Djokovic nos regalarían algunas de las escenas más emocionantes de la historia del tenis. La rivalidad entre ellos alcanzaría durante esos años su momento de mayor esplendor y entre los tres se repartirían treinta y uno de los treinta y nueve Grand Slams disputados hasta 2020. Comenzó Djokovic como *primus inter pares* en 2011, pero ese rol principal cambiaría de manos en muchas ocasiones, principalmente en beneficio de Nadal, en menor medida de Federer. Es muy difícil decir si fue más brillante esta década o la anterior, dependerá de las preferencias, los gustos y la nostalgia de cada aficionado.

2012

El triunvirato

Si tuviéramos que elegir un año como el más representativo de lo que ha sido el circuito de la ATP en las dos últimas décadas, la gran mayoría se decantaría por 2012. El motivo es sencillo; tras un curso dominado totalmente por Novak Djokovic, el *Big Three* se repartió la práctica totalidad de los títulos importantes y cada uno se impuso en su Grand Slam predilecto. Desgraciadamente, también fue una campaña representativa porque las lesiones impidieron a Nadal poder aumentar su cosecha de títulos. Una nueva lesión de rodilla le obligó a parar a mitad de temporada y a estar alejado de las pistas durante siete meses.

Lo curioso del caso es que, a pesar de no haber sido la única vez en la que los tres ganaban al menos un Grand Slam (ya lo habían logrado en 2008 y repetirían en 2018), sí que ha sido el único año hasta la fecha en el que cada uno de ellos ganó su torneo fetiche. Difícil creerlo si tenemos en cuenta que Federer ha alzado ocho veces el trofeo de Wimbledon; Nadal, trece el de Roland Garros; y Djokovic, nueve el de Australia. Sin embargo, la casualidad quiso que solo en 2012 comenzara Djokovic ganando en Melbourne, siguiera Nadal en París y rematara la faena Federer en Londres. No conforme con los tres grandes, el *Big Three* se repartió ocho de los nueve Masters 1000 y solo David Ferrer, el gladiador de Jávea, fue capaz de arrebatarles uno al imponerse en la final de París-Bercy al polaco Jerzy Janowicz (6-4 y 6-3) y convertirse en el tenista con más títulos del año con siete. Poco se ha valorado el gran mérito de uno de los grandes damnificados de la era del *Big Three*, que ese año consiguió el único ATP Masters 1000 que luce en sus vitrinas.

Pocos días antes del inicio del Open de Australia se hizo pública una inusual polémica entre Federer y Nadal, con el calendario del circuito como telón de fondo y que pudo terminar con una huelga de los tenistas en el primer Grand Slam del año. Ambos lideraban el Consejo de Jugadores ATP, con Federer como presidente y Nadal como vicepresidente, y su rivalidad siempre se había caracterizado por su buena relación e incluso amistad, motivo por el que fue más sorprendente si cabe. El balear siempre había dicho que apoyaba lo que dijera Roger cuando se le preguntaba por cuestiones referentes a la organización del circuito, pero ahora las cosas habían cambiado. Era un tenista mucho más maduro y estaba empezando a sufrir en su físico los estragos de un calendario extenuante, con eventos celebrados en su gran mayoría sobre superficies duras que castigan el cuerpo de los tenistas. Esto nunca había sido un problema para Federer, un superdotado físico sin apenas dificultades con las lesiones. Y ahí comenzaron las divergencias, que ya fueron manifiestas dos meses antes en las ATP Finals de Londres.

La disputa se centraba en tres temas principales: la reducción del calendario, la creación de un *ranking* bianual para que los tenistas no estuviesen tan obligados a disputar los torneos y la posibilidad de hacer una huelga para presionar a la ATP. Nadal era el abanderado de la «revuelta», mientras que Federer era partidario de mantener el *statu quo*. Los dos jefes del circuito llegaron incluso a reunirse esos días en Londres para acercar posturas, pero eran tan opuestas como sus estilos de juego. Así se llegó al fin de semana previo al inicio del Open de Australia, cuando los jugadores se reunieron en Melbourne en un ambiente enrarecido. Incluso llegaron a realizar una especie de votación para decidir si debían iniciar una huelga, con el director del torneo australiano temiéndose lo peor. Al final todo quedó en nada y el abierto australiano pudo comenzar dos días después. Algunos jugadores como Ivan Ljubicic, predecesor de Federer en el cargo y actual entrenador del suizo, calificó lo acontecido de «vergüenza y circo», y fue uno de los principales apoyos de su actual pupilo y de los detractores de la postura de Nadal. Otros, en cambio, le recriminaron a Federer su actitud pasiva ante el problema, más teniendo en cuenta el importante cargo que ostentaba.

En esta tensa situación, cuando los periodistas preguntaron a Nadal por lo sucedido en la rueda de prensa previa a su debut en Melbourne, el español estalló: «Estoy en desacuerdo con él. Es muy fácil no decir nada, todo es positivo, así parezco un *gentleman* y que se quemen los demás... Terminar tu carrera con dolor en todas las partes de tu cuerpo no es positivo. Igual él acaba como una rosa porque tiene un físico privilegiado, pero ni Murray, ni Djokovic ni yo terminaremos como rositas... ¿A qué edad vamos a acabar en el tenis? Luego queda mucha vida por delante y es importante cómo estés físicamente, y tengo miedo de no poder ir con mis amigos a jugar al fútbol o a esquiar». Su ataque iba claramente dirigido a Federer y a la ATP, por organizar un calendario excesivamente cargado en el que predominan las superficies duras, las más dañinas para la salud de los tenistas: «Te destrozan las rodillas, los tobillos y la espalda. Además, el calendario, como está hecho, no te permite descansar. Podría ser mejor sin sufrir un cambio drástico, y eso es lo que pedimos una gran mayoría». Al final, sus demandas cayeron en saco roto y Nadal dimitió como vicepresidente. La relación entre ambos recuperó la normalidad más adelante y con el paso de los años han llegado a desarrollar una sincera amistad. Incluso años más tarde volvieron a tomar las riendas del Consejo de Jugadores de la ATP, ocupando los mismos cargos que entonces.

Con la tensión disparada comenzó el espectáculo, en una edición del Open de Australia grabada a fuego en la memoria de los buenos aficionados. Con el paso de las rondas, la crispación se fue reduciendo, mitigada por el *show* que los jugadores ofrecían en la pista. Principalmente el *Big Three*, a quienes solo Andy Murray podía hacer sombra en su empeño de formar un *Big Four*. En los cuartos de final, Federer alcanzó la mágica cifra de mil partidos disputados. Todavía lejos de los 1479 de *Jimbo* Connors, celebró la efeméride como mejor sabe, dando una lección de tenis, con Del Potro como privilegiado receptor de su sabiduría (6-4, 6-3 y 6-2). La semifinal más morbosa estaba servida, un Federer-Nadal como en los viejos tiempos y salpimentado por la reciente polémica. ¿Qué más se podía pedir? Tenis, solo tenis. Los dos campeones dieron una lección de juego, con la elegancia y los valores que los caracterizan. El duelo tuvo momentos de altísima calidad y muchas alternancias en el dominio, como en los viejos tiempos. Pero los errores de Federer con su derecha y los *passing shot* de Nadal cuando el suizo subía a la red resultaron determinantes para decantar la victoria del balear, la número dieciocho en veintisiete enfrentamientos. Entrevistado en la pista antes de ir al vestuario, Nadal quiso rebajar la polémica dedicándole un sincero halago a su rival: «Siempre es un honor jugar con Roger, le deseó lo mejor en la temporada. Sigo aprendiendo de él».

Y si la semifinal fue una lección de tenis, la final fue una batalla épica, la más larga en la historia de los Grand Slams, en la que el español acabó muriendo con las botas puestas. Durante cinco horas y cincuenta y tres minutos, Djokovic y Nadal se dejaron hasta el último gramo de sudor en la abrasiva atmósfera del Rod Laver Arena. Con temperaturas por encima de los treinta y cuatro grados, ofrecieron un espectáculo antológico, a la altura de los mejores duelos de la historia del deporte. Ambos acabaron exhaustos y para el recuerdo quedó la imagen de los dos inclinados y apoyando las manos en las rodillas para recuperar el aliento mientras comenzaba la ceremonia de entrega de trofeos. Tan destrozados estaban que la organización les puso unas sillas para que pudieran sentarse durante los parlamentos previos; no se tenían en pie. Nadal tuvo en su mano la victoria en el quinto set cuando se puso 4-2, pero Djokovic volvió a salvar un partido que tenía perdido, como en el US Open meses atrás (5-7, 6-4, 6-2, 6-7 y 7-5). Su tercer *major* consecutivo significaba la confirmación de su dominio en el circuito y hacerse un hueco entre los más grandes. Excitado por su demostración de poder, Djokovic celebró su victoria a lo Hulk Hogan, arrancándose la camiseta ante el delirio del público *aussie*.

A pesar de haberse quedado fuera de la final, Federer había hecho un gran torneo y siguió con la estupenda dinámica que arrastraba desde el final de 2011, encadenando los títulos de Róterdam, Dubái e Indian Wells. Comenzó aquí una curiosa alternancia en los Masters 1000 de la temporada, en la que los tres se turnaron para ganar los ocho primeros: Indian Wells (Federer), Miami (Djokovic), Montecarlo (Nadal), Madrid (Federer), Roma (Nadal), Toronto (Djokovic), Cincinnati (Federer) y Shanghái (Djokovic).

En esos primeros compases de la temporada, Djokovic ya había vuelto a la condición de humanoide, pese a su victoria en Melbourne y Miami, como se encargaron de demostrar Andy Murray y John Isner en Dubái e Indian Wells. Llegaba la temporada de tierra y la pregunta era inevitable: ¿rompería Nadal la racha de siete derrotas consecutivas en finales contra Djokovic? ¿Sería capaz Nole de prolongarla en la tierra batida como hizo el año anterior? Y la más importante: si se cruzaban en Roland Garros, ¿podría Novak derrotar a cinco sets al mejor tenista de la historia en polvo de ladrillo? La respuesta a las dos primeras preguntas llegó en el primer torneo que ambos disputaron, el Masters 1000 de Montecarlo, donde Nadal había salido vencedor en las últimas siete ediciones. Con Federer ausente, era fácil adivinar qué dos tenistas disputarían la final en el lugar de residencia de Djokovic. Sin embargo, quien jugaba en casa en la Rainiero III era Nadal, que resolvió las dudas de un plumazo, dando una soberana paliza a Djokovic (6-3 y 6-1) para cerrar el debate. En descargo del serbio hay que mencionar que no se encontraba en un buen momento tras el fallecimiento de su abuelo días antes. Estaban muy unidos, pues Nole había pasado buena parte de la infancia con él en su apartamento de Belgrado: indudablemente, su muerte afectó a su rendimiento aquel día.

Con su octavo título seguido en Montecarlo, más que nadie en ningún torneo, Nadal se cargó de moral para afrontar lo que quedaba de primavera, que siempre fue su estación favorita. Lo demostró también en Barcelona y Roma, especialmente en la ciudad eterna, donde volvió a derrotar a Djokovic en la final (7-5 y 6-3). El serbio tenía cada vez menos pinta de ogro a ojos de Nadal, decidido a superar los seis títulos de Borg en París. A la cita también llegó esperanzado Federer, que hizo una temporada de tierra más corta para no sobrecargarse y fue capaz de ganar el Masters 1000 de Madrid. En Roland Garros, el suizo no tuvo ningún cruce sencillo y se fue dejando sets y horas en pista por el camino, especialmente en los cuartos de final contra Del Potro. El argentino volvió a exigirle lo máximo y tras colocarse con dos mangas a favor obligó a Federer a un esfuerzo titánico para darle la vuelta al marcador (3-6, 6-7, 6-2, 6-0 y 6-3). En la segunda mitad del encuentro se vio un gran tenis de Federer, cuyo temor era acusar el cansancio en una semifinal contra Djokovic. Sin embargo, al parecer, el serbio no quiso jugar con ventaja: también se fue hasta el quinto parcial en sus enfrentamientos contra Andreas Seppi y Jo-Wilfried Tsonga. Partirían en igualdad de condiciones.

En el partido que debía decidir el finalista, Federer volvió a las andadas y desaprovechó la oportunidad de meterse en una nueva final de Roland Garros. El resultado, 6-4, 7-5 y 6-3, era engañoso, ya que el de Basilea había gozado de *breaks* de ventaja en los dos primeros sets que no supo materializar. Djokovic aprovechó la cortesía del *gentleman* suizo y cogió al vuelo la oportunidad de alcanzar su primera final en el torneo parisino. Era el noveno Grand Slam consecutivo en el que Federer se iba de vacío: ya habían pasado dos años y medio desde su último triunfo en Melbourne. A punto de cumplir treinta y un años, las dudas sobre si volvería a lo más alto estaban cada vez más justificadas.

La final más esperada estaba servida. Nadal alcanzaba la última ronda de un grande por quinta vez consecutiva y volvió a completar dos semanas inconmensurables en París. El balear no tuvo la más mínima compasión con unos rivales que se podían dar por satisfechos con unos pocos juegos de propina. David Ferrer le hizo solo cinco en las semifinales y Juan Mónaco apenas dos en octavos. Y la lista sigue. Por supuesto, Djokovic era otro nivel de dificultad; además, tenían una cuenta pendiente por las tres últimas finales de Grand Slam que el serbio le había arrebatado. En la final se jugaban tantas cosas que merece la pena hacer un recuento. Djokovic tenía en su mano la posibilidad de ganar su primer Roland Garros y completar el Grand Slam, batiendo incluso el récord de precocidad que ostentaba el propio Nadal. Además, lo haría ganando los cuatro de forma consecutiva, algo que solo hizo Rod Laver en la Era Open, si bien el australiano completó la hazaña en un año natural, el verdadero Grand Slam. Por su parte, Nadal buscaba su séptimo entorchado en París para superar a Björn Borg y convertirse en el más laureado en el Bois de Boulogne. Por otra parte, igualaría a Pete Sampras como el tenista con más títulos en un único Grand Slam, Wimbledon en el caso del norteamericano. Por último, para conservar el segundo puesto del *ranking* solo le valía un nuevo triunfo.

Con todo esto en juego la final comenzó con el plomizo cielo parisino amenazando con la suspensión. El campeón salió muy enchufado a la arena, mucho más concentrado que un nervioso aspirante que llegó a destrozar su silla de un raquetazo. Nadal se llevó las dos primeras mangas, la segunda tras un primer parón por la lluvia, pero en el tercer set Djokovic tuvo una gran reacción y endosó ocho juegos consecutivos al español. De esta forma, el serbio se adjudicó el tercer parcial y se puso con ventaja de dos juegos en el inicio del cuarto. Apoyado en parte por el mayor peso de las bolas por la lluvia, Djokovic estaba recuperando la fe en sus posibilidades y ahora veía factible la victoria. Nadal en cambio se lamentaba continuamente a su palco, indicando que no podía levantar la pelota, hinchada por la humedad. La lluvia arreció y el árbitro sueco Stefan Francsson suspendió el partido de forma definitiva justo cuando Nadal cortó la racha de Djokovic dejando el cuarto set en 2-1 para su rival. Ninguno de los dos estaba conforme con el momento de la decisión, pero el choque se reanudaría al día siguiente. La última vez que se había suspendido una final de Roland Garros había sido en 1973, cuando la victoria fue para el rumano Ilie Nastase, que precisamente derrotó al exentrenador de Djokovic, el croata Niki Pilic.

El lunes a mediodía, Nadal salió dispuesto a cerrar el partido y rompió de salida el saque de Djokovic con una gran intensidad desde el primer punto. El manacorí volteó el marcador y pudo conservar su ventaja hasta el final, que llegó tras una doble falta inexplicable del número uno del mundo. Como es tradición, Nadal se rebozó por la arcilla de la Philippe Chatrier, pero esta vez su celebración fue más eufórica, al igual que la de sus familiares, a los que se abrazó en la tribuna. En el recuerdo de todos estaban las últimas finales de Grand Slam perdidas ante Djokovic; este triunfo confirmaba que había superado el trauma. Con once grandes, Nadal se situaba a la altura de Rod Laver y Björn Borg en la carrera por ser el mejor de siempre. Recortaba la distancia con Federer a solo cinco títulos, cuando solo dos años y medio antes era justo el doble.

Unos días después, en el torneo de Halle, Nadal buscó adaptarse rápidamente al cambio de superficie para afrontar con garantías su intento de igualar otra de las hazañas del vikingo sueco, lograr tres dobletes Roland Garros-Wimbledon. El plan no le salió bien, pues en la segunda ronda Philipp Kohlschreiber le dejó fuera de concurso, anticipando lo que sucedería la semana siguiente en el All England Club. Federer, por su parte, llegó a la final, donde cayó derrotado por un viejo conocido como Tommy Haas (7-6 y 6-4).

Ya en Wimbledon, el debutante Lukas Rosol, número 100 de la ATP, sorprendió a todos eliminando al doble campeón de Wimbledon en la segunda ronda, algo que no le sucedía al mallorquín desde 2005. El tenista checo mostró un gran aplomo en los momentos delicados e incluso se sobrepuso al primer set ganado por Nadal (6-7, 6-4, 6-4, 2-6 y 6-4). A la postre, la peor noticia para el español no fue su eliminación, sino que ese sería su último partido de la temporada. Una nueva lesión en su maltrecha rodilla le obligó a parar, por lo que se perdió los Juegos Olímpicos de Londres, en los que iba a ser abanderado de la delegación española, además del US Open, las ATP Finals y la final de la Copa Davis. Aunque en principio se pensó que el parón no sería tan largo, la recuperación se complicó y tuvo que permanecer siete meses alejado de las pistas. Otra vez una lesión volvía a frenarle en una campaña en la que sus resultados estaban siendo excepcionales.

La edición de Wimbledon de 2012 tenía un sabor especial porque solo un mes después las propias pistas del All England Club acogerían la competición de tenis de los Juegos Olímpicos de Londres. Un buen mes podría permitir a uno de los favoritos conquistar la doble corona. Y candidatos, con Nadal fuera a las primeras de cambio, solo había tres: Federer, Djokovic y Murray. Los tres hicieron los deberes y alcanzaron las semifinales sin excesivos sobresaltos. Murray iba por el lado del cuadro de Nadal, circunstancia que aprovechó para meterse en su primera final de Wimbledon; además era el primer británico que lo lograba en setenta y cuatro años. Bunny Austin había sido el último en 1938, y es probable que ningún asistente al partido lo hubiera visto jugar. Federer y Djokovic tendrían que volver a disputarse el pase como en el último Roland Garros. Nunca se habían enfrentado en hierba en veintiséis duelos directos y el suizo hizo valer su experiencia y jerarquía en la Catedral para colarse en la final tres años después. Era la octava para él, lo que suponía un récord en la historia del torneo más antiguo del mundo.

En el enfrentamiento por el título, el novato debía lidiar no solo con la presión de la prensa británica, sino también con la leyenda de Wimbledon, un Federer desesperado por romper una sequía de dos años y medio sin un Grand Slam. Con un triunfo recuperaría la corona de Wimbledon, además del número uno del mundo, algo que sus nervios notaron en los dos primeros sets. Con el marcador igualado, en el tercer parcial llegó la típica interrupción por la lluvia y los recogepelotas cubrieron con diligencia la hierba de la Centre Court. Fueron cuarenta y cinco minutos que ayudaron a Federer a calmarse y serenar su tenis. La clave del partido estuvo en el sexto juego del tercer parcial, que, tras dieciocho dramáticos minutos, cayó del lado del suizo. Un *break* (4-2) que le llenó de confianza al mismo tiempo que minaba la de Murray. El escocés veía como se le escapaba su cuarta final de Grand Slam y no pudo hacer nada por evitar el séptimo triunfo de *sir* Roger Federer en su amado Wimbledon (4-6, 7-5, 6-3 y 6-4). El suizo rodó por la hierba con el rostro bañado de lágrimas, seguramente recordando los malos momentos vividos después de años de continuas alegrías. Con su decimoséptimo grande, Federer igualó los siete entorchados de Pete Sampras en Londres y se aseguraba con ello superar las doscientos ochenta y seis semanas de *Pistol* Pete en lo más alto del *ranking*; también en eso era el mejor de siempre. Colmado de felicidad, su gran objetivo pasaba a ser la medalla olímpica de oro. Con treinta y un años era ahora o nunca para él, la oportunidad de olvidar tantas decepciones. Además, se disputarían en su pista favorita.

Un mes después, tras un gran esfuerzo de la organización para recuperar el excelente césped del All England Club, comenzó el cuadro individual de los Juegos Olímpicos de Londres. Nadal era la gran ausencia, algo que le dolía en lo más profundo después de haber gozado como un niño en Pekín. Otro título que no podría defender, algo a lo que desgraciadamente se estaba acostumbrando. El tendón rotuliano le privó de volver a vivir la experiencia de la Villa Olímpica. En el comunicado en el que anunció su renuncia se mostró abatido: «Hoy es uno de los días más tristes de mi carrera, ya que era una de mis mayores ilusiones y el momento quizá más especial era ser el abanderado de España en la ceremonia de inauguración, os podéis imaginar lo difícil que ha sido tomar esta decisión».

Sin Nadal en concurso, a la lucha por las medallas llegaron los semifinalistas de Wimbledon, con la excepción de Tsonga y la novedad de Juan Martín del Potro. El tandilense y Federer disputaron el partido más largo y dramático de la historia de los Juegos Olímpicos, invirtiendo cuatro horas y veintiséis minutos para decidir un duelo a solo tres sets (3-6, 7-6 y 19-17). El choque deparó momentos y golpes antológicos, con Del Potro poniendo contra las cuerdas a Federer, aunque no supo rematarlo en el *tie-break* del segundo set. El tercer parcial pasó a los anales del tenis no solo por su duración, sino también por la pasión y el coraje que demostraron los dos contendientes. El argentino lloró desconsolado al acabar el choque, abatido por la oportunidad perdida, con el cuerpo y el alma agotados. En la segunda semifinal, Murray siguió con su buen hacer y se vengó de Djokovic por las dos finales de Grand Slam que el serbio le había impedido ganar. El escocés fue una roca, no cedió un solo *break* en toda la contienda y cerró el partido con un doble 7-5. La reedición de la final de Wimbledon estaba servida, pero esta vez el desenlace fue muy distinto. En la lucha por el oro, Federer jugó una de las peores finales de su carrera junto a la de Roland Garros 2008 y fue arrollado por Murray, al que solo le pudo hacer siete juegos (6-2, 6-1, 6-4).

Sin duda, acusó el tremendo desgaste sufrido contra Del Potro y se tuvo que conformar con la plata. Era su primera medalla olímpica individual, pero una nueva decepción para un tenista que veía pasar la que podía ser su última oportunidad de colgarse el oro y ganar el título que le faltaba en su inigualable palmarés. Suele ocurrir con los subcampeonatos, duelen mucho en el momento y solo con la perspectiva que da el tiempo se valoran en su justa medida. No fue el único que se fue cabizbajo de Londres. Del Potro sí logró recuperarse a tiempo de la paliza de las semifinales y reunió las fuerzas suficientes para derrotar a Djokovic y llevarse el bronce (7-5 y 6-4). Dos derrotas seguidas para el tenista serbio, que se quedaba sin medalla y sin el número uno.

En un calendario frenético, Djokovic y Federer se desquitaron de la desilusión olímpica ganando los Masters 1000 de Toronto y Cincinnati respectivamente, aunque en el US Open se llevó la victoria el hombre del momento. Con Federer eliminado en cuartos de final por Tomas Berdych, Andy Murray alzó su primer Grand Slam en Nueva York derrotando a Djokovic en la final (7-6, 7-5, 2-6, 3-6 y 6-2). Después de haberle dejado sin opciones de luchar por el oro olímpico, ahora le arrebataba la corona americana. A la quinta fue la vencida para el escocés, que al igual que su entrenador, el mítico Ivan Lendl, había perdido en sus primeras cuatro tentativas. La victoria confirmaba a Murray como una alternativa de poder al *Big Three*, la única real en el circuito.

El final de la temporada deparó la lucha entre Federer y Djokovic por el número uno, que ostentaba el suizo desde julio. En un año en el que el tenis mundial centró su mirada en Londres, el desenlace tuvo lugar también en la capital británica. En las ATP Finals disputadas en el espectacular O2, Djokovic acabó llevándose el gato al agua tras derrotar a Federer en la final (7-6 y 7-5). El suizo volvió a desperdiciar muchas ocasiones, pues llegó a ponerse 3-0 en el primer parcial y sirvió para ganar en el segundo. Pecado mortal ante Djokovic, que volvió a cerrar el año en lo más alto del *ranking* con su segundo título de maestro. Rafa Nadal tuvo que ver por televisión aquellos decisivos partidos, al igual que la derrota de España ante la República Checa en la final de la Copa Davis (3-2). En un curso en el que fue el mejor hasta su lesión, todavía le faltaban un par de meses de recuperación y se perdería también el primer Grand Slam de 2013. Su hueco en la segunda mitad de la campaña lo había ocupado con solvencia Andy Murray e incluso se empezaba a hablar de un hipotético *Big Four*.

2013

Ulises Federer

Homero narra en *La odisea* el regreso a casa de Ulises, el astuto rey de Ítaca, tras la conquista de Troya, relatada por el propio poeta griego en *La Ilíada*. Durante diez años, Ulises (Odiseo en griego) se enfrentó a todo tipo de pruebas y vicisitudes hasta que pudo regresar a su hogar, recuperar su trono y volver a su vida anterior. En 2013 comenzó la odisea de Roger Federer. Después de reconquistar Wimbledon en 2012, el genio de Basilea comenzó un largo periplo de cinco años, la mitad que Ulises, que le llevó a vivir situaciones completamente desconocidas para él hasta que por fin pudo recuperar el lugar que le corresponde. Tuvo que lidiar por primera vez con lesiones importantes, el nuevo embarazo de su mujer (gemelos esta vez) o la reorganización de su calendario, que se volvería mucho más selectivo por su edad y obligaciones. A ello hay que sumarle que sus dos grandes rivales estaban en su plenitud deportiva, lo que hizo imposible que pudiera mantener el nivel de resultados. Sin embargo, nadie esperaba una caída tan espectacular en su rendimiento inmediato en 2013, con el único bagaje del título en Halle.

Era evidente que Federer debía replantearse su carrera y ser más cuidadoso en la elección de torneos para no forzar su físico y poder estirar su carrera al máximo. Para ello contó con la inestimable ayuda de la ATP, que publicó una nueva regla, la 1.08, en virtud de la cual quien cumpliera tres requisitos podría renunciar a las competiciones que quisiera sin ser sancionado: haber jugado seiscientos partidos, llevar doce años en activo y tener al menos treinta y un años. Casualidad o no, Federer cumplía los tres en el momento de aprobarse la norma. Junto con él, solo Tommy Haas, Radek Stepanek y David Ferrer podían beneficiarse de ella en ese momento. No sabemos qué pensaron Nadal y Djokovic cuando supieron de esta norma a la que ellos no se podían acoger, especialmente el balear, tan crítico con el calendario ATP.

En las antípodas del mal curso de Federer podríamos situar el maravilloso año de Rafa Nadal, el mejor de su carrera junto con 2010, con un balance de victorias de 75-7. El balear cerró la temporada con diez títulos, entre ellos dos Grand Slams y cinco Masters 1000, con los que igualó el récord que ostentaba Djokovic en los torneos del segundo nivel. A pesar del buen año del de Belgrado, ganador del Open de Australia, las ATP Finals y tres Masters 1000, Nadal recuperó con justicia el número uno mundial tras otro sensacional regreso a las pistas. Esta vez cubriendo el hueco dejado por Roger Federer, Andy Murray volvió a ser la alternativa al poder, ganando siempre que Nadal y Djokovic faltaban a su cita con la gloria.

Una de las veces que Nadal se ausentó fue en Australia, obligado por la lesión en el tendón rotuliano de su rodilla, que le tuvo siete meses alejado de las pistas. Esto no hace sino sumar mérito al extraordinario curso que realizó. No fallaron Federer y Djokovic, los dos mejores de siempre en Melbourne Park. El suizo hizo un gran torneo, pero el cansancio acumulado acabó pesándole en las piernas. El helvético llegó fresco a los cuartos de final, pero allí Tsonga y después Murray en las semifinales le llevaron a la quinta manga y lo acabó pagando ante el escocés. A pesar de mostrar destellos de su enorme clase, acabó decidiendo el espectacular físico de Murray, uno de los mejores defensores del circuito (6-4, 6-7, 6-3, 6-7 y 6-2). Cuatro meses después se repitió la final del US Open. Djokovic llegó a ella sediento por el calor australiano y el deseo de venganza. El Djoker había tenido un torneo plácido hasta su duelo con Stan Wawrinka, que se decidió por 12-10 en el quinto parcial, en el que estuvo muy cerca de perder. Stanimal sería desde entonces una china en la zapatilla del serbio.

La final tuvo menos historia de la esperada, ya que Murray acusó el dolor que le producía una ampolla en el pie derecho. Luchó como un jabato, ganó el primer set y llevó el partido hasta casi las cuatro horas de duración, pero en esas condiciones es imposible pensar en derrotar a un gigante como Djokovic (6-7, 7-6, 6-3 y 6-2), que levantó así su cuarta Norman Brookes Cup, el primero en enlazar tres en la Era Open. Igualaba a Federer y a Agassi como los más exitosos en Melbourne, aunque el récord absoluto correspondía en ese momento al australiano Roy Emerson, que ganó seis títulos entre 1961 y 1967.

Solo una semana después de la conclusión del Open de Australia se produjo el esperado regreso de Rafa Nadal tras casi ocho meses de ausencia. Lo hizo en el torneo de Viña del Mar, en Chile. El español decidió hacer la gira Latinoamericana sobre arcilla para empezar a recuperar la forma y las sensaciones, antes de afrontar los Masters 1000 sobre pista dura. La planificación fue un acierto rotundo. Llegó a la final en su estreno y ganó los torneos de Sao Paulo y Acapulco, lo que le llevó a recuperar muy rápido la confianza en su juego. Nadie podía imaginar una vuelta así de exitosa después de una inactividad tan prolongada. Pero hablamos de Nadal, quien ha protagonizado los retornos más espectaculares que se recuerdan en el tenis, y este fue solo uno de ellos. Era, además, un aviso de lo que estaba por venir.

Fue en el siguiente torneo, en Indian Wells, donde el español dejó patentes sus intenciones en su vuelta a los ruedos. Nadal salió por la puerta grande en el desierto californiano, al derrotar a Federer en los cuartos de final, a Tomas Berdych en la semifinal y a Juan Martín del Potro, verdugo de Djokovic, en la final (4-6, 6-3 y 6-4). Ni él mismo se lo podía creer después de tantos meses fuera y declaró a pie de pista que era «uno de los triunfos más especiales». Además, tuvo unas sentidas palabras de agradecimiento a su equipo y a su familia por «aguantarle» todo ese tiempo de convalecencia. Debe de ser duro convivir con un gran campeón al que le falta la adrenalina de la competición. También se disculpó con el Masters 1000 de Miami, al que no acudió para no forzar más su delicada rodilla en los primeros compases de su regreso al circuito.

Lo que pasó desapercibido en un primer momento en Indian Wells es la lesión que sufrió Federer y que pudo empeorar por no haberse retirado. En el partido contra el croata Ivan Dodig sintió dolores en la espalda, pero al solventar el duelo con facilidad quiso continuar en el torneo. El esfuerzo que hizo después contra Wawrinka y Nadal agravó el problema y tampoco en ese momento tomó la decisión de parar un tiempo para recuperarse plenamente. Como consecuencia, los dolores volvieron cada cierto tiempo y le lastraron en su rendimiento durante el año. Era la primera vez que el suizo afrontaba un problema físico de cierta importancia tras casi tres lustros de carrera y tendría que empezar a convivir con ello.

Ya en la temporada de tierra, Nadal nos hizo creer que nunca se había ido. Con un tenis frenético y desbordante de energía, enlazó la final de Montecarlo con los títulos en Barcelona, Madrid, Roma y Roland Garros. Quería comerse el mundo. Solo en Mónaco pudo frenarlo Novak Djokovic, que lo derrotó claramente con un juego brillante (6-2 y 7-6). Lo trascendente era que ponía fin a ocho títulos consecutivos del balear en el Montecarlo Country Club. Cuando Nadal se dirigió al público y dijo que «no había podido ser esta vez», Djokovic se rio y, levantando su dedo índice, dio a entender que no pasaba nada porque le dejase ganar allí por una vez.

Fue la única concesión del Rey de la Tierra, mientras las actuaciones de Federer y Djokovic resultaron muy irregulares, alternando buenos partidos con sonoros batacazos. En Roland Garros, el suizo cedió inesperadamente ante Jo-Wilfried Tsonga en los cuartos de final (7-5, 6-3 y 6-3), a pesar de no ser una superficie favorable para el francés. Para Djokovic fueron días complicados, tras enterarse de la muerte de Jelena Gencic después de jugar contra Dimitrov en la tercera ronda. Muy afectado por la pérdida de su descubridora y mentora, víctima de un cáncer, suspendió la rueda de prensa posterior y fue dos días después cuando habló con los medios: «Ella fue mi segunda madre. Me enseñó muchas cosas que hoy son parte de mí, de mi carácter. Tengo los mejores recuerdos de ella y siento la responsabilidad de continuar su legado. Dedicó su vida al tenis y es una de las personas mas increíbles que he conocido».

El serbio mostró una vez más al gran campeón que lleva dentro y se sobrepuso al dolor espiritual para seguir avanzando eliminatorias hasta verse con Nadal en las semifinales. La cuarta posición del español en el *ranking* debido a su larga ausencia propició una final anticipada. Y lo fue, por los contendientes y por el enorme tenis ofrecido al público de la Philippe Chatrier. Tanto que la web de la ATP (www.atptour.com) lo eligió el mejor partido de Grand Slam del año por la calidad y la épica del duelo. A Nadal le costó casi cinco horas sellar su pase a su octava final en París; el último set adquirió tintes dramáticos (6-4, 3-6, 6-1, 6-7 y 9-7). Juan José Mateo, periodista de *El País*, escribió en su crónica de aquel día que Rafa Nadal era «un monumento a la superación en la vida». Y no le faltaba razón. Fue una lección de pundonor ante uno de los mejores competidores de la historia del deporte como Novak Djokovic, al que hay que rematar dos veces. Los duelos entre ellos empezaban a igualar en expectación a los Federer-Nadal de años anteriores.

En la gran final, netamente española, David Ferrer presentó menos batalla de la esperada teniendo en cuenta que era uno de los mejores tenistas del circuito, especialmente sobre polvo de ladrillo. Quien imaginase un partido largo y por ello estirase la siesta más de lo debido, se despertó en la ceremonia de entrega de trofeos. Nadal siguió con su juego devastador y desarboló completamente al infatigable Ferru, al que apenas le dejó disfrutar de su única final de Grand Slam (6-3, 6-2 y 6-3). Era un ocho de ocho para Nadal, más títulos que nadie en cualquier otro *major* y con un cien por cien de efectividad en las finales. Incluso el público francés empezaba a dar muestras de cariño al tenista balear. A esas alturas, decir que Nadal ganaría Roland Garros era casi una perogrullada. El margen para la sorpresa en este torneo era inexistente.

No sucedía así en Wimbledon, que en los años precedentes deparó resultados muy llamativos en las primeras rondas. Y ninguna edición fue más chocante que la de 2013. Sumando los *rankings* de los dos jugadores que eliminaron a Nadal y Federer en los dos primeros cruces, nos saldría el retrato del tenista número doscientos cincuenta y uno del mundo, quien por supuesto no hubiera accedido al cuadro final del torneo. El belga Steve Darcis y el ucraniano Sergiy Stakhovsky podrán contar a sus nietos la hazaña que lograron en la pista más prestigiosa del mundo ante dos de los mejores jugadores de todos los tiempos. No se dejó sorprender Djokovic, quien aguzó sus sentidos vistas las derrotas de sus dos mayores oponentes. En las semifinales se vengó de Del Potro por la medalla de bronce escamoteada un año antes en esa misma pista, aunque el argentino volvió a exigir lo máximo del número uno antes de ceder en el quinto set (7-5, 4-6, 7-6, 6-7 y 6-3). En lo que sí se repitió la historia de los Juegos de Londres fue en el favor que le hizo la Torre de Tandil a Murray, al agotar a su futuro rival en la final. Como ya hiciera con Federer, el de Dunblane aprovechó el *alley-oop* que le lanzó el sudamericano para machacar a su rival en la final (6-4, 7-5 y 6-4). El tenista escocés se convirtió aquella tarde en el primer británico que ganaba Wimbledon tras setenta y siete largos años de sequía. Es fácil adivinar cuáles fueron sus primeras palabras: «*I can't believe it*». Tampoco podía creerlo el entendido público de la Centre Court, que no paró de aplaudir a su campeón, conscientes de lo extraordinario de su gesta.

La derrota en Wimbledon no hizo reaccionar a Federer, que siguió acumulando tropiezos ante rivales de poca entidad. El suizo renunció al Masters 1000 de Canadá con la intención de reaparecer en Cincinnati y llegar en mejores condiciones al US Open. No le funcionó el plan. En el torneo de Ohio cayó en los cuartos de final con Nadal y en el último Grand Slam del año lo hizo en la cuarta ronda contra Tommy Robredo. El campeón helvético no se encontraba a sí mismo. Vagaba por la pista, irreconocible, sin dejar destellos de magia. Se le echaba de menos.

A quien le vino de maravilla el descalabro en el All England Club fue a Nadal. La eliminación le permitió descansar dos semanas más, reposar la rodilla y cargar la batería para el tramo final del año. El manacorí hizo la mejor gira americana de su carrera, con *hat-trick* de títulos en Montreal, Cincinnati y Nueva York. En Canadá a costa de Djokovic en las semifinales y del local Milos Raonic en la final (6-2 y 6-2), mientras que en Ohio fue John Isner el anfitrión derrotado en el partido decisivo (7-6 y 7-6). En Flushing Meadows, con Federer eliminado, la final deparó un duelo entre los dos mejores tenistas de los últimos años. Una vez más. El número uno del mundo contra el número dos. Djokovic contra Nadal. El serbio llegó reforzado tras una durísima semifinal con Wawrinka, que lo machacó con su tremendo revés a una mano, pero sobrevivió y después de cinco enormes sets salió a flote (2-6, 7-6, 3-6, 6-3 y 6-4). Es la historia de Djokovic.

El partido respondió a las expectativas y dejó algunos momentos de los que han elevado la leyenda de la Arthur Ashe, una pista mítica. Especialmente el bestial intercambio de cincuenta y cuatro golpes que protagonizaron en el sexto juego del segundo parcial, que hizo levantarse de su asiento hasta al juez de silla. «Nadie lleva mi juego al límite como Novak», dijo Rafa al acabar el duelo. Al final el serbio no pudo mantener el nivel de intensidad que el español imprimió al duelo desde el primer punto (6-2, 3-6, 6-4 y 6-1) y Nadal sumó su sexta victoria en sus últimos siete enfrentamientos; también a ese trauma había conseguido darle la vuelta. El balear lloró con ganas y mordió la plata con mayor ahínco que nunca. ¿Cómo no hacerlo? Había sido «la temporada más emotiva», como confesó después a la prensa. Venía del infierno y ahora disfrutaba de un paseo por las nubes. Y qué nubes, las de Nueva York.

El propio Djokovic reconoció que nadie se lo merecía más que Nadal y en un momento difícil para él tuvo palabras proféticas: «Tengo que seguir luchando y seguir mejorando. Siento que lo mejor de mi carrera está por llegar». No podía tener más razón. Aunque su mejor versión llegaría en 2015, uno de los grandes momentos de Djokovic comenzó la semana siguiente a su vaticinio. Clasificó a Serbia para una nueva final de la Copa Davis tras derrotar a Canadá en Belgrado y comenzó un último tramo espectacular con títulos en Pekín, Shanghái y París. Y aún le quedaban las ATP Finals y la final de la Copa

Davis por disputar. La mala noticia para él fue que Nadal recuperó el número uno en Pekín tras alcanzar la final del torneo, en la que curiosamente perdió contra Djokovic (6-3 y 6-4). ¿A quién le amarga una derrota así?

Justo antes del Masters 1000 de Shanghái, Roger Federer y Paul Annacone decidieron romper su vínculo profesional. El suizo necesitaba hacer cambios para buscar soluciones. Severin Lüthi siguió como *coach* principal, aunque no le acompañaría siempre, y el suizo comenzó a pensar en candidatos para apoyarle. Necesitaba encontrar una figura complementaria, alguien que le aportase otros matices a su juego. Mientras tanto, debía apañárselas para buscar la clasificación para las ATP Finals, algo inaudito y que logró sobre la bocina en París. Tras coger el puente aéreo, Federer empezó en Londres igual que había terminado en París tres días antes, con derrota ante Djokovic (6-4, 6-7 y 6-2). Sacando su casta de gran campeón pudo clasificarse para las semifinales tras batir a Richard Gasquet y Del Potro, pero *el Renacido* Nadal, de vuelta en lo más alto del *ranking*, vetó su acceso a la final (6-3 y 6-4). Se repetía la final del US Open, y otra vez el número dos pudo con el líder del *ranking*. Como se habían intercambiado los papeles, fue Djokovic quien se llevó su tercer título de maestro (6-3 y 6-4). Como en 2010, el español fallaba con el estoque en las ATP Finals después de una temporada de ensueño. No ha vuelto a gozar de una ocasión igual para cerrar el círculo.

También como en 2010, Djokovic quería volver a festejar un triunfo en la Copa Davis delante de sus compatriotas. El escenario volvía a ser el que ya se había convertido en el templo del tenis serbio, el Beogradska Arena de Belgrado. El rival, la vigente campeona, la República Checa de Radek Stepanek y Tomas Berdych; dos huesos muy duros de roer. Demasiado para el inexperto Dusan Lajovic, veintitrés años y número ciento diecisiete del mundo, que tuvo que suplir la ausencia de Janko Tipsarevic. La experta dupla checa no se dejó intimidar por la fantástica atmósfera creada por los balcánicos y aprovecharon al máximo la debilidad del joven Lajovic. Al punto decisivo se llegó con igualdad, tras las dos victorias de Djokovic, que compensó la de Berdych y el doble checo. Todo quedó en manos de Lajovic y el viejo zorro de Stepanek, que se comió a su rival de una tacada (6-3, 6-1 y 6-1). El champán fue para los checos y el agua fría para los serbios, con lo mal que sienta en el invierno de Belgrado. Nada se le podía exigir a Djokovic, que había ganado todos sus puntos en la competición. Su compromiso y su rendimiento con su país eran inmejorables.

Antes de concluir el año, Nole anunció la contratación de Boris Becker como entrenador, que se uniría a Marian Vajda y al resto de su equipo técnico. El tenista aseguró que, con su contratación, buscaba «un enfoque nuevo y fresco, así como una combinación ganadora junto con Vajda». La jugada le saldría perfecta y, tras un breve periodo de adaptación, llegaría su periplo más exitoso entre 2014 y 2016.

2014

La Davis como refugio

Después de la extraordinaria temporada de regreso de Rafa Nadal, todo indicaba que 2014 podía ser todavía mejor para él. Se encontraba en su plenitud tenística y con un nivel de confianza enorme tras su regreso triunfal; sin embargo, las lesiones volvieron a cruzarse en su camino. Una vez más. Primero, la espalda le impidió ganar su segundo Open de Australia, y el problema lo arrastró durante la primera mitad del año; después, la muñeca le obligó a perderse toda la gira americana, incluido el US Open en el que defendía título, como ya le había sucedido en Wimbledon 2009 y en los Juegos Olímpicos de Londres 2012; por último, una lesión abdominal le dejó fuera de las ATP Finals de Londres. Difícil tener peor suerte. Todo ello hizo que el balear no pudiera conservar el número uno y cayera al tercer puesto del *ranking*, pese a haber sido capaz de ganar Roland Garros por novena vez. Novak Djokovic recuperó la posición de privilegio tras un gran año con triunfos en Wimbledon, en la ATP Finals y en cinco Masters 1000. El serbio fue de menos a más para dar el pistoletazo de salida a dos años de dominio total en el circuito.

Una hegemonía que echaba de menos Roger Federer, que repitió año en blanco en lo que a Grand Slams se refiere. Era su tercero en cuatro años y solo en Wimbledon estuvo cerca de cortar su mala racha, pero Djokovic se lo impidió en una extraordinaria final. En cualquier caso, el genio suizo recordará siempre 2014 con cariño porque lo acabó de la mejor forma posible. Después de muchos años pudo llevar a Suiza a la conquista de la Copa Davis, secundado por un Stan Wawrinka que cerró el mejor año de su carrera. En una temporada muy difícil en la que llegó a bajar al octavo puesto, Federer pudo recuperar su tenis en la segunda mitad del curso, sumar cinco títulos y cerrarlo con un gran sabor de boca.

Federer comenzó la campaña introduciendo importantes variantes en su juego. Buscaba soluciones y para ello contrató a uno de sus grandes ídolos de la infancia, Stefan Edberg. La unión prometía, con dos tenistas cuyo juego siempre destacó por su gran plasticidad. La influencia del sueco, que sería asesor técnico, ayudando al entrenador principal, Severin Lüthi, pronto se dejó ver. Federer comenzó a ser más agresivo en la red, acortando los intercambios de golpes y utilizando más el *topspin* con el revés, en vez de su clásico cortado. Sin duda, uno de los objetivos era pasar menos horas en la pista para no castigar demasiado su físico. Para lograrlo también cambió a jugar con una raqueta de cabeza más grande, aunque al principio le costó acostumbrarse a ella. Su nueva herramienta era un prototipo hecho a medida por Wilson, con un marco más grande y una separación mayor en el cordaje, que sería mixto. Con ello, el suizo buscaba mayor potencia y control en sus golpes, lo que redundaría en una mejora de su confianza. Al maestro del tenis le costó dar el paso y abandonar su anticuado modelo, que era el que ya usaba Pete Sampras. Aquella era una raqueta muy pequeña para los cánones actuales y que exigía estar en muy buena forma física para posicionarse bien y centrar perfectamente los golpes en el marco. A pesar de los años, Federer seguía con un vivo deseo de mejorar su tenis. La admirable autoexigencia que le llevó a lo más alto continuaba siendo una de sus principales virtudes y era una de las claves que le permitían seguir compitiendo al más alto nivel.

El *Big Three* comenzó el año participando en diferentes torneos antes del Open de Australia, pero solo Nadal lo hizo con victoria en Doha (Catar). Seguía con el mismo ímpetu que en la campaña anterior, pero ya desde el primer momento en Melbourne Park comenzó a tener problemas físicos. Desde el inicio de la competición, una enorme ampolla en su mano izquierda le estuvo martirizando, puesto que se situaba justo en la zona de agarre de la raqueta. A pesar del contratiempo, el balear superó con solvencia un cuadro muy complicado con Gäel Monfils, Kei Nishikori y Grigor Dimitrov hasta llegar a las semifinales contra Federer. Tal vez el camino del suizo fue incluso peor, pues tuvo que eliminar a dos finalistas del torneo como Jo-Wilfried Tsonga y Andy Murray. Djokovic, en cambio, no pudo acceder a la penúltima ronda. Stanislas Wawrinka le impidió optar a su cuarto título consecutivo en Australia, en un partido sensacional en el que acabó acalambrado por el esfuerzo (2-6, 6-4, 6-2, 3-6 y 9-7). No empezaba con éxito la unión con Becker, pues se acababa una racha de tres títulos consecutivos, aunque Nole hizo un gran partido y seguramente no habría cambiado el resultado con otro técnico.

En la penúltima ronda, Nadal no tuvo piedad de su clásico archienemigo y le derrotó por vigésima tercera vez en treinta y tres duelos directos, registros que ya sonrojaban al ídolo helvético. Federer aplicó las nuevas directrices de Edberg, pero no puso en aprietos a su rival en ningún momento y acabó desesperado. Nadal, en cambio, fue pura solidez y ni siquiera la ampolla hizo perder efectividad a sus golpes. Tres sets sin demasiada historia (7-6, 6-3 y 6-3) y a la final contra «el otro suizo». Wawrinka sería el último obstáculo de Nadal para intentar su primer asalto al doble Grand Slam, algo que nadie había conseguido en la Era Open. Los precedentes no podían ser más favorables al español, vencedor en los doce enfrentamientos previos sin ceder ningún set. Además, el de Lausana nunca había ganado en sus quince duelos contra un número uno del circuito. *Stan The Man* había jugado a un nivel espectacular las dos semanas de torneo, pero todo apuntaba a un nuevo triunfo de Nadal.

Aunque nunca sabremos lo que hubiera pasado en circunstancias normales, en el calentamiento previo se truncó cualquier esperanza para el mallorquín. Las pruebas posteriores indicaron que fue un edema en la espalda lo que impidió a Rafa tener alguna opción de victoria. Aguantó en la pista por amor propio y respeto al público australiano y a su oponente, pero ya en el primer set tuvo que ser atendido por el fisioterapeuta de la ATP y quedó claro que no podría llevarse su segundo título en Melbourne. Wawrinka ganó las dos primeras mangas con facilidad e incomprensiblemente perdió la tercera, más por nervios que por el juego de un Nadal muy mermado. La imagen era un poco grotesca, con primeros servicios que no pasaban de 140 km/h, velocidades impropias de un profesional. Además, no luchaba las bolas largas, puesto que el dolor le impedía desplazarse con facilidad. Esto no resta un ápice de mérito al enorme torneo de Wawrinka, que acabó con la tortura de Nadal y los espectadores en el cuarto set (6-3, 6-2, 3-6 y 6-3). Stanimal conquistó así su primer Grand Slam y comenzó su trienio fantástico en el que alzaría un *major* en cada temporada. Es junto con Murray el único tenista que ha sido capaz de plantarle cara al *Big Three* en los torneos más importantes. Para Nadal la pesadilla con las lesiones en 2014 no hizo sino empezar en aquella fatídica noche; sería un tema recurrente a lo largo del año. De hecho, el problema en la espalda lo arrastró toda la sesión de tierra batida y sus resultados no fueron tan buenos como siempre, aunque ni siquiera eso le impidió ganar un nuevo Roland Garros. El torneo parisino lo ganaba ya por pura inercia.

En los Masters 1000 norteamericanos, Novak Djokovic hizo doblete, imponiéndose en las dos finales a los otros triunviros. En Indian Wells fue Federer el derrotado (3-6, 6-3 y 7-6), y en Miami, un Nadal que perdió su cuarta final en Florida (6-3 y 6-3). En ese momento, Federer ya había decidido que uno de sus objetivos principales de ese año era ganar por primera vez la Copa Davis. Junto con la medalla de oro individual en los Juegos Olímpicos, era la única gran competición que le faltaba en sus pobladas vitrinas; en 2014, todo estaba de cara para poder lograrlo. El primer motivo era evidente, Suiza tenía un equipazo con Federer y Wawrinka, que había explotado como tenista ganando su primer Grand Slam. Por primera vez, un compañero de plenas garantías. Además, el camino era muy favorable, con una Serbia sin Djokovic, Tipsarevic ni Troicki en la primera ronda, unos hipotéticos cuartos de final ante Bélgica o Kazajistán, y una gran favorita,

España, que no contaría con Nadal. Si a todo ello sumamos que el capitán suizo era su entrenador, Severin Lüthi, y que en el equipo estaría su gran amigo Marco Chiudinelli, ¿qué más podía pedir? Estaba tan claro que era la gran oportunidad de Suiza que Wawrinka lanzó a Federer un guiño a través de los medios: «Mi sueño es que Roger me mande un mensaje y me diga que quiere jugar». Y él dijo sí, quiero.

La primera eliminatoria en Belgrado la solventaron en los tres primeros duelos. La imprevista presencia de Federer fue un mazazo moral para los serbios, pues supieron de su participación en el último momento, justo después de que Djokovic renunciara tras dos agotadoras semanas en Australia. En la ronda siguiente, ante Kazajistán en Ginebra, estuvieron a punto de echar por tierra cualquier pronóstico. En el primer partido, Andrey Golubev sorprendió a Wawrinka, aunque Federer enmendó el error en el segundo duelo. Las alarmas saltaron cuando las dos mejores raquetas suizas perdieron el sábado ante la dupla kazaja, formada por el propio Golubev y Aleksandr Nedovyesov. Tocaba remontada, y ambos cumplieron para que los espectadores del Palexpo de Ginebra pudieran respirar. En ese mismo escenario tendría lugar la semifinal contra Italia, pero para ello había que esperar hasta septiembre.

Lo más inmediato era la campaña en tierra batida, comenzando por Montecarlo. En el reino de Nadal, la pareja suiza demostró que era su año y protagonizaron una sorprendente final. Nadal había caído contra David Ferrer, y Djokovic ante el propio Federer. Era la tercera presencia de Stanimal en una final Masters 1000 y quiso prolongar su estado de gracia derrotando también a su amigo y compañero (4-6, 7-6 y 6-2). No afectó mucho a la moral de Federer, que dos semanas después anunció el nacimiento de su segundo set de gemelos, esta vez varones. Leo y Lenny llegaron al mundo el 6 de mayo y completaron la camada de Roger y Mirka, que con cuatro vástagos tendrían que moverse por los circuitos con una auténtica comitiva. En los siguientes años, la pareja organizó con precisión la logística necesaria para cuadrar su gran infraestructura ambulante, que incluía a su numerosa familia, el amplio equipo técnico, al cocinero y a los profesores y cuidadores de los niños.

Debido a la feliz noticia, Federer renunció a participar en el torneo de Madrid y reapareció en Roma, aunque tenía la cabeza en casa y perdió en su debut. El primero de ellos lo ganó Nadal ante Kei Nishikori, que estaba en su gran año, como demostraría después llegando a la final del US Open. En Roma fue Djokovic quien batió a Nadal en uno de sus feudos favoritos (4-6, 6-3 y 6-3); era una derrota que podía tener efectos psicológicos antes del segundo Grand Slam de la temporada. Pero ni con esas.

En Roland Garros, el balear programa siempre su modo apisonadora y no hay nada ni nadie que pueda pararlo en esa versión. Ni siquiera tenistas como David Ferrer o Andy Murray pudieron inquietarle. Djokovic tampoco mostró fisuras, aunque se enfrentó a rivales cuya mejor superficie no es la arcilla, como Cilic, Tsonga o Raonic. El mayor escollo lo salvó en las semifinales, ante Ernests Gulbis, que logró arrancarle un set (6-3, 6-3, 3-6 y 6-3). El letón había dejado fuera de combate a Federer, que desde que ganó en 2009 cada año era eliminado una ronda antes. La final de Roma se repitió en París: los dos primeros del *ranking* se enfrentaron tras haber cedido un solo set. Sin embargo, en la Philippe Chatrier, *monsieur* Nadal no permite revoluciones. Y eso que Djokovic ganó el primer parcial, algo que le había garantizado el triunfo en todas sus finales anteriores. La desesperación del serbio se fue haciendo manifiesta a medida que se iba dando cuenta de lo evidente de su derrota. En París no hay más mosquetero que Nadal y en un choque con sensacionales intercambios de golpes, volvió a imponerse la solidez del español en el polvo de ladrillo (3-6, 7-5, 6-2 y 6-4).

Se agigantaba la leyenda de Nadal en Roland Garros, nueve triunfos en diez años; además era el quinto seguido, superando así la plusmarca que compartía con Björn Borg, si bien el español lo había logrado en dos ocasiones. Establecía además otro fabuloso récord al ganar un Grand Slam por décimo año consecutivo, un dato escandaloso. Ni siquiera las lesiones que se cebaron con él desde el inicio de su carrera lo pudieron evitar, una prueba más de la constancia y el tesón de un jugador irrepetible. Detrás de él se sitúan Borg, Sampras y Federer, quienes han logrado cerrar ocho temporadas seguidas con al menos un gran título. Con este triunfo, el manacorí mantuvo el número uno y frustró por segunda vez el sueño de Djokovic de poner la guinda a su currículo con el único Grand Slam que le faltaba. Hasta en tres ocasiones se lo había hecho en esa misma pista a Federer, la persona que mejor sabía lo que Nole debía de estar sintiendo. Y al igual que el suizo, seguramente empezaba a ver con alivio el cambio de la arcilla roja por la hierba.

Donde no le estaba yendo tan bien en los últimos años a Nadal era en Wimbledon. Por tercer curso consecutivo, no fue capaz de alcanzar los cuartos de final; esta vez fue el polémico Nick Kyrgios quien le apartó de las rondas finales. Todo lo contrario que Federer, que llegó a Church Road siguiendo la ruta que tantas veces le había llevado al éxito final en la Catedral, es decir, con parada previa en el torneo de Halle para recoger el trofeo. Y le volvió a llevar hasta la final por un mullido camino en el que solo su amigo Wawrinka le puso en ligeras dificultades. La vía de en medio la tomó Novak Djokovic, alternando partidos fáciles con otros complicados, como el que le enfrentó a Marin Cilic, quien le obligó a una heroica remontada (6-1, 3-6, 6-7, 6-2, 6-2). Este era el Grand Slam donde más le podía ayudar su nuevo preparador, Boris Becker, triple campeón y residente en Wimbledon. La mejora más evidente en el juego del serbio era el servicio, como era de esperar al haber sido la principal arma del alemán en su época de jugador. Pero también trabajaron mucho desde el inicio en el aspecto anímico, como el propio Djokovic reconoció, mostrando en los siguientes meses una mentalidad granítica que le ayudó a superar muchos momentos complicados.

La final comenzó con buenos augurios para Novak Djokovic, ya que el día anterior la checa Petra Kvitova había logrado su segundo título en el All England Club. Daba la casualidad de que el primero fue en 2011, un día antes de que Djokovic ganase el que era su único trofeo en Londres. Pero

Federer no estaba para vaticinios y salió a la Centre Court dispuesto a no dar respiro a su rival, realizando continuas subidas a la red al más puro estilo Edberg. Tal vez demasiadas. Le faltó calma y precisión, y Djokovic lo penalizó con un 3-0 de salida. Sin embargo, el suizo no cejó en su plan de juego, que terminó dando sus frutos en el *tie-break*. En el segundo parcial cambió el guion, ya que Federer dejó de contar con su infalible servicio, lo que propició que brillara el extraordinario resto del serbio. Djokovic igualó el marcador. En el desempate del tercer parcial, dos errores garrafales de Federer pusieron con ventaja al serbio. En la cuarta manga, el espectáculo encendió a la grada y el artista de Basilea llegó a salvar una bola de partido antes de llevar el duelo al set definitivo. En Londres la afición solo tiene un ídolo, pero ni siquiera el apoyo de la grada pudo impedir que fuera Djokovic quien ganara el pulso en un monumento al tenis (6-7, 6-4, 7-6 y 5-7 y 6-4). Se cumplió el auspicio y Djokovic volvió a ser la pareja de baile de Kvitova en la cena de campeones de Wimbledon. Segundo título en el santuario inglés para el Djoker, que recuperó también el número uno y se pudo sacar por fin la espina de las últimas finales de Grand Slam que había perdido.

Al subcampeón le quedaba al menos la sensación de que con treinta y tres años podía seguir luchando por los grandes títulos; veinticuatro meses después de su última final de Grand Slam, había llevado al límite al número uno del mundo y la diferencia había residido en los pequeños detalles. Se veía preparado para su gran reto del año y para seguir dando guerra a sus compañeros del *Big Three*. El propio Djokovic se lo reconoció en la ceremonia de entrega de trofeos, dándole las gracias por dejarle ganar en Wimbledon, lo que desató las carcajadas de la Centre Court. Después de la broma, Djokovic se puso serio y quiso hacer una dedicatoria muy sentida y especial. Jelena Gencic, con quien había compartido el sueño de Wimbledon desde niño, había fallecido el año anterior y Nole le quiso ofrecer la victoria: «Este es el torneo que siempre quise ganar y el mejor del mundo. Quiero dedicárselo a mi primera entrenadora, que me enseñó todo lo básico sobre golpes de tenis y comportamiento. Esto es para ella». El serbio levantó el trofeo mirando al cielo de Londres, mientras Boris Becker y Marian Vajda aplaudían emocionados desde la grada.

Djokovic estaba nuevamente en lo más alto, pero esta vez por partida doble. Cuatro días después de su victoria se apuntó un nuevo título, el de hombre casado, al contraer matrimonio con Jelena Ristic. Además, su novia de siempre estaba embarazada de seis meses, por lo que la felicidad de la pareja no podía ser más completa. El precioso enclave de Stevi Stefan, en la costa adriática de Montenegro, fue el lugar elegido por la pareja para la celebración. Aunque tuvo tiempo para descansar, seguramente los fastos de la boda pudieron descentrar en parte a Djokovic. Le costó coger el ritmo en la vuelta a la actividad y lo pagó en la gira americana, en la que cayó en la segunda ronda tanto en Toronto como en Cincinnati.

Ni siquiera tuvo opción de participar en ellos Rafa Nadal en un año marcado por sus continuas y variopintas lesiones. Esta vez se trataba de su muñeca derecha, que se dañó durante un entrenamiento. Además de provocarle dolor, algo con lo que está acostumbrado a lidiar, la lesión le impedía apoyarse en la mano derecha para hacer su golpe de revés. Aunque en un principio parecía que llegaría a tiempo al US Open, finalmente no fue posible. Era nada menos que el séptimo Grand Slam que se perdía en su carrera. Prácticamente, uno de cada seis, una barbaridad. De hecho, con esta nueva incomparecencia del español, Djokovic pasó a superarle en *majors* disputados, pese a haber debutado dos temporadas después. Rafa se quedaba en treinta y nueve participaciones, por las cuarenta del serbio, que nunca había faltado a una cita desde que debutara en el año 2005. Igual que Federer, quien había participado en todos los Grand Slams desde 1999 y que incluso llegó a tener el récord de presencias continuadas con sesenta y cinco.

Al incombustible helvético le sentó bien su actuación en Wimbledon y el descanso posterior. Llegó a la final en Miami y ganó en Cincinnati por sexta vez derrotando a tres *top ten* como Andy Murray, Milos Raonic y David Ferrer. Su buen momento de forma se prolongó en el US Open, aunque en las semifinales no pudo con un Marin Cilic en su mejor versión en 2014, que le derrotó con sorprendente facilidad en solo tres sets (6-3, 6-4 y 6-4). Era un jarro de agua fría para Federer, más sabiendo que en la final no estaría Novak Djokovic, sino Kei Nishikori. El japonés dio la campanada horas antes al eliminar al gran favorito y dejando a la final huérfana de alguna de las diez mejores raquetas del mundo (6-4, 1-6, 7-6 y 6-3). El título fue para el cañonero croata, que se unía a Del Potro, Murray y Wawrinka como los únicos capaces de arrebatar un Grand Slam al *Big Three* desde 2005.

Sin tiempo para lamentaciones, Federer tuvo que afrontar una semana después las semifinales de la Copa Davis ante Italia. El Palexpo de Ginebra fue otra vez un escenario mágico para Suiza, que se impuso sin problemas al combinado transalpino. Federer y Wawrinka doblegaron con gran facilidad a Simone Bolelli y Fabio Fognini, que, sin embargo, ganaron el doble al propio Stan y a Marco Chiudinelli. El pase a la ansiada final lo cerró el número uno suizo, que no estaba dispuesto a dejar pasar su gran oportunidad y arrolló a Fognini (6-2, 6-3 y 7-6). Faltaba solo un paso para darle a Suiza su primera Ensaladera. El verdadero escollo en un camino nada accidentado sería la Francia de Tsonga, Monfils y Gasquet, que además contaría con el factor cancha en la eliminatoria decisiva.

Antes de esa última cita del año, Novak Djokovic fue el gran protagonista del circuito al ganar en Pekín, París y las ATP Finals de Londres. La guinda a sus éxitos la puso su primer hijo, Stefan Djokovic, que nació en una clínica de Montecarlo, lugar de residencia del tenista y su mujer. El nacimiento tuvo lugar días después de que Federer ganase el Masters 1000 de Shanghái, tras eliminar al tenista balcánico en las semifinales. Nunca le importó menos una derrota. Federer era precisamente el mejor espejo en el que Djokovic podía mirarse, y a partir de ese momento también él tuvo que replantearse su vida fuera del tenis, igual que hizo su rival anteriormente. El cambio no fue fácil; aunque empezó su época más exitosa, tuvo momentos difíciles personales, que supo superar con al apoyo incondicional de Jelena.

Precisamente en la gira asiática se produjo el regreso de Rafa Nadal a las pistas, que solo pudo disputar siete partidos antes de volver a lesionarse. En 2014 le habían mirado varios tuertos. Sus males comenzaron en Shanghái, donde sintió molestias abdominales y cayó eliminado en la primera ronda contra Feliciano López. Tales dolores no cesaron; después del torneo de Basilea, que volvió a ganar Federer, fue operado de apendicitis en una clínica de Barcelona. Tras la intervención, tuvo que guardar reposo tres semanas, por lo que su temporada acabó ahí. Por cuarta vez en diez años se perdería las ATP Finals, un cuarenta por ciento de ausencias que le impedían completar su palmarés. Y vendrían más.

En Londres, y muy a su pesar, el centro de la atención mediática fue el equipo suizo de la Copa Davis. Novak Djokovic se alzó con sus cuartas ATP Finals, terceras consecutivas, pero los protagonistas fueron Federer, Mirka y Wawrinka. Nada que ver con un triángulo amoroso, más bien lo contrario. La gran polémica del torneo se produjo en las semifinales; lo que debía ser una fiesta para el tenis helvético antes de la final de la Copa Davis casi acaba en cisma días antes de viajar a Lille. En un extraordinario duelo en el que Federer levantó cuatro *match points*, el número dos suizo se quejó al *umpire* del partido, el francés Cedric Mourier, de que la mujer de su amigo y rival estaba gritando cada vez que se disponía a sacar. Ante las quejas de Wawrinka se escuchó claramente como alguien le llamaba llorón desde la grada. Muchos testigos, entre ellos fotógrafos del encuentro, aseguran que fue Mirka, como también el propio Stan. Después del incidente, Roger le dio la vuelta al partido y consiguió el pase a una final que no disputaría. Pero lo peor es que estaba en riesgo la otra gran final, la de la Copa Davis: en primer lugar, por la lesión que se había producido tras ese duro encuentro; después, porque peligraba su relación con Wawrinka, su gran escudero en el combinado nacional. El origen del conflicto venía de meses atrás, cuando ambos se enfrentaron en los cuartos de final de Wimbledon y Stan se lamentó de la actitud de Mirka. A escasos días de la fecha más señalada para Suiza, el capitán Severin Lüthi, también entrenador de Roger, tenía un duro trabajo por delante para lograr que las aguas volvieran a su cauce en el agitado río alpino.

Roger no se presentó a la final debido a los problemas de espalda que estaba sufriendo desde 2013 y que ponían en riesgo su presencia en la Davis. Por primera vez, el título de maestro se decidió sin jugarse. Media hora antes del inicio del encuentro, Federer compareció en la pista del O2 Arena de Londres para anunciar que no podría jugar: «Lamentablemente no estoy en condiciones. Intenté todo y no me gusta terminar así. Desde anoche he probado con remedios para el dolor, tratamientos, descanso, calentamientos, pero no puedo competir así contra Novak». Djokovic culminó de este modo, sin vestirse de corto, un gran año para él; el legendario entrenador de fútbol Helenio Herrera habría dicho que el serbio ganó «sin bajar del autobús».

Respecto al *Mirkagate* fueron los propios tenistas quienes, con buen criterio, zanjaron el tema de puertas hacia dentro. El extenista y ahora exitoso comentarista John McEnroe afirmó que en el vestuario londinense ambos tuvieron una larga y tensa conversación con la que empezaron a solucionar el desencuentro. Eran amigos desde mucho tiempo atrás y sabían que la polémica solo podía perjudicarlos y apartarlos de su gran objetivo. Así llegó el equipo suizo a la encerrona que le había preparado Francia para la final en el Stade Pierre-Mauroy de Lille y ante la cifra récord de 27 448 espectadores. Jo-Wilfried Tsonga, Gaël Monfils y Richard Gasquet jugarían en una atmósfera soñada por cualquier tenista. El primer día pareció funcionar. Fue Wawrinka quien salvó la eliminatoria para Suiza al derrotar a Tsonga (6-1, 3-6, 6-3 y 6-2). El número dos de Suiza compensó así la derrota de un irreconocible y mermado Federer ante Monfils (6-1, 6-4 y 6-3). El de Basilea no estaba plenamente recuperado de sus dolores de espalda, cosa que ponía en peligro las opciones del conjunto helvético.

El segundo día marcó el punto de inflexión en la eliminatoria cuando las dos mejores raquetas de la historia de Suiza derrotaron sin problemas a Julien Benneteau y Richard Gasquet (6-3, 7-5, 6-4). Federer tenía en la tercera jornada la oportunidad de ser el héroe suizo y darle el punto decisivo a su país, desquitándose así de la derrota ante Monfils. Y no falló. Gasquet no tuvo ninguna opción ante un genio desatado, un ciclón de tenis que se lo llevó por delante en tres rápidos sets (6-4, 6-2, 6-2) que dieron a Suiza su primera Ensaladera de Plata. Roger y Stan fumaron la pipa de la paz como buenos amigos en el gran año de Suiza y de Wawrinka. Si cabe, el título era más especial para Federer, que además lo hacía junto con su mejor amigo Marco Chiudinelli y su entrenador Severin Lüthi. Con treinta y tres años y rodeado de amigos, conquistó esa tarde en Lille la penúltima cima que le faltaba por hollar en el planeta tenis, haciendo más grande su irrepetible figura, si es que eso es posible.

2015

El año del Djoker

Como si de un calendario chino se tratase, 2015 debería pasar a llamarse el año del Djoker, el animal tenístico. Pocas veces se vio antes el nivel de juego y resultados exhibido por el serbio en esa temporada. Tal vez nunca. Federer en 2005 y 2006, Nadal en 2010 y 2013, o el propio Djokovic en 2011 (y después en 2021) protagonizaron campañas antológicas, al igual que otros mitos como Jimmy Connors, John McEnroe o Ivan Lendl. Sin embargo, la de Nole en 2015 es para muchos expertos la mejor que un tenista ha realizado en la Era Open. Casi imposible hacerlo mejor. Curiosamente, el de Belgrado comenzó el año perdiendo en los cuartos de final de Doha, pero a partir de ahí llegó a la final en los quince torneos que disputó, ganando once títulos, entre ellos tres Grand Slams, seis Masters 1000 (récord absoluto) y las ATP Finals. Ni que decir tiene que fue el número uno del año, destrozando además el récord de puntos con 16 585, casi el doble que Murray, segundo clasificado; la del *ranking* final del curso fue una foto para la historia. Sus ochenta y dos victorias le reportaron, además, la mayor bolsa de dinero que nunca había reunido un tenista en una sola campaña, algo más de dieciocho millones de dólares. Sus únicas derrotas llegaron ante Ivo Karlovic, Andy Murray, Stanislas Wawrinka y Roger Federer, quien le venció en tres ocasiones. La más dolorosa, sin duda, llegó ante Wawrinka en la final de Roland Garros, pues volvía a quedarse a las puertas de su mayor objetivo.

El enorme año de Djokovic impidió a Federer volver a hacer una gran temporada en cuanto a títulos, ya que por juego sí lo fue. El de Basilea comenzó el año ganando en Brisbane ante Milos Raonic, en lo que supuso su victoria número mil como profesional, una cifra cargada de simbolismo. «Mis hijas no saben contar hasta mil», dijo el suizo al ser entrevistado en la pista. Por delante ya solo tenía a Ivan Lendl con 1071 y Jimmy Connors con 1253. Era además su título número ochenta y tres en ciento veinticinco finales. Además, el genio alcanzaría las finales de Wimbledon, del US Open y de las ATP Finals, pero encontró en Djokovic un muro imposible de franquear. Consiguió derrotar al balcánico en tres de sus ocho duelos, pero eligió mal los partidos para hacerlo. Aunque cerró el año con seis títulos, solo el Masters 1000 de Cincinnati estaba entre los torneos de élite.

Desastroso fue el curso de Rafa Nadal, a quien la pérdida de confianza en su juego lo llevó a la peor temporada de su carrera. Por primera vez en diez años, el balear no ganó ningún Grand Slam y ni siquiera Roland Garros le sirvió como refugio. La falta de continuidad que arrastraba desde 2014 por las lesiones le fue minando la moral hasta llevarle a una crisis de confianza de la que le costó mucho salir. Su inseguridad resultaba manifiesta e incluso reconoció haber sentido ansiedad en determinados momentos. Todo ello se reflejó en su irreconocible juego y en sus resultados. El de Manacor llegó a estar décimo en el *ranking* mundial, aunque finalmente terminó el año en la quinta posición. Su padre, Sebastián Nadal, reconoció tiempo después en el programa *Informe Robinson* que, «como consecuencia del desgaste de los años, se crearon situaciones que le fueron generando ansiedad en el día a día, no en la pista. Empezó a tener una actitud negativa, ya no se le veía contento. No estaba bien». Esa lucha diaria contra sí mismo fue una de las más difíciles que ha tenido que librar el campeón español en una carrera plagada de dificultades. Sin embargo, como en tantas otras de sus innumerables batallas, Nadal saldría vencedor con mucho sufrimiento.

Y es que, en aquel momento de duda, el propio Nadal tuvo la valentía de dar un paso al frente y, en un gesto que le honra como deportista y persona, reconoció su ansiedad y el bloqueo mental que sufría. El tenista con la mejor cabeza de la historia admitía que ese era ahora su principal punto débil. Fue un *shock* para el mundo del tenis, ya que en aquel momento los problemas de salud mental eran prácticamente un tabú en el mundo del deporte. Además, a nadie le gustaba verle sin rumbo ni determinación en las pistas. Sin embargo, aunque pueda parecer contradictorio, confesar sus flaquezas y miedos no era sino un signo de su gran fortaleza mental. Por ahí comenzó su recuperación, aunque para ello tendría que atravesar un largo camino. Solo él, su familia, sus amigos y su equipo saben bien a qué se enfrentó el jugador en aquella época.

La temporada empezó muy mal para él en Australia: hizo un pésimo partido ante Tomas Berdych, como él mismo reconoció al acabar el encuentro. En menos de una hora había cedido dos sets y solo pudo sumar ocho juegos ante el *bomber* checo (6-2, 6-0 y 7-6). Comenzaba el calvario para el manacorí. Sin embargo, en aquel momento fue más sorprendente la derrota de Roger Federer ante el italiano Seppi, puesto que rompía una racha de once ediciones consecutivas llegando al menos a las semifinales en el Open de Australia. Solo quedaba en pie uno de los integrantes del *Big Three* y, al contrario que Nadal, Novak Djokovic comenzó en Melbourne Park su paseo triunfal hasta su coronación final. Y su corona no sería de espinas, sino de laureles. ¿Recuerdan la teoría de los vasos comunicantes?

Ausentes sus dos grandes rivales, Djokovic se batió en duelo contra los dos únicos tenistas que han osado ganar más de un Grand Slam en la era de los tres gigantes del tenis. Y los dos presentaron batalla. En las semifinales, Stanislas Wawrinka, un rival que siempre le crea problemas a Djokovic, volvió a llevar el partido al límite, pero esta vez el serbio le destrozó en el set decisivo (7-6, 3-6, 6-4, 4-6 y 6-0). Había cabreado a quien no debía. En la final contra Andy Murray, Djokovic volvió a cerrar con un rosco (7-6, 6-7, 6-3 y 6-0) para levantar su quinta Norman Brookes, su octavo Grand Slam. Para Murray significaba la cuarta ocasión perdida en la Rod Laver Arena, tres de ellas ante su bestia negra balcánica.

En la primera gira americana del año, Djokovic hizo pleno. El número uno ganó en la final de Indian Wells a Federer (6-3, 6-7 y 6-2), vengándose de la derrota que el suizo le infligió en el torneo de Dubái semanas antes. Posteriormente, en Miami, fue de nuevo Murray su víctima en la última ronda, al que otra vez dejó a cero en el set definitivo (7-6, 4-6 y 6-0). A esas alturas ya se hablaba del flojo inicio de campaña de Nadal, irreconocible en sus derrotas ante Milos Raonic y Fernando Verdasco. A pesar de ello, llegaba la tierra batida, donde el español siempre daba lo máximo y todos esperaban que volviese la normalidad. Sin embargo, por increíble que pueda parecer ahora, Nadal solo alcanzó una final, la del Masters 1000 de Madrid, que perdió contra Murray sin presentar mucha pelea (6-3 y 6-2). Los síntomas eran muy preocupantes y su crisis de juego resultaba evidente. El español lo intentaba, pero no le salía nada. Alternaba partidos buenos con otros desastrosos, teniendo en cuenta su nivel. Solo Roland Garros podía sacarle del atolladero. El principal beneficiado del bloqueo mental de Nadal estaba siendo Novak Djokovic, que aprovechó la «ausencia» de Rafa en Montecarlo y Roma para sumar dos títulos que normalmente estaban vetados.

La gran incógnita era saber qué pasaría en Roland Garros, el inaccesible reino de Nadal, donde había ganado setenta de sus setenta y un partidos. En los cuartos de final tenía la oportunidad de darle un vuelco a su situación pegando un golpe en la mesa ante Novak Djokovic. Jugaban en su pista favorita y era el vigésimo noveno cumpleaños del mejor jugador de la historia en arcilla. ¿Qué podía salir mal? Todo. Un día gris se volvió negro para el balear, que tocó fondo. Era la primera vez que, dicho por muchos de sus compañeros en el circuito, Nadal bajó los brazos. Y en la Philippe Chatrier. Aquel no era Rafa Nadal, el ganador de nueve Copas de los Mosqueteros, la leyenda viva del torneo. El balear deambuló por la pista; fue duro ver así al gran guerrero, ejemplo de pasión y entrega. Pero también es humano, aunque muchas veces hayamos dudado de su condición. Y Djokovic lo vio claro. El serbio sabía que su rival estaba débil y saltó a su yugular sin dejarle respirar. En solo tres sets el choque estaba finiquitado (7-5, 6-3 y

6-1): Nadal quedaba eliminado por segunda vez en once ediciones. El último punto ilustró la dimensión de la crisis del balear. Sacó con tres bolas de partido para su rival y ni siquiera hizo ademán de jugar el punto. Mientras el resto de Djokovic buscaba tierra, él ya estaba yendo hacia la red para el saludo final. Nadie podía creerlo. ¿Qué le pasaba?

Mucho menos podía entenderlo Djokovic, que veía que esta era su gran oportunidad de ganar en París y completar el Grand Slam. Federer también había sido eliminado por Wawrinka en los cuartos de final (6-4, 6-3 y 7-6) y se repetía la historia del Open de Australia. El triunfo pasaba por volver a derrotar a Wawrinka y a Murray, esta vez en el orden inverso. Aquella de Federer sería su última participación hasta 2019, pues renunciaría en las tres ediciones siguientes debido a su estrategia de seleccionar con mucho cuidado los torneos en los que participar. En la semifinal contra Murray, Djokovic vio peligrar sus opciones al dejarse remontar dos sets en un partido que se suspendió por falta de luz. En la reanudación, con 2-1 para el serbio, Murray ganó el cuarto y llevó el partido al quinto parcial. Solo entonces reaccionó el número uno para sellar su clasificación. En la final le esperaba Wawrinka, quien sí había podido cerrar su partido contra Tsonga el día anterior. Llegaba más descansado al duelo decisivo, pero se enfrentaría a un tenista que parecía haberse bañado en aguas estigias. Invencible como Aquiles, acumulaba veintiocho victorias consecutivas que le habían servido para ganar los cuatro Masters 1000 disputados, además del Open de Australia. Por si eso no era suficiente, ningún trofeo le motivaba más; Roland Garros era su objeto de deseo. Como al héroe griego, el afán de gloria le consumía y no estaba dispuesto a renunciar a ella.

Sin embargo, a Stanimal le van los retos y conocía el mito griego. Aquiles tenía un punto débil y se lanzó a por él a tumba abierta, como dicen los ciclistas cuando no se tienen en cuenta los riesgos. Aunque perdió el primer set, Wawrinka siguió atacando sin cesar a su rival y acumulando golpes ganadores, hasta el punto de que dobló a su rival en la estadística. Con el marcador igualado a un set, la confianza y la inspiración del suizo crecieron exponencialmente, mientras menguaba la de su rival. Novak tendría que esperar una nueva oportunidad porque ese era el día de Wawrinka, que hizo un juego primoroso y puso el candado a la Copa de los Mosqueteros en el cuarto set (4-6, 6-4, 6-3 y 6-4). Era el segundo Grand Slam para *Stan The Man*, que en solo dos años había dado mucho lustre a sus vitrinas. Para Djokovic suponía la derrota más dura de su carrera, la más difícil de digerir. Era la tercera final que dejaba escapar en París, y esta vez sin Nadal, quien tarde o temprano volvería a su ser. En su mejor temporada, su fracaso más sonado. Hay cosas que solo se explican en el contexto del deporte.

Y únicamente en ese ámbito es posible entender la victoria del rastafari Dustin Brown contra Nadal en la segunda ronda de Wimbledon semanas después. El mallorquín, que se encontraba en el décimo puesto del *ranking*, había mostrado una mejoría en su juego tras su prematura derrota en Roland Garros, e incluso había ganado el torneo de Stuttgart sobre hierba. Sin embargo, cuando vienen mal dadas, las desgracias se acumulan. El tenista alemán hizo el partido de su vida, jugando como los ángeles e incluso dando sensación de suficiencia ante uno de los mejores de todos los tiempos. Nadal no jugó un mal encuentro, pero a su rival teutón le salía cualquier golpe que imaginase, por inverosímil que fuese. Ver para creer. Brown finiquitó el duelo en el cuarto set y hurgó aún más en la herida del español.

Después de la eliminación en Wimbledon, en su momento más bajo, Nadal recurrió a la terapia que mejor le ha funcionado siempre: regresó a Mallorca y pasó unas semanas de desconexión en el mar y junto a su familia. Necesitaba recargar las pilas y olvidarse del tenis por un tiempo, refrescar la mente con la brisa marina de su tierra. Mientras, en el All England Club, se repitió la historia de 2014, con Djokovic y Federer en la final del domingo. Y qué final. En la reedición del año anterior, ambos contendientes dieron lo mejor de sí, ofreciendo al público de la Catedral su mejor repertorio de *drives*, reveses y voleas. Aunque el suizo no supo atar el primer set con su servicio, no se vino abajo y ofreció su mejor versión en el segundo, con ese arsenal de golpes que a tantos aficionados ha conquistado. El encuentro estaba siendo una delicia cuando la lluvia apareció y amenazó con quitarle al público la miel de los labios. Pero fue una falsa alarma y enseguida se reanudó; *Show must go on*, que cantaba Freddie Mercury. La lección de tenis siguió, pero en su afán por atacar a su rival, Federer acabó cometiendo más errores de los debidos y Djokovic no perdonó. Nunca lo hace. En el cuarto set cerró el partido y alzó los brazos mientras gritaba como un poseso a su equipo (7-6, 6-7, 6-4 y 6-3). Era su tercer título en Wimbledon y sabía bien que el trabajo de Boris Becker y Marian Vajda tenía mucho que ver en ello. Le estaba llevando a las cotas más altas de su carrera, hasta el punto de cambiar el *statu quo* en la ATP. Eso le ayudaría a olvidar el trauma de París.

El parón veraniego no interrumpió la sed de títulos del número uno, que siguió con la misma dinámica hasta final del año. La única concesión que hizo a sus rivales llegó en los torneos americanos, donde se conformó con el segundo puesto. Murray y Federer agradecieron la misericordia del serbio en Montreal y Cincinnati para llevarse algún título a la vitrina. En la búsqueda de soluciones para contrarrestar el arrollador juego de Djokovic, Federer añadió un nuevo golpe a su interminable catálogo. El bautizado por su agente Tony Godsick como *SABR* (*Sneak Attack by Roger*, o Ataque Sorpresa de Roger) consistía en avanzar varios pasos mientras su rival cargaba el segundo servicio. Con ello sorprendía a su oponente: en cuanto restaba, ya se encontraba en la red, dejándole muy poco tiempo de reacción. Era una maniobra muy arriesgada que ya había realizado John McEnroe, pero el movimiento del suizo era todavía más difícil, pues devolvía el golpe casi en la línea del resto. No cabe duda de que sorprendió a todos, incluso a Djokovic, pero pasados unos meses fue dejando de utilizarla. Era muy arriesgado, pues tenía que adivinar la trayectoria del saque, mientras que el porcentaje de puntos ganados no era tan elevado.

En Nueva York, la compasión del número uno llegó a su fin y no hubo estratagema que lo frenase. Ceder dos títulos habría sido demasiado. Sí que la tuvo Nadal con Fabio Fognini, como en la final de São Paulo en los albores de la temporada.

El italiano volvió a remontarle, esta vez dos sets; era la primera vez en ciento cincuenta y tres encuentros de Grand Slam que el español desperdiciaba una ventaja como esa. Pero en 2015 todo era posible. Después del partido hubo lecturas para todos los gustos. Mientras los agoreros daban al español por acabado, sus acólitos veían a su ídolo recuperado. Seguramente, la respuesta estaba a mitad de camino. Nadal jugó muy bien los dos primeros sets, y en cualquier otro año habría sentenciado el duelo. Era evidente que había una mejoría, un punto de partida, pero todavía le quedaba un largo trayecto para recuperar su nivel. El campeón español lo reconoció así en la rueda de prensa: «He luchado hasta el final. No he tenido ningún momento de bajar los brazos, de hundirme mentalmente después de todo lo que he pasado. De momento no me toca ganar. Tengo que asumir que debo mejorar». Rafa estaba poniendo la primera piedra para reconstruir su muro mental, ese al que tanto temen sus rivales y que le ha llevado a lo más alto. El que siempre le protegió y que en 2015 se desmoronó.

La mejor versión de Federer sí que volvió a verse en el Grand Slam norteamericano. El número dos del mundo derrotó con suficiencia a rivales muy peligrosos en superficie rápida, como John Isner, Richard Gasquet y Stan Wawrinka, que ya era un habitual en las rondas finales de los *majors*. Como las hienas, merodeaba por si los grandes depredadores del *Big Three* se dejaban el plato principal. Pero Federer no dejó ni los restos y no cedió ningún set en su camino a la final. Jugó con soltura, con la plasticidad de la que solo él es capaz; el maestro de esgrima dando lecciones en Nueva York. Se notaba la fina mano de Edberg.

Más complicaciones de las esperadas tuvo Djokovic, que ante los españoles Roberto Bautista y Feliciano López debió emplearse a fondo, aunque no vio peligrar su clasificación. Ya en las semifinales, se enfrentó al campeón vigente, Marin Cilic, a quien quiso dejar claro que lo del año anterior había sido un accidente. El Djoker pasó la apisonadora y el croata valoró más que nunca el título conquistado en 2014 (6-0, 6-1 y 6-2). Con este triunfo, Djokovic era el tercer tenista de la Era Open que alcanzaba las cuatro grandes finales el mismo año, después de Laver y Federer. Precisamente el suizo sería su rival en el Arthur Ashe Stadium, donde la lluvia retrasó el comienzo durante tres horas. Dicen que lo bueno se hace esperar, y así fue. No podía ser de otra forma con Djokovic en su mejor versión de siempre y Federer recuperando su excelso tenis. El de Basilea había derrotado a su rival en Cincinnati y estaba convencido de poder hacerlo de nuevo.

Los dos primeros sets fueron puro espectáculo. Justo lo que le gustaba a ese público neoyorquino que hizo subir los decibelios en la pista. Federer siguió una agresiva táctica de saque y volea, con constantes subidas a la red, un tenis clásico que siempre ha maravillado a la afición estadounidense. Pero Djokovic no se dejó amedrentar. Se defendió con sus increíbles deslizamientos sobre la pista y contraatacó con golpes de una contundencia desconcertante; un bazuca sobre patines. A partir del tercero, como sucedió en Wimbledon, Federer bajó el ritmo, un modo no programado en la versión cíborg de Djokovic, que se llevó un partido inolvidable. El serbio festejó el punto decisivo retando a la grada con la mirada por su apoyo incondicional a Federer. La copa de la United States Lawn Tennis Association era para él por segunda vez, atrás quedaban las tres finales perdidas. También por segunda vez volvía a ganar tres Grand Slams en una temporada, una menos que Roger Federer, que lo consiguió hasta en tres ocasiones, pero una más que Nadal. Sí que niveló la balanza en duelos particulares, con veintiún partidos ganados cada uno. Para Federer, la diferencia entre una extraordinaria temporada y una simplemente buena se llamaba Djokovic. Con Edberg había mejorado mucho su juego, pero seguía sin rematar el trabajo en los momentos decisivos.

El huracán balcánico siguió sin aflojar el pistón: en Pekín, uno de sus torneos favoritos, solo cedió dieciocho juegos en cinco rondas, poco más de tres por partido. John Isner, David Ferrer y Rafa Nadal solo pudieron aplaudir el nivel de Nole. La buena noticia para Nadal era volver a verse en la final; pese a la clara derrota, volvía a competir (6-2 y 6-2). La mejoría vista en Nueva York contra Fognini, de quien se vengó en las semifinales, volvió a apreciarse en la capital china, al igual que en Shanghái días después. El español estaba tratando de evolucionar su juego, la temporada estaba acabando y era el momento de hacer pruebas de cara a la siguiente. El objetivo era ser más agresivo, acortar los puntos y subir más a la red. Una táctica similar a la que estaba empleando Federer, aunque algo menos ofensiva, sin perder su esencia. Se trataba de darle un nivel más de potencia a los fogones y no cocinar los puntos a fuego lento, con lo que evitaría castigar tanto su físico. Los genios siempre supieron reinventarse, y Rafa, como Roger, estaba decidido a hacerlo.

De vuelta en Europa se volvió a disputar el clásico entre los clásicos del tenis veintiún meses después. Federer y Nadal se reencontraron en Basilea y, como no podía ser de otra forma, lo hicieron en la final. En el St. Jakobshalle de su ciudad natal, Roger conquistó su séptimo título en casa, pero lo más importante fue volver a ver a los dos mitos disputándose un título como en los viejos tiempos. Tras años de duelos casi cada domingo, los aficionados lo echaban en falta. No era la final de Wimbledon, pero «fue un día muy especial», como dijo Federer tras imponerse en tres sets (6-3, 5-7 y 6-3), cortando así una racha de cinco victorias del español en sus enfrentamientos particulares. Aquella buena actuación sirvió a Nadal para confirmar sus sensaciones positivas, así como su presencia en las ATP Finals. Durante buena parte de aquel curso tenístico, todo pareció peligrar para el balear.

En el año del Djoker, el final de la fiesta no podía tener otro actor principal. Nole aterrizó en la pista de Londres tras conquistar en París su sexto Masters 1000 del año, batiendo el récord que compartía con Nadal. Todo el mundo esperaba que pusiera la guinda al pastel, y él, amante del protagonismo, lo hizo encantado… y con la maestría con la que sabe hacerlo. Una de las mejores temporadas de la Era Open tuvo en el O2 Arena el cierre más adecuado: Novak Djokovic ganó su quinto título de maestro, cuarto consecutivo, derrotando en la semifinal a Rafa Nadal (6-3 y 6-3) y en la gran final a Roger Federer (6-3 y 6-4). Ni en sus mejores sueños hubiera imaginado un año así. ¿El mejor año de siempre? Posiblemente. Solo le quedaba una espina dentro, aunque profunda y difícil de sacar.

Había demostrado que estaba al nivel de Federer y Nadal, y la distancia en Grand Slams ganados se había reducido notablemente (17-14-10). Aun así, le quedaba un paso importante para ser una leyenda a la altura de sus dos grandes rivales: ganar Roland Garros y completar el Grand Slam. No tendría nada más *in mente* en 2016.

Semanas después de las ATP Finals, Federer anunció en un comunicado que dejaba de trabajar con Stefan Edberg y que comenzaría la nueva temporada con Ivan Ljubicic. Severin Lüthi seguía siendo el técnico principal, pero el croata tendría la misión de seguir puliendo los aspectos en los que le ayudaba Edberg y que estaban dando buenos resultados. La ruptura fue pactada, ya que en realidad el acuerdo con el sueco era de un año y lo prolongaron por la mejoría experimentada por Federer. Muchas voces comenzaban a pedir que Rafa tomase una decisión similar y dejase de trabajar con Toni Nadal. El argumento esgrimido era el desgaste psicológico que producen los años en cualquier relación profesional. Sin embargo, aunque era una evidencia que los dos admitían, su vínculo personal era mucho más fuerte y no estaban dispuestos a arrojar la toalla por un mal año. Rafa dio un paso al frente y defendió a su equipo, diciendo en muchas ocasiones que el culpable en las victorias y en las derrotas era él. El balear mantuvo a todo su personal de confianza, aunque empezó a rumiar la posibilidad de hacer una nueva incorporación. Alguien con ideas frescas y complementarias. Aún no era el momento, pero era una opción que estaba sobre la mesa; todo dependería de cómo fuera 2016.

2016

¿Big Four?

El cuento de hadas que vivió Djokovic en 2015 continuó en la primera mitad del año 2016. El serbio amplió su dictadura seis meses más, justo hasta que alcanzó su mayor deseo. Cuando por fin ganó Roland Garros y completó el Grand Slam, el globo se pinchó y comenzó un largo descenso a tierra que se prolongó por espacio de dos años. Como les había sucedido antes a Federer y Nadal, después de su momento más alto llegó el vacío. Es una sensación habitual en los grandes campeones. Una vez que lo han ganado todo, la primera pregunta que se hacen es: ¿y ahora qué? Esa duda siempre se les plantea a los mejores cuando están en la cima. Es algo inherente a la condición humana. En el mismo momento de alcanzar la meta se acuerdan de los sacrificios realizados y pueden dudar de si ha merecido la pena. Es la perspectiva que solo da el tiempo lo que les hace valorar en su justa medida lo alcanzado y la que les reporta una mayor satisfacción.

En esa segunda parte del año, con Djokovic entrando en la crisis de la que peleaban por salir Federer y Nadal, fue Andy Murray quien aprovechó el vacío de poder. El escocés llevaba varios años moviéndose entre los cuatro primeros puestos del *ranking* y dio un paso adelante cuando se le presentó la oportunidad. Lo mismo se puede decir de Stan Wawrinka, que por tercer año consecutivo cerró la temporada con un gran título. Con su triunfo en el US Open se quedaba a un solo paso de completar el Grand Slam, pues solo le faltaba Wimbledon en su cada vez más brillante palmarés.

Para su compatriota y amigo Roger, esta fue la cuarta temporada consecutiva sin llevarse uno de los cuatro grandes. Ya pocos pensaban que fuera capaz de sumar uno más. Por primera vez en su carrera no ganó absolutamente nada y sufrió una lesión de larga duración. Se perdió la segunda mitad de la campaña por tal circunstancia, cuando siempre había sido inmune a ellas y tenía el récord de apariciones consecutivas en los Grand Slams (65). Todo era nuevo para él, incluso el hecho de que siempre le preguntasen por su posible retirada. Nada de novedad tenían esas lesiones para Rafa Nadal. Lo suyo era ya algo más propio de un embrujo. Justo cuando retomaba el vuelo, tras dejar atrás su bloqueo mental y mejorar su juego al final de la campaña anterior, las lesiones volvieron a su vida. Difícil recuperar la confianza así, aunque te llames Rafa Nadal. La irregularidad volvió a ser la tónica dominante y tuvo mucho tiempo para pensar en decisiones importantes.

El español comenzó el año llegando a la final en Doha, pero fue contraproducente porque Djokovic le apabulló sin compasión (6-1 y 6-2). Nole parecía no haber descansado en Navidad, seguía anclado en 2015 y no quería desprenderse de ese halo de invencibilidad. No sabemos si la paliza afectó a Nadal, que en la primera ronda del Open de Australia cayó eliminado ante Fernando Verdasco. Como en la inolvidable semifinal de 2009, ambos plantearon una batalla sin cuartel, pero esta vez fue el madrileño quien cantó victoria. En otro maratoniano partido en el que rozaron las cinco horas de juego, Verdasco pudo vengarse de la derrota más dura de su carrera (7-6, 4-6, 3-6, 7-6 y 6-2).

En mitad de la competición, Team8, la agencia de representación de Roger Federer y de su agente Tony Godsick, anunció la creación de la Laver Cup. Se trataba de una especie de Ryder Cup del tenis, en la que los mejores jugadores de Europa se enfrentarían a los del resto del mundo. La competición contaría con la colaboración de la Federación Australiana de Tenis y, aunque no tendría bolsa de puntos para el *ranking* ATP, sí que repartiría sustanciales premios en metálico. El torneo comenzaría en 2017 y serviría además para ayudar económicamente a la leyenda australiana Rod Laver, amigo de Federer y por el que siente una profunda admiración. Habría que esperar más de un año y medio para su bautismo, pero en el cargado calendario nunca faltaba buen tenis, como en esa edición del Open de Australia.

En la tercera ronda del torneo australiano, Roger Federer alcanzó las trescientas victorias en Grand Slams al derrotar al búlgaro Grigor Dimitrov. Mucho había llovido desde 1999, cuando un desaliñado adolescente con coleta debutó en Roland Garros ante Patrick Rafter. Ahora, convertido en «maestro jedi», buscaba respuestas para enfrentarse a su Darth Vader particular. Pero siguió sin encontrarlas en Australia y Djokovic lo zarandeó otra vez en las semifinales (6-1, 6-2, 3-6 y 6-3). El nivel de juego que estaba alcanzando el balcánico era inaccesible para cualquier jugador. Djokovic y Murray reeditaron la final de 2011, 2013 y 2015…, y también el resultado (6-1, 7-5 y 7-6). La Rod Laver Arena estaba gafada para Murray después de cinco finales perdidas, las cuatro últimas contra Djokovic. Para el serbio era su pista talismán e igualó como hexacampeón en Melbourne a Roy Emerson, uno de los héroes *aussie*. Además, en Grand Slams se situaba al nivel de Björn Borg y Rod Laver, el otro ídolo local. En esos momentos era imposible hincarle el diente al serbio, que no mostraba fisuras. Para Murray solo quedaba tener paciencia y esperar su turno.

El día después de ser eliminado del Open de Australia, Federer se hizo en Melbourne la peor lesión de su carrera y de la manera más absurda. En su hotel, el campeón suizo estaba llenando la bañera para las gemelas Myla y Charlene cuando sintió un crujido en la rodilla. Aunque en un principio no le dio importancia, al día siguiente sintió dolor y la rodilla se le había hinchado, por lo que una vez en Suiza se hizo pruebas. El diagnóstico fue peor de lo esperado, tenía el menisco roto: su ausencia se prolongó dos meses. Tras ser operado, todo era nuevo para él, como no sentir del todo bien su rodilla o la necesaria rehabilitación. Cuando volvió en Montecarlo, las sensaciones no fueron buenas y arrastró el problema hasta que decidió parar después de Wimbledon. Por esas fechas, tuvo un emotivo homenaje en Biel, en la sede de la Swiss Tennis, donde le pusieron su nombre a una avenida, la Roger Federer Allee. El detalle le emocionó mucho en el peor momento de su carrera, lleno de incertidumbres y cuando debía afrontar una grave lesión por primera vez. Después de todo lo que había hecho por el tenis suizo, el reconocimiento no podía ser más oportuno.

Lejos de homenajearle, el padre de Djokovic volvió a atacar a Federer en una entrevista a *Newsweek*; un gesto feo en un momento difícil para el campeón helvético. Pasados diez años, era evidente que Srdjan Djokovic no olvidaba la eliminatoria de Copa Davis de 2006: «Novak tenía una desviación del tabique nasal y no podía respirar. Tenía problemas para jugar partidos y puntos largos, y Federer hizo todo lo posible por faltarle al respeto debido a este problema». Para cerrar su ataque, el patriarca de los Djokovic dejó claro que en su opinión el tenista de Basilea debía retirarse: «¿Por qué sigue jugando? Tiene treinta y cuatro años». Aquella polémica no afectó lo más mínimo al juego de Nole, que siguió ganándolo todo. Daba igual la superficie, el rival o la meteorología. En Indian Wells arrasó y con su sexta corona en Miami sumó su vigésimo octavo Masters 1000, superando momentáneamente a Rafa Nadal como jugador con más títulos. Comenzó ahí un tira y afloja para dirimir quién es el tenista con más títulos de la categoría de plata.

Por mucho que disgustara a Srdjan Djokovic, una semana después se produjo el regreso de Roger Federer a las pistas. Fue en Montecarlo, en un torneo que regaló muchos titulares. El primero fue, evidentemente, el regreso del artista suizo, que hizo dos buenos partidos antes de caer eliminado ante Tsonga. En ese encuentro se vio a un Federer frustrado y enfadado, seguramente porque la rodilla no le respondía todo lo bien que él hubiera esperado. La segunda noticia de impacto fue la eliminación de Djokovic en la primera ronda a manos de Jiri Vesely (6-4, 2-6 y 6-4). Después de más de un año sin bajarse de una final, el serbio perdía en casa y ante el quincuagésimo quinto jugador del mundo. El tenista checo ya tenía una batallita que contar a sus nietos. Ante tal panorama, Rafa Nadal vio clara la oportunidad de recuperar la corona después de tres años sin ganar en uno de sus torneos favoritos. Esa semana se pudo ver al Rafa de las grandes ocasiones, arrollando a duros rivales como Dominic Thiem, Stan Wawrinka y Andy Murray antes de cerrar el torneo batiendo a Gäel Monfils (7-5, 5-7 y 6-0). Era su noveno título en la Rainiero III y parecía asomar la cabeza por el final del túnel. Máxime cuando la semana siguiente alcanzó la final en Barcelona, si bien en esta ocasión no pudo con Kei Nishikori (6-4 y 7-5).

En los Masters 1000 de Madrid y Roma, los protagonistas de la final fueron Djokovic y Murray, que se turnaron en la victoria y a la hora de eliminar a Nadal. Federer siguió sin encontrarse bien físicamente: las molestias en la rodilla habían comenzado a afectarle también a la espalda. Por este motivo, después de superar a Ivan Lendl como segundo tenista con más victorias de la historia (1072), tomó la dura decisión de renunciar a Roland Garros. Buscaba descansar y llegar en las mejores condiciones posibles a Wimbledon. Después de sesenta y cinco ediciones consecutivas, el tenista con más Grand Slams de la historia faltaba a una cita con uno de ellos. Como en las dos siguientes campañas, renunció voluntariamente a toda la temporada de tierra; hasta 2019 no volverían a ver a Federer por el Bois de Boulogne.

Si la ausencia de Federer en Roland Garros impactó en el circuito, la retirada de Nadal en la tercera ronda fue un auténtico bombazo mediático. Lo anunció en rueda de prensa antes de su partido contra Marcel Granollers alegando que, de seguir jugando, «la muñeca se rompería al cabo de dos días». El español confesó que el problema lo arrastraba desde el Masters 1000 de Madrid: «Es un problema que tenía al llegar y que ha empeorado. No puedo pegar el *drive* y jugué con anestesia, asumiendo los riesgos que se podían asumir. Pero no puedo dormir la muñeca durante cinco partidos». La lesión le impediría participar también en Wimbledon, noveno Grand Slam que se perdía en catorce años de carrera.

El camino quedaba expedito para que Novak Djokovic alcanzase por fin el título que tantas veces le había sido esquivo. Era ahora o nunca para el serbio después del gran fiasco del año anterior. La vida le regalaba una nueva oportunidad. Y esta vez no fallaría. Después de un complicado partido contra Roberto Bautista, mostró su mejor cara ante Tomas Berdych y Dominic Thiem, completamente concentrado. Nada ni nadie le apartaría de su sueño. En la final se las vería nuevamente contra Murray, que se había deshecho de Wawrinka. Siempre ellos dos a la espera de un tropiezo del *Big Three*... Y qué alivio para Djokovic fue la derrota del suizo.

El 5 de junio la organización de Roland Garros estaba preparada para inscribir un nuevo nombre en la chapa de la Copa de los Mosqueteros. Los nervios iniciales jugaron una mala pasada a Djokovic, que perdió el primer set. Mala noticia, pues Murray no había perdido en Roland Garros en los veintiséis partidos anteriores donde empezó con ventaja. Sin embargo, el parón por el cambio de set pareció transformar al serbio, que reseteó su mente en la banqueta y exhibió en la Philippe Chatrier un tenis de muy alta escuela ante el que Murray nada pudo hacer (3-6, 6-1, 6-2 y 6-4). Solo rendir pleitesía al último socio del G-8, las leyendas capaces de ganar los cuatro Grand Slams. Djokovic lo había hecho enlazando los cuatro títulos, siendo el vigente campeón de todos ellos, el señor de los anillos. Solo Don Budge (1938) y Rod Laver (1962 y 1969) lo hicieron antes, aunque en el mismo año, el auténtico Grand Slam.

Ese triunfo era la culminación de una vida vivida por y para el tenis. Llegó a pensar que nunca ganaría en París, como les pasó a otros grandes de la raqueta como Connors, McEnroe, Becker o Sampras. El mismo temor que Roger Federer tuvo durante años. Roland Garros siempre había sido el *major* más difícil para los grandes mitos. Por eso, cuando levantó el trofeo, lo hizo saboreando el momento, con los ojos cerrados y una gran sonrisa, respirando profundo. Lo había logrado, ya estaba. Era su duodécimo grande y se situaba cuarto en el palmarés, igualado con Roy Emerson. A solo dos de Nadal y Sampras. Cinco le separaban de Federer, muy pocos teniendo en cuenta de dónde venía y al nivel que estaba. Les había recortado seis títulos en apenas dos años, desde Wimbledon 2014. Además, puso el listón de puntos en un nuevo máximo histórico de 16 950. No podía ser más feliz. Era el clímax en su carrera..., aunque todos sabemos que después de ese momento mágico siempre viene la relajación.

Y esta llegó inmediatamente. En la tercera ronda de Wimbledon, Djokovic cayó sin paliativos ante Sam Querrey (7-6, 6-1, 3-6 y 7-6). Era la primera vez en siete años que no llegaba al menos a las semifinales. Un baño de realidad para el serbio, que era consciente de que podía pasarle: «No es la primera vez que pierdo en un Grand Slam. Es maravilloso ganar cuatro seguidos, pero también ha sido agotador y necesito algo de descanso». Se refería a la necesidad de cargar pilas de cara a su próximo gran objetivo, los Juegos Olímpicos de Río, pero sus palabras escondían algo más. El desgaste acumulado en los últimos dos años de dominio absoluto había sido brutal, jugando finales casi cada semana. Una vez alcanzada la meta, su cuerpo y su mente pedían a gritos una desconexión del tenis. Se encontraba vacío.

Tiempo después, en una entrevista concedida a Vice Sport (Serbia), Djokovic confesó cómo había sido ese proceso de auge y caída: «Ser padre me dio un gran impulso, hice los quince mejores meses de mi carrera. Mi mujer se encargó del niño y yo sentí una gran motivación y energía, y por eso quería jugar incluso más. Jugué el mejor tenis de mi vida y me sentía fenomenal. Pero sacrifiqué tiempo de estar con mi hijo. Soy afortunado porque tuve el apoyo de mi mujer. Cuando completé el Grand Slam, al ganar Roland Garros, me invadió un gran orgullo y me sentí realizado por alcanzar un objetivo que había deseado durante años, pero por otro lado sentí un vacío que ni siquiera sabía que existiera. Una sensación de preguntarme qué es lo siguiente. Fue una gran transición y una transformación en mi vida, sentí totalmente la otra parte de mí. Me di cuenta de que había mucho más que vivir, algo a lo que no había prestado suficiente atención». Esa revelación del serbio fue el origen de su distanciamiento de Boris Becker, quien hizo declaraciones en las que mostró su desacuerdo con el nuevo orden de prioridades de su pupilo, a pesar de entenderlas.

La eliminación de Djokovic en la Centre Court, junto a la ausencia de Nadal, dejó dos favoritos claros en el torneo: por un lado, su majestad Roger Federer; por el otro, Andy Murray, ¿quién si no? Federer caminó con paso firme hasta que se encontró con Marin Cilic en los cuartos de final. La batalla a cinco sets con el croata lo desgastó mucho y no pudo aguantar otra igual con Milos Raonic (6-3, 6-7, 4-6, 7-5 y 6-3). La intensidad de diez mangas en cuarenta y ocho horas fue demasiado para Federer y su castigada rodilla izquierda. El trabajo técnico con Ljubicic parecía dar buenos resultados, pero el físico no le estaba acompañando esa temporada. Al acabar el partido, el tenista suizo reconoció haberse hecho daño: «Espero que no sea grave, no sé si serán tres días o más». Fue mucho más.

En un comunicado de prensa dos semanas después, Federer confirmó los peores augurios: «Con mucha desilusión os anuncio que no podré representar a Suiza en los Juegos Olímpicos de Río y que también me perderé lo que resta de campaña. Después de consultar con mis doctores y mi equipo, he tomado la decisión para lograr una completa recuperación de mi rodilla tras la operación de principios de año». Además, el mito suizo reflexionó sobre su suerte con las lesiones y sus deseos de recuperación: «El lado positivo es que esta experiencia me ha hecho darme cuenta de lo afortunado que he sido en mi carrera al tener muy pocas lesiones. Pondré todas mis energías en volver más fuerte que nunca en 2017». A pesar de anunciar que volvería a las pistas, las especulaciones en los medios de comunicación no se hicieron esperar. Se hablaba sobre su posible retirada o la imposibilidad de que volviera a pelear por los grandes títulos. El campeón se encargaría de ponerlos en su sitio meses más tarde. Aunque no era la forma ideal de hacer terapia, el parón le vino muy bien mentalmente. Después de tantos años, no solo se resiente el físico, sino también la cabeza. Durante la recuperación tuvo mucho tiempo para oxigenarse, disfrutar de sus hijos y recuperar las ganas de competir por cada título.

Eliminado Federer, la final de Wimbledon no contó con ningún miembro del *Big Three* por primera vez en catorce años. Había que remontarse a 2002, cuando Lleyton Hewitt se proclamó campeón derrotando a David Nalbandian…, y por entonces no habían debutado Nadal y Djokovic. La única vez que ninguno de los tres magníficos había ganado el torneo en esos años fue en 2013 cuando Murray venció a Djokovic. El escocés volvió a hacerlo en la inesperada final de 2016 contra Raonic, en lo que era su tercera final de Grand Slam consecutiva. Por increíble que pudiera parecer, comenzaba a comerle terreno a Djokovic en el *ranking* ATP.

El calendario tenístico de 2016 tenía una fecha adicional marcada con rojo. Volvían los Juegos Olímpicos al *planning* anual y era el momento de saldar cuentas para muchos. Principalmente para Djokovic, después de la derrota ante Del Potro que lo dejó sin medalla en Londres 2012. Caprichos del destino, fue la Torre de Tandil su primer rival en el cuadro. Instalado en el puesto ciento cuarenta y uno del *ranking* tras un calvario de lesiones, Del Potro llegó a la cita olímpica sin grandes expectativas, solo quería disfrutar de la experiencia. Máxime si tenía enfrente al ganador de todo en los últimos dos años, que además le había derrotado en once de sus catorce duelos previos. Para colmo, el día no había comenzado bien para el argentino, que se había quedado encerrado en el ascensor de la Villa Olímpica por un corte de luz. Después de cuarenta minutos bloqueado, sus compatriotas de la selección de balonmano, apodados *Los Gladiadores*, lo rescataron.

Lo que comenzó como un mal día para Delpo acabó en fiesta y lágrimas. En un igualadísimo partido decidido en dos *tie-break*, dio la sorpresa de la competición y eliminó al gran favorito. Del Potro no se lo podía creer después de los duros meses que había pasado; la emoción se reflejó en su rostro. Igual que en el de Djokovic, que no pudo evitar las lágrimas cuando abandonaba la pista. Se le escapaba una nueva oportunidad de lograr el oro y Tokio 2020 quedaba muy lejos, más de lo que pensaba en ese duro momento. Quién sabe lo que pasaría entonces. Fue una de las derrotas más dolorosas de su carrera, como reconoció su madre, Dijana, en una entrevista al periódico suizo *Blick* en mayo de 2020: «Sus lágrimas en aquella ocasión son las más grandes que le he visto. Lo tenía todo para ganar el oro, pero el deseo no le fue concedido. Tenía ese problema en el codo y no pudo soportar la presión. Sentía que había decepcionado a la gente de Serbia. Aquella derrota aún me rompe el corazón».

Del Potro estaba empeñado en volver a la primera línea mediática y se reafirmó en su intención al derrotar también a Rafa Nadal. En unas semifinales para el recuerdo, dos de los tenistas más castigados por las lesiones dieron una lección de amor propio y tenis puro. La lucha fue trepidante y por suerte ninguno de los dos sufrió por sus maltrechas muñecas. Se impuso el argentino en el *tie-break* definitivo, pero pudo haber ganado cualquiera (5-7, 6-4 y 7-6). Desfondados por el tremendo esfuerzo, ambos perdieron sus siguientes partidos. Del Potro se tuvo que conformar con la medalla de plata frente a Andy Murray, que revalidó el oro, mientras que Nadal se colgó la de chocolate al perder con Kei Nishikori en la lucha por el tercer puesto (6-2, 6-7 y 6-3).

A pesar de ello, el balear no se fue de vacío en unos Juegos en los que quiso sacarse la espina de su ausencia en Londres 2012. Primero lo hizo siendo por fin el abanderado de la delegación española. Después, ganando la medalla de oro en dobles junto con su gran amigo Marc López. Aunque se quedó sin metal en el torneo individual, este título hizo aún más completo su palmarés si es que era posible. En la final los españoles derrotaron a los especialistas rumanos Florin Mergea y Horia Tecau en un gran enfrentamiento lleno de emoción (6-2, 3-6, 6-4). Cuando llegó el punto definitivo, Nadal se tiró al suelo boca abajo, llorando como un niño después de tanto sufrimiento. No se movió hasta que Marc López acudió a levantarlo y se abrazaron para saborear juntos un momento tan especial en sus carreras.

Como siempre que hay Juegos Olímpicos, el calendario tenístico no dio respiro a sus protagonistas y dos semanas después comenzó el US Open. No había tiempo para saborear medallas ni para lamerse las heridas. En una competición con muchas sorpresas, Rafa Nadal fue la primera víctima ilustre al perder en la cuarta ronda ante Lucas Pouille. El francés se llevó la recompensa en el desempate de la quinta manga tras más de cuatro horas de gran tenis (6-1, 2-6, 6-4, 3-6 y 7-6). Para Nadal era muy duro ver que por quinto Grand Slam consecutivo no llegaba a los cuartos de final. El campeón de Wimbledon y de los Juegos, Andy Murray, se quedó fuera de concurso en la siguiente ronda y la final fue una reedición de Roland Garros 2015. Djokovic tenía ante sí la posibilidad de vengarse de Wawrinka, pero el suizo volvió a jugársela y ganó su tercer Grand Slam en tres finales disputadas y sin repetir en ninguno de ellos. Junto con la Davis, la medalla de oro olímpica y un Masters 1000, es imposible encontrar un tenista con tan pocos títulos, pero de tanta importancia. Stanimal es un ganador muy selectivo.

Esta vez, las ampollas en los pies le jugaron una mala pasada a Djokovic, a pesar de que nunca había invertido tan poco tiempo en pista. En sus partidos previos, hasta tres rivales se retiraron: Jiri Vesely no se presentó, Mikhail Youzhny abandonó después de seis juegos y Tsonga al terminar el segundo set. Aun así, el serbio luchó como un jabato, pero Wawrinka volvió a mostrarse intratable, con una agresividad extrema que estuvo acompañada de gran precisión. Djokovic nada pudo hacer para contrarrestar el aluvión de golpes y dobló la rodilla tras casi cuatro horas de juego (6-7, 6-4, 7-5 y 6-3). Como en Wimbledon, el de Belgrado volvió a dejarse muchos puntos y Murray siguió recortando la distancia. Estaba cada vez más cerca.

El de Glasgow culminaría su gran remontada en el Masters 1000 de París, después de ganar también en Pekín, Shanghái y Viena. En ese tiempo, Djokovic siguió dejándose puntos en cada torneo, por lo que, en las ATP Finals, Murray estrenó su condición de nuevo número uno del mundo. Por quinta vez en su carrera, Rafa Nadal no pudo competir con los ocho mejores debido a una lesión, y por primera vez en quince años tampoco estaría Federer. Fueron las ATP Finals más descafeinadas desde hacía mucho tiempo y era fácil intuir quiénes serían los finalistas. En el partido decisivo, Murray le demostró a Djokovic que su número uno no era casualidad y despachó al serbio en dos sets (6-3 y 6-4), por lo que fue investido maestro de la ATP en el O2 Arena de Londres. Estaba claro que jugar en casa se le daba muy bien.

Tres semanas antes, Rafa Nadal había aprovechado esta anómala situación para invitar a Roger Federer a la inauguración de su gran proyecto: la Rafa Nadal Academy by Movistar. La espectacular instalación vio la luz en Manacor el 19 de octubre, después de años de planificación y desarrollo. En una ocasión tan especial, quiso contar con la presencia de su mayor rival, también su amigo después de tanto tiempo. Sobre una superficie de veinticuatro mil metros cuadrados, la academia nacía con la misión de exprimir el potencial tenístico y académico de sus alumnos. Para ello contaba con una residencia, pistas de tenis de tierra batida y cemento, un centro de *fitness*, piscinas cubierta y descubierta, campo de fútbol 7 y pistas de pádel. El complejo da cabida también a la Fundación Rafa Nadal, que dirige su mujer Maria Francisca Perelló, así como a un museo deportivo que se alimenta de las donaciones de importantes deportistas internacionales.

No es de extrañar que un Federer impresionado con las instalaciones dijera que mandaría allí a sus hijos. Nadal le agradeció «de corazón» su presencia «en un día muy especial». En una entrañable charla ante los medios, los dos tenistas reflexionaron sobre sus carreras. Hablaron de sus éxitos, de los duros momentos que les había tocado vivir los últimos años, así como de las expectativas sobre sus esperados regresos en 2017. Roger destacó que una de las claves de su ejemplar rivalidad había sido mantener siempre «un gran respeto mutuo, al margen de la tensión lógica por conseguir los respectivos objetivos». La admiración que ambos se profesan quedó patente en el acto, pero quisieron evitar una excesiva emotividad para no dar la sensación de que sus carreras estaban llegando a su fin. Nadal se encargó de enviar un mensaje a sus rivales: «Ni a Roger ni a mí se nos ha olvidado jugar al tenis y estamos trabajando para volver a competir al más alto nivel». Pocos meses después llegó la confirmación.

Cuando terminó el año, por primera vez desde 2004 el primer puesto del *ranking* ATP no estaba ocupado por uno de los componentes del *Big Three*. Djokovic, agotado física y mentalmente después de dos campañas ganando prácticamente todo, había cedido el mando a Andy Murray. El vacío que sintió al completar el Grand Slam le hizo priorizar la atención a su vida privada, lo que le llevó a la ruptura con Boris Becker en diciembre. A Nadal, una vez superado su bloqueo mental, era la falta de continuidad por las lesiones la que le impedía rendir como antaño, y por segundo año consecutivo no pasó de los cuartos de final en ninguno de los cuatro grandes, después de diez años seguidos llevando al menos uno de ellos a sus vitrinas. Por último, Federer andaba perdido en el puesto dieciséis por culpa de su prolongada ausencia por lesión; las dudas sobre él aumentaban debido a su edad. Las preguntas se agolpaban en la mente de periodistas y aficionados. ¿Estaríamos ante el fin de una era? ¿Conseguiría Murray mantener el nivel? ¿Tendríamos un *Big Four*?

2017

Aves fénix

El ave fénix era un ser mitológico en varias civilizaciones antiguas. Una especie de águila de fuego que resurgía y se elevaba desde sus propias cenizas. Ha sido siempre un símbolo de la capacidad de resistir y renovarse del ser humano. Nadie en el deporte encarna mejor esos valores que Rafa Nadal, cuya resiliencia le ha permitido superar situaciones que hubieran hundido a cualquier persona. Cuánto le debe en ese sentido a su tío Toni, a sus métodos estajanovistas, a su disciplina. Tal vez en Nike debieron pensar en este animal como icono del balear, si bien el toro también encaja perfectamente con sus virtudes.

Quien nunca se había visto en la situación de sufrir una grave lesión era Roger Federer. Con un físico privilegiado, los problemas serios le habían esquivado durante quince años. Hasta que una lesión de rodilla producida de la forma más tonta dio al traste con la mitad de su temporada en 2016. Para Nadal eran una constante en su carrera, aunque los dos últimos años habían sido especialmente duros por la continua presencia de problemas físicos de diversa índole, que le hicieron perderse muchos de los torneos más importantes. La consecuencia de estas lesiones para Nadal y Federer fue verse en el primer *ranking* ATP de 2017, publicado el 2 de enero, en los puestos noveno y decimosexto, respectivamente. Los considerados mejores jugadores de la historia estaban en su momento más bajo y parecía que sus días de vino y rosas no volverían. Con treinta y cinco años Federer y treinta Nadal, eran muchos los que apostaban por un nuevo duopolio formado por los dos tenistas que lideraban la clasificación en esos momentos, Andy Murray y Novak Djokovic.

El 1 de enero de 2018, justo un año después, esa misma lista mostraría a Nadal como líder destacado, con la única amenaza de Roger Federer, segundo. Novak Djokovic aparecía en la duodécima posición, y había que bajar hasta el decimosexto lugar para encontrar a Andy Murray. Otra vez la teoría de los vasos comunicantes en el mundo del deporte de élite. Como aves fénix, Roger Federer y Rafa Nadal resurgieron de sus cenizas a principios de 2017. Como si el tiempo no hubiera pasado, nos hicieron revivir los mejores años de su rivalidad. Pero no era tenis *vintage*. Era talento, sacrificio y amor por su deporte. Después de sus peores años, en 2017 se repartieron los cuatro Grand Slams y cinco Masters 1000; además de otros torneos. La mayor rivalidad de la historia había regresado, y lo había hecho para quedarse unos años más. Al igual que en el éxito arrollador de Novak Djokovic y Andy Murray en los dos años anteriores habían influido, además de su extraordinario juego, las lesiones de sus rivales, ahora sucedía lo contrario. Federer y Nadal mostraron un nivel de juego espectacular, pero se beneficiaron de los problemas en el codo del Djoker y, en la segunda mitad del año, de la lesión de cadera del escocés. Todo influye en el deporte al más alto nivel, lo cual no resta ningún mérito a los triunfadores, ya que hay toda una legión de grandes tenistas que persiguen el mismo objetivo.

Djokovic ya había empezado a sentir molestias en el codo después de la final del US Open 2016, aunque pudo tomar parte en las ATP Finals. Fue conforme avanzaba el nuevo curso cuando el serbio comprobó la gravedad de su lesión, que le afectaba al servicio y a su derecha. Esos dolores, unidos al vacío que sintió tras completar el Grand Slam en 2015, lo llevaron a una saturación física y mental que lo llevó a parar a mitad de campaña. Así, después de retirarse en Wimbledon, el de Belgrado anunció que no volvería a jugar hasta el año siguiente. Necesitaba oxigenarse y recuperar su nivel físico, como antes hicieron Nadal y Federer con excelentes resultados.

La temporada comenzó para Rafa Nadal con la incorporación de su íntimo amigo Carlos Moyà a su equipo técnico, donde compartiría el cargo de entrenador con Toni Nadal y Francis Roig. La decisión anunciada en diciembre era de gran calado, ya que el tenista nunca había hecho cambios en su entorno de confianza y comenzaba un periodo de transición con el que sería el último año de Toni Nadal guiando a su sobrino. El creador tenístico de Rafa Nadal, quien dio forma a su talento y mentalidad, pasaría a dirigir la Rafa Nadal Academy en Manacor; nadie mejor que él para moldear a las jóvenes promesas, igual que Charly Moyà era el hombre ideal para llevar a cabo la difícil misión de cubrir el vacío que dejaría el tío Toni. En primer lugar, por sus grandes conocimientos tenísticos, pues había sido número uno del mundo y campeón de Roland Garros; después, porque era amigo de todo el cuerpo técnico y los había ayudado mucho en los comienzos de Rafa, permitiéndole entrenar con él y ejerciendo de hermano mayor en el circuito. Por último, había demostrado su valía como entrenador con su excepcional trabajo con Milos Raonic. El canadiense pasó en solo un año con Moyà de la decimotercera posición en el *ranking* al tercer lugar al cierre de la campaña 2016.

El desgaste producido después de una vida juntos indicaba que era el momento ideal para que nuevas ideas llegasen a los entrenamientos del campeón español. El discurso de Toni ya no causaba el mismo efecto en su sobrino después de tantos años, con un Rafa muy maduro personal y profesionalmente. Necesitaba un nuevo psicólogo. Además, era evidente que debía evolucionar su juego, pues era necesario cuidar su físico por la edad y las continuas lesiones. Sin embargo, Rafa nunca hubiera dado este paso si la persona que sustituía a Toni no hubiese sido de su absoluta confianza. La familia lo es todo para él, y su equipo es parte de ella. Fue el propio Toni quien hizo las gestiones y llamó a Moyà cuando supo que no seguiría trabajando con Raonic. Todos estaban de acuerdo. Cuando se anunció la noticia, poco antes de comenzar la nueva temporada y al tiempo que Djokovic comunicaba su ruptura con Becker, Carlos Moyà mostró una gran seguridad al hablar del nuevo proyecto: «Poder ayudar a Rafa es algo especial. Tengo mucha confianza en que vuelva a conseguir los títulos que todos esperamos».

La nueva unión empezó a dar sus frutos muy pronto. En el Open de Australia se vio a un Nadal radicalmente distinto al de los dos años precedentes. Con un cuadro realmente duro, estuvo pletórico físicamente durante todo el torneo para batir a Milos Raonic, Gäel Monfils, Alexander Zverev y Grigor Dimitrov, a los dos últimos en el quinto set. Igualmente exigente fue el partido de Novak Djokovic en la segunda ronda ante Denis Stomin, aunque en su caso no pudo superar la prueba. El kazajo dio la gran campanada, al eliminar al mejor jugador en la historia del campeonato en cinco mangas (7-6, 5-7, 2-6, 7-6 y 6-4). El año empezaba con muy mal pie para el de Belgrado.

Al igual que Nadal, Roger Federer tuvo que dar lo mejor de su tenis y su físico para llegar a la final. Era inevitable partiendo como decimosexto cabeza de serie. Después de un inicio dubitativo por los nervios de volver a la alta competición, se fue relajando y yendo a más en cada partido. El punto de inflexión fue el duelo ante Tomas Berdych, a quien despachó en tres sets de altísimo nivel. Key Nishikori en los octavos y Stan Wawrinka en las semifinales le obligaron a ganarse el pase en el quinto parcial, pero le sirvieron para recuperar su mejor condición y las sensaciones que solo se tienen en los Grand Slams. Como Nadal, alcanzaba la final tras dejarse hasta la última gota de sudor por el camino. Pero qué importaba. Ambos estaban de nuevo en una final de Grand Slam. Pocos meses antes, en su charla en la academia del manacorí, era solo un deseo, una hipótesis poco realista. La última final en un grande para Roger había sido la del US Open 2015, mientras que para Rafa el recuerdo era más lejano, de Roland Garros 2014. En un torneo al que habían llegado con pocas opciones de victoria, incluso llegar a los cuartos de final hubiera sido un premio, cosa que ambos habían reconocido en la previa. Pero eran Roger Federer y Rafa Nadal, las expectativas nunca habían sido un límite para ellos.

El mundo del deporte se paralizó para presenciar el clásico entre los clásicos del tenis mundial. Desde Roland Garros 2011 no se había visto un Federer-Nadal en una final de Grand Slam. Seis años habían pasado, una vida en el deporte actual. El espectáculo estaba servido y fue grandioso. Los dos mejores de siempre, al menos hasta ese momento, brindaron al público del Rod Laver Arena un partido antológico. Ninguno de los dos pareció acusar el enorme desgaste acumulado y el choque de trenes comenzó en quinta marcha. Federer buscó acortar los puntos desde el inicio y fue un vendaval de golpes ganadores, que le sirvieron para adjudicarse la primera manga. La reacción del español no se hizo esperar y barrió a su rival con un 4-0 de salida en el segundo parcial, que se llevó para nivelar el marcador. El encuentro fue una montaña rusa de emociones, con fases alternas de dominio en las que Federer conseguía muchos *winners*, pero también cometía muchos errores no forzados. El juego del español era más constante, con pocos fallos, pero menos puntos ganadores. Cuando parecía que uno se acercaba a la victoria, su rival recurría a sus mejores golpes para equilibrar la balanza. Así se llegó al quinto set, en el que Nadal se vio con un *break* a favor (3-1). Solo tenía que mantener su servicio. ¿Solo? En un duelo como ese, la rotura del saque no suponía una garantía… y no lo fue. Contra las cuerdas, Federer tocó a rebato y se lanzó como un kamikaze a por la victoria. Pero lo suyo no fue un suicidio. El plan le salió redondo con cinco juegos consecutivos en media hora maravillosa en la que el último punto lo tuvo que confirmar el Ojo de Halcón (6-4, 3-6, 6-1, 3-6 y 6-3). Lo había logrado, cinco años después. Una eternidad.

De manos de la leyenda australiana Rod Laver, Roger Federer levantó su quinto Open de Australia a los treinta y cinco años. Solo el australiano Ken Rosewall había ganado un grande a una edad más avanzada. Era su decimoctavo Grand Slam y aumentaba a cuatro la diferencia con Nadal, que se hubiera puesto a solo dos de haber ganado. Además, se convertía en el único jugador de la historia en contar con al menos cinco títulos en tres de los cuatro grandes (Australia,

Wimbledon y US Open), hito que será muy difícil de superar por otro tenista, incluidos Nadal y Djokovic. Pero era, ante todo, la recompensa a años de dedicación, de no cejar en el empeño de volver a lo más alto. Y derrotando a su némesis, a quien no había vencido en un Grand Slam en los últimos diez años, desde la final de Wimbledon en 2007. Los dos estaban de vuelta y dispuestos a dar mucha guerra. Los viejos roqueros nunca mueren.

La ceremonia de entrega de trofeos fue una de las más emotivas que se recuerdan, como no podía ser de otra forma. Las lágrimas del campeón estaban más que justificadas. Como aquellas de 2009, pero por motivos muy diferentes. En su discurso de agradecimiento, el caballero que es Roger Federer tuvo palabras emotivas para un Nadal que sabía mejor que nadie el calvario por el que había pasado su rival por primera vez: «Creo que ninguno de los dos hubiera creído estar en la final, pero aquí estamos. El tenis es un deporte difícil, no hay empates, pero hoy habría aceptado un empate y compartir el trofeo con Rafa». Con el público rompiéndose las manos a aplausos y los cuatro gemelos del suizo viendo por primera vez una de las muchas gestas de su padre, se puso fin a una edición muy especial del Open de Australia.

Con Federer ya en la décima posición del *ranking* y Nadal en la sexta, en los torneos norteamericanos todo pareció ser como antes. Como cuando se disputaban las finales cada domingo, como cuando Djokovic no les incordiaba. El serbio había comenzado su largo peregrinar y sus prestaciones siguieron cayendo en picado, eliminado por Nick Kyrguios en las primeras rondas de Acapulco e Indian Wells. En el torneo californiano se produjo la extraña circunstancia de ver a Roger y Rafa frente a frente en la tercera ronda, como si estuviéramos en 2004. La clasificación del *ranking* mandaba y el duelo lo resolvió rápido el suizo (6-2 y 6-3). El desenlace se repitió en la final de Miami, doce años después de la primera que disputaron (6-3 y 6-4). Con estos dos triunfos, Roger escalaba a la quinta posición y adelantaba a Rafa, séptimo. Maquillaba además el bagaje de sus enfrentamientos, que seguía dominando ampliamente el español (24-13).

Antes de comenzar los torneos importantes de tierra, Novak Djokovic jugó la eliminatoria de cuartos de final de la Copa Davis ante España en Belgrado. Con Nadal, Bautista y Ferrer ausentes, Serbia se impuso sin problemas (4-1) y se clasificó para las semifinales. En la penúltima ronda, ya sin Djokovic, los balcánicos caerían ante Francia (3-1). La campaña en polvo de ladrillo tuvo la ilustre ausencia de Roger Federer. Ya había anunciado que no participaría en los Masters 1000, y dos semanas antes del comienzo de Roland Garros confirmó que tampoco lo haría en el evento galo. Quería afrontar las temporadas de hierba y pista rápida en las mejores condiciones posibles y no sobrecargar su calendario. Los problemas físicos de 2016 le habían hecho replantearse su carrera y comenzó a ser muy selectivo. Con treinta y cinco años, deseaba estirar su vida deportiva todo lo posible. En esta fase del año, Djokovic fue de menos a más. Eliminado en tercera ronda en Montecarlo por el belga David Goffin, mejoró con las semifinales en Madrid, aunque fue arrollado por Nadal (6-2 y 6-4). Siguiendo con su racha ascendente, el serbio alcanzó la final en Roma. El Foro Itálico parecía el lugar ideal para volver a ganar un título, pero Alexander Zverev, uno de los mayores talentos de la Next Gen, no estuvo de acuerdo (6-4 y 6-3). Los torneos de Madrid y Roma ya los hizo en solitario, puesto que después de Montecarlo Djokovic tomó una decisión drástica e inesperada. Tras una década de éxitos, rompió con su equipo técnico y no solo despidió a su entrenador, el eslovaco Marian Vajda, sino también a su preparador físico, Gebhard Phil Gritsch, y a su fisioterapeuta, Miljan Amanovic. Los tres corrieron la misma suerte que Boris Becker, de quien Djokovic había decidido desprenderse al concluir la campaña anterior. Anunció que seguiría sin entrenador, a lo Roger Federer en sus mejores años, aunque la jugada no le salió tan bien como al suizo. Como reza el título del aplaudido libro de Viktor Frankl, Nole era en aquel momento «el hombre en busca de sentido». No solo buscaba soluciones técnicas, también una motivación para su carrera. Tenía una lesión física, pero también espiritual.

La de 2017 podríamos llamarla la «primavera de Manacor». La de la liberación definitiva de Rafa Nadal, que se desprendió por fin de sus cadenas y desató su mejor tenis. Como el pueblo checoslovaco en el 68. En esos tres meses, solo hubo un tenista que le plantó cara en varios partidos y pudo derrotarlo una vez. El que por entonces era el mejor tenista del mundo en tierra batida después del español, Dominic Thiem. El joven austriaco, heredero de Thomas Muster, perdió contra Nadal las finales de Barcelona y Madrid, pero pudo batirle en los cuartos de final de Roma. Antes de eso, Nadal había comenzado la sesión en arcilla con su décimo triunfo en el Monte Carlo Country Club. Para rubricar su gesta, el manacorí vapuleó a su compatriota Albert Ramos (6-1 y 6-3), que al menos solo cayó derrotado ante Nadal, en el que es el mayor éxito de su carrera.

Con la mayoría de sus antiguas plazas de nuevo en su poder, le faltaba la más valiosa, la que le había elevado a la altura de los mitos del deporte, Roland Garros. Después de haber tocado fondo contra Djokovic en 2015 y verse obligado a abandonar en 2016, volvía a su feudo favorito en la mejor forma posible y completó su mejor torneo en París. El balear se plantó en la final sin apenas pasar tiempo en la pista. No solo no cedió ningún set, sino que solo tres tenistas le llegaron a hacer cuatro juegos en un parcial. El peor parado fue el georgiano Nikoloz Basilashvili, a quien le pegó su mayor paliza en un torneo de Grand Slam: solo le concedió un juego en todo el partido (6-0, 6-1 y 6-0). Lo hizo el día después de que el director de la Federación Francesa de Tenis, Bernard Giudicelli, anunciara en el programa de Eurosport *Avantage Lecont* que Rafa Nadal tendría una estatua en Roland Garros: «Es un monstruo. Tendrá una estatua, aunque se quede con nueve títulos». El monumento estaría en la entrada que da acceso a la Philippe Chatrier, la pista central del complejo parisino. El mejor lugar para su mejor tenista. Definitivamente, Nadal había conquistado el corazón de los franceses.

En los cuartos de final, Dominic Thiem volvió a demostrar su enorme potencial y barrió de la arena parisina a Novak Djokovic (7-6, 6-3 y 6-0), evitándole un nuevo duelo con Nadal. Visto el nivel del manacorí, le hizo un favor. El serbio había empezado a trabajar con Andre Agassi después de un tiempo sin entrenador, pero era demasiado pronto para ver resultados. En las semifinales, fue Rafa quien aplastó a Thiem e incluso le endosó un rosco final (6-3, 6-4 y 6-0). Tenía que «aprender» a respetar a las leyendas. Ya en la final, Wawrinka sufrió en sus carnes al verdadero Nadal, no al jugador mermado que se encontró en Australia en 2014. Nada pudo hacer para conservar su infalibilidad en las finales de Grand Slam. Nadal lo trituró (6-2, 6-3 y 6-1) y como en 2008 y 2010 completó el torneo perfecto. Tres años después volvió a rebozarse en la arcilla roja de la Philippe Chatrier como era tradición y celebró uno de sus triunfos más especiales. Era su décimo título en Roland Garros, como en Montecarlo, como en Barcelona, pero este significaba mucho más.

Tan extraordinario era lo alcanzado por el mito español que la organización francesa quiso tener otros dos gestos preciosos con su tenista más especial. Para empezar, fue Toni Nadal quien entregó la Copa de los Mosqueteros a su sobrino. Quién lo hubiera imaginado casi treinta años antes. Ahora que Toni iba a dejar de trabajar con él, la imagen de ambos con el trofeo significaba el broche de oro a una inigualable trayectoria juntos, como cerrar el círculo. Además, anunciaron que el campeón balear recibiría una réplica exacta de la copa y no la pequeña reproducción que suele entregarse. Sería el único tenista en tenerla.

Con Nadal ya como número dos, solo por detrás de Murray, Roger Federer reapareció días después del triunfo de su gran rival. Lo hizo en el torneo de Stuttgart, sobre hierba, pero perdió en su debut contra Tommy Haas, un viejo conocido. El veterano alemán transitaba por la posición trescientos dos del *ranking*, pero se aprovechó de la inactividad de su rival (2-6, 7-6 y 6-4). Solo estaba calentando. El suizo le cogió rápido el pulso a la hierba y en Halle volvió a impartir magisterio a tenistas jóvenes como los hermanos Zverev o el ruso Karen Kachanov. Era su noveno título en el ATP 500 alemán, su tercera casa después de Basilea y Wimbledon. Para preparar el *major* londinense, Novak Djokovic optó por el ATP 250 de Eastbourne (Inglaterra) e incorporó a su equipo técnico al extenista Mario Ancic, que trabajaría con Andre

Agassi. El croata, retirado de las pistas por una mononucleosis, era un consumado especialista en hierba y podía serle de gran ayuda. Djokovic se reencontró con la victoria y pudo hacer una buena preparación para Wimbledon, derrotando en la final a Gäel Monfils (6-3 y 6-4). Sin embargo, el codo seguía dándole problemas.

La edición 131 del torneo más antiguo del mundo comenzó con nada menos que cuatro aspirantes a salir de Londres como número uno del mundo: Andy Murray, Rafa Nadal, Stanislas Wawrinka y Novak Djokovic. Ninguno llegó a las semifinales. El suizo no superó el primer cruce, Nadal fue eliminado en la cuarta ronda por Gilles Müller y Djokovic y Murray dijeron adiós en los cuartos de final. El escocés perdió ante Sam Querrey, pero lo peor fue su gravísima lesión de cadera, que comenzó a torturarle y que ya nunca le permitiría recuperar su mejor nivel. El circuito le echaría mucho de menos. Aunque no tuviera una lesión tan grave como la de Murray, Djokovic tuvo que abandonar en su partido contra Tomas Berdych, ya que los dolores en su codo derecho no le permitían jugar. Había dicho basta.

Federer, que llegaba al torneo como quinto favorito y sin opciones de asaltar el número uno, se quedaba como el principal candidato al título. En realidad, siempre lo había sido. Por algo es el mejor de la historia del torneo. El suizo hizo honor a su mito y, por primera vez en Wimbledon, completó el campeonato perfecto sin ceder un solo set. Ni siquiera en la final ante Marin Cilic, aquejado de una lesión en su pie izquierdo. El croata apenas opuso resistencia (6-3, 6-1 y 6-4) y poco hubiera podido hacer ante esta versión de Federer. Tuvo Cilic amor propio para aguantar hasta el final y no retirarse, honrando a las leyendas de Wimbledon y a Federer. Cilic lloró de rabia y Federer de emoción. Ulises había regresado a Ítaca cinco años después. Al menos le había costado la mitad que al protagonista de *La Odisea*. El entendido público de la Catedral no podía estar más feliz al ver a su gran ídolo abrazando el trofeo. *Sir* Roger por fin superaba a Sampras y con ocho títulos nadie estaba a su altura en el Olimpo del All England Club. Era su decimonovena corona en un Grand Slam, con treinta y cinco años y trescientos cuarenta y dos días. Además, volvía a ganar dos grandes en la misma temporada ocho años después. Tocaba reformular la pregunta sobre su futuro: ¿duraría Federer para siempre?

Apenas diez días después del éxtasis colectivo en la Centre Court, Novak Djokovic anunció que no volvería a jugar en lo que restaba de curso por sus problemas en su codo derecho. Era el 26 de julio, exactamente un año después de que Roger Federer hiciera lo mismo; deberían prohibir ese día en la ATP. El jugador lo anunció en su cuenta de Facebook y explicó los motivos: «Mi codo está lesionado debido a la acumulación de partidos y me molesta constantemente al servir y al jugar con el *drive*. Estoy muy orgulloso de que mi cuerpo haya sorteado las lesiones todos estos años, pero tiene sus límites. Todos los médicos que he consultado están de acuerdo en que esta lesión necesita descanso». Andre Agassi le apoyaba en la decisión que le haría perderse el US Open, el primer Grand Slam al que no acudiría después de disputar cincuenta y uno de forma consecutiva. Después de diez años, el serbio no estaba entre los cuatro primeros del *ranking* y caería hasta la duodécima posición. Nada de eso importaba, menos aún con el ejemplo que Federer y Nadal le habían proporcionado. El Djoker avisó de sus intenciones y dio una buena noticia a sus fans: «Volveré más fuerte. Voy a utilizar este tiempo para reforzar mi físico y mejorar ciertos aspectos del tenis que no he podido entrenar por el exigente calendario. Cinco meses pueden parecer largos, pero pasarán rápidamente. Mi esposa Jelena y yo estamos esperando nuestro segundo hijo». Como Roger, volvería más fuerte y con más descendencia.

Tras el breve descanso veraniego, ya sin Djokovic ni Murray en el circuito, el número uno del mundo volvería a recaer en uno de los dos clásicos, Federer o Nadal. En el Masters 1000 de Montreal, el español perdió en la segunda ronda con el jovencísimo Denis Shapovalov, el número ciento cuarenta y tres del mundo (3-6, 6-4 y 7-6), pero un gran talento que tener en cuenta. En cambio, Federer llegó a la final y, aunque perdió ante Alexander Zverev (6-3 y 6-4), el calendario de pista dura parecía favorecerle en su objetivo de recuperar el cetro mundial. Sin embargo, sorprendió a todos al anunciar al día siguiente su renuncia a participar en el Masters 1000 de Cincinnati, con lo que el número uno pasaba automáticamente a Nadal. Caprichos del destino, lo recuperaba en el torneo en el que lo fue por primera vez en 2008 y después de tres años sin saborearlo. La última vez había sido el 7 de julio de 2014. De nuevo como líder del circuito, el balear reconoció en Tennis TV lo que significaba para él regresar a la posición de privilegio: «Para mí es muy especial, estoy feliz de volver al número uno. Han pasado muchas cosas. He tenido lesiones y problemas, pero he trabajado duro, manteniendo la pasión y la ilusión por el juego». Tal vez fuera esa emoción lo que le hizo relajarse y caer eliminado en los cuartos de final contra Nick Kyrguios (6-2 y 7-5), aunque era lo menos importante en ese momento.

En el US Open, uno de sus torneos favoritos, Nadal reestrenó la condición de mejor tenista del momento. Defendía pocos puntos, pero Federer ninguno al haberse ausentado el año anterior. El cetro estaba en juego y los dos aspirantes estaban condenados a enfrentarse en las semifinales. Djokovic lo vería por televisión desde Belgrado. O tal vez no. Esos días fue padre por segunda vez, esta vez de una niña, Tara. ¿A quién podía importarle el tenis? Por su parte, Nadal cumplió y se deshizo sin problemas de Andrey Rublev en los cuartos de final (6-1, 6-2 y 6-2). El siguiente en saltar a la Arthur Ashe fue Federer, pero su rival imponía más respeto, el siempre imprevisible Juan Martín del Potro. Aunque se encontraba en la vigésima octava posición, había protagonizado un espectacular ascenso desde la temporada anterior, después de tres años prácticamente inactivo. Tres operaciones en su muñeca izquierda lo habían hecho caer hasta el puesto 1045 del *ranking*. Pero Delpo siempre fue un guerrero y al terminar el año ya casi estaba en el *top ten*. Para quitarse el sombrero. La Torre de Tandil estaba de vuelta y fue demasiado elevada para Federer, que vio frenadas sus aspiraciones (7-5, 3-6, 7-6 y 6-4). Vía libre para Nadal. El de Manacor no falló ante el argentino; después del primer set solo cedió cinco juegos en los tres siguientes (4-6, 6-0, 6-3 y 6-2).

La oportunidad era única para lograr su tercer entorchado en Nueva York. En la final le esperaba Kevin Anderson, trigésimo segundo del *ranking* y «un ejemplo para los niños», según el tenista español. Lo decía por su constante superación frente a las lesiones. Rafa sabía lo que decía, en lesiones tiene un máster. La fortuna había sonreído a Nadal esta vez, pues no se tuvo que enfrentar a ningún tenista del top 25 en todo el torneo. En la final, el gigante sudafricano empezó bien, pero pronto acusó los nervios del debutante. Viejo conocido de Nadal de su época júnior, Anderson no pudo imponer su juego de saque y volea. Su rival restaba muy bien sus potentes saques y lo movía de un lado a otro hasta encontrar la rendija por la que sobrepasarlo. El partido no tuvo mucha historia y Nadal lo cerró en tres cómodos sets (6-3, 6-3 y 6-4). El último punto lo hizo a lo Sampras, saque y volea, escuela norteamericana. Extendió los brazos y miró a las estrellas de la noche neoyorquina. Una debería llevar su nombre. A pesar de ser una de sus finales de Grand Slam más sencillas, suponía la confirmación de su regreso a su mejor nivel tras la crisis de juego y resultados que arrastró los dos años anteriores. Era su decimosexto grande, segundo del año, y era la tercera vez que conseguía el doblete Roland Garros-US Open. Antes de alzar el trofeo, Rafa fue entrevistado a pie de pista y en su último *major* juntos quiso acordarse de su tío Toni, que lo escuchaba desde la grada junto a Carlos Moyà: «Nunca podré agradecerle lo suficiente. Sin él no sería tenista». Gracias, Toni.

Otro acontecimiento especial tuvo lugar a finales de ese mismo mes en Praga. La primera edición de la Rod Laver Cup, el torneo de exhibición creado por Roger Federer y su agencia Team8. Inspirada en la Ryder Cup de golf, cada año enfrenta a una selección de Europa contra una del resto del mundo. El combinado del viejo continente lo dirigía Björn Borg, mientras que el *all-star* mundial estaba a las órdenes de John McEnroe. No podían haber elegido mejor los capitanes. Estando Federer, Nadal y Djokovic siempre del lado europeo, huelga decir que de momento todas las ediciones las ha ganado el viejo continente. Con el serbio ausente, lo más especial fue ver por primera vez a Roger Federer y Rafa Nadal jugando juntos. Y más en el año de su regreso triunfal. Ambos hicieron pareja en uno de los dobles, en el que se enfrentaron a los estadounidenses Sam Querrey y Jack Sock. El partido estuvo igualado, pero los genios se impusieron en el *super tie-break* final (6-4, 1-6 y 10-5). Lo mejor fue ver a los protagonistas de la mayor rivalidad del tenis defendiendo los mismos colores. Y ver cómo disfrutaban y se reían juntos. La imagen de su abrazo final al ganar forma ya parte de la historia del tenis. Aunque es una competición que no puntúa, cuenta con el respaldo de los mejores tenistas del mundo. Por ella han desfilado, además del *Big Three*, Thiem, Zverev, Tsitsipas, Kyrgios, Dimitrov, Raonic, Shapovalov, Schwartzman, Isner o Fognini, entre otros. Parece que ha conseguido asentarse en el saturadísimo calendario, ya que los jugadores lo ven como un momento para disfrutar del juego y los compañeros en un ambiente mucho más relajado que el del circuito.

De regreso a la vida real, el físico de Nadal volvió a acusar el enorme desgaste de la temporada. Nada nuevo, ya que el tramo final en pista dura se le hace muy largo a su delicado físico, principalmente a sus rodillas. El manacorí empezó bien, ganando el torneo de Pekín y llegando a la final del Masters 1000 de Shanghái, donde perdió contra Federer (6-4 y 6-3). Pero en los torneos chinos empezó a sentir molestias en su articulación derecha, motivo por el que renunció a competir en Basilea, donde como siempre ganó Roger. El español reapareció en París, pero antes de su cruce de tercera ronda contra Filip Krajinovic anunció su retirada. No quería forzar para intentar volver a competir en las ATP Finals después de su ausencia en 2016. Sin embargo, solo pudo cumplirlo a medias; en Londres apenas pudo disputar el primer partido contra David Goffin, que perdió antes de volver a retirarse. La maldición continuaba y por sexta vez no podía competir en el torneo de maestros. Imposible exigírselo en su palmarés. Sin Nadal, Djokovic ni Murray, Roger Federer tenía todo a favor para conseguir su séptima corona en Londres. Empezó bien e hizo pleno en la *round* Robin, al derrotar a Jack Sock, Alexander

Zverev y Marin Cilic. Sin embargo, David Goffin hizo el doblete de su vida después de haber ganado a Nadal días antes, aunque no pudo completar su semana grande al ser derrotado en la final por Grigor Dimitrov.

Fue el punto final a uno de los años más intensos y emotivos que se recuerdan en el circuito ATP: el de la vuelta al Antiguo Régimen, con Nadal como número uno del mundo, secundado por su viejo compañero de batallas, Roger Federer. Siete años habían pasado desde que el *ranking* del año 2010 cerrase con ellos dos en la cima..., y nueve desde la primera vez que Nadal había sido número uno. Todos estos datos no hacen sino engrandecer la carrera de dos tenistas que no solo han alcanzado el nivel más alto jamás visto, sino que lo han mantenido más años que nadie. Por supuesto, en esas alturas también se encuentra Djokovic, pero 2017 no fue su año, sino el del regreso de Federer y Nadal. El tenista serbio acusó el enorme estrés físico y mental que conllevan dos años ganando todo, sin apenas descanso por jugar todos los partidos de casi todas las competiciones. El descanso le vendría bien y volvería más fuerte, como habían comprobado antes Federer y Nadal. Sus dos mayores rivales eran también el mejor espejo en el que mirarse.

2018

La carrera por los Grand Slams

Para comprender mejor lo que sucedió en la temporada 2018 habría que trazar una línea divisoria el 14 de julio, separando los acontecimientos de la primera y la segunda mitad del año. Ese día, Rafa Nadal y Novak Djokovic ofrecieron en las semifinales de Wimbledon uno de los mayores espectáculos que se han visto en una pista de tenis. El serbio se impuso tras más de cinco apoteósicas horas de tenis y fue el punto de inflexión de la campaña. A partir de ese día, todo cambió. Nole traspasó a Rafa los problemas físicos que le habían perseguido hasta entonces y el español le cedió su gran dinámica ganadora y con ello el liderazgo final del *ranking* ATP. Si miramos esa clasificación final y el número de Grand Slams ganados, está claro que Djokovic fue el mejor tenista en 2018. Tras una primera mitad del año en la que no rindió a buen nivel por los problemas en su codo, el de Belgrado hizo una segunda mitad de curso espléndida. Además de ganar Wimbledon y el US Open, con su triunfo en el Masters 1000 de Cincinnati se convirtió en el único tenista en completar el *Career Golden Masters*, reunir los nueve títulos de la categoría de plata del tenis.

Pero en el curso tenístico 2018 sería interesante hacer otra división más, esta vez entre la temporada con Nadal sano y con el español sufriendo problemas físicos. El de Manacor se quedó con un sabor agridulce, porque fue el mejor del circuito mientras mantuvo a las lesiones alejadas. La pega es que estas aparecieron hasta en cuatro ocasiones diferentes. Imposible gestionarlo, salvo para mentes privilegiadas. Nadal cerró el año con solo cuatro derrotas; dos de ellas fueron sus abandonos en los cuartos de final del Open de Australia y las semifinales del US Open. Las otras dos derrotas llegaron en las ya míticas semifinales de Wimbledon ante Djokovic (10-8 en el quinto set) y los cuartos de final del Masters 1000 de Madrid, que fue su peor resultado en todo el curso. A pesar de ese lastre, fue capaz de ganar por undécima vez Roland Garros y tres Masters 1000. Su sesión en arcilla fue sensacional y pudo defender la enorme cantidad de puntos que tenía en juego y con ello el número uno, pero a partir de Wimbledon los problemas en las rodillas fueron a más y acabaron con su abandono en Nueva York, que puso fin a su 2018.

El tercer protagonista fue Roger Federer, cuya llama empezó muy viva, pero fue apagándose a medida que transcurrían las semanas. El de Basilea comenzó de la mejor manera posible, revalidando su título en Melbourne, su vigésimo y último Grand Slam hasta la fecha. Una cifra mágica que no ha conseguido elevar. Además, llegó a situarse de nuevo en lo más alto del *ranking*, y fue el tenista más veterano de la historia que lo lograba. Un mérito bestial en la intachable hoja de servicios del campeón suizo. Sin embargo, después de ausentarse en la temporada en tierra batida le costó reengancharse a la competición y no recuperó su mejor nivel. Seguramente es uno de los motivos por los que decidió volver a Roland Garros al año siguiente. Pese al regusto amargo que le dejó su papel en Londres y Nueva York, su año fue un gran éxito y con su tercer lugar en el *ranking* completó un podio copado por el *Big Three*, algo que no sucedía desde 2014.

Los tres reyes del tenis actual debutaron directamente en el Open de Australia y lo hicieron imponiendo su ley desde el inicio. Federer y Nadal seguían al nivel del curso anterior y avanzaron rondas sin apenas oposición. Djokovic reapareció en su torneo fetiche tras más de seis meses ausente y parecía haber dejado atrás los problemas en su codo derecho. El mayor riesgo para él era afrontar la larga inactividad y acabó pagándola. En la cuarta ronda, Hyeon Chung, número cincuenta y ocho del mundo, le derrotó en solo tres sets (7-6, 7-5 y 7-6) con un tenis muy físico para el que aún no estaba preparado el hexacampeón del torneo. Además, el serbio volvió a sentir dolor en su codo y daba la impresión de que el parón no había terminado con sus problemas. Al acabar el partido, el surcoreano declaró que podía «haber jugado dos horas más», ya que era «más joven que Djokovic». Pecado de juventud del ganador de las NextGen ATP Finals, seguramente por la emoción del momento. En las semifinales contra Roger Federer, el tenista asiático de veintiún años tuvo que tragarse sus palabras y retirarse en el segundo set por los dolores que le producían unas ampollas en su pie derecho (6-2 y 5-2). Antes de eso, el genio de Basilea, quince años mayor, tuvo tiempo de explicarle cómo se juega al tenis; disputaría nada menos que su trigésima final de Grand Slam.

La misma suerte que el surcoreano corrió Rafa Nadal en los cuartos de final. El partido contra Marin Cilic empezó bien para el mallorquín, pero tuvo que reclamar la asistencia del fisio cuando ganaba por dos sets a uno y el croata dominaba el cuarto por 4-1. El cuádriceps de su muslo derecho le estaba dando problemas y apenas le permitía desplazarse. Intentó aguantar, pero en el tercer juego del quinto set tuvo que abandonar (6-3, 3-6, 6-7, 6-2 y 2-0). Los problemas físicos que le habían lastrado en el tramo final de 2017 volvían a aparecer. Ya había perdido la cuenta de las veces que no había podido participar o se había tenido que retirar en una gran competición.

En la final contra Cilic, Federer volvió a demostrar que es eterno. Con treinta y seis años y ciento setenta y tres días, quince años después del primero, el maestro levantó su vigésimo Grand Slam, cifra inimaginable solo unos años antes. En un partido en el que Federer comenzó arrollando con su saque, el croata fue capaz de tomarle el pulso al duelo y llevar a su rival al límite. En el set definitivo, la leyenda se agigantó y bajo la cubierta de la pista central solo existió un tenista, que agarró con fuerza su sexto título en Melbourne Park (6-2, 6-7, 6-3, 3-6 y 6-1). Federer igualaba a Djokovic y ya dominaba el palmarés de dos de los cuatro grandes. La emoción pudo otra vez con él en la ceremonia de clausura y su discurso se interrumpió bruscamente a causa del llanto, como sucediera en

2009 tras perder con Nadal. En su libro *Roger Federer. La biografía definitiva*, el periodista suizo René Staufer se refiere a la Rod Laver Arena como el «campo de las lágrimas», en clara alusión a las emociones vividas por el gran campeón en la cancha australiana. Un llanto más que justificado dada la magnitud de su proeza. La pregunta estaba clara: ¿hasta cuándo seguiría ganando Federer? ¿Cuál era su límite?

Mientras los aficionados reflexionaban sobre ello, Djokovic lo hacía sobre un límite bien diferente, el del dolor que podía soportar en su codo derecho. El serbio se sometió a principios de febrero a una intervención quirúrgica para poner fin a las dolencias, pues el descanso de seis meses no había puesto fin al problema con su articulación. Era una pequeña operación y estaría recuperado para el Masters 1000 de Indian Wells, por eso decidió que era el momento adecuado. Tendría toda la temporada por delante y no afectaría a su participación en ninguno de los grandes eventos.

Antes de hacer las Américas, Roger Federer centró sus esfuerzos en recuperar el número uno, que estaba a solo ciento cincuenta y cinco puntos, motivo por el que se inscribió en el torneo de Róterdam. Simplemente ganando tres partidos y alcanzando las semifinales recuperaría el liderazgo. Después de ganar los dos primeros sin dificultad, ante el local Robin Hasse acusó los nervios y cedió el primer set. Fue el momento en el que respiró, se concentró y vapuleó al neerlandés (4-6, 6-1 y 6-1) para volver a sentirse el rey del mundo. Con treinta y seis años, seis meses y once días, superaba por casi tres años el récord que estaba en posesión de Andre Agassi como el tenista más veterano en gobernar en el circuito. Catorce años después de la primera vez, como si nada hubiera cambiado. Dios salve al rey.

Con Nadal todavía convaleciente, todo apuntaba a un posible duelo Federer-Djokovic, pero la realidad fue muy diferente. El serbio reapareció en California después de su intervención y cayó derrotado en la primera ronda por el desconocido japonés Taro Daniel, ciento nueve del mundo (7-6, 4-6 y 6-1). Que Djokovic necesitaría tiempo para recuperar su mejor nivel quedó confirmado en Miami, donde también cayó en su estreno, esta vez por el francés Benoit Paire (6-3 y 6-4). Lo más llamativo en Florida fue que Federer, que venía de disputar la final en Indian Wells, también hizo las maletas en el primer partido contra Thanasi Kokkinakis, que ocupaba la posición ciento setenta y cinco del *ranking* (3-6, 6-3 y 7-6).

Antes del inicio de la temporada de tierra se disputaron los cuartos de final de la Copa Davis, en los que reapareció Rafa Nadal. España recibía a Alemania en la plaza de toros de Valencia: ningún escenario podía ser mejor para reactivar al toro más bravo de los ibéricos. Con un público entregado, el mayor ídolo nacional aplastó sin paliativos a Zverev y Kohlschreiber, y España pasó a las semifinales sin apuros (4-1). Mientras Federer hibernaba pensando en Wimbledon, llegaba el momento de Nadal. Montecarlo inauguró el periodo de caza mayor para el mallorquín y lo empezó a lo grande, conquistando su undécimo título en el principado después de conceder solo veintiún juegos a sus oponentes: Bedene, Kachanov, Thiem, Dimitrov y Nishikori. Volvía intimidando a sus rivales, avisándolos de lo que les esperaba. Especialmente significativa fue su contundente victoria ante Dominic Thiem por 6-0 y 6-2. El austriaco acababa de eliminar a Djokovic y es el mayor adversario de Nadal en una pista de polvo de ladrillo.

Otra de las noticias en la Rainiero III fue la reaparición de Marian Vadja en el equipo de Djokovic; el serbio había decidido prescindir de los servicios de Radek Stepanek y Andre Agassi, por lo que se encontraba sin entrenador. Aunque no hubo anuncio oficial, en Montecarlo volvió a verse al *coach* eslovaco y ambos recuperaron la colaboración que tantos éxitos les había dado durante once años. Uno de los motivos por los que habían roto su vínculo profesional en 2017 había sido el deseo del eslovaco de pasar más tiempo con su familia, por lo que estaba por ver cómo organizarían el trabajo. Djokovic quería volver a probar con la fórmula del éxito, aunque tuvo que esperar para que esta surtiera efecto.

En el camino hacia Roland Garros, tanto Nadal como Djokovic compartieron ruta, pero sus resultados fueron muy dispares. El balcánico fue de menos a más. Cayó eliminado en la primera ronda en Barcelona, en la segunda en Madrid y llegó a las semifinales en Roma. En el Foro Itálico fue derrotado por el propio Nadal (7-6 y 6-3), que se llevó el título tanto en la capital italiana como en Barcelona. Solo Thiem fue capaz de evitar una temporada de tierra perfecta del español, al vencerle en los cuartos de final del Masters 1000 de Madrid (7-5 y 6-3). Lo que era inevitable es que el mallorquín recuperase el número uno del mundo y lo hizo en Roma antes de su cita favorita.

Nada menos que en la posición número veintidós del *ranking* llegaba Novak Djokovic a París, después de perder muchos puntos en la primera mitad del año. En un cuadro demasiado complicado y después de ganar a los españoles Roberto Bautista y Fernando Verdasco, parecía recuperar las sensaciones en la pista. Su siguiente rival era la revelación del torneo, Marco Cecchinato (72), que había eliminado a Pablo Carreño y David Goffin. Sin embargo, volvió a mostrarse muy dubitativo en la Suzanne Lenglen; de esa falta de confianza en su tenis se aprovechó el italiano para convertirse en el semifinalista con peor *ranking* desde Andréi Medvedev en 1999 (6-3, 7-6, 1-6 y 7-6). Para Djokovic, la temporada empezaba a ser un calvario; al acabar el encuentro declaró que no sabía si jugaría en Wimbledon.

De dudas no sabía Rafa Nadal en esos momentos, determinado como estaba a levantar su undécima Copa de los Mosqueteros. Antes de la final no tuvo ninguna complicación y solo el pequeño gran tenista que es Diego Schwartzman pudo arañarle un set en los cuartos de final. Finiquitado Del Potro por la vía rápida en las semifinales, solo Dominic Thiem se interponía entre el español y un nuevo título en París. Comenzaba a ser un clásico de la tierra batida. El austriaco había conseguido derrotarle en los Masters 1000 de Roma 2017 y Madrid 2018, pero Roland Garros era otro nivel de dificultad; imposible sorprender a Nadal en la final. Solo en el primer set tuvo opciones Thiem, ya que en los dos siguientes nada pudo hacer, salvo luchar como si le fuera la vida en ello. Un jugador admirable y potencialmente un futuro campeón de Roland Garros, pero tendría que esperar para alzar el trofeo en París, la Ciudad de la Luz, esa luz que ilumina a Nadal. El balear cerró el partido en el tercer parcial cuando empezaba a sufrir calambres en su brazo, pero ni eso puso en peligro una nueva victoria en la Philippe Chatrier (6-4, 6-3 y 6-2). Con su undécimo título igualó a Margaret Court como tenista con más victorias en el mismo *major*. Intentar adivinar cuántas será capaz de alcanzar carecía ya de ningún sentido. Depende solo de él, de su cuerpo, de la motivación que tenga.

Mientras Nadal optó por el descanso antes de Wimbledon, Federer y Djokovic prepararon a conciencia el torneo londinense. El suizo reapareció con triunfo en Stuttgart después de dos meses y medio en la sombra, pero Borna Coric le dejó con la miel en los labios en la final de Halle (7-6, 3-6 y 6-2). Esta circunstancia hizo que Federer recuperase el número uno durante una semana, pero volvió a Nadal tras su derrota ante el tenista de Zagreb. Djokovic prefirió participar en Queen's, Londres, donde perdió en la final contra otro croata, Marin Cilic (5-7, 7-6 y 6-3). Suponía en cualquier caso un buen test para el de Belgrado y un refuerzo a su moral.

En el All England Club todo transcurrió con normalidad hasta los cuartos de final, con el *Big Three* despachando rivales sin inmutarse. La emoción del torneo se concentró en las semifinales y la final, que depararon duelos ya legendarios. En el que abría la ronda, Roger Federer se disponía a finiquitar un encuentro *a priori* sencillo ante Kevin Anderson cuando desperdició un *match point* en el tercer set. A partir de ahí, el encuentro dio un giro de ciento ochenta grados y el gigante sudafricano se hizo todavía más grande llevando el choque a la quinta manga. Federer fue acusando cada vez más el cansancio y aguantó como pudo desde el fondo de la pista, sin apenas subir a la red. Esto dio alas al de Johannesburgo, que se lanzó a por la victoria y logró imponerse definitivamente en el vigesimocuarto juego (2-6, 6-7, 7-5, 6-4 y 13-11). Los nueve títulos de Martina Navratilova tendrían que esperar.

Por el otro lado del cuadro, con Djokovic ya esperándole, Rafa Nadal cerró los cuartos de final en un encuentro vibrante y agotador ante Del Potro. El argentino es siempre un dolor de cabeza para el *Big Three,* especializado como estaba en dejarlos extenuados cuando no los eliminaba. La batalla latina en la Centre Court fue épica y terminó con Del Potro en la hierba y Nadal saltando la red para levantarle y fundirse en un abrazo con él mientras la grada les ovacionaba en pie (7-5, 6-7, 4-6, 6-4 y 6-4). Rafael Maymó, fisio y hombre de confianza de Nadal, cumplió una vez más la difícil misión de poner a punto la delicada maquinaria del tenista para su siguiente batalla, esta vez contra el partisano serbio. De no haber sido así, habría sido imposible que el balear aguantase la antológica pelea que mantuvo con Djokovic en el césped de la Centre Court londinense durante cinco horas y diecisiete minutos. Le ayudó también que se jugase en dos días distintos, después de que el viernes se suspendiera por falta de luz. La maratoniana semifinal entre Kevin Anderson y John Isner, que terminó con 26-24 en el quinto parcial tras más de seis horas de cañonazos, les había dejado sin tiempo para decidir su duelo y el desenlace se haría esperar un día más.

En la reanudación, con dos sets a uno a favor de Djokovic, Nadal equilibró el marcador y el duelo se decidió otra vez en la manga definitiva. En ella, los dos mejores de la última década elevaron el nivel de su tenis y deleitaron a los aficionados con una lucha sin cuartel y con puntos escandalosos. Era el serbio quien más se volcaba en el ataque, pero su rival se defendía con rabia, contraatacaba y salvaba situaciones límite con la sangre fría a la que acostumbra. Al final, la determinación de Djokovic tuvo premio y cerró su pase a la final en el decimoctavo juego (6-4, 3-6, 7-6, 3-6 y 10-8). El Djoker estaba de vuelta y jugaría una final de Grand Slam casi dos años después. Fue el punto de inflexión de una temporada que ese día empezó a virar hacia el lado balcánico.

La gran duración de estos partidos provocó un debate sobre la necesidad de buscar una fórmula que impidiera que se prolongasen hasta el infinito. Tras varios meses estudiando posibilidades, la organización de Wimbledon decidió en octubre instaurar el *tie-break* también en el quinto set, aunque se disputaría solo si se llegaba al empate a doce juegos. No le hizo falta tanto a Djokovic para conquistar su cuarto Wimbledon ante Kevin Anderson, que disputaba su segunda final de Grand Slam en menos de un año, pero llegaba al choque decisivo muy mermado. Las once horas de juego en sus dos anteriores cruces hicieron mella en su físico y no fue rival para un intratable Djokovic, que aseguró el título en poco más de dos horas (6-2, 6-2 y 7-6). Volvía a ganar un grande después de parar el contador al completar el Grand Slam en Roland Garros 2016. Pocas veces se le había visto tan radiante al de Belgrado como celebrando ese título. Como Federer y Nadal antes, reverdecía laureles después de meses de lesiones y desconfianza en su juego, lo que le daba un sabor especial a su victoria. En mitad de la temporada, el *Big Three* se había repartido los tres títulos grandes y optaban al número uno al final del año. Seguían siendo los amos del circuito una década después del primer grande que ganó Djokovic en Australia.

El serbio había ascendido al décimo puesto del *ranking*; a partir de ese momento solo podía sumar al no defender ningún resultado de 2017. Nadal continuó con su defensa del número uno ganando el Masters 1000 de Toronto a Stefanos Tsitsipas (6-2 y 7-6) y acto seguido anunció su renuncia al de Cincinnati. A esas alturas, su cuerpo comenzaba a resentirse, como cada año, y quería evitar riesgos antes del US Open. En la cita de Ohio, Djokovic culminó una de las mayores gestas de su carrera al convertirse en el único tenista capaz de alcanzar el *Career Golden Master*, reunir en su palmarés los nueve Masters 1000. Con su triunfo ante Federer en la final (6-4 y 6-4) completó esta colección de enorme dificultad, pues es necesario dominar todas las superficies y saber adaptarse a las diferentes climatologías que se encuentran los tenistas a lo largo y ancho del planeta. Demostró una vez más que es probablemente el tenista más versátil de la historia.

En Nueva York, el sorteo deparó un más que probable cruce entre Novak Djokovic y Roger Federer en los cuartos de final. En su camino, el suizo salvó con suficiencia un encuentro peligroso con Nick Kyrgios, pero se dejó sorprender por otro australiano que en teoría era un rival mucho más fácil. John Millman, número cincuenta y cinco del mundo, hizo el partido de su vida y frustró el deseo de los aficionados de ver a dos miembros del *Big Three* frente a frente (3-6, 7-5, 7-6 y 7-6). Habría que esperar a la final. Djokovic cumplió con su parte eliminando al verdugo de Federer y a Kei Nishikori con enorme facilidad. Faltaba Nadal, que volvía cruzarse con Del Potro, y ya sabemos que contra el argentino nunca es fácil. El de Manacor había arrastrado molestias durante todo el torneo y lucía un vendaje debajo de su rodilla derecha. En los cuartos de final, Dominic Thiem lo llevó al límite y el choque se decidió en el *tie-break* del quinto set (0-6, 6-4, 7-5, 6-7 y 7-6).

La rodilla derecha molestaba cada vez más a Nadal y en las semifinales contra Del Potro no aguantó más. Aunque resistió en el primer set, era evidente que no estaba en condiciones; en la segunda manga apenas podía correr. Estaba prácticamente cojo. Esperó por respeto a que terminase ese parcial y entonces anunció al juez de silla y a su amigo argentino que no podía seguir. Una vez más, su rodilla derecha le traicionaba en el peor momento. Era el segundo abandono del español en un Grand Slam en 2018. En total, acumulaba tres abandonos y ocho ausencias en los cuatro grandes torneos, lo que supone no poder competir prácticamente en uno de cada cinco. Un lastre enorme para pelearse con Federer y Djokovic por ser el jugador con más *majors* de la historia. Ahí reside el gran mérito de Nadal, en su elevadísimo porcentaje de títulos en los Grand Slams disputados, el más alto de la historia.

En la final de la Arthur Ashe, Djokovic tenía cuentas que saldar con Delpo, culpable de amargarle el sueño olímpico dos veces. No sabemos si por su mente pasaba esa sed de venganza, pero lo pareció. El Djoker empezó el partido con un trepidante tenis que no pudo aguantar su rival, al que hacía correr de un lado a otro persiguiendo bolas. Más igualado estuvo el segundo parcial, en el que el tandilense tuvo opciones de vencer, pero Djokovic estuvo más acertado en el desempate. Con dos sets de ventaja, el serbio jugó a placer: en esa situación no hay nada que hacer. Del Potro aceptó la idea de que no repetiría título en Flushing Meadows y Djokovic logró su segundo Grand Slam del año (6-3, 7-6 y 6-3) y el decimocuarto de su carrera, con lo que igualaba a su gran ídolo de la infancia, Pete Sampras. El bueno de *Pistol* Pete ya se estaba acostumbrando a que el *Big Three* superase todos sus récords y tal vez por eso prefirió no presenciarlo en directo. Con la victoria, Djokovic se aupó al tercer puesto en el *ranking*, justo por detrás de Federer; volvía al podio un año y medio después. Nadal se mantenía en lo más alto, pero no sabía cuándo podría volver a jugar. Era muy posible que se le volviera a escapar el número uno al final del año por culpa de una lesión, no por lo que sucedía en la pista. Si se confirmaba, la lucha estaría entre Federer y Djokovic, que partía con ventaja al no defender ningún punto.

Todo volvía a ser como antes en la vida del Djoker. Habían vuelto los grandes triunfos y su mejor nivel de tenis. Y lo habían hecho de la mano de su equipo de siempre, liderado por Marian Vajda. Seguramente cuando se separaron, ambos necesitaban un respiro después de tanta exigencia y desgaste, pero ahora estaban disfrutando con la vuelta al éxito y volvían a sentir el deseo de ganarlo todo. De momento, su renovada colaboración les había reportado dos Grand Slams y no cabían dudas de que había sido un gran acierto.

Federer y Djokovic siguieron en Estados Unidos para jugar en Chicago la segunda edición de la Rod Laver Cup. Nadal se la perdió, al igual que las semifinales de la Copa Davis, los Masters 1000 de Shanghái y París, y las ATP Finals de Londres. En el torneo chino, Federer volvió a caer ante Borna Coric, como en la final de Halle que le costó el número uno (6-4 y 6-4). El croata fue el rival de Djokovic en la final, pero el de Belgrado no le hizo ninguna concesión en su primera final en un Masters 1000 y se llevó el título (6-3 y 6-4). La segunda plaza ya era suya; cuando Nadal anunció que no competiría en el Masters 1000 de París, esta vez por una lesión abdominal y no por la rodilla, Djokovic era virtualmente nuevo número uno. Subía al peldaño más alto del podio tras abandonarlo el 7 de noviembre de 2016. Su vuelta triunfal se había completado. Con esta nueva alternancia en el poder, los tres componentes del *Big Three* habían liderado el *ranking* ATP a lo largo de 2018, algo insólito. Nadal lo había hecho las tres cuartas partes del año, Federer en dos ocasiones y Djokovic se llevaba finalmente el gato al agua al cerrar la temporada en cabeza. Para celebrarlo, derrotó al suizo en un gran partido en las semifinales de París (7-6, 5-7 y 7-6), aunque no pudo evitar el primer Masters 1000 del ruso Karen Kachanov en la final (7-5 y 6-4).

Djokovic estrenó número uno del mundo en el O2 Arena de Londres y en la *round* Robin de las ATP Finals derrotó a John Isner, Alexander Zverev y Marin Cilic. La victoria ante el alemán lo situaba además como el único tenista con un balance positivo contra todos los *top ten*, una medalla más que lucir en el pecho. Federer se estrenó con derrota ante Nishikori, pero sus triunfos frente a Dominic Thiem y Kevin Anderson le clasificaron para las semifinales. En ellas, Zverev fue mejor en un duelo muy igualado y logró su pase para su primera final en el torneo de maestros (7-5 y 7-6). Djokovic, en cambio, apenas tuvo que esforzarse para volver a derrotar a Anderson en una gran competición (6-2 y 6-2) y meterse en la final por séptima vez. En el duelo decisivo solo había un favorito: el serbio, que había ganado treinta y cinco de sus últimos treinta y siete partidos. Sin embargo, la irreverencia de la juventud no entiende de jerarquías y Zverev fue a por su rival desde el primer punto. El joven alemán, uno de los más talentosos de la *NextGen*, jugó como los ángeles y dominó totalmente el juego con algunos puntos espectaculares. Posiblemente, el mejor de todos fue el que cerró el partido, con un extraordinario *passing shot* en carrera que superó la subida con la que Djokovic pretendía presionar en la red. Zverev se tiró al suelo para celebrar el que era el mayor triunfo de su prometedora carrera, que además le permitía situarse cuarto en el *ranking* ATP, líder entre los mortales.

Aunque no pudo culminar su extraordinaria segunda mitad de temporada, Djokovic consiguió acabar número uno del mundo casi en el último suspiro. Era la quinta vez que lo lograba, con lo que igualaba a Connors y a Federer, un peldaño por detrás de Sampras. Fue un final soñado para él, más teniendo en cuenta su situación a principios de 2018 y la operación a la que se sometió en febrero. Con su regreso «a lo Nadal», había vuelto a ser el tenista arrollador de 2011 y 2015. Una máquina casi perfecta de jugar al tenis, sin apenas fisuras en su juego. Llama la atención que lograse terminar el año en lo más alto pese a sus veinte derrotas, cuando Nadal solo tuvo cuatro y lideró el *ranking* casi todo el año. La explicación está, además de en su sensacional rendimiento, en el hecho de que no tuviera que defender ningún punto en la segunda mitad del curso. Además, lo de Nadal con las lesiones volvió a ser difícilmente explicable. En 2018 tuvo nada menos que cuatro distintas, que le afectaron al tendón rotuliano, el psoas, el abdomen y el tobillo. Y aun así fue capaz de ganar un Grand Slam, mantenerse líder del *ranking* muchos meses y ganar cinco de los nueve torneos en los que pudo participar. Difícil sacar más rendimiento a su escaso tiempo en las pistas. El español no tenía nada que reprocharse, pero sí mucho de lo que lamentarse, aunque ya sabemos que no lo hace y siempre mira hacia delante. Por eso está la cima.

La pena es que nunca sabremos lo que podría haber sido 2018 con Nadal y Djokovic sanos durante toda la temporada. Sus curvas de rendimiento solo coincidieron en las semifinales de Wimbledon y el resultado fue apoteósico. La campaña de Federer con treinta y siete años fue también un gran éxito, yendo de más a menos en sus prestaciones y con una nueva victoria en un Grand Slam, triunfo de un mérito incalculable a pesar de las lesiones de Nadal y Djokovic. Llegó incluso a alcanzar el número uno, pero sus malos resultados en los dos últimos Grand Slams le impidieron pelear por él en el tramo final. El *Big Three* cerró el año ocupando los tres peldaños del podio de la ATP y habiendo ganado los cuatro Grand Slams y cinco de los nueve Masters 1000. Al igual que en 2017 y como en sus mejores momentos, volvieron a acaparar los trofeos más importantes: solo cedieron en las ATP Finals ante el talento joven de la *NextGen*. Con los tres tenistas en plenitud de facultades, en 2019 la lucha por ser el mejor de la historia estaría más viva que nunca.

2019

Más cerca que nunca

Por tercer año consecutivo, el *Big Three* ganó todos los Grand Slams en 2019, ya en pleno *sprint* por dirimir quién es el mejor de todos los tiempos. Si en 2017 habían sido Federer y Nadal quienes se los repartieron a partes iguales y en 2018 todos tuvieron su parte del pastel, en este curso fueron Nadal y Djokovic los que sumaron dos nuevos *majors*. Nadal fue el más regular en ese trienio y con sus victorias en 2019 tanto en Roland Garros como en el US Open se puso a solo un entorchado de Roger Federer. Nunca había estado tan cerca. Además, Djokovic apretó aún más la pugna al ganar en Australia y Wimbledon, quedándose a cuatro títulos de la marca del maestro suizo. Era la quinta vez que Nadal y Djokovic ganaban al menos dos Grand Slams en la misma temporada y la octava que el *Big Three* acaparaba los cuatro grandes del año. Por supuesto, cerraron el curso ocupando las tres primeras plazas del *ranking*.

La victoria de Alexander Zverev sobre Djokovic en las ATP Finals dio confianza a los jóvenes integrantes de la *NextGen*, que vieron que era posible derrocar al triunvirato. Aunque tal vez sea más correcto decir que lo pensaron, porque en los Grand Slams no hubo forma de evitar un nuevo pleno de triunfos del *Big Three*. Dominic Thiem dio otro paso adelante alcanzando su segunda final de Roland Garros, pero volvió a encontrarse con un Rafa Nadal intratable en su feudo. Y lo mismo le ocurrió en el US Open a la revelación de la temporada, el ruso Daniil Medvedev. A pesar de estas derrotas, la nueva hornada de tenistas volvió a dejar su sello en las ATP Finals, donde esta vez Stefanos Tsitsipas se impuso a Thiem en el duelo por el título. Estaban un paso más cerca, aunque todavía fuera del alcance de los tres mejores.

La temporada alzó el telón en Australia, con una gran oportunidad para Novak Djokovic de afianzar su liderazgo. Solo defendía la cuarta ronda del año anterior en su pista favorita, mientras que Nadal debía alcanzar los cuartos de final y Roger Federer ganar el torneo. La *NextGen* puso las cosas complicadas al *Big Three*, con Denis Shapovalov y Daniil Medvedev plantando cara a Djokovic en las rondas iniciales, aunque el serbio salió airoso y después prácticamente se paseó ante Nishikori y Lucas Pouille antes de la gran final. Por la otra parte del cuadro, el jovencísimo Stefanos Tsitsipas, de solo veinte años, avisó de lo que vendría durante esa campaña derrotando a Roger Federer en los cuartos de final (6-7, 7-6, 7-5 y 7-6). El griego prácticamente jugaba como local gracias al apoyo de la enorme colonia griega en Melbourne. La pasión de estos seguidores hizo que la Rod Laver Arena pareciese la cancha de Olympiakos o Panathinaikos y llevó a Tsitsipas en volandas a su mayor victoria. Apenas podía creérselo el ateniense, que declaró que recordaría toda su vida el día en el que había derrotado a su ídolo. Y es que cuando él nació Roger Federer acababa de ganar el torneo júnior de Wimbledon y ya había debutado entre los profesionales. Poco le duró la alegría y de nada le sirvió a Tsitsipas el apoyo de sus incondicionales en las semifinales contra Rafa Nadal. El manacorí se crece en los ambientes caldeados y acalló a la hinchada helena a base de talento y golpes demoledores (6-2, 6-4 y 6-0). Cuando le preguntaron al joven tenista por el juego del español, destacó «su saque, su agresividad desde la línea y los ángulos que abre». Los dos primeros aspectos eran fruto de los cambios que Carlos Moyà introdujo desde que se incorporó a su equipo técnico. La nueva versión de Nadal era mucho más ofensiva y la mejora en su primer servicio era evidente a comienzos de 2018.

El duelo más esperado estaba servido y en él se acumulaban los objetivos de ambos tenistas. En su quinta final en

Melbourne, Nadal podía ser el primer tenista en lograr el Doble Grand Slam en la Era Open, oportunidad que a Federer y Djokovic les podría llegar en Roland Garros. El gran objetivo del serbio era desempatar con Federer como tenista con más títulos en el Open de Australia y seguía con el gran estado de forma que le llevó al número uno en la segunda mitad de 2018. Nadal, por su parte, había hecho un torneo perfecto, sin ceder un solo set y sin que las molestias abdominales que le perseguían desde final del curso anterior fueran ya un problema. Se esperaba un duelo épico, a la altura de los últimos que habían ofrecido en los Grand Slams. Pero a veces las esperanzas van por un camino y la realidad por otro bien distinto. El español hizo la peor final que se le recuerda en una gran competición y apenas pudo firmar el acta de comparecencia. Djokovic jugó a placer y machacó a Nadal para alzar su séptima Norman Brookes y consolidar su liderazgo mundial (6-3, 6-2 y 6-3). Con su decimoquinto grande, Djokovic bajaba a Sampras del podio y se quedaba en solitario en el tercer peldaño histórico. Estaba a cinco de Federer y a solo dos de Nadal después de ganar los últimos tres Grand Slams de forma consecutiva. Esperaba un año apasionante de tenis y esta vez las altas expectativas no defraudarían.

Federer había caído a la séptima posición después de dejarse 1820 puntos en Melbourne Park y quinientos más por no competirr en Róterdam, donde el año anterior participó para conseguir los puntos que le permitieran volver a lo más alto del *ranking*. Sin embargo, pronto pudo contener la hemorragia y enjugar gran parte de la diferencia al ganar en Dubái, repetir final en Indian Wells y llevarse el título en Miami. En los Emiratos Árabes se vengó de Tsitsipas en la final (6-4 y 6-4), en California la perdió contra Thiem (3-6, 6-2 y 7-5) y en Florida derrotó a John Isner (6-1 y 6-4). Estos resultados le permitieron reingresar en el *top five* antes de afrontar la sesión de tierra batida en la que solo podía sumar puntos después de su ausencia en 2018. No fue tan positiva la doble sesión norteamericana para Djokovic y Nadal. El de Belgrado repitió las malas actuaciones del año anterior al no pasar de tercera ronda en ninguno de los dos torneos, y peor aún le fue a Nadal, que abandonó en Indian Wells antes de disputar las semifinales contra Roger Federer. El tendón rotuliano volvió a jugarle una mala pasada y acusó los impactos de la pista dura después de solo cuatro partidos. El balear tuvo malas sensaciones en el calentamiento y decidió no arriesgar. Por desgracia, es todo un experto en este tema y conoce perfectamente los riesgos de exponer su rodilla en estas superficies.

En el Masters 1000 de Montecarlo, por primera vez desde hacía quince años, ningún componente del *Big Three* llegó a la final. Federer no participó, Djokovic perdió en los cuartos de final contra Daniil Medvedev (6-3, 4-6 y 6-2) y el mismo destino sufrió Nadal en las semifinales. Fabio Fognini derrotó al once veces campeón en la ciudad-estado (6-4 y 6-2) y logró el título al ganar al inexperto Dusan Lajovic en la final. La semana siguiente, en el Conde de Godó de Barcelona, Nadal repitió resultado, pero esta vez su verdugo fue Dominic Thiem (6-4 y 6-4), con quien estaba condenado a cruzarse cada temporada sobre el polvo de ladrillo. Aunque a simple vista fuese un torneo más, esta semana fue muy importante para Nadal y su devenir en el espectacular año que hizo. El mallorquín llegó muy desmotivado por las continuas molestias que lo atormentaban; no era el Nadal arrollador de otras campañas. Los problemas en el abdomen y en el tendón rotuliano no habían desaparecido y afectaban a su confianza. Sin embargo, el propio Rafa confesó después que este torneo le hizo reflexionar. Estaba consiguiendo llegar a las últimas rondas a pesar de los problemas físicos, por lo que sabía que en cuanto desaparecieran volvería su máximo nivel de juego y los resultados llegarían por sí solos.

Y así sucedió en el Masters 1000 de Madrid, donde Nadal recuperó el optimismo. Pasó por encima de Wawrinka en los cuartos de final (6-1 y 6-2) y, a pesar de la derrota posterior contra Tsitsipas, el campeón español empezó a recuperar las buenas sensaciones. La *NextGen* seguía elevando su nivel de juego y Thiem también dejó fuera de concurso a Federer (3-6, 7-6 y 6-4). Djokovic vengó al *Big Three* en las semifinales, pero en la final no pudo con un Tsitsipas espléndido (6-3 y 6-4). Roma era la última parada antes de Roland Garros, y allí saltaron las alarmas cuando Federer tuvo que retirarse por problemas en su pierna derecha. El suizo se quejó de los resbalones que provocaban las líneas que la organización mojaba al regar la pista, aunque finalmente pudo participar en el torneo francés. La final en el Foro Itálico deparó el segundo duelo del año entre las dos primeras raquetas del circuito. Nadal había recuperado su mejor nivel justo a tiempo y jugó un tenis superlativo toda la semana; su penúltima víctima fue el omnipresente Stefanos Tsitsipas (6-3 y 6-4). En las tres rondas previas solo había concedido seis juegos, y en la final aplastó a Djokovic en el primer y el tercer set (6-0, 4-6 y 6-1). Era el noveno título de Rafa en la capital transalpina, uno de sus escenarios favoritos, y había conseguido afinar la maquinaria para su nueva cita con la historia.

El cuadro de la segunda semana de competición en Roland Garros mostraba a todos los aspirantes en pie, aunque solo había un favorito. Entre las mejores raquetas solo faltaban Daniil Medvedev y Stefanos Tsitsipas. El joven griego había sido eliminado por Stan Wawrinka en el mejor partido del torneo, uno de esos duelos a cara de perro en el que se golpea cada bola como si fuera la última. El tremendo desgaste del tenista heleno no tuvo recompensa, y ahora ya sabía cómo se las gasta Stanimal en las grandes ocasiones. El de Lausana fue precisamente el rival de Roger Federer en los cuartos de final, pero en el duelo fratricida acusó el palizón de los cinco sets previos (7-6, 4-6, 7-6 y 6-4). Al artista de Basilea no le afectaron sus tres últimas ausencias y regresó a las semifinales en el Bois de Boulogne siete años después.

Por la otra parte del cuadro, Novak Djokovic y Alexander Zverev reeditaron la final del torneo de maestros, pero en esta ocasión el serbio no se dejó sorprender (7-5, 6-2 y 6-2). Ni la tierra batida es la mejor superficie para el alemán ni los Grand Slams son el lugar ideal donde encontrarse al Djoker. La mala suerte para Djokovic es que lo primero no se aplica en el caso de Dominic Thiem, su rival en las semifinales. El austriaco ya había eliminado al número uno en París dos años antes y demostró por qué se le considera el heredero de Nadal en el polvo de ladrillo, salvando la distancia sideral entre ambos. El partido, que se vio interrumpido durante una hora por la lluvia, no decepcionó a nadie. Djokovic vendió muy cara su derrota, pero Thiem logró poner fin a veintiséis victorias y tres títulos consecutivos en los Grand Slams (6-2, 3-6, 7-5, 5-7 y 7-5).

En la otra semifinal, Rafa Nadal y Roger Federer se volvían a ver las caras en la Philippe Chatrier ocho años después; habían pasado casi tres lustros desde la primera vez que se enfrentaron en París, en las semifinales de la primera edición que ganó quien ahora es la gran leyenda de Roland Garros. El viento fue el protagonista de un duelo en el que el español se adaptó mucho mejor a la variante climatológica. Para Federer ya era un incordio tener que jugar en arcilla contra Nadal; si además tenía que hacerlo en unas condiciones así, los nervios se le ponían de punta. El balear lo aprovechó y desesperó a su rival con sus extraordinarias defensas y contraataques que le llevaron a ganar por la vía rápida (6-3, 6-4 y 6-2). Era su sexta victoria ante Federer en sus seis enfrentamientos en el torneo francés.

La final era una reedición de la de 2018. El príncipe de la arcilla estaba ante su segunda oportunidad de destronar al gran rey de París. Aunque el duelo comenzó muy igualado, a partir del tercer set Nadal puso en marcha su mejor versión, lo cual es mucho decir, y pasó por encima de un Thiem que también acusó el cansancio acumulado (6-3, 5-7, 6-1 y 6-1). No tuvo más historia la final, todavía habría que esperar para la sucesión en la corona francesa. Con su duodécimo título en Roland Garros, Nadal superó los once Open de Australia de Margaret Court, el último reto que le quedaba en París. No es que nadie más hubiese ganado doce veces el mismo *major*, es que nadie lo había conseguido tampoco en ningún torneo ATP. Tanto por número de títulos como por efectividad en las finales, la gesta no tiene parangón en el tenis y son muy pocas las que se le pueden comparar en la historia del deporte. Y lo mejor es que todavía no sabemos hasta dónde llegará.

Casi sin tiempo para festejos o lamentaciones, la atención del mundo del tenis viró de la arcilla a la hierba, de Roland Garros a Wimbledon, de París a Londres. Como cada año con el inicio del verano. Solo Federer evitó el puente aéreo e hizo su típica parada previa en Halle, donde ganó por décima ocasión. Djokovic, en cambio, preparó a conciencia el torneo con su nuevo fichaje, el extenista croata Goran Ivanisevic, campeón en Church Road en 2001. Allí, al contrario que en el Bois de Boulogne, los representantes de la *NextGen* ni siquiera alcanzaron los cuartos de final y una vez más las semifinales volvieron a contar con plena representación del *Big Three*. En la primera de ellas, Djokovic se vengó de las dos derrotas previas que había sufrido contra Roberto Bautista en Doha y Miami (6-2, 4-6, 6-3 y 6-2). Aunque en las dos primeras mangas el número uno estuvo muy incómodo por el juego del español y por los antecedentes contra él, a partir del tercero se impuso su excelsa calidad para sellar el pase a su sexta final de Wimbledon. Y como de ajustar cuentas se trataba, Federer tuvo la oportunidad de hacerlo con Nadal. Por partida doble. En primer lugar, por lo acontecido en Roland Garros un mes antes; después, porque era la primera vez que se veían las caras en Wimbledon después del considerado por muchos el mejor partido de tenis de la historia. Nada menos que once años habían transcurrido ya desde aquella épica tarde de 2008, aunque Federer jugó como si el tiempo no hubiera pasado para él. Con un extraordinario servicio y muy fresco de piernas, el suizo dominó el partido a partir del tercer set y esta vez no dio opción a Nadal (7-6, 1-6, 6-3 y 6-4). Lucharía por su noveno título en la Catedral.

La final fue casi tan extraordinaria como aquella de 2008. Federer lo resumió mejor que nadie al terminar: «Es un partido que todo el mundo va a recordar y yo voy a tratar de olvidar». La final más larga de la historia del torneo se dirimió por primera vez en el *tie-break*, tras empatar a doce juegos en el quinto set. Antes de eso, Federer había desperdiciado dos bolas de campeonato cuando servía con 8-7 a favor. Con 40-15 no fue capaz de conectar un buen servicio, su mejor arma, y dejó con vida a Djokovic. Error fatal. El serbio es un superviviente nato, ya lo hemos contado. Sobrevivió a los bombardeos de la OTAN en Belgrado soñando con llegar a ser campeón de Wimbledon y acababa de sobrevivir al de Federer con el mismo fin. El Djoker mostró una vez más su capacidad única para salir de las situaciones más complicadas, salvando un partido que tenía totalmente perdido y ganando sus tres parciales en los tres desempates que hubo. Federer ganó más juegos, Djokovic ganó Wimbledon. En la pista más emblemática dieron lo mejor de sí y maravillaron al público inglés con un derroche de talento. Roger sirvió y voleó con maestría, atacó sin cesar, pero Nole llegó a todo con esa facilidad para estirarse y doblarse más propia de un héroe de Marvel.

La última manga fue un himno al tenis, por la calidad de los intercambios, por la entrega, por la épica, por la tensión. Nadie quería que acabase y los dos oponentes entusiasmaron al público que desbordaba la Centre Court. Si Wimbledon no hubiera fijado este año el desempate en el quinto set, Federer y Djokovic podrían haber jugado eternamente. Nunca en ciento treinta y tres ediciones se había resuelto la gran final en el *tie-break* y se hacía difícil coger aire. Si lo pasaban mal los espectadores, ¿qué sentirían los dos protagonistas? Al final, el desenlace fue rápido (7-3). Djokovic dejó patente su maestría en las situaciones en las que todo pende de un hilo. Con su quinto Wimbledon ya en el bolsillo (7-6, 1-6, 7-6, 4-6 y 13-12), el serbio miró a su *box* y se golpeó el pecho con rabia mientras se mordía el labio. Cinco horas de batalla le habían servido para sumar su decimosexto Grand Slam, a dos de Nadal, a cuatro de Federer. Más y más cerca.

Después de tres semanas para reponer fuerzas y que los aficionados pudieran relajarse después de tanta tensión, las mejores raquetas del mundo retomaron la actividad al otro lado del charco. La recta final del año tuvo a dos grandes protagonistas, uno de la *NextGen* y otro del *Big Three*. El primero de ellos fue Daniil Medvedev, que llegó a la final del US Open y de tres Masters 1000, ganando además dos de ellos. El otro fue Rafa Nadal, el verdadero actor principal. El balear comenzó ganando el Masters 1000 de Montreal y después se llevó los tres primeros premios: el US Open, la Copa Davis y el número uno del mundo. Difícil acabar mejor el año.

Con las ausencias de Federer y Djokovic, Nadal era el gran favorito en el Masters 1000 de Canadá. Ganó el torneo sin apenas oposición y en la final destrozó a Medvedev en su primer enfrentamiento (6-3 y 6-0). Pero el ruso tomó notas de cara al futuro; se volverían a ver las caras. Después del triunfo, Nadal prefirió reposar y darle tiempo a su rodilla para recuperarse. Quería evitar que se repitiera la escena del año anterior, cuando se tuvo que retirar cojo en las semifinales ante Del Potro. En Cincinnati, ni Federer ni Djokovic pudieron alcanzar la final. El suizo cayó en la segunda ronda contra Andrey Rublev (6-3 y 6-4), mientras que el número uno del mundo fue víctima del gran momento de forma de Medvedev (3-6, 6-3 y 6-3), que ganó su primer Masters 1000 derrotando en la final a David Goffin y ascendió al quinto puesto del *ranking*.

No le fueron mejor las cosas en Nueva York a los protagonistas de la gran final de Wimbledon. Los dolores en su hombro izquierdo obligaron a Djokovic a abandonar en su partido de octavos de final contra Wawrinka. Ya los había sentido en Cincinnati, pero contra el suizo no pudo aguantar (6-4, 7-5 y 2-1). La frustración que sintió Nadal el año anterior ahora la vivía un Djokovic que, como el balear entonces, necesitaba los puntos para defender su liderazgo mundial. En la siguiente ronda, Federer volvió a caer en un partido a cinco sets, esta vez contra el búlgaro Grigor Dimitrov (3-6, 6-4, 3-6, 6-4 y 6-2). El apodado *Baby Federer* por la similitud de su juego no se encontraba en su mejor momento y había bajado al puesto septuagésimo octavo del *ranking*, pero pudo igualar el partido a dos sets y a partir de ahí el físico decidió. Federer hizo una larga pausa para ir a los vestuarios al acabar el cuarto parcial, y el tenista que regresó poco tuvo que ver con el mito suizo. Sin ritmo y con muchos errores no forzados, puso el partido en bandeja a Dimitrov para que se colase en las semifinales.

La penúltima ronda deparó unos cruces por los que nadie hubiera apostado al comenzar la competición. Medvedev y Dimitrov se vieron las caras en el primer partido, mientras que Nadal se enfrentó a la otra sorpresa del torneo, el italiano Marco Berretini. El tenista transalpino exhibió su tremenda derecha en el primer set y puso en apuros al español, aunque

Nadal se lo llevó en el desempate. Después, Berretini fue perdiendo fuelle con el paso de los juegos y acabó entregado en el tercer parcial (7-6, 6-4 y 6-1).

La final fue un auténtico duelo generacional, con los dos tenistas más en forma del circuito a un nivel de juego descomunal. Medvedev, tras una gira americana espectacular con cuatro finales seguidas, llevó a Nadal al límite de sus fuerzas. El español tuvo que sufrir durante casi cinco horas de intensa pelea para llevarse el trofeo, después de ver cómo su rival moscovita le remontaba dos sets (7-5, 6-3, 5-7, 4-6, 6-4). El público neoyorquino enloqueció en el quinto parcial con el derroche de golpes y físico de ambos tenistas, que acabaron extenuados. Era el decimonoveno Grand Slam de Nadal, que ya estaba a solo uno de Roger Federer. Después de quince años de persecución, nunca había estado tan cerca de poder reclamar el título de mejor tenista de todos los tiempos. Para celebrar un momento tan especial para el español, la organización mostró un vídeo que rememoraba todos sus *majors* y el español no pudo contener las lágrimas durante un buen rato. Nunca se le había visto tan emocionado. Medvedev le miraba desde su banco con sincera admiración. Era un momento muy especial para una de las grandes leyendas del tenis y el público rompió a aplaudir en una atronadora ovación al grito de «Rafa, Rafa, Rafa...». El joven ruso tiró de sentido del humor en la ceremonia de entrega de trofeos y después de ver el vídeo preguntó a la organización qué habrían mostrado si hubiera ganado él, en clara alusión a la diferencia abismal entre el palmarés de ambos.

Los festejos no acabaron ahí para Nadal; tras disputar la Laver Cup, celebró su boda con Maria Francisca Perelló en el espectacular recinto amurallado de Sa Fortalesa, en la localidad mallorquina de Pollença. Fieles a su forma de ser, la pareja eligió este precioso e inexpugnable lugar de la costa balear para evitar que pudieran acceder los medios de comunicación y disfrutar de su gran día junto a sus más allegados. Fue un momento muy especial en el que ambos pudieron desconectar del mundo por unos días antes de volver a la frenética realidad. Y esta pasaba por realizar un *sprint* final en el que Rafa tenía tres grandes objetivos: recuperar el número uno del mundo, ganar por primera vez las ATP Finals y alzar su quinta Ensaladera de Plata con España en la nueva Copa Davis. No le fue mal al balear, que consiguió dos de las metas que se había propuesto, si bien falló justo en la única competición que le falta en su palmarés. Como ha sido tónica general en su carrera, problemas físicos hicieron que peligrara su final de temporada y todos esos objetivos.

El español tuvo que renunciar a jugar el Masters 1000 de Shanghái por fuertes dolores en su muñeca izquierda y sus opciones de recuperar el primer puesto parecían alejarse, hasta que Djokovic decidió hacerle el regalo de bodas. El serbio perdió en los cuartos de final con Stefanos Tsitsipas (3-6, 7-5 y 6-3) y el número uno pasó automáticamente a Nadal a la conclusión del siguiente torneo en París. Llegaría a las ATP Finals en lo más alto del *ranking*, liderazgo al que volvía un año después. Antes del torneo de maestros, Federer ganó por décima vez el Swiss Indoor de Basilea y Djokovic se alzó con el triunfo en el Masters 1000 de París, donde una nueva lesión, esta vez abdominal, impidió a Nadal disputar las semifinales. Denis Shapovalov pasó a la final sin despeinarse, aunque nada pudo hacer en el partido en el que Djokovic se despedía del número uno (6-3 y 6-4).

Nadal pudo recuperarse a tiempo para disputar las ATP Finals, donde hubo que hacer muchas cábalas para ver si él o Djokovic acabarían el año en lo más alto de la clasificación. Si la fortuna sonreía al español, igualaría a Connors, Federer y el propio Djokovic con cinco temporadas cerrando el año en la cima. Si era Djokovic el que lo conseguía, se pondría a la altura de Pete Sampras, el único que lo hizo en seis ocasiones. Nadal necesitaba ganar sus tres partidos de la *round* Robin para seguir dependiendo de sí mismo o ganar al menos un duelo y obligar al serbio a llevarse el título. Empezó con mal pie al perder con el vigente campeón, Alexander Zverev (6-2 y 6-4), mientras que Djokovic hizo sus deberes derrotando con contundencia al debutante Matteo Berretini (6-2 y 6-1). A partir de ahí, ambos invirtieron los papeles y el español ganó sus duelos contra Medvedev y Tsitsipas, mientras el de

Belgrado fue derrotado por Thiem y Federer. El número uno fue para Rafa Nadal, que volvía a reinar en la ATP dos años después. Se convirtió así en el único que lo hacía en cinco años diferentes sin encadenar nunca dos seguidos. Además, nadie lo había logrado con tanta distancia entre la primera y la última vez, once años entre 2008 y 2019.

No pudo festejarlo clasificándose para las semifinales, puesto que el triple empate con Tsitsipas y Zverev le perjudicó. Sí logró pasar Roger Federer, que había derrotado en la liguilla a Djokovic (6-4 y 6-3), aunque en la penúltima ronda volvió a cruzarse en su camino Tsitsipas, como ya sucedió en el Open de Australia (6-3 y 6-4). Su primera y su última derrota de la temporada corrieron a cargo del griego, que se coronó maestro ante Dominic Thiem, sucediendo a Zverev en el palmarés de la competición. De momento, la *NextGen* mostraba sus credenciales en los Masters 1000 y las ATP Finals, pero los Grand Slams seguían siendo terreno vedado para ellos; era un coto de caza privado del *Big Three*.

Como cada año, el curso tenístico lo cerró la Copa Davis. Y la de 2019 iba a ser una edición especial. Después de mucha polémica por el cambio de formato, echó a andar la nueva competición organizada por Kosmos, la empresa del futbolista Gerard Piqué. La sede elegida para el estreno fue la Caja Mágica de Madrid y se jugó en pista rápida. El sistema de competición dividía a los dieciocho equipos participantes en seis grupos de tres. Pasarían a los cuartos de final los seis ganadores y los dos mejores segundos. Cada eliminatoria se jugaría al mejor de tres puntos: dos duelos individuales y un último partido de dobles, cuya importancia aumentaba con respecto al formato anterior.

La España de Nadal y la Serbia de Djokovic afrontaban la competición como favoritas, junto con otras selecciones como Rusia, Francia, Gran Bretaña o Australia. Federer se había mostrado crítico con el cambio en el sistema de competición, aunque tampoco tuvo opción de participar, pues Suiza no se clasificó para el evento. Junto con él, los grandes ausentes fueron Thiem, Medvedev, Tsitsipas y Zverev. Cinco grandes bajas, pero prácticamente las únicas ausencias del top 30, que sí aportaba la calidad de Nadal, Djokovic, Murray, Berretini, Bautista, Monfils, Goffin, Fognini, Schwartzman, Shapovalov, Kachanov, De Miñaur o Kyrgios. Tanto España como Serbia ganaron sus dos eliminatorias de la primera fase y sus líderes aportaron sus puntos individuales sin muchas dificultades. Nadal incluso sumó el punto del doble contra Croacia. Los dos mejores del mundo iban por lados opuestos del cuadro y la final soñada parecía cerca. La posibilidad de ver un Nadal-Djokovic en la final de la Copa Davis representando a sus países hacía emocionarse a cualquier aficionado al tenis.

No duró mucho el sueño, puesto que Karen Kachanov y Andrey Rublev eliminaron a Serbia en el primer cruce de los cuartos de final. Los dos tenistas rusos jugaban siempre tanto los individuales como el doble y en el duelo decisivo dejaron en evidencia las carencias del combinado balcánico. Djokovic ganó a Kachanov, pero Filip Krajinovic cayó derrotado con estrépito ante Rublev. En el duelo decisivo, Djokovic formó pareja con Viktor Troicki, héroe serbio en la Davis de 2010. En un tenso y emocionante partido, Troicki fue un manojo de nervios en el *tie-break* definitivo y con sus errores dio el triunfo a la pareja rusa, que llegó a salvar tres bolas de partido en ese desempate. Los componentes del equipo serbio no pudieron contener las lágrimas de frustración en la rueda de prensa, en la que su capitán, Nenad Zimonjic, apenas pudo articular palabra por la decepción. Después de muchos años juntos defendiendo la bandera tricolor, son más una familia que una selección nacional y puede apreciarse en los momentos más duros.

Con su gran rival fuera de concurso, Nadal se puso la capa de superhéroe y completó una fase final que difícilmente será olvidada. España perdió el primer punto en los cuartos de final contra Argentina y en las semifinales ante Gran Bretaña, pero en ambos el balear mantuvo a su equipo con vida. En las dos eliminatorias ganó su partido individual para equilibrar el marcador y después el punto del doble para pasar de ronda, formando pareja primero con Marcel Granollers y después con Feliciano López. Solo faltaba un paso para llevar a España a su sexta Copa Davis y ante un público enfervorecido por lo que estaba haciendo su gran ídolo durante esa semana. En la gran final, los españoles derrotaron 2-0 a una joven y prometedora Canadá, y esta vez Nadal contó con el apoyo de otro héroe, Roberto Bautista. El de Castellón empezó la semana perdiendo su primer partido, abandonó la competición por la muerte de su padre y regresó el domingo para ganar el primer punto de la final. Un esfuerzo maravilloso: es prácticamente inverosímil que alguien pueda sobreponerse a una situación tan dura de esa forma y en tan poco tiempo. El propio Nadal reconoció su gesto en la misma pista, diciendo que la demostración de Bautista era «casi inhumana, una inspiración para el resto de la vida».

El torneo realizado por el número uno español merece mención aparte. En una grandiosa exhibición de pundonor, entrega y calidad, fue capaz de ganar ocho partidos en solo seis días, terminando algunos a altas horas de la madrugada. Él solo fue capaz de llevar a España a la final para conquistar su sexta Ensaladera y el público de La Caja Mágica se entregó absolutamente a su deportista más querido. Los números del manacorí le sitúan como uno de los mejores de la historia de la Copa Davis, si no el mejor. El español no ha perdido un partido individual desde su debut ante Jiri Novak en 2004 cuando solo tenía diecisiete años. Desde entonces ha ganado veintinueve puntos individuales consecutivamente durante dieciséis temporadas, en las que ganó cinco veces la Ensaladera. Además, es el único tenista en los más de ciento veinte años de competición que ha sido capaz de encadenar más de treinta victorias seguidas entre individuales y dobles, lo que habla del jugador perfecto para esta competición. El propio Nadal explicó su secreto en la rueda de prensa posterior a su última gesta: «Es una competición singular por el hecho de representar a tu país. Jugar delante de toda tu gente se puede entender de dos maneras: o sentir más la presión, o tener la habilidad de transformarla en algo positivo y congeniar así con el equipo, el capitán y el público». En su caso está claro cómo le afecta, ya que pocas veces se ha visto en un recinto de tenis una comunión así entre tenista y público.

De esta forma, la temporada 2019 echó el cierre después de un año en el que Nadal puso precio al récord de Roger Federer. La rivalidad se apretaba más que nunca, con el español a uno solo de los veinte grandes del suizo y Djokovic a cuatro. Por primera vez, Rafa se encontraba en disposición de darle caza e incluso de superarlo; 2020 podía ser el año del *sorpasso*. Federer tendría muy difícil conservar su hegemonía en los Grand Slams ante dos rivales mucho más jóvenes y seguir siendo considerado el mejor tenista de todos los tiempos. La atención del circuito se centraba exclusivamente en el duelo del *Big Three* y nos esperaba una apasionante temporada que podría ofrecer un cambio en el liderazgo histórico. Lo que nadie preveía era lo que estaba a punto de suceder y que cambió la vida de todos nosotros.

2020

Nadal da caza a Federer

Solo un mes después de concluir la renovada Copa Davis en Madrid, comenzó en Australia la primera edición de la ATP Cup. Sin apenas tiempo para descansar y hacer una pretemporada en condiciones, los tenistas se vieron inmersos en otra competición por países. La gran mayoría de los profesionales del circuito coinciden en el absurdo que supone tener dos iguales, con la saturación existente en el calendario anual, que no permite un respiro a los protagonistas. La ATP Cup no despertó la misma expectación que genera la Copa Davis cada año, un torneo de gran pedigrí cuya primera edición se celebró en el año 1900. Además, su formato era muy similar al adoptado por la Davis que organiza Kosmos, con lo que apenas aportaba valor diferencial a los aficionados. Este es el motivo por el que la ATP, la ITF (Federación Internacional de Tenis) y Kosmos están buscando el modo de unificar los dos eventos, lo que sería la solución ideal. En febrero de 2020, en una entrevista concedida a Reuters, David Haggerthy, presidente de la ITF, reconoció la intención de que solo haya una competición por países: «Estamos conversando con la ATP y con los jugadores. Pensamos que podría tener sentido una gran cita masculina por equipos. No se trata de dinero, sino del calendario».

Aunque la ATP Cup estuvo muy bien organizada y presentada, con varias sedes y algunas novedades que favorecían el espectáculo, la pasión de la Copa Davis se echó en falta en Australia. España, campeona un mes antes en Madrid, volvió a plantarse en la final tras derrotar en las semifinales a los anfitriones, liderados por Nick Kyrgios. En la final se vio el duelo más esperado, aunque no por el público local, entre la España de Nadal y la Serbia de Djokovic. Los balcánicos habían derrotado en la penúltima ronda al potente combinado ruso, reforzado esta vez por su número uno, Daniil Medvedev. En la final, Novak Djokovic fue el artífice del triunfo de su país al derrotar a Nadal en su duelo individual (6-2 y 7-6) y ganar también el doble junto a Viktor Troicki, quien se quitó el mal sabor de boca de la Copa Davis. El líder español ya no estaba al increíble nivel de un mes antes e incluso perdió contra David Goffin en los cuartos de final. Con esas dos victorias, Serbia remontó el punto inicial logrado por Bautista contra Dusan Lajovic y en el Ken Rosewall Arena de Sídney los serbios alzaron el primer trofeo de la historia de la ATP Cup, cuya trayectoria futura es difícilmente predecible.

Cambiando de ciudad días después, la capital del tenis mundial continuó siendo Australia con el primer Grand Slam del año en Melbourne. En un torneo muy extraño por su parte, un Roger Federer mermado físicamente fue tropezando con casi todos sus rivales hasta que no pudo salvar la caída definitiva contra Novak Djokovic. El suizo caminó en el alambre durante toda la competición e incluso tuvo que levantar un 4-8 en contra en el *super tie-break* del quinto set frente a John Millman, número cuarenta y siete del *ranking*. Después de remontarle un set a Marton Fucsovics (67), *sir* Roger obró el milagro en los cuartos de final al salvar siete bolas de partido contra Tennys Sandgren (100). Pero no podía llegar mucho más lejos de ese modo. Novak Djokovic se encargó de confirmarlo en las semifinales, donde manteniendo el gran nivel mostrado en la ATP Cup apenas tuvo problemas para liquidar el duelo (7-6, 6-4 y 6-3). Aunque en ese momento no era consciente de su destino, ese fue el último partido que Federer iba a disputar en más de un año. La final enfrentó al *killer* balcánico con Dominic Thiem, que alcanzó su tercera final de Grand Slam tras las dos perdidas contra Nadal en Roland Garros. El balear fue precisamente su víctima en los cuartos de final, en un igualado choque en el que el austriaco ganó sus tres mangas en el desempate (7-6, 7-6, 4-6 y 7-6).

El jugador más maduro y consolidado de la *NextGen*, si es que se le puede incluir en esa generación, se lo puso muy difícil al rey absoluto del Open de Australia, que por momentos llegó a ver perdida la final, como en 2012 contra Nadal. Thiem consiguió ponerse 2-1 en sets, pero la furia competitiva de Djokovic volvió a sacarle de un apuro como tantas otras veces (6-4, 4-6, 2-6, 6-3 y 6-4). Era una nueva decepción para un Thiem que pedía a gritos un Grand Slam y que cada vez estaba más cerca. Para el Djoker supuso recuperar el número uno del mundo y su octavo título en Melbourne Park, igualando a Federer como el segundo tenista con más Grand Slams en un solo torneo. Alcanzar los doce Roland Garros con los que contaba el mosquetero Nadal sonaba a quimera. Con su triunfo, Djokovic apretó más si cabe el marcador particular del *Big Three*, pues desde la victoria de Federer en Australia en 2018, Nadal y él se habían repartido los siguientes ocho Grand Slam; con diecisiete títulos se quedaba a solo tres de los veinte de Federer y a dos del español. Mucho había llovido desde 2010, cuando Roger dominaba esta clasificación con dieciséis coronas y aventajaba en diez a Rafa y en quince a Nole.

Djokovic hizo un emotivo discurso en la ceremonia de entrega del trofeo, en el que se acordó de la tragedia sufrida por los australianos con los terribles incendios que asolaron el país y lamentó la pérdida de un grandísimo icono del deporte mundial, al que le unía una gran amistad; Kobe Bryant, el mítico jugador de baloncesto de Los Ángeles Lakers, falleció junto con su hija Gianna en un accidente de helicóptero poco antes de iniciarse el torneo, una noticia que impactó al mundo y fue muy dolorosa para Nole: «Era una de las personas que consideraba más cercanas en mi vida, un mentor para mí. Me gustaría decir que esto es un recordatorio para todos de que deberíamos estar cerca más que nunca. Estar cerca de la gente que nos ama y se preocupa por nosotros». Antes de eso Dominic Thiem quiso elogiar no solo a Djokovic, sino al *Big Three* al completo. El jugador nacido en Wiener Neustadt se refirió a lo que estaban logrando como algo «irreal» y mostró su orgullo de estar jugando contra tenistas que han llevado el juego que aman «a otro nivel».

A pesar de ser el torneo favorito de Djokovic según sus propias palabras, su padre no parecía compartir esta opinión y no pudo contener su malestar con la afición australiana. En declaraciones al portal ruso Telegraf, Srdjan dijo que la actitud de los aficionados *aussies* en la final apoyando a Dominic Thiem «fue una falta de respeto» y lamentó que esta circunstancia se repita «en otros lugares del mundo» porque «el tenis es un deporte de ricos y molesta que un tenista que viene de la Serbia pobre sea el mejor del mundo durante diez años seguidos». Es comprensible su malestar, ya que Djokovic debe jugar muchas veces con el público en contra, pero declaraciones de este tipo no le hacen ningún favor a su admirado hijo ni ayudan a que sume adeptos entre los aficionados de todo el mundo.

Después del Open de Australia, las victorias de Nadal y Djokovic en Acapulco y Dubái fueron las últimas antes de que se paralizase toda la actividad del circuito por un virus que sorprendió al planeta y lo cambió por completo. Al tiempo que la temporada de tenis en 2019 daba sus últimos coletazos, se originó en la ciudad de Wuhan (China) el nuevo coronavirus SARS-CoV-2, que produce la Covid-19. El virus se propagó a una vertiginosa velocidad por todo el mundo y el 11 de marzo de 2020 la Organización Mundial de la Salud (OMS) lo declaró pandemia global. Desde ese momento, con la mayoría de los ciudadanos del mundo confinados en sus casas, las competiciones deportivas se suspendieron de forma indefinida. El tenis no fue ajeno y la ATP canceló la primera mitad del curso en un primer momento. Esto implicaba la suspensión de todos los torneos de tierra y la vuelta a la competición en la temporada de hierba, aunque posteriormente se amplió la cancelación a gran parte del calendario a medida que la pandemia se expandía y se tenían más datos sobre ella.

La gran duda inicial era saber cómo afectaría esto al *ranking* de los jugadores, ya que tenían que defender puntos. Además, todos los aficionados se preguntaban si seguirían contando las semanas cómo número uno de la ATP para Novak Djokovic en su lucha por alcanzar a Roger Federer. Después de unos días de incertidumbre, la ATP informó de la congelación de los puntos del *ranking*, con el objetivo de que la suspensión de los torneos no afectase a los tenistas en su clasificación. La segunda incógnita fue despejada poco después: las semanas que transcurrieran sin competición no se contabilizarían. Djokovic tendría que esperar a la vuelta a la normalidad para superar en las pistas las doscientas ochenta y seis semanas de Pete Sampras al frente de la clasificación mundial antes de ir a por el récord de Federer.

En un primer momento, el suizo era el gran beneficiado a efectos de resultados deportivos, ya que se había sometido a una operación en su rodilla derecha el 19 de febrero y anunció que no volvería a las pistas hasta el inicio de la temporada de hierba. Por lo tanto, su parón coincidiría con la obligada interrupción de la competición oficial, por lo que Nadal no tendría opción de igualarle en número de Grand Slams durante su ausencia. Obviamente, Federer no había planificado tal situación, como tampoco sabía entonces que su recuperación iba a complicarse. Así, a principios de junio, el tenista suizo anunció que le habían practicado una segunda artroscopia y que no podría volver a jugar en todo el año. A punto de cumplir treinta y nueve años y después de una temporada casi completa en el dique seco, las dudas sobre su futuro eran más razonables que nunca. Nadal tendría la opción de igualarle e incluso superarle en caso de ganar el US Open y Roland Garros..., si es que podían disputarse finalmente.

En una decisión tan compleja como paralizar completamente el circuito, el *Big Three* tuvo un papel muy activo. Aunque la decisión final correspondía a la ATP Board, Federer, Nadal y Djokovic se implicaron para lograr el mayor consenso posible. Así lo reconoció Mark Knowles, extenista y miembro de este organismo, en una entrevista en el canal de televisión Tennis Channel: «No se les reconoce a Roger, Rafa y Novak el hecho de que estén tan involucrados. Somos muy afortunados de que tres de los mejores tenistas de todos los tiempos quieran estar en cada decisión». Las tres figuras más destacadas del tenis mundial también se involucraron en la búsqueda de soluciones para compensar las pérdidas económicas de sus compañeros peor clasificados en el *ranking*. Como presidente del Consejo de Jugadores, Novak Djokovic asumió el liderazgo en ese sentido y fue el gran impulsor del *Player Relief Fund*, un fondo de ayuda para los más perjudicados dentro de su colectivo. Además de esta, fueron muchas las iniciativas del colectivo de tenistas y deportistas de todo el mundo. Nadal unió fuerzas con su amigo Pau Gasol para luchar contra el virus: su iniciativa #NuestraMejorVictoria recaudó más de catorce millones de euros que se destinaron a ayudar a los damnificados por la pandemia.

La mayor polémica en un momento tan delicado llegó de la mano de Roland Garros. Mientras que Wimbledon decidió cancelar su edición de 2020, el torneo francés optó unilateralmente por el aplazamiento y por un cambio de fechas, lo que provocó un enorme revuelo por el fondo y las formas. La nueva ubicación en el calendario anunciada por la organización francesa, solo dos semanas después del US Open, no sentó bien ni a los tenistas ni a los directores del resto de los torneos afectados. El aluvión de críticas no se hizo esperar, puesto que la decisión se tomó sin consultar a nadie, en un momento en el que la unidad de todo el circuito ante la crisis era más necesaria que nunca.

Hasta entonces, los cuatro grandes torneos siempre habían actuado juntos con la Federación Internacional de Tenis (ITF), por lo que la decisión suponía una amenaza para tal unidad. La organización del US Open lo expresó así en un comunicado en el que criticó la forma de actuar de sus colegas de Roland Garros: «En estos tiempos sin precedentes, estamos evaluando todas las opciones, incluida la posibilidad de mover el torneo a fechas posteriores. En un momento en el que el mundo debe unirse, reconocemos que tal decisión no debe tomarse unilateralmente, y la USTA solo lo haría tras consultarlo con el resto de los Grand Slams, la WTA, la ATP, la ITF y nuestros *partners*, incluida la Laver Cup». Al frente abierto contra la federación francesa se sumó Roger Federer, quien anunció que no modificarían las fechas de la Laver Cup, que debía disputarse en Boston en las mismas fechas que Roland Garros.

Frente a la postura francesa, la organización de Wimbledon pensó en diversas opciones, pero finalmente se decidió por lo que era más difícil asumir: el All England Lawn Tennis and Croquet Club (AELTC) decidió cancelar el torneo, algo que no sucedía desde 1945, en esa ocasión por la Segunda Guerra Mundial. La nueva contienda, esta vez ante un enemigo invisible, amenazaba con arruinar completamente la temporada tenística en 2020. Por fortuna para Wimbledon, la decisión no afectaría demasiado a sus arcas y viabilidad futura, ya que en 2003 contrató un seguro que lo cubría ante una eventual pandemia, motivo por el que debía recibir, según informó el periódico *The Times*, cerca de cien millones de libras (unos ciento quince millones de euros). Cuando saltó la noticia, el mundo del tenis se sorprendió por la previsión de los gestores del All England Club. No es que fueran adivinos, pero cuando en 2003 se produjo la amenaza del virus SARS (síndrome respiratorio agudo grave), decidieron cubrirse las espaldas y suscribieron la póliza salvadora. Cada año Wimbledon debía pagar cerca de un millón y medio de libras, según explicó el director ejecutivo del torneo, Richard Lewis, aunque visto lo sucedido hicieron un gran negocio. Esos ingresos, unidos a los cerca de cuarenta y cinco millones de libras que se ahorraron en premios para los tenistas, compensaron en parte los ingresos cesantes en concepto de venta de entradas, derechos de televisión y *merchandising*.

Con la cancelación parcial de la temporada de tenis, los buenos aficionados sintieron nostalgia de los grandes duelos que este maravilloso deporte ha brindado a lo largo de los años. La cadena norteamericana ESPN era muy consciente de ello y decidió programar para el 28 de marzo una maratón de partidos míticos entre Roger Federer y Rafa Nadal. Nada menos que veintidós horas ininterrumpidas de clásicos de la rivalidad más legendaria. Con Federer lesionado de gravedad a sus treinta y nueve años, es difícil imaginar que esos duelos por los Grand Slams puedan repetirse y que pueda defender su hegemonía ante Nadal y Djokovic, aunque nunca se puede dar por muerto a una leyenda como él.

En líneas generales, los tenistas fueron todo un ejemplo para el resto de la sociedad, efectuando donaciones y buscando fórmulas para entretener a la población en esos duros momentos, la mayoría de ellas a través de las redes sociales. Uno de los pocos lunares en esta conducta se produjo con el comienzo del verano en el Adria Tour, organizado por Novak Djokovic en Belgrado y Zadar cuando los Gobiernos relajaron las restrictivas medidas de confinamiento. El tenista quiso demostrar que era posible volver a la competición en un momento de mucha incertidumbre, pero el tiro le salió por la culata. Aunque su intención era buena, fue más allá de lo necesario y, con las múltiples actividades lúdicas organizadas sin el uso de mascarillas ni otras medidas, el resultado fue el contagio de varias personas por la Covid-19, entre ellos él, parte de su equipo y los tenistas Grigor Dimitrov, Borna Coric y Viktor Troicki. Las imágenes de todos ellos bailando en una discoteca sin camiseta y sin guardar ninguna distancia de seguridad indignaron a parte de la opinión pública por su irresponsabilidad.

Fue el inicio de un verano convulso para el serbio, que a finales de agosto anunció la creación de una nueva asociación de tenistas, cuyo objetivo sería defender sus intereses al margen de la ATP. De esta forma, renunció a su cargo de presidente del Consejo de Jugadores ATP, organismo en el que Federer y Nadal están presentes representando a sus colegas del circuito. Ambos fueron críticos con la actitud de Djokovic, al considerar que no era el momento de plantear una escisión, sino más bien al contrario, estar más unidos que nunca.

En el esperado regreso de la gran competición, Djokovic volvió a mostrarse intratable y aprovechó las ausencias de Rafa Nadal y Roger Federer para seguir invicto en el curso y ganar sin oposición el Masters 1000 de Cincinnati derrotando a Milos Raonic (1-6, 6-3 y 6-4). Esta victoria le permitió igualar los treinta y cinco títulos de Rafa Nadal en la categoría de plata y doblar su propio récord, al ser el único tenista en completar la colección de nueve trofeos, y por partida doble. Esperaba el US Open y, con la renuncia de Nadal por las medidas de seguridad y la baja de Federer por lesión, era el único favorito para imponerse en la burbuja de Nueva York.

El US Open comenzó rodeado de una gran expectación por la incertidumbre previa sobre su celebración, la ausencia de público y las polémicas decisiones adoptadas para proteger a los tenistas de un posible contagio. Pese a lo extraño de la visión de un inmenso Artur Ashe Stadium vacío, lo más rocambolesco llegó precisamente de la mano de Novak Djokovic, que protagonizó una de las imágenes más virales del año y dio al traste con todas sus aspiraciones. En su partido de octavos de final contra Pablo Carreño, con el marcador 6-5 para el español en el primer set, Djokovic devolvió una bola a los recogepelotas lanzándola a una altura y una velocidad inapropiadas, con la mala suerte de que esta golpeó en el cuello a una jueza de línea, que cayó fulminada al suelo entre gritos de dolor. El encuentro se paró para atender a la colegiada y la organización se vio obligada a aplicar el reglamento, que marca la descalificación del tenista. De esta forma, el serbio se vio fuera de una competición en la que tenía todo de cara para situarse a un solo Grand Slam de Nadal y a dos de Federer. Fue, sin duda, una de las noticias deportivas del año; el propio Nole reconoció más tarde que nunca lo podrá olvidar.

Los cuartos de final se presentaban por primera vez sin la presencia de ninguno de los integrantes del *Big Three* y con ocho tenistas que nunca habían ganado un Grand Slam. Tal circunstancia la aprovechó el más experimentado de todos ellos, un Dominic Thiem que ya había disputado y perdido tres finales: impuso su calidad en la final remontando dos sets a Alexander Zverev (2-6, 4-6, 6-4, 6-3 y 7-6). El austriaco estrenaba así el palmarés de grandes de la *NextGen* y se unía al selecto club de tenistas que han conseguido conquistar un grande en la época de Federer, Nadal y Djokovic.

Sin tiempo para lamentarse, Djokovic afrontó la inusual minisesión de tierra batida, compuesta esta vez por el Masters 1000 de Roma y Roland Garros. En el Foro Itálico, Rafa Nadal regresó a las pistas después de doscientos días sin competir y el balear acusó la inactividad. Cayó en cuartos de final ante Diego Schwartzman (6-2 y 7-5) tras un inicio de torneo prometedor, circunstancia que no dejó escapar Djokovic para alzar su Masters 1000 número treinta y seis y superar al español como líder histórico. Esta victoria se unía a la celebración por haber adelantado por fin a Pete Sampras en la clasificación histórica de semanas en el número uno con doscientas ochenta y siete; ya solo tenía delante a Roger Federer (310). Olvidado el incidente de Nueva York, el Djoker llegaba a París pletórico de moral; nadie le había derrotado ese año en la cancha y estaba dispuesto a recortar distancias con Nadal en su feudo favorito.

El Roland Garros más atípico de la historia comenzó apenas una semana después, pero las extrañas circunstancias que lo envolvieron no afectaron ni al desarrollo ni al resultado habitual de la competición. Dos factores alterarían las condiciones del juego con respecto a una edición normal en junio: por un lado, la climatología, debido al frío que encontrarían los tenistas al disputarse el torneo en octubre, en pleno otoño parisino; por el otro, las nuevas bolas Wilson con las que se jugaría, más pesadas y que incomodaban a los especialistas en tierra como Nadal. El balear mostró su disgusto ante tal circunstancia, pero afirmó que esto no condicionaría el resultado: trataba de mantener una actitud positiva. Otra de las novedades sería el estreno de la cubierta de la pista central, que evitaría la suspensión de partidos importantes por la lluvia.

Después del tropiezo de Roma, Nadal fue adaptándose a las nuevas condiciones y mejorando su tenis a medida que avanzaba rondas hasta completar una segunda semana de ensueño. Tras vengarse de Diego Schwartzman en las semifinales (6-3, 6-3 y 7-6), se plantó en su decimotercera final, donde se vería las caras con un Novak Djokovic que tuvo que sudar tinta para eliminar en cinco sets a Stefanos Tsitsipas (6-3, 6-2, 5-7, 4-6 y 6-1). El duelo más esperado estaba servido. Era uno de los partidos más importantes de la historia, ya que Rafa Nadal podía igualar los veinte Grand Slams de Roger Federer, lo que le situaría junto con el suizo como el mejor tenista de todos los tiempos. Además, era la final que más títulos de Grand Slam juntaba en la pista, con treinta y seis entorchados entre ambos jugadores. No se podía pedir más.

A pesar de jugarse en arcilla, muchos expertos daban como favorito a Djokovic, no solo por su excelente temporada y su gran momento de forma, sino también por jugarse bajo techo, con frío y con una pista y bolas pesadas. Entre ellos se encontraba Goran Ivanisevic, uno de los técnicos de Djokovic, que afirmó sin ningún rubor que Nadal no tenía ninguna opción de ganar ante su pupilo. Craso error el del extenista croata el ignorar la leyenda del español en París. Una vez más, Nadal demostró su excepcional mentalidad ganadora cuando todo parece estar en contra y arrasó sin contemplaciones a Djokovic en uno de sus mejores partidos de siempre. Con un 6-0 de salida, el balear dejó muy claras sus intenciones y no permitió a su rival hacer un solo juego hasta pasada una hora de partido, en la que solo cometió tres errores no forzados. La perfección existe y en polvo de ladrillo se llama Rafa Nadal. Solo en el tercer parcial pudo reaccionar Djokovic, pero aquella tarde era imposible hacerle un set a Nadal, que por cuarta vez completó un Roland Garros perfecto sin ceder una sola manga. El serbio reconoció a la prensa que su rival le había «pasado por encima».

El manacorí cerró su mejor duelo con un saque directo (6-0, 6-2 y 7-5) y cayó de rodillas a la arcilla de la Philippe Chatrier, con una sonrisa de felicidad que inundaba su rostro mientras miraba al *box* donde se encontraban sus familiares y su equipo. En una tarde redonda para él, consiguió de una tacada su victoria número cien en Roland Garros, su decimotercera corona en París (con pleno de efectividad en las finales) y su vigésimo Grand Slam, alcanzando el título honorífico de mejor tenista de siempre junto con Roger Federer. Sus lágrimas mientras escuchaba el himno nacional español y abrazaba el trofeo estaban más que justificadas. Al igual que las de Toni Nadal, que no pudo contener la emoción mientras era entrevistado por los medios españoles. Nunca se había visto llorar al pétreo técnico mallorquín, lo que habla de la dimensión de la gesta de su sobrino, que tras dieciséis años de incansable persecución daba alcance a Federer en la cima de este deporte.

El propio tenista suizo hizo gala de su enorme clase y quiso felicitar a su némesis en una ocasión tan especial. Le envió un emotivo mensaje por sus redes sociales, que resume perfectamente la bonita relación que han llegado a tener después de tres lustros de enconada rivalidad: «Siempre he tenido el mayor respeto por mi amigo Rafa como persona y como campeón. Como mi mayor rival durante muchos años, creo que nos hemos empujado mutuamente para convertirnos en mejores jugadores. Por lo tanto, es un verdadero honor para mí felicitarte por tu vigésima victoria de Grand Slam. Es especialmente sorprendente que haya ganado Roland Garros trece veces, lo que es uno de los mayores logros en el deporte. También felicito a su equipo, porque nadie puede hacer esto solo. Espero que veinte sea solo un paso más en nuestro viaje conjunto. Bien hecho, Rafa. Te lo mereces».

Y es que los números del español en Roland Garros hasta ese momento eran de otra galaxia. Con el triunfo ante Djokovic dejó su registro personal en cien victorias y solo dos derrotas, un noventa y ocho por ciento de triunfos. Haciendo un símil con la famosa frase de Gary Lineker sobre el fútbol, se puede decir que Roland Garros es un torneo de tenis en el que compiten ciento veintiocho jugadores y siempre gana Rafa Nadal. Nadie puede hacer sombra a sus guarismos en ninguna otra competición. Si el mallorquín solo hubiera ganado en su carrera los trece títulos de Roland Garros, sería el cuarto tenista con más Grand Slam de la historia. Solo Federer, Djokovic y Sampras le superarían en esa clasificación. Pocas estadísticas son tan elocuentes como esa para poner en perspectiva la magnitud de la hazaña. Si la organización del torneo quiso reconocer sus logros en 2017, cuando ganó su décimo título, entregándole una réplica exacta del trofeo y poniendo una estatua en la entrada de la Philippe Chatrier, ahora, con trece entorchados, ¿qué deberían hacer? ¿Ponerle su nombre a la pista central? ¿Al torneo? Habrá que esperar a que el propio Nadal decida cuándo dejar de ganar en París para ver de qué forma le pueden seguir homenajeando.

La aplastante victoria de Nadal en la final de París dejó tan aturdido a Djokovic que en el siguiente torneo que disputó, el ATP 500 de Viena, recibió la segunda mayor paliza de su carrera deportiva ante Lorenzo Sonego (6-2 y 6-1), en aquel momento el número cuarenta y dos del mundo. Solo Marat Safin en la primera ronda del Open de Australia 2005 le había infligido una derrota más contundente (6-0, 6-2 y 6-1), pero fue en el estreno de un imberbe Nole en un Grand Slam, con apenas diecisiete años y después de clasificarse desde la previa. Por su parte, Nadal optó por insistir con la capital gala e intentar un nuevo asalto al Masters 1000 que tanto se le resistía, aunque tampoco esta vez pudo lograrlo al ser derrotado por Alexander Zverev en las semifinales (6-4 y 7-5).

Con sensaciones muy diferentes llegaron Rafa y Novak a las ATP Finals de Londres, si bien los dos abandonaron la ciudad del Támesis con idéntico mal sabor de boca. Daniil Medvedev y Dominic Thiem los apearon de la competición en semifinales y se disputaron un título que por quinta edición consecutiva no caería en manos del *Big Three*. En una final muy disputada, Thiem volvió a quedarse a las puertas de ser proclamado maestro, honor que le correspondió al joven talento moscovita (4-6, 7-6 y 6-4), que llegaba de vencer en el Masters 1000 de París y culminó así otro excelente final de año. Con la cancelación de la Copa Davis, este partido bajó el telón de una extrañísima y difícilmente olvidable temporada 2020.

Tras lo acontecido en Roland Garros, el equilibrio de poderes en la cúspide del tenis había variado de forma significativa, con Federer y Nadal en lo más alto con veinte títulos y Novak Djokovic tras sus pasos con diecisiete coronas. Por primera vez, el suizo compartía su trono con el español, que ahora buscaría ostentarlo en solitario. Con estas cifras y la vuelta de Roger Federer, el año 2021 se presentaba como uno de los más importantes de la larga historia del tenis, que podría ver a Federer o Nadal como líderes en solitario, e incluso a Djokovic, si bien este último necesitaba hacer una temporada de ensueño.

En cualquier caso, como dijo Nadal tras conquistar su decimotercer Roland Garros, la mayor preocupación del mundo en ese momento no era su rivalidad con Federer y Djokovic, sino combatir a un virus que cambió nuestros hábitos de vida, no solo la forma en la que vemos y hacemos deporte. En el momento de cerrar la edición de este libro (octubre de 2021), y según las cifras publicadas por Reuters, la Covid-19 había contagiado ya a más de doscientos treinta millones de personas en todo el planeta (casos reportados) y había acabado con la vida de cinco millones de seres humanos. Durante muchos meses, cientos de millones de personas estuvieron confinadas en sus hogares, temiendo por su seguridad y la de sus seres queridos. A pesar de ser un duro golpe para los amantes del deporte, la cancelación de todas las competiciones fue el menor de nuestros problemas…, por mucho que se eche de menos ver jugar a estos tres genios de la raqueta.

2021

El gran golpe de Djokovic

Solo Novak Djokovic podía visualizar en enero de 2021 una temporada en la que, contra todos los pronósticos, igualaría a Roger Federer y Rafa Nadal como mejor tenista de la historia. En una secuencia maravillosa, el serbio ganó los tres primeros *major* de la temporada, llegando a la mágica cifra de veinte Grand Slams tras levantar su sexto Wimbledon. Por fin se encontraba en la cúspide, después de trece años de frenética persecución, desde que ganara su primer grande en el Open de Australia de 2008. Desde ese momento, eufórico y poseído por una sed de gloria inagotable, el Djoker intentó el más difícil todavía y puso sus miras en el Grand Slam y el Golden Slam…, y a punto estuvo de conseguirlo. Aunque el sueño acabó de forma dramática para él, fue una de sus mejores campañas y ya nadie podía considerarse mejor que él.

Sin restar ningún mérito al año excelso de Djokovic, el serbio aprovechó a la perfección los graves problemas de lesiones que sufrieron Federer y Nadal, que apenas pudieron disputar unos pocos torneos; además, en varios de ellos jugaron sin estar al cien por cien. Entre ambos solo disputaron cuatro Grand Slams, y solo Nadal en Roland Garros tuvo opciones de triunfo, pero cayó derrotado por un gran Djokovic en las semifinales, una de sus múltiples hazañas en 2021. De esta forma, el Djoker fue el auténtico protagonista del año, dándole la vuelta a esta histórica pugna y pasando a ser el gran favorito en la carrera por ser el mejor tenista de todos los tiempos.

Tras casi dos meses de reposo, los focos del mundo del deporte volvieron a centrar su atención en el tenis con la disputa en Australia de la segunda edición de la ATP Cup. Y el curso comenzó como finalizó el anterior, con Daniil Medvedev a un gran nivel y guiando a Rusia a su primer título en la competición de selecciones. El moscovita contó con Andrey Rublev como gran aliado y ambos ganaron todos sus partidos en Melbourne. Junto con Aslan Karatsev, que sería una de las grandes revelaciones del año, y Karen Kachanov, los rusos formaban un combinado temible para la ATP Cup y la Copa Davis. El *Big Three* apenas tuvo presencia en la competición, con un Roger Federer ausente y un Rafa Nadal que fue parte de la delegación española, pero que no pudo disputar ni un solo encuentro por unos problemas en la espalda. Comenzaba un nuevo *annus horribilis* para él, con diversas complicaciones que irían en aumento hasta hacerle abandonar la temporada en el mes de julio. No fue un gran estreno tampoco para Djokovic, quien, pese a ganar sus dos partidos individuales en la *round* Robin, perdió junto con Nikola Cacic en el duelo decisivo de dobles contra Alemania, selección que logró el pase a las semifinales.

Un día después de la victoria de Rusia en la ATP Cup, comenzó una de las ediciones más surrealistas del Open de Australia, con todo tipo de polémicas antes, durante y después de la disputa de un torneo que fue un calvario para la organización. Nada de eso impidió que, una vez más, fuera Novak Djokovic quien se alzase con la Norman Brookes Challenge Cup, desquitándose de su amargo final de 2020 y dando comienzo a su épica remontada. Las malas noticias comenzaron ya tres semanas antes del inicio del Grand Slam, cuando se detectaron tres positivos por Covid-19 en vuelos que llegaron a Melbourne procedentes de Los Ángeles y Abu Dabi, en los que viajaban cuarenta y siete tenistas que inmediatamente fueron obligados a pasar una cuarentena de catorce días. Posteriormente, la federación australiana fue más allá y decretó el confinamiento de todos los tenistas que ya hubieran llegado al país; solo se les permitía salir durante cinco horas al día, de los que ciento treinta minutos podrían ser dedicados a trabajar en la pista de tenis. De este modo, la planificación de la gran mayoría de los participantes del Open de Australia se veía trastocada, salvo en el caso de las grandes raquetas del circuito, que se encontraban en una burbuja especialmente diseñada para ellos en Adelaida, en la costa de Australia Meridional. Tal desigualdad en el trato a los profesionales hizo que muchos tenistas alzaran la voz para mostrar su profundo malestar con la organización. Era evidente que no se partiría en igualdad de condiciones.

No haber participado en la ATP Cup permitió a Rafa Nadal mostrar un buen nivel en el torneo australiano y ganar sus primeros cuatro partidos con relativa facilidad y sin ceder ningún set. El duelo ante Stefanos Tsitsipas en los cuartos de final siguió la misma tónica que los anteriores, con el español ganando fácilmente las dos primeras mangas y jugando muy bien al tenis. Todo cambió cuando, en el *tie-break* del tercer set, Nadal erró una volea fácil y resucitó con ello al joven talento griego, que se llevó el parcial y posteriormente remontó el encuentro con un juego primoroso ante un Nadal sin soluciones (3-6, 2-6, 7-6, 6-4 y 7-5). Era la segunda vez que se dejaba remontar un 2-0 favorable en un Grand Slam y, sin restar ni un ápice de mérito al gran partido del jugador heleno, no hacía presagiar nada bueno para ese año. Con Nadal fuera de la competición y un Federer al que todavía le faltaba un mes para volver a las pistas, lo lógico hubiera sido pensar en un camino de rosas para Novak Djokovic. Y así fue, pero solo a partir de las semifinales, como si la eliminación de su rival directo le hubiera insuflado unas fuerzas que no exhibió en las rondas precedentes.

Y es que el peregrinar del serbio por el cuadro fue tortuoso hasta la penúltima ronda; se dejó cinco sets por el camino y estuvo a punto de caer eliminado en la tercera por Taylor Fritz. El norteamericano llegó a empatar un partido en el que tuvo una desventaja de dos sets, pero no pudo con la reacción del Djoker en el tramo final (7-6, 6-4, 3-6, 4-6 y 6-2). Este choque estuvo marcado por la polémica y afloraron las viejas sospechas sobre las lesiones fingidas por Djokovic cuando la situación le es desfavorable. Sin embargo, lo cierto es que Nole pidió por primera vez la asistencia del médico con 1-2 abajo en el tercero, cuando contaba con dos sets de ventaja. Unas molestias abdominales en el costado derecho del balcánico permitieron a Fritz apuntarse el tercer parcial y ponerse 3-2 con saque en el cuarto. Fue en ese momento cuando Djokovic se benefició de una circunstancia totalmente ajena a él, bastante surrealista y fruto de la coyuntura tan anormal en la que se disputó el torneo. La suerte y no la estrategia del balcánico quiso que la organización parase el encuentro para que el público asistente pudiera abandonar la Rod Laver Arena y llegar a tiempo a sus hogares, cumpliendo así con el toque de queda establecido por las autoridades australianas. Un nuevo brote de Covid-19 provocó que el Gobierno del estado de Victoria decretase cinco días de confinamiento, por lo que las gradas estuvieron vacías durante ese lapso de tiempo. Ese parón permitió a Djokovic respirar y recuperar fuerzas para demostrar, una vez más, que no se llega al estatus de leyenda por casualidad. Aunque con dudas sobre su estado físico y con «el músculo desgarrado», seguía vivo en la competición y declaró en la sala de prensa que era «una de las victorias más importantes» de su carrera.

Sin duda, se trató de uno de los puntos de inflexión no solo del torneo, sino de la temporada, ya que desde ese momento la confianza de Djokovic se disparó. Obviando los comentarios malintencionados y las sospechas, el de Belgrado solventó con problemas sus partidos ante dos duros rivales en pista rápida como Milos Raonic y Alexander Zverev, pero volvió a mostrar su mejor nivel en las semifinales. Ante Aslan Karatsev, la gran revelación del torneo, que llegaba desde la previa, Nole no dio margen a la sorpresa y se ahorró mucho tiempo en la pista de cara a la final: 6-3, 6-4 y 6-2. En el partido por el título le esperaba otro ruso, Daniil Medvedev, quien incluso parecía favorito debido a las dudas sobre el estado físico de Djokovic y el extraordinario tenis desplegado por el moscovita en las dos semanas previas. Sin embargo, el número uno ya estaba de vuelta después de dos semanas complicadas y no hubo partido en la Rod Laver Arena (7-5, 6-2 y 6-2). Decepcionó la poca resistencia que opuso Medvedev en la final y maravilló la solidez de Djokovic, así como la garra y el carácter que mostró en un torneo en el que supo sufrir y sobreponerse a los dolores abdominales, los abucheos del público y la desconfianza de mucha gente. Con su noveno título en el Open de Australia, superaba a Federer como segundo tenista con más victorias en un solo *major* y se quedaba a dos títulos de los veinte Grand Slams del propio Federer y de Nadal. Djokovic ya no veía nada más en el horizonte, solo su persecución a sus dos grandes rivales. Aunque era todavía un objetivo lejano y Roland Garros dificultaba la tarea de poder alcanzarlo ese mismo curso, el Djoker veía factible lo imposible. Tal vez solo él y su padre, Srdjan Djokovic, quien, en declaraciones al periódico *Kurir*, volvió a quejarse de que «siempre es Nole contra todos» y comparó a su hijo con una especie de mesías salvador: «En el peor momento del pueblo serbio fue enviado por Dios para demostrar que somos un pueblo normal y no uno de asesinos y salvajes». Fe ilimitada en su vástago, que en 2021 le dio la razón adoptando el papel de hijo de Dios hecho tenista.

Dentro de esa eterna pugna por ser el mejor de todos los tiempos, una fecha histórica llegó muy poco después, el esperado 8 de marzo. Insaciable en lo que respecta a sus objetivos y ambiciones personales, Novak Djokovic superó ese día a Roger Federer como tenista con más semanas en el número uno del *ranking* ATP, trescientas once frente a las trescientas diez que acumuló el suizo. Lejos quedaban las doscientas nueve semanas de Nadal. Un hito de Nole que se explica desde la tenacidad y el inconformismo de un deportista que no ve límites, que tiene una confianza en sí mismo digna de personalidades como Michael Jordan o Kobe Bryant, su añorado amigo. Prueba de que era un objetivo irrenunciable para el serbio y de que lo vivía con un punto de obsesión, son sus declaraciones posteriores, en las que confesó sentirse «aliviado». Además, manifestó que desde ese momento cambiaría su calendario de competiciones, evidentemente para centrar todos sus esfuerzos en la pugna con Federer y Nadal. A *sir* Roger le quedará, al menos, el consuelo de sus increíbles doscientas treinta y siete semanas consecutivas como líder del circuito, recuerdo de su época de esplendor. De igual modo Rafa Nadal, con su récord de semanas consecutivas en el *top ten,* después de superar a Jimmy Connors a finales de 2020 y rozar las ochocientas cincuenta semanas a finales de 2021 tras dieciséis años sin salir de los puestos de privilegio, desde el 25 de abril de 2005. Sin haber tenido épocas de tanto dominio como sus dos rivales, Rafa es quien más tiempo se ha mantenido en la lucha por ser el mejor.

La casualidad quiso que, solo dos días después de haber sido despojado de uno de sus récords más preciados, el maestro suizo regresara al circuito. Lo hizo en Doha, adonde llegó «sin expectativas» y «después de tres meses de muy buenos entrenamientos», venciendo a Daniel Evans por 7-6, 3-6 y 7-5 en un duro partido, aunque eso era lo de menos. Lo importante era volver a disfrutar de su arte, de su interminable gama de recursos, nada menos que cuatrocientos cinco días después de la última vez. Demasiado tiempo. Tras su victoria, la doble artroscopia en su rodilla derecha parecía olvidada y el suizo se mostró muy feliz ante los medios: «Volver a mi edad no es fácil, es un desafío enorme, pero ha merecido la pena solo por jugar un partido así». Y por si alguien estaba pensando en jubilarle, añadió que «la retirada nunca ha estado sobre la mesa». Por desgracia para el tenis, el desarrollo posterior de los acontecimientos le haría mostrarse mucho menos optimista. De hecho, tras su derrota en el siguiente partido contra el georgiano Nicoloz Basilashvili, Federer anunció que no acudiría al torneo de Dubái para seguir con sus entrenamientos y no volvió a jugar hasta dos meses después en el torneo de Ginebra (Suiza). No quería asumir riesgos y todo su calendario estaría centrado en llegar en las mejores condiciones a su competición, Wimbledon. ¿Cuál si no?

Justo una semana después del *sorpasso* de Djokovic a Federer, Daniil Medvedev desbancó a Rafa Nadal del número dos del *ranking* ATP. El dato no tendría mayor relevancia si no fuera porque hacía más de quince años que no ocupaba esa posición ningún tenista ajeno al efímero *Big Four,* formado por el *Big Three* más Andy Murray. Concretamente, desde el

25 de julio de 2005, un mes después de que Nadal levantase su primer Roland Garros, cuando el propio Medvedev contaba con apenas nueve años de edad. El tiempo pasa para todos, también para los mitos, y esa temporada se iba a encargar de dejárselo claro a los que pensaban que el *Big Three* sería eterno. Roger Federer incluso podía dar gracias de no haber caído más puestos en la clasificación, como bien se encargó de recordar Alexander Zverev ese mismo día: «Soy el mayor fan de Federer, pero no ha jugado ningún torneo en todo un año y está por encima de mí. Yo jugué una final de Grand Slam, la final de un Masters 1000, gané algún torneo... Creo que el sistema de puntos es un desastre». No le faltaba razón al joven talento alemán, ya que Federer se mantenía en el sexto lugar después de cuatrocientos cinco días sin competir, circunstancia poco penada con la congelación de puntos inicial y la posterior modificación del sistema.

A pesar de las protestas de los tenistas, tampoco era sencillo gestionar el calendario de competiciones con las nuevas olas de contagios causadas por la pandemia. Fruto de tal circunstancia, la habitual gira americana se vio totalmente alterada, con Indian Wells aplazado hasta octubre y la disputa del Masters 1000 de Miami más descafeinado que se recuerda. El aluvión de bajas superó la treintena entre el top 100 del *ranking;* no participaron la mayoría de las grandes raquetas del circuito, entre ellas el *Big Three*. Por primera vez desde hacía dieciséis años, desde París-Bercy 2004, ninguno de los tres mejores tenistas de la historia formó parte del cuadro de uno de los Masters 1000, nada menos que ciento treinta y nueve torneos después. El temor a los contagios, la cercanía de la temporada de tierra batida y que con el sistema provisional se retuviera el cincuenta por ciento de los puntos logrados en 2019 motivaron tan pobre participación. Y nadie se alegró tanto de ello como el polaco Hubert Hurkacz, sorprendente campeón tras derrotar en la final a la gran promesa del tenis italiano, el jovencísimo Jannik Sinner.

Una semana después comenzaba en Montecarlo la gira de grandes torneos en arcilla, con la ausencia de Federer, no así de Nadal y Djokovic, que regresaban después de tres meses sin jugar y acusaron la inactividad. El español empezó arrollando a Federico Delbonis y a Grigor Dimitrov, para después ceder en los cuartos de final ante un durísimo Andrey Rublev (6-2, 4-6 y 2-6); más corta fue la trayectoria de Djokovic, al perder en la segunda ronda contra Daniel Evans (4-6 y 5-7) después de un debut convincente ante el siempre peligroso Jannik Sinner. Tras este mal papel en su lugar de residencia, Djokovic buscó el calor del hogar, pero inexplicablemente cayó derrotado en las semifinales del Serbia Open, el primero de los dos ATP 250 que se disputaron en su club de Belgrado en el lapso de solo un mes. Inexplicablemente, porque Aslan Karatsev llegó a salvar veintitrés bolas de *break* ante un desesperado Djoker, quien reconoció al acabar el choque (5-7, 6-4 y 4-6) que debía mejorar mucho de cara a Roland Garros para tener opciones al triunfo.

Mejor le fueron las cosas por casa a Nadal, que se recuperó rápido de la decepción monegasca ganando por duodécima vez el ATP 500 de Barcelona, uno de esos torneos en los que Rafa es ganador vitalicio. En una espectacular final contra Stefanos Tsitsipas, pletórico número uno de la Race y vencedor en Montecarlo, llegó a salvar una bola de partido y pudo tomarse cumplida venganza de la derrota en Australia (6-4, 6-7 y 7-5), además de recuperar parte de la confianza que necesita para encontrar su mejor juego. Y qué mejor lugar que la pista que lleva su nombre para firmar un dato esclarecedor sobre lo que ha supuesto la figura de Rafa Nadal para la tierra batida: con su victoria contra Tsitsipas, Nadal llegó a los cuatrocientos cincuenta y dos partidos ganados en esta superficie, uno más que Federer y Djokovic… juntos (228 + 223). Infinidad de victorias en arcilla que han contribuido a su récord de dieciocho años consecutivos levantando al menos un trofeo cada temporada, todos los de su carrera deportiva desde que estrenara su palmarés en Sopot (Polonia) en 2004. Nunca ha faltado a su cita. Huelga decir que sus más inmediatos perseguidores en este *ranking* son Djokovic y Federer, con dieciséis y quince campañas cada uno. Al igual que Nadal, el serbio está en disposición de incrementar esta particular estadística, no así Federer, que puso fin a su racha en 2015.

Uno de los momentos más esperados de la temporada, el primer duelo entre los dos líderes del *ranking*, llegó en el Foro Itálico, en la gran final de Roma. Rafa había llegado a la capital italiana tras caer sin paliativos contra Alexander Zverev (6-4 y 6-4) en los cuartos de final del Masters 1000 de Madrid, el más complicado para los especialistas en tierra y al que Nole renunció para descansar mentalmente, como él mismo confesó a los medios. La de Roma era la última prueba antes de la decisiva cita de Roland Garros, y tanto Nadal como Djokovic se la tomaron muy en serio, si bien el español mostró mayor solvencia en las rondas previas a su enfrentamiento. En unos tiempos extraños, el quincuagésimo séptimo cara a cara entre ambos cortaba una racha de cuatro Masters 1000 consecutivos ganados por la *NextGen*. Por lo demás, la primera confrontación del año entre el *Big Three* no decepcionó. Djokovic llegaba con el hándicap de la fatiga, tras haber jugado el día anterior tanto los cuartos de final como las semifinales, en los que invirtió casi cinco horas y seis sets para derrotar a Stefanos Tsitsipas y Lorenzo Sonego. Sin embargo, se sobrepuso bien al cansancio y ambos ofrecieron un gran espectáculo de principio a fin, en un choque que se decidió en la tercera manga, en la que Nadal aprovechó mejor que su rival las oportunidades de *break* (7-5, 1-6 y 6-3). Era la decimosexta final consecutiva que ganaba Rafa en polvo de ladrillo, en una racha que comenzó en 2015, al igual que había hecho muchos años atrás con las dieciséis primeras que disputó entre 2004 y 2007. Con su décima coronación como «emperador de Roma», el balear igualaba además los treinta y seis Masters 1000 del balcánico, en una competición sin fin en la que Federer hacía tiempo que había dejado de ser rival. Se acercaba su momento favorito y Nadal volvía a llegar enchufado a su cita con París. Sin embargo, y a pesar de la derrota, Djokovic abandonó el Foro Itálico con buenas vibraciones y con la sensación de que podía dar la sorpresa en Roland Garros. Ni siquiera la paliza recibida en la final de 2020 parecía hacer mella en su inquebrantable ambición.

Al día siguiente de la final de Roma, mientras Rafa y Nole se recuperaban del esfuerzo, Roger Federer debutó en el ATP 250 de Ginebra, único torneo que iba a disputar en tierra batida antes de Roland Garros. El campeón helvético comentó en la previa que se lo tomaba como un «examen» para saber si podía jugar «varios torneos seguidos» y reconoció que merecía estar «el número ochocientos del *ranking*», dando la razón a Alexander Zverev. El test resultó decepcionante y ni siquiera el apoyo de un público ansioso por ver a su ídolo pudo evitar que fuera derrotado por Pablo Andújar (4-6, 6-4 y 4-6). En el tercer set, el cansancio hizo mella en Federer, que acusó los dos meses de parón y los dos años sin jugar en arcilla. Muy diferente fue la prueba que hizo Djokovic la semana previa a Roland Garros, cuando regresó a casa para disputar el ATP 250 Belgrado 2, solo un mes después de su frustrante derrota ante Aslan Karatsev. Apenas tuvo dificultades para despachar a rivales de más allá del top 100, afilando sus armas para el reto más complicado de la temporada y tal vez de su carrera: derrotar a Nadal en Roland Garros y reducir a un mínimo histórico la diferencia en Grand Slams.

El *Big Three* al completo aterrizó en París a finales de mayo sabiendo que, por primera vez, irían por la misma parte del cuadro de un Grand Slam y que sería imposible ver una final entre ellos. La derrota de Nadal en Madrid le había hecho bajar al número tres del *ranking* y, en ese momento, pocos fueron conscientes de la importancia que tendría tal circunstancia para el devenir de la temporada. Días antes de su estreno, Rafa Nadal descubrió la estatua que inmortaliza su legendaria figura en el acceso principal de Roland Garros, junto al Jardín de los Mosqueteros; ochocientos kilos de acero inoxidable obra del escultor español Jordi Díez Fernández, que recordarán a todos los que visiten las instalaciones del Slam parisino quién fue el mejor tenista de la historia del torneo. El campeón español afrontaba su competición fetiche con la prudencia que lo caracteriza, pero con la intención de dar un puñetazo encima de la mesa. De ganar su decimocuarta Copa de los Mosqueteros, Rafa sumaría su vigesimoprimer Grand Slam y sería considerado, en solitario y provisionalmente, el mejor tenista de la historia. Además, pondría tres de distancia con respecto a Djokovic, su rival más peligroso en esta lucha de locos, y limitaría mucho las opciones de Federer de poder acabar su carrera en el peldaño superior del podio. Las motivaciones del Djoker no eran menores, ya que buscaba reducir a solo un gran título la distancia con respecto a Federer y Nadal, teniendo Wimbledon a la vuelta de la esquina para intentar el asalto definitivo al trono. Además, si ganaba en París sería el primer tenista en la Era Open en alcanzar el Doble Grand Slam. Más modestas eran las aspiraciones del bueno de Roger, quien reconoció que llegaba a la capital francesa sin hacerse demasiadas ilusiones: «Soy realista y sé cuáles son mis limitaciones en este momento. Sé que no puedo ganar, y quien lo piense está equivocado». Su intención era coger ritmo de partidos y pasar minutos en la pista para mejorar sus opciones en Wimbledon, el único Grand Slam en el que se veía con chances de tener una actuación destacada.

Las declaraciones de Federer no eran de cara a la galería; después de tres duros encuentros, saldados con triunfos, pero en los que acumuló demasiado tiempo en la pista, decidió no disputar su partido de cuarta ronda contra Matteo Berrettini. El propio Roger explicó los motivos de su decisión en su cuenta de Twitter: «Después de discutirlo con mi equipo, he decidido abandonar hoy el Abierto de Francia. Con dos cirugías en la rodilla y más de un año de rehabilitación, es importante que escuche a mi cuerpo y no llevarlo al límite…». Ante las críticas que le llovieron al suizo por una retirada sin mediar lesión, el director de Roland Garros, el extenista Guy Forget, salió en su defensa y puso cordura: «Roger se conoce a sí mismo mejor que nadie. Es un campeón que tiene cuarenta años, que se ha sometido a dos operaciones de rodilla en muy poco tiempo y que ha hecho una carrera contrarreloj para volver a su mejor nivel. Si hay un Grand Slam que puede ganar, ese es Wimbledon, aunque ni siquiera sabe si tendrá opciones. No es una falta de respeto que haya venido a Roland Garros para ver cómo se encontraba».

Tras la retirada de Federer, el más que probable duelo Nadal-Djokovic en las semifinales centró toda la atención del mundo del tenis. Finalmente, el gran combate se produjo y su resultado supuso un punto de inflexión no solo para la temporada, sino para el curso de la rivalidad, como en su día lo fue la final de Wimbledon 2008. En las rondas precedentes, Nadal fue Nadal para sus rivales, como siempre en la Philippe Chatrier, una montaña que no permite ser escalada por ninguna de sus vertientes. Apenas cedió un set ante Diego Schwartzman y las sensaciones que transmitía eran inmejorables. Todo lo contrario que Djokovic, quien estuvo más fuera que dentro en la cuarta ronda ante Lorenzo Musetti. El italiano se vio con dos sets de ventaja ante el número uno del mundo, pero se le hizo de noche antes de tiempo, por lo que solo sumó un juego a partir del tercer set y se retiró lesionado en el quinto (6-7, 6-7, 6-1, 6-0, 4-0). Djokovic aún tuvo que remontar un set en contra frente a otro transalpino, Matteo Berrettini, antes de llegar al partido con el que llevaba soñando muchos meses. Con grandes dificultades, pero había vuelto a sobrevivir cuando peor pintaba para él.

Así llegó el enfrentamiento más tenso que se recordaba, la gran final anticipada entre los dos tenistas que se habían repartido once de los últimos doce Grand Slams; el duelo que definiría hacía dónde se dirigía la mayor rivalidad de la historia del deporte. Djokovic confesó en la previa del encuentro que Rafa era «el mayor rival» que había tenido en su carrera: «Enfrentarse a él aquí es uno de los mayores desafíos en tenis. Ya solo las sensaciones son diferentes cuando caminas en la pista con él». No le faltaba razón, ganar a Rafa Nadal en Roland Garros no es solo una de las empresas más complicadas del mundo del tenis, sino del deporte en general. Hasta ese momento, Rafa solo había sido derrotado en dos de sus ciento siete encuentros en la arcilla parisina, a lo largo de diecisiete ediciones, y nunca en la final; un noventa y ocho por ciento de victorias que auguraban una misión imposible para Djokovic. Nada que excite más al Djoker, que llevaba ocho meses rumiando su venganza por la paliza de la final de 2020. Era ahora o nunca; de ser derrotado, vería cómo Nadal podría alejarse definitivamente en la lucha por los Grand Slams (21-18) y sería unánimemente proclamado mejor jugador de la historia al levantar una nueva Copa de los Mosqueteros.

El choque de trenes empezó con un juego eterno de nueve

minutos, con ambos contendientes dejando claro que iban a regar la Suzanne Lenglen con hasta la última gota de sudor. Finalmente cayó del lado de Nadal, al igual que los cuatro siguientes, dejando el marcador en un contundente 5-0 inicial, que hacía presagiar otro paseo militar del manacorí. Pero Djokovic no se había ido del partido y reaccionó, aunque no pudo evitar perder la primera manga por 6-3. Esa dinámica final le permitió entrar con buen pie en un excelente segundo set, en el que el encuentro pasó a ser un toma y daca de época, con puntos solo al alcance de estos dos genios, ante el delirio colectivo del privilegiado público francés. Pese a hacer un enorme partido, a Nadal le estaban lastrando nuevamente su mal día con el servicio y un fuerte dolor en su pie izquierdo, provocado por el maldito escafoides que ha condicionado toda su carrera y que le obligó a solicitar asistencia. Nadal no lo utilizó como excusa, está acostumbrado a jugar con dolor, y siguió batallando, dándolo todo, aunque poco pudo hacer ante un fantástico Djokovic, que logró darle la vuelta al marcador y situarse a solo un set de cambiar el curso de la historia, tras ganar un tenso *tie-break* que decidió la suerte del encuentro.

La grada era consciente del momento que estaban viviendo y al grito de «no nos vamos» consiguió que el mismísimo Gobierno francés les permitiera evadir la obligación de estar en casa a las 23.00 horas por el toque de queda en vigor, controvertida decisión que festejaron cantando la *Marsellesa,* el combativo himno nacional galo. Si en el Open de Australia a Djokovic le había beneficiado el parón para vaciar la grada cuando estaba herido de muerte en su partido contra Taylor Fritz, en esta ocasión le vino bien que no se detuviera el encuentro cuando mejor estaba él y más lo necesitaba su rival. La fortuna es caprichosa y Nole supo que era su momento, la hora de asestar un golpe mortal a su único rival a esas alturas de su carrera. Pletórico, la figura del serbio creció, lastimando a su oponente con golpes cargados de determinación, de reivindicación, de rabia. Y no bajó el ritmo hasta que derrotó a un Nadal que no pudo hacer más y que se vio superado por un Djokovic mejor en las más de cuatro horas de esfuerzo agónico (3-6, 6-3, 7-6 y 6-2). Invicto durante seis años, Rafa volvía a caer derrotado en el Bois de Boulogne: ni siquiera él puede ganar eternamente. Como señaló Toni Nadal, la persona que mejor conoce al Rafa tenista, fue «una derrota que duele algo más». En su columna en el diario *El País,* el técnico balear analizó la temporada de su sobrino, apuntando que no había conseguido «mantener la solidez y la inquebrantable fortaleza mental que lo había caracterizado todos estos años». Se intuyó en Melbourne y se confirmó en París.

Era la segunda victoria de Djokovic sobre Nadal en Roland Garros, «el mejor partido que he jugado aquí», comentó un exultante Nole al concluir el enfrentamiento. Una de las victorias más importantes de su carrera, sin duda, a pesar de tratarse de una semifinal y de contar con un palmarés único. Por lo simbólico del triunfo, por el golpe que le asestaba a su gran competidor, por la tremenda dosis de confianza que le aportaba. Pero el trabajo no había concluido, de nada serviría escalar el Everest si después no clavaba la bandera serbia en la cima. Esperaba Stefanos Tsitsipas en la final, el tenista con más victorias del año, que ya había avisado de sus intenciones al ganar el Masters 1000 de Montecarlo. Aunque el gran peligro para Djokovic era el propio Djokovic, el exceso de euforia. Él mismo reconocería después que, al derrotar a Nadal, pensó: «OK, ya he terminado el torneo». Esa relajación estuvo muy cerca de costarle el mayor disgusto de su vida; solo su inigualable talento para el escapismo explica que le diera la vuelta a un partido que le puso imposible un inmenso Tsitsipas. El ateniense jugó los dos mejores sets de su vida y tuvo al serbio a su absoluta merced al ponerse 2-0; tan cerca y tan lejos estuvo de la victoria. Y es que cuando se trata del Djoker, no puedes sentirte ganador hasta que no le das la mano en la red..., y el MacGyver del tenis volvió a salir airoso de una situación más que comprometida. Con todo perdido, Djokovic arriesgó y encontró su mejor tenis, haciéndose gigante a medida que menguaba la figura de un Tsitsipas atenazado por el miedo a ganar y cuyas lágrimas al final del encuentro reflejaban pura impotencia (6-7, 2-6, 6-3, 6-2, 6-4). Su segundo Roland Garros significaba todo para Novak Djokovic. Con diecinueve Grand Slams, se situaba a solo uno de Federer y Nadal, y se convertía en el único tenista en la Era Open en alcanzar el Doble Grand Slam, anhelo largamente perseguido por el *Big Three*. Además, solo él contaba con la colección completa de Grand Slams y Masters 1000..., y por partida doble. Una gesta homérica. Derrotar a Nadal en París ya había sido para él como «subir al Everest», pero ni siquiera eso es suficiente para Novak Djokovic. Al cabo de una semana comenzaba Wimbledon y ya divisaba la cumbre del tenis mundial.

Muy diferente era la situación de Federer antes de la gran cita en Church Road. El campeón suizo quiso volver a probarse en el torneo de Halle, pero apenas consiguió recuperar sensaciones, puesto que perdió en la segunda ronda contra Félix Auger-Aliassime, joven talento canadiense a las órdenes de Toni Nadal (6-4, 3-6 y 2-6). El sueño del noveno Wimbledon parecía muy lejano, aunque al menos podría participar. No podía decir lo mismo Rafa Nadal, que un día después anunció que no participaría ni en el Grand Slam londinense ni en los Juegos Olímpicos de Tokio. Doble mazazo para el español, alejado una vez más de la competición en un momento decisivo de su carrera. Y para colmo de males, pocas semanas después se vería obligado a renunciar al resto de la temporada. Sin Nadal y con una versión mermada de Federer, las puertas del paraíso se abrían de par en par para Djokovic, que veía muy despejado su camino para intentar igualar y superar el récord de Grand Slams, lograr el Golden Slam y convertirse así en el mejor tenista de todos los tiempos.

Como se esperaba, dadas las circunstancias, el vigésimo Grand Slam de Novak Djokovic fue uno de los más sencillos de conseguir para el campeón balcánico, que transitó por el inimitable All England Club en una alfombra verde, al final de la cual le esperaba el duque de Kent para entregarle el trofeo. Basta recordar que su momento más complicado llegó en las semifinales ante Dennis Shapovalov, partido que ganó en tres sets corridos (7-6, 7-5 y 7-5). Ni siquiera se produjo el esperado enfrentamiento con Federer, que rozando la cuarentena dio una nueva lección de tenis y orgullo, colándose en la segunda semana de competición, cuando cayó en los cuartos de final ante Hubert Hurkacz, exhausto y desdibujado (3-6, 6-7 y 0-6).

La ovación que le brindó la Catedral al suizo, con el público puesto en pie y aplaudiendo sin descanso, fue uno de los momentos más emocionantes que se recuerdan en este deporte, un merecidísimo homenaje y reconocimiento a dos décadas de tenis excelso y de conducta ejemplar en el santuario del tenis mundial. La duda sobre su retirada sobrevolaba la hierba londinense y ni siquiera el propio Federer la despejó en la sala de prensa, donde confesó que no sabía si acudiría a los Juegos Olímpicos de Tokio, cita a la que pocos días después renunció por el estado de su rodilla. Tenía clara cuál era su situación: «Tengo muchas ideas en la pista, pero a veces no puedo hacer lo que yo quiero». Era el momento de la reflexión, de sentarse con su equipo a evaluar todos los factores, como su estado físico y anímico, para así decidir cuándo y cómo quería poner fin a sus días como tenista.

La final contra Matteo Berrettini no pasará a la historia por su emoción, pues aunque el italiano comenzó sorprendiendo en el primer set, Djokovic se impuso sin las dificultades que se presuponen en una final de Grand Slam (6-7, 6-4, 6-4 y 6-3). No obstante, sí que se recordará por su contenido histórico, ya que por primera vez el *Big Three* al completo estaba empatado a Grand Slams. Además, era la culminación de una emocionante persecución que duraba más de trece años, desde que el serbio conquistó su primer Open de Australia en 2008. Djokovic había vivido a la sombra de Federer y Nadal desde entonces, y con este triunfo se instalaba por fin en lo más alto del Olimpo del tenis, junto a los dos rivales que han marcado su vida deportiva. Lo que no podrá compartir con ellos es la simpatía de una mayoría de aficionados, que incluso en ese momento trascendental para él volvió a estar descaradamente en su contra, algo que lógicamente molestó al de Belgrado durante el partido. Pero Djokovic puede con eso y con mucho más. Una vez finalizado el choque, se olvidó de sus detractores y saboreo su sexto Wimbledon, su vigésimo grande, su llegada al trono. Lo saboreó literalmente, pues volvió a comer de la hierba de la Centre Court, como hiciera en 2011 al ganar su primer título en Inglaterra. No tardaron en llegar los mensajes de felicitación de Federer y Nadal a través de las redes sociales, reconociendo su hazaña y dándole la bienvenida a su reino, un territorio que Djokovic, aunque recién llegado tras un fatigoso viaje, no estaba dispuesto a compartir. Mucho menos conociendo los delicados momentos por los que atravesaban sus dos únicos rivales. Al enemigo, ni agua.

No tardó en mostrar sus intenciones el indiscutible número uno del mundo, que en la rueda de prensa posterior hizo gala de su excepcional autoconfianza, la que le ha impulsado con fuerza a lo largo de su carrera: «Claro que me considero el mejor. Si no lo creyese así, no hablaría de los Grand Slams y de hacer historia con la confianza con la que lo hago». Era consciente de que le había dado un vuelco a la rivalidad, menos de un año después de su derrota en la final de Roland Garros 2020, cuando parecía que sería Nadal el que reinaría sobre todos los tenistas. Ahora era él el máximo favorito para imponerse en esa lucha eterna y no estaba dispuesto a dejar pasar la ocasión. Por eso acudió a los Juegos Olímpicos, a pesar de confesar sus dudas tras su victoria sobre Berrettini en Londres. El insólito Golden Slam era un bocado demasiado apetitoso y parecía asequible vistos los acontecimientos en Wimbledon. O al menos el Golden Slam en la carrera, para lo cual bastaba con ganar en Tokio, igualando así la proeza de Andre Agassi y Rafa Nadal.

Dos semanas después de Wimbledon, comenzó la competición tenística en los Juegos Olímpicos más extraños de la historia. Debido a la pandemia mundial y a la difícil situación de Tokio, se tuvieron que celebrar sin público y un año después de lo esperado, además de contar con el rechazo frontal de una población japonesa que entendía que no era el momento. Viendo el cuadro de competición, las ilustres ausencias y la sensacional dinámica ganadora de Djokovic, no había más favorito que él, quien no obstante tendría que lidiar con el agotamiento físico y mental, después de dos meses extenuantes y plagados de intensas emociones. Jugaría contra sí mismo, y en los primeros cuatro partidos dio la impresión de poder con todo, sin ceder un set y vapuleando al ídolo local, Kei Nishikori, en los cuartos de final (6-2 y 6-0). Todo iba sobre ruedas. De hecho, también en las semifinales comenzó arrollando a Alexander Zverev en el primer set (6-1). Pero minutos después, con el segundo parcial muy controlado (3-2 y saque), el serbio sufrió un bloqueo de proporciones bíblicas que lo llevaría a verse remontado y zarandeado por el vendaval alemán, que se alimentó de la apatía del número uno en la semivacía pista del Ariake Tennis Center (6-1, 3-6 y 6-1). En un abrir y cerrar de ojos, se iba al traste su penúltima oportunidad de conseguir un oro olímpico, el único gran título que no posee. Zverev, a la postre campeón olímpico, no se lo podía creer; buena prueba de ello fueron sus lágrimas tras poner fin a la racha de veintitrés victorias consecutivas del líder del *ranking* mundial. El descalabro no acabó ahí, sino que horas después sufriría una nueva derrota, esta vez en las semifinales del doble mixto junto con Nina Stojanovic, contra la pareja rusa formada por Aslan Kartsev y Elena Vesnina (7-6 y 7-5). Segundo oro que veía escapar en un día..., y lo peor estaba por llegar. Tras cuatro intentos fallidos, los Juegos Olímpicos parecían una competición maldita para el bueno de Nole.

Pese a estar curtido en mil batallas, se vino abajo al atender a la prensa de su país y, al borde de las lágrimas, reconoció que le podía estar afectando la presión de jugar para Serbia en unos Juegos Olímpicos, ya que además había llegado «extremadamente agotado emocionalmente». Quedó demostrado en el duelo por el bronce que le enfrentó a Pablo Carreño; pocas veces se ha visto tan desesperado al de Belgrado, y su conducta en algunos instantes del partido estuvo lejos de la ejemplaridad que se le exige a una leyenda de su categoría. Además de lanzar gritos desgarradores y destrozar una raqueta en un momento de gran frustración, Djokovic lanzó una raqueta al graderío cuando no pudo alcanzar un golpe ganador del español, que protestó al *umpire* por no sancionar al serbio. Se recordó su expulsión en el US Open, precisamente ante Carreño, pero la cosa no pasó a mayores y por suerte esta vez nadie resultó golpeado. Lo que no se le pudo negar a Djokovic fue su esfuerzo y su lucha hasta el final, cuando llegó a salvar hasta cinco bolas de partido. Finalmente cayó derrotado (4-6, 7-6 y 3-6) y, como en Londres, se fue de los Juegos con la medalla de chocolate, esta vez por partida doble, ya que pocos minutos después se anunció que no disputaría el partido por el bronce en el dobles mixto, debido a una lesión en el hombro. El héroe serbio estaba al límite, sin fuerzas tras jugar nueve partidos en una semana, lo que no evitó que la decisión fuera criticada, puesto que dejaba a su compañera, Nina Stojanovic, sin la posibilidad de colgarse una medalla olímpica en una ocasión única para una tenista de su nivel. La propia jugadora reconoció lo duro que fue para ella, pero salió en defensa de su compatriota días después, publicando una foto con Djokovic en su cuenta de Instagram, acompañada de un largo texto en el que afirmaba que «fue un honor y un privilegio jugar con el mejor de la historia». Aunque Stojanovic zanjó la polémica, muchos se preguntaban por qué Djokovic se apuntó al doble mixto si llegaba al límite de sus fuerzas y si habría renunciado a una final en caso de haberse clasificado y tener la opción de colgarse el oro olímpico.

Muy lejos de allí, Rafa Nadal se preparaba para volver a las pistas en el ATP 500 de Washington. Preguntado por la conducta de Djokovic en Tokio, afirmó que «es extraño que alguien que tiene tanto éxito reaccione de esa manera de vez en cuando, pero él es muy competitivo y reacciona así. Es importante evitar este tipo de situaciones, la imagen no es la mejor y él es un referente para los niños». El español esperaba que el torneo de la capital estadounidense fuera parte de su preparación para el US Open, pero el test fue negativo y, arrastrando una evidente cojera, salió derrotado en la segunda ronda por el sudafricano Lloyd Harris (4-6, 6-1 y 4-6). Lo peor no fue el resultado, sino que volvieron a surgir con fuerza los dolores en el pie izquierdo que aparecieron en la semifinal de Roland Garros ante Djokovic y que pocos días después le obligaron a anunciar que no jugaría más en 2021. De nuevo, el hueso escafoides de su pie izquierdo; de nuevo, la enfermedad de Müller-Weiss, la misma que casi le retira del tenis en 2005 y que le ha martirizado durante toda su carrera, aparecía y traía consecuencias devastadoras para la temporada del balear. Si ya le había privado de Wimbledon y de los Juegos Olímpicos, ahora habría que sumarle el US Open, las ATP Finals y la Copa Davis. Nadal, igual que Federer por culpa de su lesión de rodilla, se veía privado de poder defender su supremacía en la historia del tenis en uno de los momentos clave de su rivalidad. La gran diferencia con Federer es que este nunca se ha tenido que retirar en más de mil quinientos partidos y que sus problemas han llegado ya en el tramo final de su carrera, muy avanzada la treintena. Nadal en cambio ha arrastrado la losa de las lesiones graves desde el mismo comienzo de su vida profesional y es, con diferencia, el integrante del *Big Three* más perjudicado por estos infortunios. No en vano, sumando todos sus periodos de inactividad por lesión, acumula cuatro años apartado del circuito, un dato absolutamente estremecedor. Lo peor para él es que la extraña patología que padece no le permite ser intervenido quirúrgicamente para recuperar la normalidad. Según explicó el médico especialista Gilbert Versier al diario francés *L'Equipe*, operar a Nadal tendría como consecuencia que el campeón español no podría volver a correr.

En su comunicado, Nadal mostró su resignación ante una circunstancia que, por desgracia, le resultaba muy conocida: «Llevo un año sufriendo mucho más de lo que debería con mi pie y necesito tomarme un tiempo. También cambiar una serie de cosas, intentar entender cuál ha sido la evolución del pie en estos últimos tiempos, ya que no es una lesión nueva, la tengo desde 2005 y me ha impedido desarrollar mi carrera deportiva». El balear tenía claro que era «el momento de tomar decisiones y buscar un tratamiento un pelín diferente para encontrar una solución a este problema». Por último, tranquilizó a sus fans asegurando que haría lo que hiciera falta para recuperar la mejor forma posible y «seguir disfrutando de este deporte durante un tiempo más».

Como sucediera en la previa de los Juegos Olímpicos, pocos eran los que no apostaban por el triunfo de Novak Djokovic en el US Open. Después de su inesperado fracaso en Tokio, el serbio se tomó un tiempo muy necesario para descansar física y mentalmente, antes de afrontar el torneo más importante de su ilustre carrera deportiva. Por tal razón, renunció a los Masters 1000 de Toronto y Cincinnati, donde se alzaron con el triunfo los principales rivales que tendría en el abierto neoyorquino, Daniil Medvedev y Alexander Zverev. Sin duda, la *NextGen* aprovechó en 2021 las múltiples ausencias del *Big Three* en estas competiciones. En la Gran Manzana, todos y cada uno de los focos del mundo del deporte apuntaban a Novak Djokovic. Ante sí, el reto de ganar su vigésimo primer Grand Slam y completar, con su cuarto grande del año, el verdadero Grand Slam, gesta solo alcanzada en la Era Open por el australiano Rod Laver en 1969. De lograrlo, sería proclamado unánimemente el mejor tenista de todos los tiempos..., si bien es cierto que el serbio, genio y figura, ya se había autoproclamado el mejor dos meses antes, tras vencer en Wimbledon y sin necesidad de esperar a haber superado en *majors* a Federer y Nadal. Con los números en la mano, de ganar en el US Open, nadie podría poner en tela de juicio esa afirmación. Sería el mejor.

La presión era enorme, incluso para alguien como el serbio, que la acepta como parte de su día a día y está acostumbrado a lidiar con ella. Y esta carga no había parado de crecer desde que ganó en Wimbledon, pues tenía que escuchar continuamente las preguntas de los periodistas acerca del Golden Slam y el Grand Slam. Sin Roger Federer y Rafa Nadal en pista, se daba por hecho que lo lograría, ¿quien podría frenarlo? Pero, ante la sorpresa del mundo, en los Juegos Olímpicos de Tokio se derrumbó en las semifinales contra Alexander Zverev cuando tenía todo a favor. Por eso decidió llegar a Nueva York descansado, tras varias semanas de reposo y absolutamente concentrado en el torneo más importante de su vida.

El de Belgrado fue superando rondas sin excesivos problemas, aunque fue cediendo sets en cada partido hasta llegar a las semifinales, algo poco habitual en él. Su mejor tenis no terminaba de aparecer. En la penúltima ronda, se enfrentó a su primera gran prueba de fuego, de nuevo Zverev, como en Tokio. El partido fue una lucha sin cuartel, con el número uno cediendo nuevamente el primer set, pero recuperando su nivel y remontando en los dos siguientes, antes de que el campeón olímpico forzase el quinto y definitivo. En él se vio al mejor Djokovic del torneo, impecable técnica y tácticamente, demostrando quién era el indiscutible número uno del mundo y que no estaba dispuesto a dejarse sorprender como en los Juegos (4-6, 6-2, 6-4, 4-6 y 6-2).

Todo estaba dispuesto: era el día D. Aquel se presentaba como el partido más importante de la historia del tenis, no solo de la vida de Novak Djokovic. Un enfrentamiento que podía cambiar el curso de este deporte. El escenario era ideal, el más imponente del mundo, con casi veinticuatro mil enfervorizados espectadores sedientos de espectáculo e historia. Entre ellos Rod Laver, único poseedor del Grand Slam en la Era Open (1969), que se desplazó desde su residencia en Los Ángeles; si iban a igualar su gran gesta, quería ser testigo. En la pista del Arthur Ashe Stadium, frente a frente, dos tenistas ansiosos por certificar su mayor éxito, mucho más modesto en el caso de Daniil Medvedev, el jugador más en forma del circuito, especialista en pista dura y en los tramos finales de las temporadas. El moscovita afrontaba su tercera final de un *major*, después de la derrota ante Nadal en ese mismo escenario en 2019 y la del Open de Australia a principios de campaña ante el propio Djokovic. Esa derrota había dolido mucho a Medvedev, que aquel día bajó los brazos y apenas opuso resistencia. La duda estaba en ver si había aprendido esa lección y si esta vez le pondría las cosas difíciles a quien ese día optaba a la inmortalidad. Djokovic había advertido en la previa que jugaría ese partido «como si fuera el último» de su carrera, dejándose en la central neoyorquina «corazón, alma, cuerpo y cabeza». No era para menos, pues en su trigésima primera final de Grand Slam (igualaba a Federer) podía deshacer el empate a veinte grandes con el propio suizo y con Nadal, algo que parecía imposible solo unos meses antes, cuando el español le derrotó en la final de Roland Garros y dejó el marcador 20-20-17. ¿Quién habría apostado en aquel momento a que conseguiría empatarlos menos de un año después e incluso superarlos consiguiendo el Grand Slam? Absolutamente nadie, salvo el propio Novak Djokovic. Él sí.

Todos los especialistas parecían coincidir en la previa de la gran final en que el principal enemigo del número uno podría ser la enorme presión sobre sus hombros, el peso de la responsabilidad, al estar tan cerca de lograr lo imposible, de su mayor sueño. Pocos contaban con Daniil Medvedev, un extraordinario, talentoso y heterodoxo tenista que sube mucho su nivel de tenis en pistas duras como la del Arthur Ashe Stadium. Y el ruso había aprendido la lección de Melbourne. Ya en el primer juego se notó la tensión en Djokovic, que acabó cediendo su saque en la primera bola de rotura que concedió. A partir de ahí, Medvedev demostró que iba a por el título, sin importarle la fiesta que le hubieran preparado a su rival. Imponente con su saque, solo concedió tres puntos en esos juegos, ninguno con su primer servicio, y se llevó el set inicial por 6-4. Por quinta vez consecutiva en esas dos semanas, a Djokovic le tocaba remontar el parcial inicial, pero esta vez se encontró con un rival en estado de gracia. El número dos del mundo se mantuvo firme en el segundo set, sin ceder un solo servicio y exhibiéndose ante un aturdido Djokovic desde el fondo de la pista; sumando puntos ganadores e imponiéndose una y otra vez en los intercambios largos. Desesperado, el serbio buscó soluciones, aumentando su presión en la red, pero sus subidas eran desordenadas y apenas inquietaban a su rival. Con dos sets en el bolsillo y 5-2 a favor en el tercero, Medvedev consiguió su primera bola de partido al servicio. En ese momento, una pequeña parte de los aficionados neoyorquinos mostraron su peor cara y abuchearon al moscovita, que hizo varias pausas para poder poner la bola en juego. Al no conseguirlo, sirvió precipitadamente y cometió una doble falta, perdiendo posteriormente su servicio por primera vez en todo el choque. Djokovic atisbó un mínimo rayo de esperanza y consiguió mantener el suyo para meter la mayor presión posible al aspirante, que sacaba con 5-4 para conseguir su primer US Open.

En el intercambio de lados se produjo un momento inolvidable, cuando la grada comenzó a ovacionar de forma atronadora a Djokovic, que cedió a la insoportable tensión y rompió a llorar mientras se dirigía al fondo de la pista para restar. Lo nunca visto, un instante absolutamente dramático, para la historia del deporte, con un campeón de leyenda hundido ante la imposibilidad de alcanzar su mayor anhelo. Después de novecientos setenta y ocho partidos ganados en su carrera, solo necesitaba un triunfo más, pero se veía impotente; sus lágrimas recordaban a las de los atletas olímpicos que se lesionan a escasos metros de la meta y, con el estadio puesto en pie, recorren la escasa distancia por puro orgullo. De hecho, a su derrumbe emocional contribuyó también tan emocionante ovación, el hecho de contar por primera vez en una final en Nueva York con el público volcado a su favor. Y no porque odiasen a Medvedev, sino porque querían ayudar al serbio a hacer historia. Y lo intentaron de nuevo, volviendo a molestar a Medvedev cuando contaba con dos pelotas más de partido, la primera de ellas desperdiciada con otra doble falta cometida entre abucheos. La segunda oportunidad no necesitó aprovecharla, pues fue el propio Djokovic el que no pudo aguantar más y tiró el resto a la red. Medvedev hacía su propia historia: era el tercer ruso que conquistaba un Grand Slam tras Yevgueny Kafelnikov y Marat Safin, mientras que Djokovic aplazaba su sueño de superar a Federer y Nadal, al menos hasta el siguiente año. Del Grand Slam, como del Golden Slam, seguramente se despedía para siempre. Por eso no pudo contener las lágrimas en la ceremonia de entrega de trofeos, en la que acortó mucho su impecable discurso ante la imponente ovación del público; el serbio apenas podía hablar. Nunca se le había visto así al bueno de Djokovic, que mostró su gran deportividad reconociendo la superioridad de Medvedev, halago que este le devolvió confesando que para él sí era «el mejor de siempre».

Daniil Medvedev se convertía así en el primer tenista en cinco años que conseguía batir al *Big Three* en la final de un Grand Slam. El último había sido Stan Wawrinka, también en la final del US Open y ante Djokovic. Desde aquel día, el *Big Three* había enlazado catorce victorias consecutivas y diecisiete de los últimos dieciocho *majors*. Solo Dominic Thiem había roto la hegemonía, en el US Open (2020), cómo no, aunque en aquella edición tampoco estuvieron ni Federer ni Nadal, y Djokovic fue descalificado. Teniendo en cuenta que el tenista austriaco es unos años mayor, el de Medvedev suponía el primer Grand Slam de la verdadera *NextGen,* liderada por él mismo junto con Alexander Zverev y Stefanos Tsitsipas. Hasta entonces, habían conseguido imponerse en las últimas ediciones de las ATP Finals y en varios Masters 1000, pero los Grand Slams eran su gran asignatura pendiente. Está por ver qué hubiera pasado con Federer y Nadal sanos, pero nadie puede discutir el paso del tiempo y esta generación irá recortando terreno año tras año. Ley de vida.

De esta forma, el 12 de septiembre en Nueva York, veinte años y un día después de los atentados del World Trade Center en 2001, terrible suceso del que seguramente no tengan recuerdos, la *NextGen* mostró definitivamente sus credenciales. Medvedev probó que, por fin, la nueva hornada de grandes tenistas optaba a suceder al *Big Three* en los Grand Slams y el liderazgo del *ranking*. A lo que difícilmente podrán aspirar, y es algo que nadie les puede exigir, es a igualar el legado de los tres grandes genios de la raqueta, que todavía no han dicho su última palabra. Después de meses de debate sobre el futuro del *Big Three* y el posible *sorpasso* de Djokovic a Federer y Nadal, 2021 se cerró con una histórica igualdad en la lucha por ser el mejor tenista de todos los tiempos. Un empate inesperado por la gran remontada de Djokovic, pero muy justo y emocionante para todos los amantes de este deporte. Después de tantos años de lucha sin tregua, es especial ver cómo, por primera vez, el *Big Three* cierra un año con empate a Grand Slams. Y nada menos que con veinte títulos cada uno, el ochenta y dos por ciento de los setenta y tres *majors* disputados desde que Federer levantó el trofeo en Wimbledon en 2003, diecinueve temporadas atrás. De poder decidir el futuro, muchos aficionados firmarían que la gran rivalidad de la historia del deporte finalice así, con Roger Federer, Rafael Nadal y Novak Djokovic igualados en lo más alto. Sin embargo, el insaciable espíritu competitivo de los tres les impediría aceptarlo. Así, mientras sus castigados cuerpos lo permitan, seguirán compitiendo por todo sobre el cemento, la hierba y el polvo de ladrillo.

CUARTA PARTE

Las estadísticas

* Todas las estadísticas de partidos y de títulos de este libro cubren hasta la finalización del US Open, el 12 de septiembre de 2021

4.1. LOS CARA A CARA

16 / **ROGER FEDERER**
40 % VICTORIAS

RAFA NADAL / **24**
60 % VICTORIAS

	PARTIDOS	VICTORIAS FEDERER	VICTORIAS NADAL
Total	40	16 (40 %)	24 (60 %)
Finales	24	10 (42 %)	14 (58 %)
Grand Slams	14	4 (29 %)	10 (71 %)
Finales Grand Slam	9	3 (33 %)	6 (67 %)
ATP Finals	5	4 (80 %)	1 (20 %)
Masters 1000	19	7 (37 %)	12 (63 %)
ATP 500	2	1 (50 %)	1 (50 %)

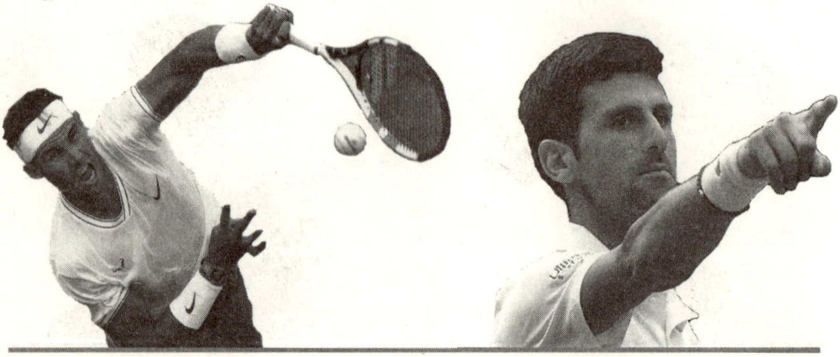

28 / **RAFA NADAL**
48 % VICTORIAS

NOVAK DJOKOVIC / **30**
52 % VICTORIAS

PARTIDOS		VICTORIAS	
		NADAL	**DJOKOVIC**
Total	58	28 (48 %)	30 (52 %)
Finales	28	13 (46%)	15 (54%)
Grand Slams	17	10 (59%)	7 (41%)
Finales Grand Slam	9	5 (56%)	4 (44%)
Juegos Olímpicos	1	1 (100%)	0 (0%)
ATP Finals	5	2 (40%)	3 (60%)
Copa Davis	1	1 (100%)	0 (0%)
Masters 1000	29	13 (45%)	16 (55%)
ATP Cup	1	0 (0%)	1 (100%)
ATP 500	4	1 (25%)	3 (75%)

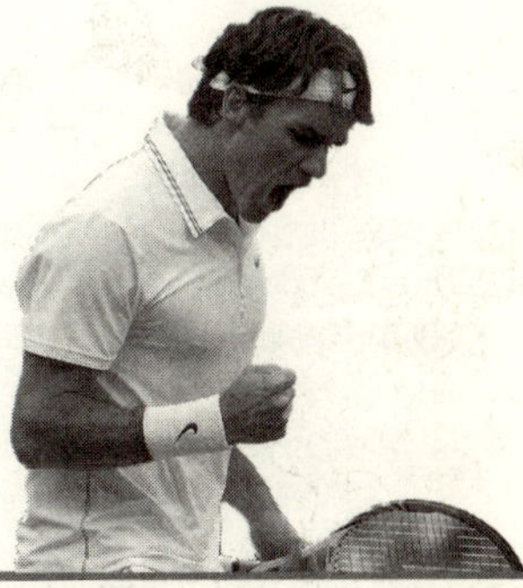

27 / **NOVAK DJOKOVIC**
54 % VICTORIAS

ROGER FEDERER / **23**
46 % VICTORIAS

	PARTIDOS	VICTORIAS DJOKOVIC	VICTORIAS FEDERER
Total	50	27 (54 %)	23 (46 %)
Finales	20	14 (70 %)	6 (30 %)
Grand Slams	17	11 (65 %)	6 (35 %)
Finales Grand Slam	5	4 (80 %)	1 (20 %)
ATP Finals	7	4 (57 %)	3 (43 %)
Copa Davis	1	0 (0 %)	1 (100 %)
Masters 1000	20	11 (55 %)	9 (45 %)
ATP 500	6	2 (33 %)	4 (67 %)

16 / ROGER FEDERER VS. RAFA NADAL / 24

Año	Torneo	Superficie y	Ronda	Vencedor	Resultado
2019	Wimbledon	Exterior Hierba	SF	Roger Federer	7-6, 1-6, 6-3, 6-4
2019	Roland Garros	Exterior Arcilla	SF	Rafael Nadal	6-3, 6-4, 6-2
2019	Masters 1000 Indian Wells	Exterior Dura	SF	Roger Federer	No presentado
2017	Masters 1000 Shanghái	Exterior Dura	F	Roger Federer	6-4, 6-3
2017	Masters 1000 Miami	Exterior Dura	F	Roger Federer	6-3, 6-4
2017	Masters 1000 Indian Wells	Exterior Dura	R16	Roger Federer	6-2, 6-3
2017	Australian Open	Exterior Dura	F	Roger Federer	6-4, 3-6, 6-1, 3-6, 6-3
2015	ATP 500 Basilea	Cubierta Dura	F	Roger Federer	6-3, 5-7, 6-3
2014	Australian Open	Exterior Dura	SF	Rafael Nadal	7-6, 6-3, 6-3
2013	ATP Finals Londres	Cubierta Dura	SF	Rafael Nadal	7-5, 6-3
2013	Masters 1000 Cincinnati	Exterior Dura	QF	Rafael Nadal	5-7, 6-4, 6-3
2013	Masters 1000 Rome	Exterior Arcilla	F	Rafael Nadal	6-1, 6-3
2013	Masters 1000 Indian Wells	Exterior Dura	QF	Rafael Nadal	6-4, 6-2
2012	Masters 1000 Indian Wells	Exterior Dura	SF	Roger Federer	6-3, 6-4
2012	Australian Open	Exterior Dura	SF	Rafael Nadal	6-7, 6-2, 7-6, 6-4
2011	ATP Finals Londres	Cubierta Dura	RR	Roger Federer	6-3, 6-0
2011	Roland Garros	Exterior Arcilla	F	Rafael Nadal	7-5, 7-6, 5-7, 6-1
2011	Masters 1000 Madrid	Exterior Arcilla	SF	Rafael Nadal	5-7, 6-1, 6-3
2011	Masters 1000 Miami	Exterior Dura	SF	Rafael Nadal	6-3, 6-2
2010	ATP Finals Londres	Cubierta Dura	F	Roger Federer	6-3, 3-6, 6-1
2010	Masters 1000 Madrid	Exterior Arcilla	F	Rafael Nadal	6-4, 7-6
2009	Masters 1000 Madrid	Exterior Arcilla	F	Roger Federer	6-4, 6-4
2009	Australian Open	Exterior Dura	F	Rafael Nadal	7-5, 3-6, 7-6, 3-6, 6-2
2008	Wimbledon	Exterior Hierba	F	Rafael Nadal	6-4, 6-4, 6-7, 6-7, 9-7
2008	Roland Garros	Exterior Arcilla	F	Rafael Nadal	6-1, 6-3, 6-0
2008	Masters 1000 Hamburgo	Exterior Arcilla	F	Rafael Nadal	7-5, 6-7, 6-3
2008	Masters 1000 Montecarlo	Exterior Arcilla	F	Rafael Nadal	7-5, 7-5
2007	ATP Finals Shanghái	Cubierta Dura	SF	Roger Federer	6-4, 6-1
2007	Wimbledon	Exterior Hierba	F	Roger Federer	7-6, 4-6, 7-6, 2-6, 6-2
2007	Roland Garros	Exterior Arcilla	F	Rafael Nadal	6-3, 4-6, 6-3, 6-4
2007	Masters 1000 Hamburgo	Exterior Arcilla	F	Roger Federer	2-6, 6-2, 6-0
2007	Masters 1000 Montecarlo	Exterior Arcilla	F	Rafael Nadal	6-4, 6-4
2006	ATP Finals Shanghái	Cubierta Dura	SF	Roger Federer	6-4, 7-5
2006	Wimbledon	Exterior Hierba	F	Roger Federer	6-0, 7-6, 6-7, 6-3
2006	Roland Garros	Exterior Arcilla	F	Rafael Nadal	1-6, 6-1, 6-4, 7-6
2006	Masters 1000 Roma	Exterior Arcilla	F	Rafael Nadal	6-7, 7-6, 6-4, 2-6, 7-6
2006	Masters 1000 Montecarlo	Exterior Arcilla	F	Rafael Nadal	6-2, 6-7, 6-3, 7-6
2006	ATP 500 Dubái	Exterior Dura	F	Rafael Nadal	2-6, 6-4, 6-4
2005	Roland Garros	Exterior Arcilla	SF	Rafael Nadal	6-3, 4-6, 6-4, 6-3
2005	Masters 1000 Miami	Exterior Dura	F	Roger Federer	2-6, 6-7, 7-6, 6-3, 6-1
2004	Masters 1000 Miami	Exterior Dura	R32	Rafael Nadal	6-3, 6-3

27 / NOVAK DJOKOVIC VS. ROGER FEDERER / 23

Año	Torneo	Superficie y	Ronda	Vencedor	Resultado
2020	Australian Open	Exterior Dura	SF	Novak Djokovic	7-6, 6-4, 6-3
2019	ATP Finals Londres	Cubierta Dura	RR	Roger Federer	6-4, 6-3
2019	Wimbledon	Exterior Hierba	F	Novak Djokovic	7-6, 1-6, 7-6, 4-6, 13-12
2018	Masters 1000 París	Cubierta Dura	SF	Novak Djokovic	7-6, 5-7, 7-6
2018	Masters 1000 Cincinnati	Exterior Dura	F	Novak Djokovic	6-4, 6-4
2016	Australian Open	Exterior Dura	SF	Novak Djokovic	6-1, 6-2, 3-6, 6-3
2015	ATP Finals Londres	Cubierta Dura	RR	Roger Federer	7-5, 6-2
2015	ATP Finals Londres	Cubierta Dura	F	Novak Djokovic	6-3, 6-4
2015	US Open	Exterior Dura	F	Novak Djokovic	6-4, 5-7, 6-4, 6-4
2015	Masters 1000 Cincinnati	Exterior Dura	F	Roger Federer	7-6, 6-3
2015	Wimbledon	Exterior Hierba	F	Novak Djokovic	7-6, 6-7, 6-4, 6-3
2015	Masters 1000 Roma	Exterior Arcilla	F	Novak Djokovic	6-4, 6-3
2015	Masters 1000 Indian Wells	Exterior Dura	F	Novak Djokovic	6-3, 6-7, 6-2
2015	ATP 500 Dubái	Exterior Dura	F	Roger Federer	6-3, 7-5
2014	ATP Finals Londres	Cubierta Dura	F	Novak Djokovic	No presentado
2014	Masters 1000 Shanghái	Exterior Dura	SF	Roger Federer	6-4, 6-4
2014	Wimbledon	Exterior Hierba	F	Novak Djokovic	6-7, 6-4, 7-6, 5-7, 6-4
2014	Masters 1000 Montecarlo	Exterior Arcilla	SF	Roger Federer	7-5, 6-2
2014	Masters 1000 Indian Wells	Exterior Dura	F	Novak Djokovic	3-6, 6-3, 7-3
2014	ATP 500 Dubái	Exterior Dura	SF	Roger Federer	3-6, 6-3, 6-2
2013	ATP Finals Londres	Cubierta Dura	RR	Novak Djokovic	6-4, 6-7, 6-2
2013	Masters 1000 París	Cubierta Dura	SF	Novak Djokovic	4-6, 6-3, 6-2
2012	ATP Finals Londres	Cubierta Dura	F	Novak Djokovic	7-6, 7-5
2012	Masters 1000 Cincinnati	Exterior Dura	F	Roger Federer	6-0, 7-6
2012	Wimbledon	Exterior Hierba	SF	Roger Federer	6-3, 3-6, 6-4, 6-3
2012	Roland Garros	Exterior Arcilla	SF	Novak Djokovic	6-4, 7-5, 6-3
2012	Masters 1000 Roma	Exterior Arcilla	SF	Novak Djokovic	6-2, 7-6
2011	US Open	Exterior Dura	SF	Novak Djokovic	6-7, 4-6, 6-3, 6-2, 7-5
2011	Roland Garros	Exterior Arcilla	SF	Roger Federer	7-6, 6-3, 3-6, 7-6
2011	Masters 1000 Indian Wells	Exterior Dura	SF	Novak Djokovic	6-3, 3-6, 6-2
2011	ATP 500 Dubái	Exterior Dura	F	Novak Djokovic	6-3, 6-3
2011	Australian Open	Exterior Dura	SF	Novak Djokovic	7-6, 7-5, 6-4
2010	ATP Finals Londres	Cubierta Dura	SF	Roger Federer	6-1, 6-4
2010	ATP 500 Basilea	Cubierta Dura	F	Roger Federer	6-4, 3-6, 6-1
2010	Masters 1000 Shanghái	Exterior Dura	SF	Roger Federer	7-5, 6,4
2010	US Open	Exterior Dura	SF	Novak Djokovic	5-7, 6-1, 5-7, 6-2, 7-5
2010	Masters 1000 Canadá	Exterior Dura	SF	Roger Federer	6-1, 3-6, 7-5
2009	ATP 500 Basilea	Cubierta Dura	F	Novak Djokovic	6-4, 4-6, 6-2
2009	US Open	Exterior Dura	SF	Roger Federer	7-6, 7-5, 7-5
2009	Masters 1000 Cincinnati	Exterior Dura	F	Roger Federer	6-1, 7-5
2009	Masters 1000 Roma	Exterior Arcilla	SF	Novak Djokovic	4-6, 6-3, 6-3

2009	Masters 1000 Miami	Exterior Dura	SF	Novak Djokovic	3-6, 6-2, 6-3
2008	US Open	Exterior Dura	SF	Roger Federer	6-3, 5-7, 7-5, 6-2
2008	Masters 1000 Montecarlo	Exterior Arcilla	SF	Roger Federer	6-3, 3-2
2008	Australian Open	Exterior Dura	SF	Novak Djokovic	7-5, 6-3, 7-6
2007	US Open	Exterior Dura	F	Roger Federer	7-6, 7-6, 6-4
2007	Masters 1000 Canadá	Exterior Dura	F	Novak Djokovic	7-6, 2-6, 7-6
2007	ATP 500 Dubái	Exterior Dura	QF	Roger Federer	6-3, 6-7, 6-3
2007	Australian Open	Exterior Dura	R16	Roger Federer	6-2, 7-5, 6-3
2006	Davis Cup	Cubierta Dura	RR	Roger Federer	6-3, 6-2, 6-3
2006	Masters 1000 Montecarlo	Exterior Arcilla	R64	Roger Federer	6-3, 2-6, 6-3

28 / RAFA NADAL VS. NOVAK DJOKOVIC / 30

Año	Torneo	Superficie	y Ronda	Vencedor	Resultado
2021	Roland Garros	Exterior Arcilla	SF	Novak Djokovic	3-6, 6-3, 7-6, 6-2
2021	Masters 1000 Roma	Exterior Arcilla	F	Rafael Nadal	7-5, 1-6, 6-3
2020	Roland Garros	Exterior Arcilla	F	Rafael Nadal	6-0, 6-2, 7-5
2020	ATP Cup Sydney	Exterior Dura	F	Novak Djokovic	6-2, 7-6
2019	Masters 1000 Roma	Exterior Arcilla	F	Rafael Nadal	6-0, 4-6, 6-1
2019	Australian Open	Exterior Dura	F	Novak Djokovic	6-3, 6-2, 6-3
2018	Wimbledon	Exterior Hierba	SF	Novak Djokovic	6-4, 3-6, 7-6 3-6, 10-8
2018	Masters 1000 Roma	Exterior Arcilla	SF	Rafael Nadal	7-6, 6-3
2017	Masters 1000 Madrid	Exterior Arcilla	SF	Rafael Nadal	6-2, 6-4
2016	Masters 1000 Roma	Exterior Arcilla	QF	Novak Djokovic	7-5, 7-6
2016	Masters 1000 Indian Wells	Exterior Dura	SF	Novak Djokovic	7-6, 6-2
2016	ATP 500 Doha	Exterior Dura	F	Novak Djokovic	6-1, 6-2
2015	ATP Finals Londres	Cubierta Dura	SF	Novak Djokovic	6-3, 6-3
2015	ATP 500 Beijing	Exterior Dura	F	Novak Djokovic	6-2, 6-2
2015	Roland Garros	Exterior Arcilla	QF	Novak Djokovic	7-5, 6-3, 6-1
2015	Masters 1000 Montecarlo	Exterior Arcilla	SF	Novak Djokovic	6-3, 6-3
2014	Roland Garros	Exterior Arcilla	F	Rafael Nadal	3-6, 7-5, 6-2, 6-4
2014	Masters 1000 Roma	Exterior Arcilla	F	Novak Djokovic	4-6, 6-3, 6-3
2014	Masters 1000 Miami	Exterior Dura	F	Novak Djokovic	6-3, 6-3
2013	ATP Finals Londres	Cubierta Dura	F	Novak Djokovic	6-3, 6-4
2013	ATP 500 Beijing	Exterior Dura	F	Novak Djokovic	6-3, 6-4
2013	US Open	Exterior Dura	F	Rafael Nadal	6-2, 3-6, 6-4, 6-1
2013	Masters 1000 Canada	Exterior Dura	SF	Rafael Nadal	6-4, 3-6, 7-6
2013	Roland Garros	Exterior Arcilla	SF	Rafael Nadal	6-4, 3-6, 6-1, 6-7, 9-7
2013	Masters 1000 Montecarlo	Exterior Arcilla	F	Novak Djokovic	6-2, 7-6
2012	Roland Garros	Exterior Arcilla	F	Rafael Nadal	6-4, 6-3, 2-6, 7-5
2012	Masters 1000 Roma	Exterior Arcilla	F	Rafael Nadal	7-5, 6-3
2012	Masters 1000 Montecarlo	Exterior Arcilla	F	Rafael Nadal	6-3, 6-1
2012	Australian Open	Exterior Dura	F	Novak Djokovic	5-7, 6-4, 6-2, 6-7, 7-5

2011	US Open	Exterior Dura	F	Novak Djokovic	6-2, 6-4, 6-7, 6-1
2011	Wimbledon	Exterior Hierba	F	Novak Djokovic	6-4, 6-1, 1-6, 6-3
2011	Masters 1000 Roma	Exterior Arcilla	F	Novak Djokovic	6-4, 6-4
2011	Masters 1000 Madrid	Exterior Arcilla	F	Novak Djokovic	7-5, 6-4
2011	Masters 1000 Miami	Exterior Dura	F	Novak Djokovic	4-6, 6-3, 7-6
2011	Masters 1000 Indian Wells	Exterior Dura	F	Novak Djokovic	4-6, 6-3, 6-2
2010	ATP Finals Londres	Cubierta Dura	RR	Rafael Nadal	7-5, 6-2
2010	US Open	Exterior Dura	F	Rafael Nadal	6-4, 5-7, 6-4, 6-2
2009	ATP Finals Londres	Cubierta Dura	RR	Novak Djokovic	7-6, 6-3
2009	Masters 1000 París	Cubierta Dura	SF	Novak Djokovic	6-2, 6-3
2009	Masters 1000 Cincinnati	Exterior Dura	SF	Novak Djokovic	6-1, 6-4
2009	Masters 1000 Madrid	Exterior Arcilla	SF	Rafael Nadal	3-6, 7-6, 7-6
2009	Masters 1000 Roma	Exterior Arcilla	F	Rafael Nadal	7-6, 6-2
2009	Masters 1000 Montecarlo	Exterior Arcilla	F	Rafael Nadal	6-3, 2-6, 6-1
2009	Davis Cup	Exterior Arcilla	RR	Rafael Nadal	6-4, 6-4, 6-1
2008	Juegos Olímpicos Beijing	Exterior Dura	SF	Rafael Nadal	6-4, 1-6, 6-4
2008	Masters 1000 Cincinnati	Exterior Dura	SF	Novak Djokovic	6-1, 7-5
2008	ATP 500 Londres Queen's	Exterior Hierba	F	Rafael Nadal	7-6, 7-5
2008	Roland Garros	Exterior Arcilla	SF	Rafael Nadal	6-4, 6-2, 7-6
2008	Masters 1000 Hamburgo	Exterior Arcilla	SF	Rafael Nadal	7-5, 2-6, 6-2
2008	Masters 1000 Indian Wells	Exterior Dura	SF	Novak Djokovic	6-3, 6-2
2007	ATP Finals Shanghái	Cubierta Dura	RR	Rafael Nadal	6-4, 6-4
2007	Masters 1000 Canadá	Exterior Dura	SF	Novak Djokovic	7-5, 6-3
2007	Wimbledon	Exterior Hierba	SF	Rafael Nadal	3-6, 6-1, 4-1
2007	Roland Garros	Exterior Arcilla	SF	Rafael Nadal	7-5, 6-4, 6-2
2007	Masters 1000 Roma	Exterior Arcilla	QF	Rafael Nadal	6-2, 6-3
2007	Masters 1000 Miami	Exterior Dura	QF	Novak Djokovic	6-3, 6-4
2007	Masters 1000 Indian Wells	Exterior Dura	F	Rafael Nadal	6-2, 7-5
2006	Roland Garros	Exterior Arcilla	QF	Rafael Nadal	6-4, 6-4

ABREVIATURAS

F: final. **SF:** semifinales. **QF:** cuartos de final. **R16:** dieciseisavos de final. **R32:** treintaidosavos de final. **R64:** sesentaicuatroavos de final. **RR:** *round robin.*

FUENTE

WWW.ATPTOUR.COM

4.2. LOS GRAND SLAMS

Roger Federer	Rafa Nadal	Novak Djokovic
20	**20**	**20**
ROGER FEDERER	**RAFA NADAL**	**NOVAK DJOKOVIC**
31 FINALES DISPUTADAS	28 FINALES DISPUTADAS	31 FINALES DISPUTADAS

	Roger Federer	Rafa Nadal	Novak Djokovic
Australia	**6** (2004, 2006, 2007, 2010, 2017 y 2018)	**1** (2009)	**9** (2008, 2011, 2012, 2013, 2015, 2016, 2019, 2020 y 2021)
Roland Garros	**1** (2009)	**13** (2005, 2006, 2007, 2008, 2010, 2011, 2012, 2013, 2014, 2017, 2018, 2019 y 2020)	**2** (2016 y 2021)
Wimbledon	**8** (2003, 2004, 2005, 2006, 2007, 2009, 2012 y 2017)	**2** (2008 y 2010)	**6** (2011, 2014, 2015, 2018, 2019 y 2021)
Open EE.UU.	**5** (2004, 2005, 2006, 2007 y 2008)	**4** (2010, 2013, 2017 y 2019)	**3** (2011, 2015 y 2018)

* Títulos en la Era Open.

MÁS TÍTULOS DE GRAND SLAM

ROGER FEDERER	Suiza	20
RAFA NADAL	España	20
NOVAK DJOKOVIC	Serbia	20
Pete Sampras	EE.UU.	14
Björn Borg	Suecia	11
Jimmy Connors	EE.UU.	8
Ivan Lendl	Chec.-EE.UU.	8
Andre Agassi	EE.UU.	8
John McEnroe	EE.UU.	7
Mats Wilander	Suecia	7

MÁS TÍTULOS EN UN SOLO GRAND SLAM

RAFA NADAL	España	13	Roland Garros
Novak Djokovic	Serbia	9	Open de Australia
Roger Federer	Suiza	8	Wimbledon
Pete Sampras	EE.UU.	7	Wimbledon
Björn Borg	Suecia	6	Roland Garros
Roger Federer	Suiza	6	Open de Australia
Novak Djokovic	Serbia	6	Wimbledon
Björn Borg	Suecia	5	Wimbledon
Jimmy Connors	EE.UU.	5	Open de EE.UU.
Pete Sampras	EE.UU.	5	Open de EE.UU.
Roger Federer	Suiza	5	Open de EE.UU.

GRAND SLAMS ACUMULADOS AL FINAL DE CADA AÑO

AÑO	2003	2004	2005	2006	2007	2008	2009	2010	2011	2012	2013	2014	2015	2016	2017	2018	2019	2020	2021
FEDERER	1	4	6	9	12	13	15	16	16	17	17	17	17	17	19	20	20	20	20
NADAL	0	0	1	2	3	5	6	9	10	11	13	14	14	14	16	17	19	20	20
DJOKOVIC	0	0	0	0	0	1	1	1	4	5	6	7	10	12	12	14	16	17	20

máxima diferencia · mínima diferencia

GRAND SLAMS GANADOS CADA AÑO

AÑO	2003	2004	2005	2006	2007	2008	2009	2010	2011	2012	2013	2014	2015	2016	2017	2018	2019	2020	2021
AUSTRALIA		F		F	F	D	N	F	D	D	D		D	D	F	F	D	D	D
ROLAN GARR.			N	N	N	N	F	N	N	N	N	N		D	N	N	N	N	D
WIMBLEDON	F	F	F	F	F	N	F	N	D	F		D	D		F	D	D		D
OPEN EE.UU.		F	F	F	F	F		N	D		N		D		N	D	N		

4.3. LAS VICTORIAS

% de victorias en su carrera		FEDERER	NADAL	DJOKOVIC
Total carrera	Nº PARTIDOS	1526	1237	1176
	VICTORIAS	1251 (82%)	1028 **(83%)**	978 **(83%)**
Grand Slams	Nº PARTIDOS	429	332	369
	VICTORIAS	369 (86%)	291 **(88%)**	323 **(88%)**
Masters 1000	Nº PARTIDOS	489	481	451
	VICTORIAS	381 (78%)	398 **(83%)**	370 (82%)
ATP Finals	Nº PARTIDOS	72	36	47
	VICTORIAS	57 **(79%)**	20 (56%)	35 (74%)
Copa Davis	Nº PARTIDOS	48	30	41
	VICTORIAS	40 (83%)	29 **(97%)**	34 (83%)
vs. Big Three	Nº PARTIDOS	90	98	108
	VICTORIAS	39 (43%)	52 **(53%)**	57 **(53%)**
vs. Top Ten	Nº PARTIDOS	347	277	325
	VICTORIAS	224 (65%)	178 (64%)	223 **(69%)**
Finales	Nº PARTIDOS	156	125	120
	VICTORIAS	103 (66%)	88 **(70%)**	84 **(70%)**

% DE VICTORIAS TOTALES

NOVAK DJOKOVIC	Serbia	83,16%	978-198
Rafa Nadal	España	83,10%	1028-209
Björn Borg	Suecia	82,36%	654-140
Roger Federer	Suiza	82,00%	1251-275
Jimmy Connors	EE.UU.	81,82%	1274-283
John McEnroe	EE.UU.	81,68%	883-198
Ivan Lendl	Chec.-EE.UU.	81,52%	1068-242
Rod Laver	Australia	79,88%	576-146
Pete Sampras	EE.UU.	77,43%	762-222
Boris Becker	Alemania	76,91%	713-214

% DE VICTORIAS EN GRAND SLAMS

BJÖRN BORG	Suecia	89,24%	141-17
Rafa Nadal	España	87,65%	291-41
Novak Djokovic	Serbia	87,53%	323-46
Roger Federer	Suiza	86,01%	369-60
Pete Sampras	EE.UU.	84,23%	203-38
Jimmy Connors	EE.UU.	82,62%	233-49
Ivan Lendl	Chec.-EE.UU.	81,92%	222-49
John McEnroe	EE.UU.	81,46%	167-38
Boris Becker	Alemania	80,29%	163-40
Andy Murray	G. Bretaña	79,66%	192-49

4.4. EL PALMARÉS

grandes competiciones	FEDERER	NADAL	DJOKOVIC
Títulos Grand Slam	20	20	20
Open de Australia	6	1	9
Roland Garros	1	13	2
Wimbledon	8	2	6
Open de EE.UU.	5	4	3
ATP Finals	6	0	5
Masters 1000	28	36	36
JJ.OO. individuales	0	1	0
JJ.OO. dobles	1	1	0
Copa Davis	1	5	1
Títulos ATP individuales	103	88	85
Nº1 a final del año	5	5	7
Semanas Nº1	310	209	338
Golden Slam en la carrera (Grand Slam + JJ.OO.)	No	Sí	No
Grand Slam en la carrera	Si	Si	Si
Grand Slam en un año	No	No	No

TÍTULOS TOTALES EN LA CARRERA

JIMMY CONNORS	EE.UU.	109
Roger Federer	Suiza	103
Ivan Lendl	Checosl.-EE.UU.	94
Rafa Nadal	España	88
Novak Djokovic	Serbia	85
John McEnroe	EE.UU.	77
Björn Borg	Suecia	64
Pete Sampras	EE.UU.	64
Guillermo Vilas	Argentina	62
Andre Agassi	EE.UU.	60

MÁS TÍTULOS EN UN ÚNICO TORNEO

RAFA NADAL	España	13	Roland Garros	Grand Slam
Rafa Nadal	España	12	Barcelona	ATP 500
Rafa Nadal	España	11	Montecarlo	Masters 1000
Roger Federer	Suiza	10	Halle	ATP 500
Roger Federer	Suiza	10	Basilea	ATP 500
Rafa Nadal	España	10	Roma	Masters 1000
Novak Djokovic	Serbia	9	Open de Australia	Grand Slam
Roger Federer	Suiza	8	Wimbledon	Grand Slam
Roger Federer	Suiza	8	Dubái	ATP 500
Guillermo Vilas	Argentina	8	Buenos Aires	ATP 250

Nº1 A FINALES DE AÑO

NOVAK DJOKOVIC	Serbia	7
Pete Sampras	EE. UU.	6
Jimmy Connors	EE. UU.	5
Roger Federer	Suiza	5
Rafa Nadal	España	5
John McEnroe	EE. UU.	4
Ivan Lendl	Chec.-EE. UU.	4
Björn Borg	Suecia	2
Stefan Edberg	Suecia	2
Lleyton Hewitt	Australia	2

TOTAL DE SEMANAS Nº1 EN EL RÁNKING

			TOTALES	CONSECUTIVAS
1º	**NOVAK DJOKOVIC**	Serbia	338	122
2º	Roger Federer	Suiza	310	237
3º	Pete Sampras	Estados Unidos	286	102
4º	Ivan Lendl	Checoslovaquia-EE. UU.	270	157
5º	Jimmy Connors	Estados Unidos	268	160
6º	Rafa Nadal	España	209	56
7º	John McEnroe	Estados Unidos	170	58
8º	Björn Borg	Suecia	109	46
9º	Andre Agassi	Estados Unidos	101	52
10º	Lleyton Hewitt	Australia	80	75

103

los títulos de ROGER FEDERER

2019 (4)

Basilea (Cubierta/Dura)
Halle (Exterior/Hierba)
ATP Masters 1000 Miami (Exterior/Dura)
Dubái (Exterior/Dura)

2018 (4)

Basilea (Cubierta/Dura)
Stuttgart (Exterior/Hierba)
Róterdam (Cubierta/Dura)
Open de Australia (Exterior/Dura)

2017 (7)

Basilea (Cubierta/Dura)
ATP Masters 1000 Shanghái (Exterior/Dura)
Wimbledon (Exterior/Hierba)
Halle (Exterior/Hierba)
ATP Masters 1000 Miami (Exterior/Dura)
ATP Masters 1000 Indian Wells (Exterior/Dura)
Open de Australia (Exterior/Dura)

2015 (6)

Basilea (Cubierta/Dura)
ATP Masters 1000 Cincinnati (Exterior/Dura)
Halle (Exterior/Hierba)
Estambul (Exterior/Arcilla)
Dubái (Exterior/Dura)
Brisbane (Exterior/Dura)

2014 (5)

Basilea (Cubierta/Dura)
ATP Masters 1000 Shanghái (Exterior/Dura)
ATP Masters 1000 Cincinnati (Exterior/Dura)
Halle (Exterior/Hierba)
Dubái (Exterior/Dura)

2013 (1)

Halle (Exterior/Hierba)

2012 (6)

ATP Masters 1000 Cincinnati (Exterior/Dura)
Wimbledon (Exterior/Hierba)
ATP Masters 1000 Madrid (Exterior/Arcilla)
ATP Masters 1000 Indian Wells (Exterior/Dura)
Dubái (Exterior/Dura)
Róterdam (Cubierta/Dura)

2011 (4)

ATP Finals Londres (Cubierta/Dura)
ATP Masters 1000 París (Cubierta/Dura)
Basilea (Cubierta/Dura)
Doha (Exterior/Dura)

2010 (5)

ATP Finals Londres (Cubierta/Dura)
Basilea (Cubierta/Dura)
Estocolmo (Cubierta/Dura)
ATP Masters 1000 Cincinnati (Exterior/Dura)
Open de Australia (Exterior/Dura)

2009 (4)

ATP Masters 1000 Cincinnati (Exterior/Dura)
Wimbledon (Exterior/Hierba)
Roland Garros (Exterior/Arcilla)
ATP Masters 1000 Madrid (Exterior/Arcilla)

2008 (4)

Basilea (Cubierta/Dura)
Open de EE. UU. (Exterior/Dura)
Halle (Exterior/Hierba)
Estoril (Exterior/Arcilla)

2007 (8)

ATP Finals Shanghái (Cubierta/Dura)
Basilea (Cubierta/Dura)
Open de EE. UU. (Exterior/Dura)
ATP Masters 1000 Cincinnati (Exterior/Dura)
Wimbledon (Exterior/Hierba)
ATP Masters 1000 Hamburgo (Exterior/Arcilla)
Dubái (Exterior/Dura)
Open de Australia (Exterior/Dura)

2006 (12)

ATP Finals Shanghái (Cubierta/Dura)
Basilea (Cubierta/Dura)
ATP Masters 1000 Madrid (Cubierta/Dura)
Tokio (Exterior/Dura)
Open de EE. UU. (Exterior/Dura)
ATP Masters 1000 Canadá (Exterior/Dura)
Wimbledon (Exterior/Hierba)
Halle (Exterior/Hierba)
ATP Masters 1000 Miami (Exterior/Dura)
ATP Masters 1000 Indian Wells (Exterior/Dura)

Open de Australia (Exterior/Dura)
Doha (Exterior/Dura)

2005 (11)

Bangkok (Cubierta/Dura)
Open de EE. UU. (Exterior/Dura)
ATP Masters 1000 Cincinnati (Exterior/Dura)
Wimbledon (Exterior/Hierba)
Halle (Exterior/Hierba)
ATP Masters 1000 Hamburgo (Exterior/Arcilla)
ATP Masters 1000 Miami (Exterior/Dura)
ATP Masters 1000 Indian Wells (Exterior/Dura)
Dubái (Exterior/Dura)
Róterdam (Cubierta/Dura)
Doha (Exterior/Dura)

2004 (11)

ATP Finals Houston (Exterior/Dura)
Bangkok (Cubierta/Dura)
Open de EE. UU. (Exterior/Dura)
ATP Masters 1000 Canadá (Exterior/Dura)
Gstaad (Exterior/Arcilla)
Wimbledon (Exterior/Hierba)
Halle (Exterior/Hierba)
ATP Masters 1000 Hamburgo (Exterior/Arcilla)
ATP Masters 1000 Indian Wells (Exterior/Dura)
Dubái (Exterior/Dura)
Open de Australia (Exterior/Dura)

2003 (7)

ATP Finals Houston (Exterior/Dura)
Viena (Cubierta/Dura)
Wimbledon (Exterior/Hierba)
Halle (Exterior/Hierba)
Múnich (Exterior/Arcilla)
Dubái (Exterior/Dura)
Marsella (Cubierta/Dura)

2002 (3)

Viena (Cubierta/Dura)
ATP Masters 1000 Hamburgo (Exterior/Arcilla)
Sídney (Exterior/Dura)

2001 (1)

Milán (Cubierta/Dura)

88 los títulos de RAFA NADAL

2021 (2)

ATP Masters 1000 Roma (Exterior/Arcilla)
Barcelona (Exterior/Arcilla)

2020 (2)

Roland Garros (Exterior/Arcilla)
Acapulco (Exterior/Dura)

2019 (4)

Open de EE. UU. (Exterior/Dura)
ATP Masters 1000 Canadá (Exterior/Dura)
Roland Garros (Exterior/Arcilla)
ATP Masters 1000 Roma (Exterior/Arcilla)

2018 (5)

ATP Masters 1000 Canadá (Exterior/Dura)
Roland Garros (Exterior/Arcilla)
ATP Masters 1000 Roma (Exterior/Arcilla)
Barcelona (Exterior/Arcilla)
ATP Masters 1000 Montecarlo (Exterior/Arcilla)

2017 (6)

Pekín (Exterior/Dura)
Open de EE. UU. (Exterior/Dura)
Roland Garros (Exterior/Arcilla)
ATP Masters 1000 Madrid (Exterior/Arcilla)
Barcelona (Exterior/Arcilla)
ATP Masters 1000 Montecarlo (Exterior/Arcilla)

2016 (2)

Barcelona (Exterior/Arcilla)
ATP Masters 1000 Montecarlo (Exterior/Arcilla)

2015 (3)

Hamburgo (Exterior/Arcilla)
Stuttgart (Exterior/Hierba)
Buenos Aires (Exterior/Arcilla)

2014 (4)

Roland Garros (Exterior/Arcilla)
ATP Masters 1000 Madrid (Exterior/Arcilla)
Río de Janeiro (Exterior/Arcilla)
Doha (Exterior/Dura)

2013 (10)

Open de EE. UU. (Exterior/Dura)
ATP Masters 1000 Cincinnati (Exterior/Dura)
ATP Masters 1000 Canadá (Exterior/Dura)

Roland Garros (Exterior/Arcilla)
ATP Masters 1000 Roma (Exterior/Arcilla)
ATP Masters 1000 Madrid (Exterior/Arcilla)
Barcelona (Exterior/Arcilla)
ATP Masters 1000 Indian Wells (Exterior/Dura)
Acapulco (Exterior/Arcilla)
São Paulo (Cubierta/Dura)

2012 (4)

Roland Garros (Exterior/Arcilla)
ATP Masters 1000 Roma (Exterior/Arcilla)
Barcelona (Exterior/Arcilla)
ATP Masters 1000 Montecarlo (Exterior/Arcilla)

2011 (3)

Roland Garros (Exterior/Arcilla)
Barcelona (Exterior/Arcilla)
ATP Masters 1000 Montecarlo (Exterior/Arcilla)

2010 (7)

Tokio (Exterior/Dura)
Open de EE. UU. (Exterior/Dura)
Wimbledon (Exterior/Hierba)
Roland Garros (Exterior/Arcilla)
ATP Masters 1000 Madrid (Exterior/Arcilla)
ATP Masters 1000 Roma (Exterior/Arcilla)
ATP Masters 1000 Montecarlo (Exterior/Arcilla)

2009 (5)

ATP Masters 1000 Roma (Exterior/Arcilla)
Barcelona (Exterior/Arcilla)
ATP Masters 1000 Montecarlo (Exterior/Arcilla)
ATP Masters 1000 Indian Wells (Exterior/Dura)
Open de Australia (Exterior/Dura)

2008 (8)

Juegos Olímpicos de Pekín (Exterior/Dura)
ATP Masters 1000 Canadá (Exterior/Dura)
Wimbledon (Exterior/Hierba)
Queen's Club (Exterior/Hierba)
Roland Garros (Exterior/Arcilla)
ATP Masters 1000 Hamburgo (Exterior/Arcilla)
Barcelona (Exterior/Arcilla)
ATP Masters 1000 Montecarlo (Exterior/Arcilla)

2007 (6)

Stuttgart (Exterior/Arcilla)
Roland Garros (Exterior/Arcilla)
ATP Masters 1000 Roma (Exterior/Arcilla)
Barcelona (Exterior/Arcilla)
ATP Masters 1000 Montecarlo (Exterior/Arcilla)
ATP Masters 1000 Indian Wells (Exterior/Dura)

2006 (5)

Roland Garros (Exterior/Arcilla)
ATP Masters 1000 Roma (Exterior/Arcilla)
Barcelona (Exterior/Arcilla)
ATP Masters 1000 Montecarlo (Exterior/Arcilla)
Dubái (Exterior/Dura)

2005 (11)

ATP Masters 1000 Madrid (Cubierta/Dura)
Pekín (Cubierta/Dura)
ATP Masters 1000 Canadá (Exterior/Dura)
Stuttgart (Exterior/Arcilla)
Bastad (Exterior/Arcilla)
Roland Garros (Exterior/Arcilla)
ATP Masters 1000 Roma (Exterior/Arcilla)
Barcelona (Exterior/Arcilla)
ATP Masters 1000 Montecarlo (Exterior/Arcilla)
Acapulco (Exterior/Arcilla)
Costa do Sauipe (Exterior/Arcilla)

2004 (1)

Sopot (Exterior/Arcilla)

85

los títulos de NOVAK DJOKOVIC

2021 (4)

Wimbledon (Exterior/Hierba)
Roland Garros (Exterior/Arcilla)
Belgrado 2 (Exterior/Arcilla)
Open de Australia (Exterior/Dura)

2020 (4)

ATP Masters 1000 Roma (Exterior/Arcilla)
ATP Masters 1000 Cincinnati (Exterior/Dura)
Dubái (Exterior/Dura)
Open de Australia (Exterior/Dura)

2019 (5)

ATP Masters 1000 París (Cubierta/Dura)
Tokio (Exterior/Dura)
Wimbledon (Exterior/Hierba)
ATP Masters 1000 Madrid (Exterior/Arcilla)
Open de Australia (Exterior/Dura)

2018 (4)

ATP Masters 1000 Shanghái (Exterior/Dura)
Open de EE.UU. (Exterior/Dura)
ATP Masters 1000 Cincinnati (Exterior/Dura)
Wimbledon (Exterior/Hierba)

2017 (2)

Eastbourne (Exterior/Hierba)
Doha (Exterior/Dura)

2016 (7)

ATP Masters 1000 Canadá (Exterior/Dura)
Roland Garros (Exterior/Arcilla)
ATP Masters 1000 Madrid (Exterior/Arcilla)
ATP Masters 1000 Miami (Exterior/Dura)
ATP Masters 1000 Indian Wells (Exterior/Dura)
Open de Australia (Exterior/Dura)
Doha (Exterior/Dura)

2015 (11)

ATP Finals Londres (Cubierta/Dura)
ATP Masters 1000 París (Cubierta/Dura)
ATP Masters 1000 Shanghái (Exterior/Dura)
Pekín (Exterior/Dura)
Open de EE.UU. (Exterior/Dura)
Wimbledon (Exterior/Hierba)
ATP Masters 1000 Roma (Exterior/Arcilla)
ATP Masters 1000 Montecarlo (Exterior/Arcilla)
ATP Masters 1000 Miami (Exterior/Dura)
ATP Masters 1000 Indian Wells (Exterior/Dura)
Open de Australia (Exterior/Dura)

2014 (7)

ATP Finals Londres (Cubierta/Dura)
ATP Masters 1000 París (Cubierta/Dura)
Pekín (Exterior/Dura)
Wimbledon (Exterior/Hierba)
ATP Masters 1000 Roma (Exterior/Arcilla)
ATP Masters 1000 Miami (Exterior/Dura)
ATP Masters 1000 Indian Wells (Exterior/Dura)

2013 (7)

ATP Finals Londres (Cubierta/Dura)
ATP Masters 1000 París (Cubierta/Dura)
ATP Masters 1000 Shanghái (Exterior/Dura)
Pekín (Exterior/Dura)
ATP Masters 1000 Montecarlo (Exterior/Arcilla)
Dubái (Exterior/Dura)
Open de Australia (Exterior/Dura)

2012 (6)

ATP Finals Londres (Cubierta/Dura)
ATP Masters 1000 Shanghái (Exterior/Dura)
Pekín (Exterior/Dura)
ATP Masters 1000 Canadá (Exterior/Dura)
ATP Masters 1000 Miami (Exterior/Dura)
Open de Australia (Exterior/Dura)

2011 (10)

Open de EE.UU. (Exterior/Dura)
ATP Masters 1000 Canadá (Exterior/Dura)
Wimbledon (Exterior/Hierba)
ATP Masters 1000 Roma (Exterior/Arcilla)
ATP Masters 1000 Madrid (Exterior/Arcilla)
Belgrado (Exterior/Arcilla)
ATP Masters 1000 Miami (Exterior/Dura)
ATP Masters 1000 Indian Wells (Exterior/Dura)
Dubái (Exterior/Dura)
Open de Australia (Exterior/Dura)

2010 (2)

Pekín (Exterior/Dura)
Dubái (Exterior/Dura)

2009 (5)

ATP Masters 1000 París (Cubierta/Dura)
Basilea (Cubierta/Dura)
Pekín (Exterior/Dura)
Belgrado (Exterior/Arcilla)
Dubái (Exterior/Dura)

2008 (4)

ATP Finals Shanghái (Cubierta/Dura)
ATP Masters 1000 Roma (Exterior/Arcilla)
ATP Masters 1000 Indian Wells (Exterior/Dura)
Open de Australia (Exterior/Dura)

2007 (5)

Viena (Cubierta/Dura)
ATP Masters 1000 Canadá (Exterior/Dura)
Estoril (Exterior/Arcilla)
ATP Masters 1000 Miami (Exterior/Dura)
Adelaida (Exterior/Dura)

2006 (2)

Metz (Cubierta/Dura)
Amersfoort (Exterior/Arcilla)

Epílogo

Big Three nace de la pasión por el tenis y la profunda admiración por Roger Federer, Rafa Nadal y Novak Djokovic, así como por su imborrable legado. La idea de escribirlo surgió en el proceso de documentación de otro proyecto literario que, quién sabe, algún día podría ver la luz. Leyendo infinidad de libros de temática deportiva, caí en la cuenta de las muchas obras dedicadas a ellos individualmente o a la rivalidad entre Federer y Nadal, si bien ninguno incluía a Djokovic. Me resultaba difícil creer que, a esas alturas de sus trayectorias, no existiera ningún libro sobre el *Big Three*, en mi opinión y la de muchos aficionados, la mayor rivalidad deportiva de la historia.

La tarea se presentaba como un verdadero reto por tres motivos principales. En primer lugar, por la ingente cantidad de información disponible sobre ellos, tanto en los libros mencionados a lo largo de esta obra y en la bibliografía, como en las miles de páginas web de medios de comunicación de todo el mundo. Después, por la gran dificultad que entrañaba recomponer la peripecia vital de los tres desde su infancia y entrelazar los capítulos más importantes de sus vidas, ubicándolos correctamente en el espacio y el tiempo. Por último, por tratarse de tres deportistas de élite en activo, con un intenso calendario tenístico y social, que obligaba a una permanente actualización del borrador. El resultado de este gran desafío es *Big Three*, un tributo a Federer, Nadal y Djokovic, así como a la época dorada del tenis que nos han permitido vivir.

Esta obra tiene el firme propósito de proporcionar al lector toda la información y argumentos para que sea él mismo el que decida quién es, según su opinión, el mejor tenista de todos los tiempos. Personalmente, una vez analizados todos los datos disponibles y visto el extraordinario nivel que han alcanzado y mantenido a lo largo de estas dos décadas, creo que es imposible asegurar con rotundidad que uno de ellos es superior a los demás. Al menos en este momento de igualdad casi total, quién sabe en los próximos años. Por supuesto, cada aficionado tendrá su favorito. Muchos incluso afirmarán con rotundidad que uno u otro es claramente superior, pero también los habrá que vean difícil decantarse. Ambas opiniones son igualmente válidas, más aún si proceden de personas que han invertido un poco de tiempo en informarse bien, como en cualquier materia de debate. Sinceramente, con este libro cuentan con una base más que sólida para cargarse de argumentos y poder defender su elección.

Como decíamos ya en la introducción, que los tres mejores de la historia de un deporte hayan coincidido en la misma generación es algo que nunca había sucedido y que difícilmente se repetirá. Que vuelva a ocurrir en el tenis, a día de hoy, parece una utopía. Por eso es tan importante que apreciemos lo que hemos vivido en los últimos lustros, que pongamos en perspectiva lo que Federer, Nadal y Djokovic han aportado al mundo del deporte, tanto dentro como fuera de las pistas. Del mismo modo, sería un ejercicio de responsabilidad no lastrar a las generaciones futuras con la abrumadora carga de intentar igualar las gestas del *Big Three*. Es importante valorar en su justa medida los éxitos de la *NextGen* y el resto de hornadas de tenistas que están por llegar. Ganar siempre no es lo normal. Lo vivido con Federer, Nadal y Djokovic es algo único.

Para producir un tenista de su nivel, es necesaria una enorme confluencia de factores que muy pocas veces se da. Entre ellos, un talento innato fuera de lo común, un físico privilegiado, una gran inteligencia, un entorno familiar adecuado, grandes dosis de suerte, una determinación inquebrantable y una aceptación de los grandes sacrificios que implica el deporte de élite. Amén de muchos otros. Si todo esto es necesario para que volvamos a ver un solo tenista de su categoría, qué decir de la dificultad de que coincidan tres en la misma época. E incluso en el afortunado caso de que volviéramos a contar con ellos, les sería casi imposible mantener su nivel de juego y resultados durante tantos años como el *Big Three*. Porque, cuando lo has ganado todo, buscar nuevos desafíos cada día durante años, casi inventarlos en algunos casos para mantener la motivación, está al alcance de muy pocos deportistas. Tres de ellos son Roger Federer, Rafa Nadal y Novak Djokovic.

Se acerca el inevitable día en el que tendremos que decir adiós a esta maravillosa rivalidad deportiva. El momento en el que echaremos la vista atrás y nos daremos cuenta de lo privilegiados que fuimos al poder disfrutar de su tenis. Y nunca serán demasiados los homenajes que les tributemos. Sea *Big Three* uno de ellos.

Agradecimientos

Siempre me he considerado una persona muy afortunada, principalmente por contar con las personas que he tenido a mi alrededor durante toda mi vida. Y la misma sensación he experimentado con *Big Three*, un proyecto que, cuando me lo planteé, era tan ilusionante como difícil que viera la luz. Por desgracia, son cientos las obras que se pierden en el camino. Por eso quiero agradecer en estas líneas todo el apoyo que he recibido en este largo proceso. Aunque no puedo nombrar a todos, vaya por delante mi agradecimiento a quienes en algún momento me empujaron a seguir adelante con su interés, curiosidad o palabras de ánimo.

En primer lugar, quiero dar las gracias a las personas a las que dedico esta obra, las más especiales para mí. A mi padre, Pedro, por su ejemplo diario y por despertar en mí la pasión por la lectura, de su biblioteca salieron miles de ideas que siempre soñé con plasmar en libros. A mi madre, Loles, por hacerme ver que era capaz de cualquier cosa que me propusiera, algo que se ha grabado a fuego en mi carácter. A mi hermano Pablo, con quien tantos libros y experiencias vitales he compartido. Sus acertadas aportaciones y correcciones han sido de gran valor a la hora de mejorar el libro. A mi hermano Perico, inseparable compañero en los juegos que me han hecho amar el deporte y siempre dispuesto a apostar por mí. A mi hermana María, por su ejemplo de superación y su eterna disponibilidad para ayudar.

Igualmente, gracias a Carmen Andújar, que siempre ha estado ahí para mí, también en este proyecto. Y a Paula del Arroyo, por su sincero apoyo diario y en muchos otros aspectos que rodean al libro, haciendo que todo sea más fácil.

Muchas gracias a mi editor, Carlos Ramos, por haber creído en *Big Three* y en mí, haciendo posible que se cumpla un sueño. A veces, en la vida, todo lo que necesitamos es una oportunidad. También a Beatriz Jambrina y al resto de la familia de Córner, por su maravilloso trabajo y su impagable aportación al mundo del deporte. La literatura deportiva en España sería mucho menos sin ellos.

No me olvido de Ángel García, por su disponibilidad para colaborar con un precioso prólogo, ni de los profesionales que hacen posible la magnífica web atptour.com, gracias a la cual he podido obtener innumerables datos y estadísticas que han mejorado mucho el proyecto. Así como tantos periodistas deportivos de los principales diarios españoles, europeos y americanos, que me han ayudado a reconstruir la trayectoria del *Big Three* con sus noticias, entrevistas y reportajes.

Por supuesto, doy las gracias a todos los que se tomen la molestia de comprar o leer este libro. En él he volcado toda la ilusión que soy capaz de reunir y me hace sentir muy feliz que haya una sola persona interesada en invertir su dinero o dedicar su tiempo a mis escritos.

Por último, mi gratitud a los tres artistas que han propiciado todo: Roger Federer, Rafa Nadal y Novak Djokovic. No son conscientes de lo que nos han hecho disfrutar a millones de personas y de cuánto les echaremos de menos. Este libro es mi sencillo homenaje a su trayectoria vital y profesional, escrito con cariño, honestidad y dedicación.

Bibliografía

The stroke of genius. L. Jon Wertheim. HMH Books.
El código Federer. Stefano Semeraro. Córner.
Rafa. My Story. Rafael Nadal y John Carlin. Sphere.
Novak Djokovic. The Biography. Chris Bowers. John Blake.
Rafa & Roger. Antonio Arenas y Rafael Plaza. Libros Cúpula.
Sin red. Sebastián Fest. Debate.
Roger Federer. La biografía definitiva. René Stauffer. Sperling & Kupfer.
Serve to win. Novak Djokovic. Corgi.
Novak Djokovic. Clayton Geoffreys.
Strokes of genius. Andrew Douglas, documental basado en el libro de L. Jon Wertheim.
Open. Andre Agassi. Duomo Nefelibata.
Dios, patria y muerte. El fútbol en la guerra de los Balcanes. Diego Mariottini. Altamarea.

www.atptour.com. Web oficial de la ATP.
https://graphics.reuters.com/world-coronavirus-tracker-and-maps/es/

Este libro utiliza el tipo Aldus, que toma su nombre
del vanguardista impresor del Renacimiento
italiano, Aldus Manutius. Hermann Zapf
diseñó el tipo Aldus para la imprenta
Stempel en 1954, como una réplica
más ligera y elegante del
popular tipo
Palatino

Big three
se acabó de imprimir
un día de invierno de 2022,
en los talleres gráficos de Liberdúplex, s.l.u.
Ctra. BV-2249, km 7,4, Pol. Ind. Torrentfondo
Sant Llorenç d'Hortons
(Barcelona)